U0453054

国家民委民族研究后期资助项目成果（2017GMH009）
西安工程大学马克思主义理论学科建设经费资助
西安工程大学博士科研启动经费资助（BS1627）

聂迅 ◎ 著

清代滇东南边疆民族地区国家治理的区域演进与历史进程研究

中国社会科学出版社

图书在版编目(CIP)数据

清代滇东南边疆民族地区国家治理的区域演进与历史进程研究 / 聂迅著. —北京：中国社会科学出版社，2022.8
ISBN 978 – 7 – 5227 – 0497 – 5

Ⅰ. ①清… Ⅱ. ①聂… Ⅲ. ①边疆地区—民族地区—国家—行政管理—历史—研究—云南 Ⅳ. ①D633

中国版本图书馆 CIP 数据核字（2022）第 124023 号

出 版 人	赵剑英
责任编辑	刘　艳
责任校对	陈　晨
责任印制	戴　宽

出　　版	中国社会科学出版社
社　　址	北京鼓楼西大街甲 158 号
邮　　编	100720
网　　址	http://www.csspw.cn
发 行 部	010 – 84083685
门 市 部	010 – 84029450
经　　销	新华书店及其他书店
印　　刷	北京明恒达印务有限公司
装　　订	廊坊市广阳区广增装订厂
版　　次	2022 年 8 月第 1 版
印　　次	2022 年 8 月第 1 次印刷

开　　本	710 × 1000　1/16
印　　张	25.25
插　　页	2
字　　数	391 千字
定　　价	128.00 元

凡购买中国社会科学出版社图书，如有质量问题请与本社营销中心联系调换
电话：010 – 84083683
版权所有　侵权必究

序

2010年8月我与马琦曾有一次滇东南地区和滇越边境的考察，希望对这一云南地方史研究薄弱地区的地理环境、民族关系和滇越边境有直观的认识。当我们来到马关县都竜镇一个距离边界线不到3千米的多民族杂居村时，一户汉族人家堂屋正中供奉"天地国亲师"位，还有突出"国"的烫金大字。供奉"天地君亲师"是明代以来汉族的特点①，其他民族是否供奉？边疆与内地是否有差异？成为此次考察又一兴奋点。随后在走家串户中发现"天地国亲师"供奉，不仅存在于汉族人家，边境一线壮族、傣族、布依族、彝族等无一例外。随后追寻边陲"天地国亲师"供奉特征，往内地走返回昆明，结果又发现待来到靠内的罗平县、曲靖市等地时，"天地国亲师"逐渐变为"天地君亲师"供奉。今年9月26日至29日在贵州考察古镇时，再次受到强烈冲击。在明清滇黔大道沿线古城镇黄平旧州古镇（明代黄平卫所在）看到97%的人家供奉"天地君亲师"，仅有三两户供奉"天地国亲师"；在锦屏隆里古城（明代五开卫龙里守御千户所城）和镇远古城（明代镇远卫城、镇远府城）汉、苗、布依族等则家家供奉"天地君亲师"。就历史而言，明代中期以后"天地君亲师"供奉广泛流行起来，清代雍正诏谕确立了"天地君亲师"的序位。辛亥革命后，清帝逊位，部分地区民众自发地改为"天地国亲师"，如湖北十堰市。② 这种现象不仅存在于汉族地区，少数民族地区也同样

---

① 徐梓：《"天地君亲师"源流考》，《北京师范大学学报》2006年第2期。
② 徐梓：《"天地君亲师"源流考》，《北京师范大学学报》2006年第2期。

如此，因为雍正时期大规模改土归流后，曾要求改流区的少数民族供奉"天地君亲师"①，所以民国时期民族学家在四川彝族地区考察时注意到凡改土归流地区彝人供奉"天地君亲师"，未改流区则不供奉。②今天云南、贵州、四川靠内地区的各少数民族也多供奉"天地君亲师"③，说明自清代雍正后西南少数民族地区广泛流行"天地君亲师"供奉。但是，笔者两次考察所见均为在"文化大革命""破四旧"基础上重新恢复传统文化的情况，为什么地处国境线最前沿边民供奉"天地国亲师"，而靠内地区则以供奉"天地君亲师"为主？难道"国"在边疆，"君"（皇帝）在内地？④在边陲地带民众强烈地突出"国"意味着什么？聂迅本书的研究似乎部分回答了这一问题。

近年来，国家建构、疆域形成、国家认同等成为学界研究的重大热点问题，取得了丰硕成果与理论创新突破。但是国家力量如何深入边疆？国家治理如何抵达最边远的区域？历史疆域如何向主权完整的国家领土演进？学界对这类问题的研究明显有缺憾。本书以边疆史地的视角和历史地理学的研究方法，对中越交界的滇东南边疆地区的国家治理时空演进进行研究，某种程度上是对上述缺憾的补缺实证研究的成功尝试。聂迅研究的区域大约为今云南省文山壮族苗族自治州，国土面积32239平方千米，中越国境线长438千米。如此边陲地区，早在公元前111年西汉武帝经营"西南夷"设牂柯郡（今云南省文山州地区即为牂柯郡进乘县与句町县）时便纳入统一多民族国家版图，成为我国历史疆域不可分割的部分。如此早地纳入版图，是否就代表着国家治理也同步深入呢？其实滇东南地区纳入统一多民族国家千余年间，历代王朝主要依据当地土人首领酋长归附实现该区疆域的拥有，国家力量和国家治理并没有真正深入。直至明代仍为分属于不

---

① 朱炳祥：《宗族的民族性特征及其在村民自治中的表达——对捞车土家族村和摩哈苴彝族村的观察》，《民族研究》2005年第6期。

② 李列：《"施教"与"治夷"：民国时期凉山彝区考察报告研究——以四川省政府边区施教团考察为中心》，《西南民族大学学报》（人文社科版）2006年第8期。民国《宁屑概况·军事篇》。

③ 周真刚：《韭菜坪彝族传统民居初探》，《贵州民族研究》2010年第2期。秦勇：《迤沙拉：有江南风韵的彝族山村》，《四川日报》2016年3月18日。

④ 以上考察并不全面，仅为笔者一孔之见。

同土司的领地，如临安府的教化长官司（约为今文山、砚山两县地）、八寨长官司（约为今马关、麻栗坡两县地）、广南土府（约为今广南、富宁两县）和属于广西土府的维摩土州（今丘北县地）。在明朝土司制度下，土司承袭皆"豫为定序造册，土官有故，如序袭职"①。所谓"豫为定序造册"即保留于明廷礼部的《土官底簿》②，当老土司去世，新土司承袭需依《土官底簿》核实谱系无误，由皇帝亲自"圣旨""钦此"确立土司的任命世袭。各土司依照"内朝贡体系"③，明成祖敕礼部"蛮夷既服辜，即释不问，一体给以信符，令三年一朝贡"④，因此终明一代，凡明朝册封的土司都遵循此例三年一贡。明朝对朝贡的土司，均按其职官品级赐予诰印（册封土司的任命文书）、冠服（赐予土司相应职官等级的官服）、印章（作为土司代表朝廷间接统治土民权力的官印）。⑤ 土司制度和"内朝贡体系"建立起土司与君上（皇帝）的归附臣属关系和直接联系，领主制土司⑥则凭借朝廷赐予的各项特权拥有其治下的领地和土民，由此截断了君（皇帝、皇权）与土司治下土民的联系和直接治理权，因此直至明末滇东南边疆土司地区的土民知土司而不知君（皇帝）；国家则有其疆而无其土，即国家不能掌控和丈量土司治下开发土地数量；有"夷方"而无其民，朝廷无土司地区编户治民权，明代滇东南土府、土州"本府州系夷方，原无实籍人户"⑦；有其边而无其防，明朝以土司作为边疆之"藩篱"，没有军队进入布防镇戍。由此可见，土司

---

① 《明史》卷313《云南土司传》，中华书局1974年版，第8085页。
② 佚名《土官底簿》（《四库全书·史部·职官类》）为明正德以前诸土司官爵世系、承袭削除记载。
③ 当前学界对朝贡体系的研究主要偏重于周边藩属国对中原政权具有经济贸易特征的外朝贡体系，如滨下武志《朝贡体系与近代亚洲》和黄纯艳《中国古代朝贡体系研究的回顾与前瞻》等研究，实际上明朝还存在着一个与藩属国朝贡体系有差异的边疆民族地区土司朝贡体系，笔者姑且将之称为"内朝贡体系"。
④ 《明太宗实录》卷66，永乐五年夏四月丙戌。
⑤ 陆韧：《元明时期西南边疆与边疆军政管控》，社会科学文献出版社2015年版，第164—165页。
⑥ 江应樑：《略论云南土司制度》，载《江应梁民族研究文集》，民族出版社1992年版，第313—337页。
⑦ （明）刘文征：《滇志》卷6《赋役志》，古永继校点，王云、尤中审订，云南教育出版社1991年版，第242页。

制度不仅截断了朝廷与土民的直接联系，还阻碍了国家力量和国家治理的深入。国家在土司区域缺乏"掌土治民"[①]和有边无防状态，严重威胁着国家疆域的稳定和巩固。如明末广南府侬土司嫁女儿给安南（今越南）保乐州土司，将三蓬地方作为嫁妆送给保乐土司。然而没过多久，嫁去安南保乐的广南土司女儿去世，广南侬土司即提出收回三蓬地方要求，但保乐州土司不答应。经过较长时间的争议，只索回了上蓬中的八个寨子。[②] 广南土府"三蓬事件"是典型土司地区国家治理缺失下的有疆无土和土司领主制下跨国联姻引发的割地丧土事例。聂迅正是在这一背景下，针对明代滇东南中越边疆危机的深层次问题，提出清代国家治理向边疆演进研究命题，意义不言而喻。

清代与明代相比，最大差别在于国家治理向边疆和边界地带推进。首要的问题是土司特殊政区[③]向内地正式政区演变的一体化进程。因为只有通过国家分层级划分不等幅员的正式行政区才是实施国家治理体系（即国家的政治、经济、军事、教育等制度）的主体。土司地区的土府、土州、土县和长官司等是特殊政区，国家通过土司对土民进行间接管理，难以像内地正式政区那样政令通达，更难实现掌土、治民、安邦定国。因此，边疆地区首先必须实施与内地一体的正式政区体制，才谈得上国家治理。聂迅在本书中从行政区划入手，考察正式政区在滇东南边疆的时空演进过程，他敏锐地注意到清代滇东南边疆的行政区划经历了无辖县府级政区—有辖县府—县（厅）级政区完善的发展过程。清朝平定云南后，立即将广南土府改流，康熙六年（1667年）又将明代临安府（治今建水县）边远的教化、王弄、安南三长官司"改流设府"为开化府。康熙八年（1669年）撤广西

[①] 笔者提出国家设置行政区划的核心要素应当为"掌土治民"。所谓"掌土"，即在行政区划内实施的土地管理方式，在边疆特别表现为疆域领土的管控，其内部则表现为国家对土地资源的占有形式、土地开发制度和土地的收益管理，实行清丈土地。所谓"治民"，则是对行政区域内人口管理的方式，国家治理下的正式政区完全实现了政区内各民族的编户籍民。（见陆韧、凌永忠《元明清西南边疆特殊政区研究·导论》，人民出版社2013年版，第3页。）

[②] 林超民：《明代云南边疆问题》，《中国边疆史地研究报告》1988年第2辑。

[③] 陆韧、凌永忠：《元明清西南边疆特殊政区研究·导论》，人民出版社2015年版，第4页。

府（治今云南泸西县）维摩土州，将其地分属广南府和开化府。① 于是清前期滇东南边疆形成广南、开化两个无辖县府。虽然实现了国家首次向该地区派驻府级官员和府级政区机构，但在国家的行政区划层级中，县是丈量土地和编户籍名行政管理主体，统县政区府不直接"掌土治民"，故改流后广南、开化两府无辖县，土地、土民依然在次级土司领主管控下，形成国家治理虚悬之势。雍正三至六年（1725—1728 年）中越"大小赌咒河之争"即是无辖县府国家治理虚悬，府级官员未能认知边疆地理形势，不掌控疆界领土的例证。自公元 10 世纪安南独立，滇东南便成为中越边境地带，长期以来中方与安南边民约定成俗地以大赌咒河（在今越南境内的安边河）实际边界。但安南乘明清改朝换代之际，以蚕食的方式向中国境内推进了 130 里之地。雍正年间开发边地矿业，始发现安南蚕食越界情况，而开化府地方官对安南越界占地情况浑然不知，为逃避责任搪塞敷衍，随指一条小河沟为赌咒河，从而引发中越边境"大小赌咒河之争"。其后在雍正重视和云贵总督高其卓、鄂尔泰力争下，清朝仅收回被安南所占 80 里疆域，尚有 50 里疆域之地未能收回。② 2010 年 8 月笔者在当地百姓指引下看到马关县城外宽一丈盈尺的所谓小赌咒河时，不由感慨，缺乏国家"掌土治民"的边疆，疆土何以固守？聂迅在国家治理视角下研究改土归流与边疆正式政区设置的内在关联问题，其研究并不像以往学者那样仅止于府级政区的改土归流，而是将研究向县级政区设置推进，以此作为国家边疆治理的必备条件。因为中国历史上存在时间最长、最稳定的县级政区是国家治理的基本行政单位，国家通过县"清丈土地"和"编户籍民"，实现"掌土治民"的行政管理；县级政区及其被称为"父母官"县级地方官代表国家负责地方治理、开发和文教建设。只有设置了正式的县（厅）和相应行政机构的地方，才能实现真正的国家治理。本书以县级政区设置作为国家治理程度和深入边疆民族地区的考量重点，细致考察了"大小赌咒河之争"后，雍正八年（1730 年）立即在开化府设置文山县（今云

---

① 《清史稿》卷 74《地理志·云南》，中华书局 1977 年版，第 2344—2346 页。
② 方国瑜：《中国西南历史地理考释》下册，中华书局 1987 年版，第 1295—1299 页。

南文山州文山县),乾隆年间改革"不合体制""不成郡"的云南无辖县府级政区①,强化边疆县(厅)设置,至清末滇东南边疆地区县级政区基本完善,是国家治理由虚悬到抵达边界地带时空演进的有力诠释,是国家边疆治理研究的重大创新。

  作为国家机器的军队建立的国防体系是国家力量深入边疆的又一重要方面。军队是国家授权使用致命武力及武器来保护人民利益,是防备和抵抗侵略,保卫国家主权统一、领土完整和安全的武装力量。边防是国防的重点,国家军队是边防的中坚力量,边防体系建设主要以国家军队编制和边防设施布局而构成。滇东南边疆纳入版图虽早,但清代以前几乎没有国家正式军队的进入,边防主要靠土司作为"藩篱"守边。"藩篱"粗疏和土司拥有土兵数量有限,成为清代以前国防薄弱区域,更有甚者土司制度阻碍了国家军队的国防布局深入边疆。例如,明朝曾打算在滇东南边疆广南土府驻扎广南卫进行镇戍,但终因土司阻扰和瘴疠困扰,广南卫无法在广南土府实现长驻镇戍,不得已只能回撤设置于云南府城(今昆明市)②,所以清以前滇东南边疆没有国家军队进入和边防体系。从这个角度说,聂迅以边疆军事体系建立的时空演进作为边疆国家治理的重点,具有深邃思考。本书翔实考论清代以来国家军队首次进入滇东南边疆以及绿营兵汛塘设置的边防布局时空演进,更将研究推进到晚清西方列强侵扰下西南边疆危机和现代国家国防体系建构等问题研究。晚期帝制时代的传统边防体系难以抵御西方帝国主义坚船利炮侵扰,1885年中法战争中,越南沦为法国殖民地,法国乘机侵犯滇东南边疆,今天马关县内法军修筑的炮楼残垣断壁历历可见,所幸当地清军与刘永福黑旗军及上万汉、壮、苗、彝各民族奋起反抗,将法国侵略者赶出国境,体现国家军事力量深入边疆护捍边和边民国家认同增强在保家卫国上发挥重要作用。以往学界注意到传统边防不能完全承担抗击帝国主义侵略重任,在清末"新政"期间,云南边疆形成"西防""南防"两个边防

---

① 《清高宗实录》卷852,乾隆三十五年二月庚戌。
② 陆韧:《明代云南汉族移民定居区的分布与拓展》,《中国历史地理论丛》2006年第3期。

系统。然而，长期以来"西防""南防"边防布局无人能解。2014年酷暑盛夏，聂迅在北京住地下室，啃干粮，进行艰苦的资料搜集。功夫不负有心人，终于在国家图书馆发现了佚名手抄本《云南南防调查报告》，该报告清晰记录了所谓的"南防"正是在清末新政中建构的以滇东南中越边境为主的边防系统，由严整布局的三道防线、军事据点、指挥枢纽与后勤补给的交通通信网络组成了具有现代国防特点的边防体系。《云南南防调查报告》的发现，使该书完成了从清初国家军事力量首次进入滇东南边疆地区到现代国防"南防"体系建构的完整时空演进研究，可谓填补了晚期帝制传统边防向现代国防转型研究的空白。更值得一提的是，聂迅在对佚名手抄本《云南南防调查报告》初步研究中发现，该调查报告大概成稿于1912年4—5月，很可能是辛亥革命云南"重九起义"后不久，时任云南都督的蔡锷即派云南陆军讲武堂两名参谋前往"南防"进行调查的记录，蔡锷曾于1912年5月亲赴"南防"军事指挥枢纽蒙自视察，民国初年现代国防与晚清新政的国防体系承袭关系得以揭示，成为该书的重大贡献之一。

在传统帝制中国，主要是君（皇帝）与臣民的关系，而介于君与民之间则是代表国家的官吏。① 在滇东南通过改土归流和正式政区府、县（厅）的设置，国家才能派出地方官深入该区进行国家治理。因为深入滇东南边疆的地方官代表国家在所管辖的政区通过模拟、移植和创新实施国家治理体系，即内地已经广泛推行的政治、经济、军事、文化等相关制度，地方官施政的成效则是国家治理能力的体现，所以滇东南边疆国家治理的研究还应重视国家一系列相关制度深入边疆的研究。基于这一认识，本书借助地方志记载全面考论国家治理深入边疆的基本情况，这一研究方法值得肯定。因为清代以前的滇东南边疆在土司制度下，土司并不按朝廷规制40或60年编写地方志，只有改土归流和正式政区府县建立后才开始编纂地方志。清乾隆二十二年（1757年）开化知府汤大宾主持纂成《开化府志》，乾隆四十四年

---

① ［加］卜正民：《明代的社会与国家》，陈时龙译，商务印书馆2014年版，第25页。

（1779年）广南知府单光国主持修纂了《广南府志》，滇东南边疆首次有了自己的地方志，首次有了反映国家制度实施情况的记载，如政治行政体制的架构、府县城池衙署的修筑及格局、军事边防的布局、田地赋役数、人口的编户籍名、当地民族称谓及分布、府县官学设置、文庙学宫，乃至仓储、养济院等都在地方志中得以反映，这些都是土司时代不具有，国家治理深入所必备的，也是国家治理体系落实边疆的实证。更重要的是，聂迅通过地方志考察了国家治理能力深化下的边疆基层结构体制变迁，清朝在滇东南边疆通过创新移植内地的里甲制度，变土司制度下以血缘为基础的民族社会结构为里甲地域分野的基层社会管理组织，打破了土司领主管控的基础，建立起国家掌土治民的基层组织结构，并发现在滇东南边疆创新性地将内地以户为单位的里甲制度改革为适合边疆民族地区的特殊性的以村寨为单位的里甲，每里大约百余村的地域分野，甚至成为今天乡镇基层政区的雏形。村寨地域分野的里甲成为国家治理和教化的基层单位。曾在滇东南壮族、苗族、瑶族、彝族较多的开化府、广南府清代以前没有任何学校的地方以里为单位设置义学40余所，作为少数民族孩童的初等教育机构，义学教育不以科举考试为目的，而以教育少数民族子弟"识字明理"和国家认同为宗旨[①]，义学还承担着教化边民的重任，在边疆民族地区以基层社会组织为单位，依靠义学师资进行《圣谕广训》宣讲。云南地方志保留了大量《圣谕广训》宣讲内容记载，这些宣讲文本与内地不尽相同，多为通俗化的甚至用各少数民族语言编写的宣讲国家政令、移风易俗和国家认同等内容，从而增强边疆民族的国家认同感和各民族共同维护国家领土完整责任感。[②] 所以聂迅在本书中将滇东南边疆基层社会组织的变革作为国家治理的重要内容研究，蕴意深刻。

可见，通过对滇东南边疆改土归流与正式政区设置、国家边防军事体系建立和基层社会组织重构的国家治理研究表明：经过有清一代

[①] 陆韧、于晓燕：《试论清代官办义学的性质与地域特点》，《历史地理》第22辑，上海人民出版社2007年版，第277—287页。

[②] 娄玲敏：《〈圣谕广训〉在西南少数民族地区的传播与影响·结语》，硕士学位论文，云南大学，2015年。

的努力，国家力量抵达最边远的边境地带每寸领土、每户人家，这个过程中边民感受到的不是"皇恩浩荡"，而是国家治理体系（各项制度）由地方官员实施成效和基层社会组织重构所带来的社会变迁，使晚清近代处于抗法侵略和护国捍边最前沿的边民更强烈地感受到有国才有家，强大的国家力量是边民安身立命之本，对国家认同、热爱和护卫之情在滇东南边民"天地国亲师"的供奉中彰显和流传，国家治理边疆的时空演进历程由此清晰可见。

陆　韧

云南大学呈贡校区

2018 年 10 月 14 日

目 录

导论 …………………………………………………………… (1)
    一 选题缘由 ………………………………………………… (1)
    二 相关问题学术综述 ……………………………………… (8)
    三 研究的理论、方法、资料 ……………………………… (38)

第一章 元明时期云南东南部的边疆管控 ………………… (43)
  第一节 元明时期云南东南部边疆管控 …………………… (44)
    一 临安路与广南西路的设置 ……………………………… (44)
    二 元代云南行省东南边疆地区的土官治理模式 ……… (46)
    三 临安广西道元江等处宣慰使司兼管军万户的
       军政管控 ………………………………………………… (48)
  第二节 明代滇东南治理的深化 …………………………… (50)
    一 明朝西南边疆治理的深化 ……………………………… (50)
    二 明代广南府与广南卫设置挫折 ………………………… (53)
    三 滇东南边疆地区土司制度的演化 ……………………… (57)
    四 明末清初"沙普之乱"波及下的滇东南
       边疆 ……………………………………………………… (59)

第二章 清初滇东南边疆民族地区的治乱与初步理正 ……… (61)
  第一节 清初西南边疆的治乱 ……………………………… (61)

一　大西军平定沙定洲之乱 …………………………………（61）
　　二　消灭南明政权与吴三桂势力深入滇东南
　　　　边疆地区 …………………………………………………（62）
　　三　平定"三藩之乱" ………………………………………（65）
　第二节　清初对云南的理正 …………………………………………（67）

第三章　清初滇东南行政区划的设置与管理 ………………………（74）
　第一节　开化府的设置 ………………………………………………（74）
　　一　康熙六年开化府的设置 ………………………………（74）
　　二　开化府城的地理格局 …………………………………（77）
　　三　三长官司存留的土民管理职能 ………………………（88）
　第二节　广南府改流与流土并治 ……………………………………（90）
　　一　明清广南府的地理格局 ………………………………（90）
　　二　广南府改流 ……………………………………………（95）
　　三　广西府维摩州并入广南府 ……………………………（98）
　第三节　无辖县府级政区的管理局限 ………………………………（100）

第四章　清中后期至民国初年边疆与内地行政区划体系的
　　　　　一体化进程 …………………………………………………（103）
　第一节　乾隆时期云南行政区划与内地一体化的整肃 ……（104）
　第二节　开化府设县 …………………………………………………（106）
　　一　文山县的设置 …………………………………………（106）
　　二　加强对偏远地区府亲辖地的管理 ……………………（107）
　第三节　广南府地区行政区划调整 …………………………………（111）
　　一　广南府县级政区的设置 ………………………………（111）
　　二　广南直隶厅改置的流产 ………………………………（114）
　第四节　滇东南边疆地区的特殊政区 ………………………………（116）
　　一　开化府安平厅设置 ……………………………………（117）
　　二　中法战争后河口、麻栗坡对汛督办设置 …………（122）
　　三　民国初年河口、麻栗坡对汛督办向行政
　　　　区划的演变 ………………………………………………（126）

第五章　清代滇东南边疆形势的演变与军事防御体系的边疆管控 ………………………………………………………（132）
　第一节　清代滇东南边疆形势的演变 ……………………………（132）
　　一　清初滇东南边疆态势 ………………………………………（132）
　　二　雍正中越界务之争及勘界 …………………………………（134）
　　三　安南对滇东南边疆地区国土的觊觎与蚕食 ………………（144）
　　四　流民对边疆地区的滋扰及官方的处置 ……………………（148）
　第二节　滇东南军事防御体系的建构与边疆管控 ………………（152）
　　一　清初滇东南绿营兵镇戍体系的建立 ………………………（152）
　　二　清代滇东南汛塘制度的设置 ………………………………（172）
　　三　临安开广道的军事管控作用 ………………………………（177）
　　四　滇东南的边防认识与布防地理解析——以《滇省舆地图说》为例 ……………………………………（182）

第六章　晚清边疆局势的变化与滇东南现代边防体系的建构 ……（187）
　第一节　晚清边疆局势的变化 ……………………………………（187）
　　一　道、咸、同变乱下的云南社会 ……………………………（187）
　　二　法国殖民主义者对越南的侵略及对云南领土的觊觎 …………………………………………………（194）
　　三　岑毓英入越抗法及中法战争后"黑旗军"游勇在边境地带活动 ………………………………………（202）
　第二节　滇东南边防现代化的演进 ………………………………（209）
　　一　河口、麻栗坡对汛督办的军事协调功能 …………………（209）
　　二　中法滇越勘界与部分边疆国土的收复 ……………………（210）
　　三　清末新政下滇东南新式边防军的建置 ……………………（222）
　　四　蛮（耗）河（口）联防及对红河水运的护卫 ……………（226）
　第三节　云南现代南防军事体系的建立 …………………………（232）
　　一　南防军事体系的组织结构 …………………………………（232）
　　二　南防体系的边防布局 ………………………………………（235）
　　三　民国初年对滇东南的"南防调查" ………………………（241）

第七章　国家治理向基层社会的推进 …………………………（254）
第一节　掌土治民：滇东南地区与内地一体化 …………………（255）
　　一　治民：政区健全区的户籍管理 …………………………（255）
　　二　掌土：正式政区的土地清丈 ……………………………（261）
第二节　滇东南基层管理组织的建构及管理特点 ………………（271）
　　一　移植与模拟：内地基层社会管理组织在滇
　　　　东南地区的建构 ……………………………………………（271）
　　二　滇东南里甲、保甲组织的建立与地理分野 ………………（281）
　　三　民族社会结构与国家基层组织结合的边疆治理 ……（290）

第八章　国家治理能力的体现
　　　　——滇东南边疆民族地区的社会经济发展 …………………（295）
第一节　国家招垦政策指导下的山区开发 ………………………（295）
　　一　清代云南农业生产的发展 ………………………………（295）
　　二　外省移民的涌入与滇东南山区的开发 …………………（300）
第二节　清代"开边禁内"政策下的滇东南国家矿产
　　　　　资源开发 ……………………………………………………（304）
　　一　滇东南矿产资源的分布格局及矿产资源开发 ……（304）
　　二　矿产资源的开发与矿业移民 …………………………（308）
　　三　清末矿业衰败及矿业游民问题的处置 …………………（310）
第三节　国家治理下文化教育与公共事业的发展 ………………（315）
　　一　开化府官学体系的建立与发展 …………………………（315）
　　二　广南府官学体系的建立与发展 …………………………（323）
　　三　少数民族教育与义学的设置和分布 ……………………（327）
　　四　仓储赈灾体系的建立 ……………………………………（331）

结语 …………………………………………………………………（334）

附录 …………………………………………………………………（339）
　　一　康熙至嘉庆滇东南绿营兵设置简表 ……………………（339）
　　二　道光十二年开化府汛塘设置情况表 ……………………（342）

三　道光十二年广南府汛塘设置情况表 ……………（352）
四　清代开化府里甲所属村寨及种人 ……………（360）

参考文献 ……………………………………………（372）

后记 ……………………………………………………（385）

导　　论

一　选题缘由

本书试图以历史地理学的视角和方法对清代国家治理中边疆治理的区域演进和历史进程进行研究。

2013年11月，习近平总书记在党的十八届三中全会上指出："国家治理体系和治理能力是一个国家制度和制度执行能力的集中体现。国家治理体系是在党领导下管理国家的制度体系，包括经济、政治、文化、社会、生态文明和党的建设等各领域体制机制、法律法规安排，也就是一整套紧密相连、相互协调的国家制度；国家治理能力则是运用国家制度管理社会各方面事务的能力，包括改革发展稳定、内政外交国防、治党治国治军等各个方面。"①

基于此，我们领会"国家治理"的核心是由国家治理体系和治理能力两方面组成的。国家治理体系包含了管理国家的制度体系，以及管理国家政治、经济、文化、社会等各方面的体制机制、法律制度等；国家治理能力体现为运用国家制度管理社会各方面事务的能力。在国家治理体系中，管理国家的制度体系，包括为管理国家广大地区而制定和建立的行政区划，中央政府和各层级行政区划配套的各级政府，以及从中央到地方管理政治、经济、文化、军事、社会等各种事

---

① 习近平：《切实把思想统一到党的十八届三中全会精神上来》，《求是》2014年第1期。

务的职能部门、机构和组织等所形成的管理国家的制度体系;国家还需根据现行社会制度,制定管理国家政治、经济、文化、社会、军事等各方面事务的制度、法律、规章、政策等,以上制度法规共同形成管理国家的体制机制和法律制度。因此,行政区划、中央地方各层级政府机构、组织,以及国家政治、经济、文化、社会、军事等各方面事务的制度、法律、规章、政策等即为国家治理体系,而中央各职能部门、地方政府、各级各类管理机构和中央地方各级官员等运用国家制度管理全社会各方面事务的能力,就是国家治理能力。国家治理体系侧重于制度层面,国家治理能力强调对国家制度、法规等的实施和贯彻力,所以,"国家治理体系和治理能力是一个有机整体,相辅相成"①。反观历史时期,任何一个朝代的国家都有国家治理的行政区划、制度、方略和措施,它们构成不同时期国家的国家治理体系,对国家制度和法规等实施贯彻力,反映的是国家治理能力。因此,以当下国家治理为依据和出发点,可考察历史时期国家治理的基本情况。

当然,在中国历史上的帝制时代,还没有如此完善的国家治理概念,但对应的表达则是存在的。古文献中"治"与"理"单字为词,分别运用。《说文解字》卷11《水部》记"治"字称"𣿗,水。出东莱曲城阳丘山,南入海。从水台声。直之切"②。《说文解字注》言"按今字训理。盖由借治为理"③。治引申为水有患则治之。理,《说文解字》卷1《玉部》称"理,治玉也。从玉里声。良止切"④。《说文解字》徐铉注曰:"物之脉理,惟玉最密,故从玉。"⑤《说文解字注》言"治之得其鰓理以成器不难,谓之理。凡天下一事一物,必推其情至于无憾而后即安,是之谓天理。是之谓善治"⑥。据此,"治"与"理"作动词使用时可以互训,但在后世的组词使用上,"治"与

---

① 习近平:《切实把思想统一到党的十八届三中全会精神上来》,《求是》2014年第1期。
② (汉)许慎:《说文解字》卷11《水部》,中华书局1963年版,第227页。
③ (清)段玉裁:《说文解字注》,上海古籍出版社1981年版,第540页。
④ (汉)许慎:《说文解字》卷1《玉部》,中华书局1963年版,第12页。
⑤ 《康熙字典》,汉语大辞典出版社2002年标点本,第685页。
⑥ (清)段玉裁:《说文解字注》,上海古籍出版社1981年版,第15页。

"理"则有差别。对国家与社会而言,"治"更多地表达治理混乱的局面,使国家安定太平,"治乱"组词逐渐形成,《孔子家语·哀公问政》有"继绝世,举废邦,治乱持危,朝聘以时,厚往而薄来,所以怀诸侯也"①。凡国家、社会、地区有乱、有患、有害则治之,带有惩罚、惩办之意。而"理",初意为玉有纹路,琢玉者循其纹理而治之成精玉,其后多表达为顺从事物内在道理、法则做事,顺势而为。所以古代国家治理常常表现为"乱"则"治"之,"治"后需"理"之,"理"为国家治乱之后的管理,此乃"治国理政"基本方针,表现为历史上的国家治理。因此,研究帝制时代的国家治理,应关注的是国家的"治乱",即国家如何治理混乱的局面;治乱之后必须贯彻国家的各项制度法规,使国家安定太平,顺利发展,达到国家治理。

在中国古代,国家治理的进程往往以"善后"一词来表达,很少用"理正"表示,故而历史上"治乱"与"善后"形成国家治理的特殊表现形式。"善后"一词常常出现在国家和地区发生灾变丧乱,国家派军队并运用其他手段"治乱"后,妥善地料理遗留问题、恢复社会秩序、贯彻国家制度等进程中。《宋史》记元丰年间改革官制并制定《市易法》后贯彻不力,宋神宗说"朝廷造法,皆本先王之制,推行非人,故不能善后"②,"善后"即实施和贯彻国家制度。北宋末年,金兵入侵,宋廷南迁,战事暂停,李纲上奏称"臣夙夜为陛下思所以为善后之策"③,此处有战后恢复社会秩序、完善各项制度,以图中兴之业之意,均带有"国家治理"的含义。

明清以来,"治乱"与"善后"多用于边疆民族地区的戡乱和贯彻国家一体化制度方面,成为治理边疆民族地区的重要方略。《明史·云南土司传》言"而于土司事迹,止撮其大纲有关乎治乱兴亡者载之,俾控驭者识所鉴焉"④。《清史稿·土司传一》有"故云、

---

① 《孔子家语》卷4《哀公问政第十七》,王国轩、王秀梅译注,中华书局2009年版,第146页。
② 《宋史》卷320《王素传附从孙震传》,中华书局1985年标点本,第10407页。
③ 《宋史》卷359《李纲传下》,中华书局1985年标点本,第11265页。
④ 《明史》卷313《云南土司传》,中华书局1974年标点本,第8063页。

贵、川、广恒视土司为治乱"①。正统十一年（1446年）明朝大军取得"三征麓川"重大胜利后，云南"总兵官沐斌及参赞军务侍郎杨宁等，以朝廷既贷思机发以不死，经画善后长策以闻"②，是为云南地方官在对麓川进行军事戡乱后，依照明朝制度，筹划滇西边疆地区长治久安的政策方略。清朝更是在对边疆民族地区广泛采用"乱既定……善后诸事"③做法，来推进边疆民族地区的治理。如乾隆十五年（1750年）清朝出兵西藏平定叛乱后，"命侍郎兆惠赴藏，同策楞办善后事宜"④，制定和贯彻清廷的西藏政策，治理藏区。乾隆五十七年（1792年）再次"命福康安、孙士毅等会商西藏善后事宜"⑤，说明"治乱"主要为军事征伐，是一时之事，善后则需较长时间深入进行，是国家边疆治理的常态和经常性做法。大凡清廷完成了边疆地区的戡乱后，必须及时进行善后工作。道光七年（1827年）清朝平定新疆张格尔叛乱后，连续派贺长龄、杨方等"办理回疆善后事宜"⑥。清代还逐渐形成对边疆地区的叛乱和外敌侵扰"治乱用严"⑦，"善后"则为全面的边疆治理，所以，清朝在边疆民族地区戡乱后的"善后"，不仅仅局限于灾变丧乱后妥善地料理遗留问题，而更多地带有全面贯彻国家边疆治理的方针、政策、制度，在边疆地区建立和完善国家行政区划、管理机构，甚至根据边疆地区的特殊情况，主持制定相应的治理体系并加以落实。如顺治十六年（1659年）清朝平定并统一云南后，时任太子太保的云南永昌人王弘祚即以"云南平，迭疏上善后诸事，请开乡试，慎署员，设重镇，稽丁田，恤士绅，抚土司，宽新政"⑧，其对清初武力平定云南后的善后疏奏涉及国家对边疆治理的政治、经济、文化、社会等各个方面。康熙平定"三藩之乱"后，二十一年（1682年）蔡毓荣调云贵总督，"累疏区画善后诸

---

① 《清史稿》卷512《土司传一》，中华书局1977年标点本，第14204页。
② 《明史》卷314《云南土司传二》，中华书局1974年标点本，第8119页。
③ 《清史稿》卷332《徐嗣曾传》，中华书局1977年标点本，第10969页。
④ 《清史稿》卷11《高宗本纪二》，中华书局1977年标点本，第409页。
⑤ 《清史稿》卷15《高宗本纪十五》，中华书局1977年标点本，第554页。
⑥ 《清史稿》卷17《宣宗本纪一》，中华书局1977年标点本，第642页。
⑦ 《清史稿》卷332《徐嗣曾传》，中华书局1977年标点本，第10970页。
⑧ 《清史稿》卷263《王弘祚传》，中华书局1977年标点本，第9902页。

事",形成了清朝治理云南边疆地区的纲领性文献——《筹滇十疏》。① 因此,"治乱"与"善后"成为边疆民族地区国家治理的主要表现形式。

无论历史时期还是今天,国家治理的范畴都包含了国家的整体疆域、全部地域、全体国民和民族。从地理视角看,国家既有中心区域,又有广袤的边疆区,当代中国陆疆包括黑龙江、吉林、辽宁、内蒙古、甘肃、新疆、西藏、云南和广西9个省区,边疆地区占国土总面积的60%以上。从国民和民族构成看,中国统一多民族国家由56个民族组成,但作为主体民族的汉族主要聚居和分布于中心区域,大部分边疆区域则为少数民族广泛分布区。老一辈历史地理学家对中国多民族统一国家的建构和疆域形成有精辟的总结:"中国是一个由多民族共同缔造的统一国家。中华民族大家庭中每一个成员在历史时期中在祖国土地上劳动、生息的范围及其所建立的政权的疆域和政区,都是中国历史上疆域政区不可分割的一部分","中国现今的疆域是四千多年来以华夏族为主体的政权与周边各族的部落、部族和政权在长期融合的过程中逐渐形成的"。② 中国国家建构和疆域形成并非一蹴而就,而是经历了漫长的历史进程;国家治理必定也非整体一致,呈现出内地中心区与边疆区的差别,以及汉族地区与边疆少数民族地区的不平衡性。清朝在统一全国的进程中,逐渐使边疆与内地的政治、经济、文化等一体化,并奠定了今天中国疆域版图的基础,为统一多民族国家的形成作出了巨大的贡献,这其中体现着清朝的"国家治理"。所以,清代不仅实现了我国疆域的完整统一,而且国家治理一体化进程也取得了里程碑意义的重大进展。

中国帝制时代,在"普天之下,莫非王土"旧有观念的长期影响下,呈现出"家""国"不分的情况,皇帝既代表朝廷,也代表国家,故而中国历史上"没有一个被各个王朝或各政权共同认同的国家名称,只有王朝名称或以家天下为代表的政权称号。因此,尽管出现了统一国家,但是我们看到有秦,有汉,以及隋、唐、宋、元的国

---

① 方国瑜:《云南史料丛刊》(第8卷),云南大学出版社2001年版,第423页。
② 邹逸麟:《中国历史地理概述》,上海人民出版社2005年版,第91页。

号,这些王朝名称更多地体现传统的家国观,即汉则刘汉江山,唐则李唐王朝,但是号称'一统'的各统一王朝尽管相互承认一脉相承的关系,却始终没有形成共同认同的国家名称"①。那么,帝制时代国家治理的主体是如何体现的呢?对此,笔者认为,国家表现为以皇帝为代表的统治集团形成朝廷(中央机构),并在国土范围内建立的行政区划和基层组织(里甲、保甲、乡约等),朝廷制定政治、经济、文化、军事等各项制度,通过行政区划、地方政府和军事组织机构对全国进行分层级的管理,构成国家治理体系;又通过处于皇帝与千家万户中间层的地方官被任命来为国家管理地方事务来实现国家治理。在中国历史上,国家的建构与治理一体化进程是不平衡的:有的地区虽然早已纳入国家的疆域版图,但是由于地处偏远、民族和社会等因素,国家治理长期以来未能真正深入,形成了一些治理的"空缺"地带,即国家行政管理并没有进入该地区。因此,对边疆地区的国家治理,用历史地理的视角和方法,可以从行政区划的建置、边疆军事防御体系的构建、国家在边疆民族地区基层社会的基础管理体制建设三方面,由内地向边境地区演进的地理特征进行考察;国家治理能力则可从边疆地区贯彻国家政治、经济、文化、军事等各项制度情况,即边疆与内地国家治理的一体化进行研究。

云南东南边疆地区,自西汉元鼎六年(前111年)设牂牁郡以来即纳入王朝的疆域版图,但长期没有完整的行政区划,更缺乏完善的国家治理体系。元、明时期虽于洪武十五年(1382年)设广南府,但临安府南部最边远地区,是由教化三部、王弄、安南三个长官司间接管理,府级政区下未设县级政区,行政区划的建制并不规整,没有真正落实到国家治理层面。直至清朝初年才改流设治,设立开化府,整个滇东南区域逐渐地纳入国家治理的范围之内。然而,清初虽然改流设府,但府级政区之下仍以原土司地区划分,基层组织也仅靠土官管理,虽然行政区划已有建构,但是土地未清丈、人口未编户,边疆与内地并未达到一体化,不能简单地认为国家治理已深入基层社会。

---

① 陆韧:《明朝的国家疆域观及其明初在西南边疆的实践》,《云南师范大学学报》(哲学社会科学版)2010年第5期。

清代国家治理逐渐深入滇东南地区的进程伴随着整个清朝的进程。

西南边疆的滇东南区域是在清代才基本完成了行政区划的建立、边疆军事防御体系的构建、基层社会的管理体制建构，并在贯彻实施国家制度和各项政策措施方面取得长足进步。因此，本书选取边疆治理中具有典型意义的西南边疆之滇东南边疆区进行研究，研究清代国家治理中边疆治理体系的制度性特征，揭示国家治理在边疆地区的区域演进历程，探讨边疆与内地的国家治理一体化进程。

清代滇东南区域大致为今天云南文山壮族苗族自治州的文山市、马关县、麻栗坡县、西畴县、砚山县，红河哈尼族彝族自治州的屏边苗族自治县、河口瑶族自治县，蒙自市的东部及金平苗族瑶族傣族自治县的东部，与越南接壤，该区域战略位置险要，是国家军事布防的重要区域，民族成分复杂，有清一代残余的土司势力未能根除，难以对基层社会进行充分、有效的管理。雍正、光绪时期与安南（越南）有过两次较大的边界纷争，以上多种因素的交杂使得滇东南地区的国家治理难以深入。此外，该区地处云贵高原的南部，是典型的喀斯特地貌区，六诏山脉横贯整个文山州，总体地势南部、东部、北部低矮，西部、中部较高。笔者曾于2014年7、8月间跑遍文山州所有县级区域，对滇东南地区喀斯特地貌下环境的特殊性有了深刻的认识：有一条明晰的界线呈现出两种不同的喀斯特地貌，丘北、广南、富宁三县地形以峰林、平坝地形地貌为主，村落较为聚集；而南部地区的马关、西畴、麻栗坡等县以裸露地表的石芽地貌为多，已有严重的石漠化现象，该区的居民呈散、杂居状分布，汉族与少数民族杂居，越往边境则以少数民族居多。2015年11月，笔者再次考察了红河州的石屏、建水、个旧、蒙自县，以及文山州的文山、马关县，这些地区既是国家矿业资源铜、铅等的富集区，还是清末新军建制下南防的重点布防区。经过两次实地调查，笔者已对滇东南区域的自然和人文地理环境有了深刻的认识。

该区域在清初呈现出国家治理体系的"虚悬"和不完善特点。同时，在自然环境、居住人口、生产方式、居住方式、文化形态等各方面均有着巨大的差异，即便是在乡村，每隔几十公里，其生活方式、自然条件、聚落类型乃至田野形象和色彩都会发生变化。因此，区域性研究就显得尤为必要。鉴于该区域地理环境、民族散杂居等特殊性，本书以历史地理学为视角，借助民族学、人类学等相关学科的理论与研究方法，以清代滇东南地区为例，论述清代对滇东南地区的治理进程，探讨其治理的历史意义。

基于上述思考，笔者想进一步探讨：多民族的国家是如何形成的？作为国家权力进入边疆民族地区最重要的手段之一，以清代开化府设立为例，行政区划是如何设立的？元明时期开化府设立以前，在这个地区是以长官司的形式进行间接管理，即不打破原有的社会结构和土司上层结构归附国家，接受国家的治理，国家治理没有真正落实在这个地区。设立开化府以后，最明显的特征就是府、县级政区和里甲制度的建立，这也是本书研究的起点。

二　相关问题学术综述

国家治理与边疆治理相关研究综述

任何一个国家都有自己独特的建构方式和历程。一个国家的建构方式和不同历史进程会直接影响该国的国家治理方式和阶段性特征，特别是中国的国家建构历经了上下五千年的漫长进程，涉及960万平方公里的陆疆和473多万平方公里的海疆，国家建构中的时代特征，国家边疆的区域差异，深刻影响着我国的国家治理方略。因此，我们应首先探讨中国的国家建构对国家治理的影响。

有关中国国家建构的特征和模式，有许多学者提出了重要的见解。许倬云认为中华帝国体系成长的模式有两种：第一是向外扩大，即在空间上的扩展，"由中心的点，扩大为核心的面，再度由核心辐射为树枝形的扩散，又由树枝形整合为网络，接下去又以此网络之所及，作为下一阶段的核心面，继续为下一阶段的扩散中心。如此重复进行，一个体系将不断地扩大，核心开展，逐步将边陲消融为新的核心，而又开展以触及新的边陲"；第二是向内充实，即体系内部的充实，"一个体系，其最终的网络，将是细密而坚实的结构。然而在发展过程中，纲目之间，必有体系所不及的空隙。这些空隙事实上是内在的边陲。在道路体系中，这些不及的空间有斜径小道，超越大路直线，连紧各处的空隙。在经济体系中，这是正规交换行为之外的交易。在社会体系中，这是摈于社会结构之外的游离社群。在政治体系中，这是政治权力所不及的'化外'，在思想体系中，这是正统之外的'异端'"①。

周振鹤在《中国历史上两种基本政治地理格局的分析》②一文中提出了国家之下边疆区与内地的圈层型关系的格局，从行政区划的角度分析了国家内部是由核心区、缓冲区、边疆区的地理格局构成，这些区域往往由相似的政区而组成较大的政治区。此外，在少数民族聚居的边疆区，还存在特殊的政治区。以上共同构成了国家的疆域政区。

基于上述认识，本书得出以下两点认识：

第一，中华帝国体系的中心区是不变的。这个中心区即表达为《尚书·禹贡》中九州范围的集合区域，也是自西汉以后历朝历代的中心区。以往研究中华帝国体系构成之时，我们只注意到了帝国由中心区向边陲区推进的过程，却没有注意到推进的过程是有差异化的。帝国在中心区和边陲区的治理方式是不同的，其差异就在于边陲区的政区相对于中心区是一种特殊政区。行政区划研究是边疆史地的核心，政区设置带有国家主权意志，不同政区形态所表达的核心含义就是国家主权的差异：哪些地方的政区拥有完全的主权，哪些地方的政区是不充分的主权，哪些地方只有政区之名而无主权之实。因此，葛剑雄先生提出特殊政区的形态，有军事驻防区、屯垦区，民族或地方自治、实际控制区等，王朝在这些区域，有的拥有完全主权，有的只能部分控制或不稳定地控制，③体现了国家建构进程中的阶段性和差异性。实际上，国家主权由中心区向边陲的推进并不是一个匀质化的过程，就如同树枝一样，先深入一条，再由这条树枝延伸出许多的枝干，再形成一个网络。如此反复，最

---

① 许倬云：《试论网络》，《许倬云自选集》，上海教育出版社2002年版，第31—32页。

② 周振鹤：《中国历史上两种基本政治地理格局的分析》，《历史地理》（第20辑），上海人民出版社2004年版。

③ 葛剑雄：《中国历代疆域的变迁》，商务印书馆1997年版，第9—13页。

终填满整个区域。

第二，靠近中心区的区域并不代表国家治理的深入。在帝制时代的国家疆域内，存在着一些并未纳入王朝控制体系的区域，这些地区是官府控制的薄弱区，是国家政治、经济、军事、文化等的"空隙区"。例如，中国西南部的苗疆，包括云南、四川、贵州、湖南、重庆、广西等各省域部分，古代这里是苗族等少数民族聚居的地方。这里是中国大陆的腹地，东临洞庭，西连川贵，南到广西，多丘陵而少平地，山势连绵起伏，地势险要，自古就是重要的边防要塞，国家治理并没有完全地深入，在腹里地区有一个"内在的边陲"区。鲁西奇通过对鄂西北地区进行实证研究，对该区域的特征做了如下归纳：首先，国家权力相对缺失，政治控制相对较弱，地方社会秩序的建立多有赖于土豪等地方势力；国家为达到控制此类地区的目的，多采取因地制宜的变通方法，充分利用地方各种势力，遂形成了政治控制方式的多元化；其次，可耕地资源相对匮乏，且开发利用难度较大，山林、矿产资源相对丰富，使得边缘区域民众多采取多种多样的生计方式，形成了经济形态的多样性；再次，人口来源复杂多样，多为逸出于社会体系之外的流民、亡命等，属于"边缘人群"，社会关系网络多凭借武力，或以利相聚、以义相结、以血缘和地缘相类，具有强烈的"边缘性"；最后，文化上具有多元性，尤其是异于正统意识形态的原始巫术、异端信仰和民间秘密宗教在该区有很大的影响。[①] 从以上特点可以看出，该区域虽已纳入国家的疆域版图，但国家治理能够多大程度地深入，是无法清晰认识的，或者说内在的边陲是国家管控不到位的。许倬云将这些地区称为"空隙地带"，就像一条条树枝交错在一起，总会有空隙形成。国家治理的最终目的就是要填补这些"空隙"。滇东南边疆地区与上述既有相同之处，又有不同之处。滇东南地区并不是内在的边陲，而是事实上的边陲，但所要探讨的问题都是相同的：国家权力进入该区域直至"填满"的进程。差别化的管理是为了最终的一体化，国家治理的进程就是消除差异化的过程。

---

① 鲁西奇：《中国历史的空间结构》，广西师范大学出版社2014年版，第238—248页。

在国家建构问题上，姚大力进行了长时间的深入研究，认为现代中国建立在一个很少见的未曾分裂过的帝国疆域基础之上。中国国情中有一个最为特殊的要素：在今天我国民族自治地方的行政区域面积占到了国土面积的64%，而少数民族聚居地区也占到了总面积的67%。然而，各少数民族社会经济的发展是不平衡的，其所生存的地理环境和社会结构也有很大差异，在长达数千年的国家建构的进程中，各少数民族的居住区域究竟是在什么时候、以什么方式进入中华民族大家庭的，这就是接下来要研究的问题。此外，姚大力还指出，维系国家建构稳定性中的重要因素就是国家认同，其具体由三个方面构成：第一，对在位君主的忠诚。皇帝就是国家。第二，维持着属于某一姓的君主统系的王朝。第三，对"中国"和正统这两种观念的追求。因此，国家认同的核心就是王朝认同。不管是少数民族的居住区域还是国家认同，都要通过对组成疆域不同形式的政区来实现，最终实现对民族地区基层社会的治理。

方国瑜的《论中国历史发展的整体性》[①]是研究中国统一多民族国家形成与发展的重要理论贡献。该文提出了以下五个重要的观点：第一，历代王朝史与中国史应当有所区别。王朝的疆域，并不等于中国的疆域；王朝的兴亡，并不等于中国的兴亡；中国历史上不在王朝版图之内的民族关系，应该放在中国历史之内来处理，不能以异国的关系来处理；中国历史，既是生活在这块土地上各族人民的历史，就应该包括他们的全体历史，不能"变更伸缩"；中国历史是有其整体性的，在整体之内，不管出现几个政权，不管政治如何不统一，并没有破裂了整体，应当以中国整体为历史的范围，不能以历代王朝疆域为历史的范围。[②] 第二，整体性与统一性有所不同。整体性是由中国历史发展的社会结构所决定的。在中国历史发展进程中，各族人民相互依存、相互交流、相互促进、共同发展，在经济、文化、社会诸方

---

① 方国瑜：《论中国历史发展的整体性》，《方国瑜文集》（第1辑），云南教育出版社2001年版。
② 方国瑜：《论中国历史发展的整体性》，《方国瑜文集》（第1辑），云南教育出版社2001年版。

面形成一个不可分离的整体。① 统一的概念，主要就政权而言，即由一个政权统治时期谓之统一，由几个政权统治时期谓之不统一；政权的统一不统一，只能是整体之内的问题，而不是整体割裂的问题；合久必分，分久必合，只是一个整体之内的政权分合，并不是整体的破裂与复原；汉族与各族人民联结为一个整体。在整体之内有共同的利益、共同愿望，有浓厚的一致性；各民族地区有时在王朝统治之下，有时不受王朝统治，但汉族与其他各族人民的联系并不因此而改变，仍然是互相依赖着发展社会经济文化，存在着整体联系。② 第三，中国历史之所以形成整体发展，是由于有它的核心在起着主干作用。这个核心就是早在中原地区形成的诸夏族，后来发展成为汉族的人们共同体；以汉族为主流的文化的发展和传播，形成中国体系的文化，在中国整体之内，起着主干作用。在此基础上建立政治联系，"莅中国而抚四夷"。《诗经》说："惠此中国，以绥四方。""四方既平，王国庶定。"中心与四周的联系，由中心达于四周，由四周达于中心，结成一个整体。③ 第四，在中国整体之内，历史发展过程存在着不平衡的情况，这种情况，以族别之间最显著。由于各民族的民族特点和具体条件不同，长期以来全国各民族的社会发展是不平衡的。但是，各族之间虽有差别性，也有一致性，在历史发展过程中，并不是以差别性而分离，乃以一致性的共同要求而结合成一个整体。整体之内，不排除不同情况的存在，并且以不同情况而相互依赖，得到共同利益，发展了整体历史。④ 第五，我国国土之内，自古以来居住着不同的民族，由于社会生活的共同要求，相互联系、相互影响，而且相互融合，发展了共同经济文化，构成一个整体。在整体之内的各族各有具体情况，社会发展不平衡，政权形式是不同的，但都是国家的主权区

---

① 林超民：《整体性：方国瑜的理论贡献》，《云南民族大学学报》（哲学社会科学版）2013 年第 5 期。
② 方国瑜：《论中国历史发展的整体性》，《方国瑜文集》（第 1 辑），云南教育出版社 2001 年版。
③ 方国瑜：《论中国历史发展的整体性》，《方国瑜文集》（第 1 辑），云南教育出版社 2001 年版。
④ 林超民：《整体性：方国瑜的理论贡献》，《云南民族大学学报》（哲学社会科学版）2013 年第 5 期。

域是一致的,不容许以政权形式之不同,而认为国家主权有差别,进而怀疑落后地区是否确定为当时国土的一部分。这是不从本质看问题,是错误的。既然认为中国是多民族国家,各民族都是大家庭的成员,当然要承认社会发展不平衡的各民族地区,同是在中国国土范围之内;而把不同社会基础上建立起来的不同政权形式,认为是国家主权有差别,把国土割裂,因而割裂了中国整体的历史,当然是不容许的。①

"整体论"揭示了中国的社会结构在经济与文化上的整体性,在政治上分裂的偶然性与统一的必然性,在社会发展上的差异性与一致性,论述了中国统一多民族国家形成发展的根本原因、历史真实和发展趋势,对维护祖国的统一、加强边疆的建设、促进民族团结有着十分重要的意义。

国家治理的相关研究在政治学领域已多有建树,但以历史学视角对历史时期的国家治理研究却鲜有涉及。代表性成果有:商爱玲、张鸿的《大国治理中的国家结构形式选择——基于封建与郡县之争的考察》②,通过梳理西周王制和秦朝帝制的起源、特征与演化,并以唐初"封建"问题大讨论为个案进行具体分析,认为中国历史上的封建与郡县之争,既非儒法之争,也非分权之争,而是两种国家结构形式之争,其根本目的都是为皇权的实现寻找恰当的途径和手段,借以寻求国家统一与地方活力之间的合理平衡。唐国军的《南越模式:陆贾与汉代国家民族治理的理论奠基》③,认为陆贾在汉初通过对南越王国的两次出使,开创了汉代民族政治学的"南越模式",即以文化认同为核心的"大一统"政治理论为基础,以"拜爵封王"的羁縻政策为中心,以朝贡与恩赐为权利义务,构成了中央王朝与南方民族地区王国之间的外部关系的联系纽带。此一

---

① 方国瑜:《论中国历史发展的整体性》,《方国瑜文集》(第1辑),云南教育出版社2001年版。

② 商爱玲、张鸿:《大国治理中的国家结构形式选择——基于封建与郡县之争的考察》,《广西社会科学》2013年第8期。

③ 唐国军:《南越模式:陆贾与汉代国家民族治理的理论奠基》,《中央民族大学学报》(哲学社会科学版)2012年第6期。

理论与实践，成为历代王朝统治者对南方地区民族政治问题处理的基本样式。

基于断代史研究，学界主要关注了宋、明、清三朝国家治理。张世友的《论两宋时期乌江流域的民族势力与国家治理》①，针对西南边地少数民族众多并形成具有控制能力的政治团体的乌江流域，主要采取驻军置堡、灵活羁縻等惯用性治理传统，外加适时招徕、以夷制夷等阴柔性治理策略。通过这些治策之间的相互配合，国家不仅削弱了乌江流域的各种政治力量，消解了当地的民族势力，而且深化了乌江流域的政治统治，维系了边疆一统的政治格局。唐春生的《宋代海盗成员的构成与国家治理的制度安排》②，则关注了宋代沿海地区的海盗频患问题，对此宋政府主要采取了招抚政策，并实施各项制度性措施（保伍法、改革军政体制、强化铜盐之禁）来保证沿海地方安全。李晓菲的《浅析符牌在明代国家治理中的特点》③，关注了明代信符在国家政权机构的运行，尤其注意到了明代在处理边疆少数民族地区事务管理中运用符牌的管理手段。陆韧的《明朝西南边疆的特殊管控与治理——"信符"与"金字红牌"制探析》④，则更加深入地解析了明朝在治理西南边疆"外边政区"的土司辖区时，实施了特殊的"信符"与"金字红牌"制度，认为这一制度是历代王朝不曾实施过的边疆军政管控和边疆治理体系，是明朝在西南边疆宣示疆域主权的重要方式，具有护国捍边、管理边疆、调停土司内部矛盾和处置边地土司纠纷的特殊功用。龙天贵的《论清代绅士在国家农村治理中的角色变迁》⑤，着重讨论了清代基层社会中士绅这一重要阶层在清代基层社会治理的重要作用，认为皇权与绅权在乡村社会中的此

---

① 张世友：《论两宋时期乌江流域的民族势力与国家治理》，《重庆师范大学学报》（哲学社会科学版）2012年第1期。
② 唐春生：《宋代海盗成员的构成与国家治理的制度安排》，《中国海洋大学学报》（社会科学版）2015年第3期。
③ 李晓菲：《浅析符牌在明代国家治理中的特点》，《兰州学刊》2012年第9期。
④ 陆韧：《明朝西南边疆的特殊管控与治理——"信符"与"金字红牌"制探析》，《历史地理》（第30辑），上海人民出版社2014年版。
⑤ 龙天贵：《论清代绅士在国家农村治理中的角色变迁》，《广西社会科学》2012年第7期。

消彼长就是清廷对乡村治理的本质。此外，张传勇从社会史的视角研究了清代国家面对民间"停丧不葬"的风气，有针对性地实施"停丧不得仕进"的规章制度，认为清代国家治理停丧不葬问题的基本理念是劝化，劝导士庶及时葬亲，避免使用强制的手段。① 以上研究都选取断代史中某一方面做了探讨，对国家治理的研究并没有形成一个完整的体系，且对边疆民族地区的研究不足。因此，对历史时期国家治理方略及边疆民族地区基层社会治理模式还有待开展具体研究。

由于今天中国国土面积的60%以上属于边疆民族地区，因此边疆治理是国家治理的重要内容。对于边疆研究，首先应从边疆基本概念探讨起。边疆，从其地理概念来看，它是一个国家比较边远、靠近国境的地区或地带。同时，边疆亦带有政治学属性，因为边疆是一个各种矛盾交杂的地区。王明珂认为，边疆在人们心目中既危险又神圣，既匮乏而又潜藏着无穷的财富与希望，它经常被忽略但有时又被深切关注，它既遥远又切近。这是因为，边疆是政治、文化与地理空间体（国家）的边缘地带，经常也是两个或多个国家的边缘、边界交错之处。因远离政治、文化与相关社会秩序核心，边疆人群较有能力摆脱各种核心典范的约束，或能在两个或多个政治文化体之典范做抉择，因此从政治文化体的核心观点来看，边疆社会是失序、混杂与野蛮的。然而边疆也是国家的资源边界地带，因此在国与国之间的资源竞争中，边疆又变得十分神圣，值得人们抛头颅、洒热血去维护它。边疆的"边缘性"主要来自资源竞争与匮乏。它或因政治强权间的资源竞争与分界而成为边疆，更常因资源匮乏而成为边疆。然而对于核心地区的穷人、失败者、不满现实者来说，边疆也是充满无主财富与无限希望的真实或想象的乐土。② 这是历史时期边疆地区的真实状况。对于国家来说，边疆就是一个既危险又资源富集的区域，因此，历朝的统治者都非常重视对边疆

---

① 张传勇：《清代"停丧不得仕进"探析——兼及清代国家治理"停丧不葬"问题的对策》，《中国社会历史评论》2009年集刊，第1期。
② 王明珂：《建"民族"易，造"国民"难——如何观看与了解边疆》，《文化纵横》2014年第3期。

的治理与开发。

  国外学者对边疆相关研究亦有不同层次的见解。美国"边疆学派"创始人特纳（Frederick J. Turner）于1893年发表了《边疆在美国历史上的重要性》，通过研究美国的西进运动，提出了著名的"边疆假说"。他认为，直到现在为止，一部美国史在很大程度上可说是对于大西部的拓殖史。一个自由土地区域的存在及其不断的收缩，以及美国定居的向西推进，可以说明美国的发展。因为"西部的拓殖在美国的历史上产生了无可估量的作用"①。"边疆假说"自20世纪初即成为美国历史学界的主流观点。特纳认为，"边疆"是一个历史过程，是一个活动的地域，是一个人文地理学概念，是一个具有经济意义的地域。② 特纳的边疆理论也为后来美国的中国史研究所继承。

  赵敏求在中译本《中国的边疆》引言中提到：第一次世界大战后，美国历史界形成了一个新的风气，以"边疆"为历史现象的典型，用边疆去解释整个历史过程。因此自20世纪20年代开始，美国学者拉铁摩尔（Owen Lattimore）受特纳"边疆假说"的影响，开始了对中国边疆，尤其是北部边疆的研究，其代表作是《中国的亚洲内陆边疆》③。该书认为边疆是"反映社会发展内部和发展变化的视窗，并透过这一视窗逐渐深入到中国社会发展内部，在历史的空间上向人们展示中国历史演进的规律"④。

  然而，拉铁摩尔的研究有诸多局限性。首先，他对自己能够在"不带翻译的情况下做到广泛地游历中国北方三大边区，即东北、内蒙古和新疆"引以为豪，却几乎从未到过西南边疆地区，正如姚大力所言，"他（拉铁摩尔）对南部中国所知不多，因此他的讨论几乎不

---

① 何顺果：《一个有重大意义的主题——从特纳的"边疆假说"谈起》，《美国研究》1993年第1期。
② 何顺果：《一个有重大意义的主题——从特纳的"边疆假说"谈起》，《美国研究》1993年第1期。
③ ［美］拉铁摩尔：《中国的亚洲内陆边疆》，唐晓峰译，江苏人民出版社2005年版。
④ 陈君静：《大洋彼岸的回声：美国中国史研究历史考察》，中国社会科学出版社2003年版，第87页。

涉及那里"①，因此，"内亚视角"并不能解释西南边疆地区。其次，他把美国西部边疆的拓展生搬硬套至中国疆域形成上，又缺乏对中国历史进程的了解，在探讨长城与内、外蒙古的关系时，认为内蒙古"在中国强盛的时候，它是中国政治及文化势力向外发展最有效力的地区，但更重要的是，它是入侵者进入中国的始发线"②，这其实是"过于夸大边疆因素在历史发展中的作用，过多地论述了入侵和征服对中国历史的影响，把近代以前中国历史基本趋势看成是一个民族文化的扩张过程，把向外扩张和边疆移动简单地归结为是历史发展的主要动力"③。在分析边疆社会政策时，又称"边疆政策的发展是要寻求将外边少数民族中立化的方法，令他们不再对边界产生压迫，但也不退出维持这个边界国家的干涉调节的范围"④，因此也"没有正确地分析中国境内的民族间的相互关系，他用王朝疆域的观点来分析中国境内的民族问题，称中原王朝为中国，少数民族为'蛮夷'，并把中国分为'本土'、'属地'来进行论述"⑤。

纵观20世纪前半叶国外学者对中国的边疆研究，普遍受到特纳和拉铁摩尔这种带有殖民扩张观点——"边疆假说"的影响，也几乎成为研究中国西南边疆"范式"。例如，费子智（C. P. FitzGerald）说："云南是一个特殊的例子，以此可以来检验中国政治文化扩张的过程。云南可以看做中国进一步扩张的沿用模式，如果中国在政治上具备扩张的条件的时候；或者，云南可以看做是中国向非中国地区扩张的极限。"⑥

这种研究现状一直延续至20世纪80年代，直到美国边疆学者查尔斯·巴克斯（Charles Backus）对"边疆假说"进行了发展、转型，

---

① 姚大力：《拉铁摩尔的"内亚视角"》，《读书》2015年第8期。
② [美]拉铁摩尔：《中国的亚洲内陆边疆》，唐晓峰译，江苏人民出版社2005年版，第162页。
③ 章永俊：《欧文·拉铁摩尔的中国边疆史研究》，《史学史研究》2006年第2期。
④ [美]拉铁摩尔：《中国的亚洲内陆边疆》，唐晓峰译，江苏人民出版社2005年版，第160页。
⑤ 章永俊：《欧文·拉铁摩尔的中国边疆史研究》，《史学史研究》2006年第2期。
⑥ 转引自陆韧主编《现代西方学术视野中的中国西南边疆史研究》代序，云南大学出版社2007年版，第21—22页。

以《南诏国与唐代的西南边疆》为代表。他从边疆问题的角度,论述从公元6世纪末到9世纪末近300年间隋、唐王朝与西南诸民族的关系,考究唐朝开拓西南边境政策的得失及影响。虽然前人已经对此问题有过论述,但是其值得关注之处在于其在中国边疆历史的研究中已经跳出了传统的窠臼,开始进入一个新的研究轨道,即从宏观的角度对王朝政策与边疆演变间的关系进行研究,既探寻边疆历史发展的原委,又考究王朝制定政策的根由。① 查尔斯·巴克斯认为,要了解中国边疆,首先要对中国历史发展有一个全面的认识;要了解任何一个国家的文明或文化体系,就应该对其边疆问题有一个全面、深入的考察,正如其所说,"如果没有对中国历史上的边疆有重大意义的问题的了解,要对中国历史作详细深入的研究也是不可能的"②。

进入21世纪以来,西方关于中国边疆研究进入了一个新的阶段,以美国学者纪若诚(C. Patterson Giersch)对西南边疆地区的研究为代表。一方面,他继续秉持"边疆假说"地域概念,认为前人对西南边疆研究只强调了"帝国在其中的主导作用"和"国家在处理边疆事务中是唯一重要作用者"的观点,虽然这种方法探讨了"清帝国如何把边远的蛮荒之域整合起来",但是却"忽略了移民的重要性,并且也可能会导出一个结论,即边疆少数民族社会就简单地变成了'中国'的一部分"③,这就会陷入少数民族"汉化范式"的研究窠臼。他以云南威远地区研究为例,创新性地提出了清代云南边疆"新月状地带"(a crescent-shaped zone),这里既是清帝国、汉人移民和云南土著三股势力的交会地,又是中国人、缅甸人和暹罗人长期互相争斗的地区,在这里经历了人口、边疆小镇(以威远镇为例)、文化等变迁,通过一系列解析,证明边疆怎样在官员、

---

① [美] 查尔斯·巴克斯:《南诏国与唐代的西南边疆》译者序,林超民译,云南人民出版社1988年版,第3页。
② [美] 查尔斯·巴克斯:《南诏国与唐代的西南边疆》译者序,林超民译,云南人民出版社1988年版,第3页。
③ [美] 纪若诚:《"混杂的人群":中国西南近代早期边疆的社会变迁(1700—1800)》,沈海梅译,载陆韧主编《现代西方学术视野中的中国西南边疆史》,云南大学出版社1997年版,第141页。

土著、移民间的商议和适应上获得治理，文化上怎样发生的变迁。①另一方面，纪若诚采用理查德·怀特（Richard White）的"中间地带"（the middle ground）作为研究方法的补充，把边疆作为"中间地带"来进行思考，把18、19世纪的云南边疆与17、18世纪的美国大湖区作比较，认为云南边疆是一个"夹缝地带：处在不同的文化、种人和帝国之间"，这里既是"采用中国式管理的大清官僚遭遇边疆土司的管理机制的地方"，又是"寻求土地与生计的汉人移民与山地、河谷多样的居民杂居的地方"，还是"来自不同背景的人们在商业、政治和社会关系等方面进行商议并创造出新的互动模式的地方"。②总之，纪若诚认为西南边疆就是帝国、臣属于帝国的外来移民、土著三者之间多边关系发展的结果，这一研究结果不仅"把发生在早期现代西南边疆的社会变迁加以概念化，它也可能有助于对其他边疆的分析"③。

　　国家存在边疆，必然会伴生边疆问题。边疆地区繁荣稳定不仅影响着国家稳定，还影响着国家的盛衰。对国家来说，边疆问题是一个全局性、战略性的重大问题。因此，国家必须运用行政及社会力量，调动国家和社会的资源，去解决边疆问题，这便形成了边疆治理。边疆治理就是一个运用国家权力并动员社会力量解决边疆问题的过程。④因此，边疆治理在国家治理体系当中处于特殊而重要的地位。由于边疆地区远离王朝国家的核心秩序区，又是国防前沿地带，这里充斥着各类混杂的人群，因而历史时期的边疆总是战乱多发区，国家往往通过先"治乱"后"善后"的方式进行边疆治理，二者总是紧密地联

---

①　［美］纪若诚：《"混杂的人群"：中国西南近代早期边疆的社会变迁（1700—1800）》，沈海梅译，载陆韧主编《现代西方学术视野中的中国西南边疆史》，云南大学出版社1997年版，第151页。

②　［美］纪若诚：《"混杂的人群"：中国西南近代早期边疆的社会变迁（1700—1800）》，沈海梅译，载陆韧主编《现代西方学术视野中的中国西南边疆史》，云南大学出版社1997年版，第147页。

③　［美］纪若诚：《"混杂的人群"：中国西南近代早期边疆的社会变迁（1700—1800）》，沈海梅译，载陆韧主编《现代西方学术视野中的中国西南边疆史》，云南大学出版社1997年版，第171页。

④　周平：《我国的边疆与边疆治理》，《政治学研究》2008年第2期。

系在一起，在边疆地区宣示国家主权，恢复国家秩序。针对历史时期边疆治理的治乱与善后相关举措，前辈学者已在各自领域取得了一定的成果。

王欣等的《新疆和卓之乱与清朝的治乱》①，论述了16世纪20年代从中亚地区渗入新疆地区的和卓家族利用宗教来控制政治并引发的政局动荡和社会动乱，清廷为维护国家一统进行数次平叛，并总结其中的经验和教训。针对清政府对云南的治乱，秦树才的《蔡毓荣与云南的治乱》②一文认为，蔡毓荣在平定吴三桂叛乱及任云贵总督期间作出了重要贡献，使云南的统治秩序逐渐建立，社会经济、文化教育逐渐发展，初步实现了云南由乱向治的转折。关于善后问题研究，现有研究更多地关注了清廷对青海、陕甘、新疆及台湾地区的善后举措。③ 刘本军的《鄂尔泰改土归流的善后措施》④一文，论述了雍正年间清廷在云南进行大规模武力改流以后，实行一系列善后措施，包括调整疆界、选拔流官、设置营汛、查田编赋等，总结了清朝前期西南边疆治理成功的经验和失败的惨痛教训。

对云南治理的相关研究，方国瑜先生在《两汉经略西南：郡县设置与行政统治》⑤ 一文中，分"汉武帝时期经略西南的经过"和"两汉时期的统治与反抗战争"两部分梳理了两汉时期经略西南地区设置郡县历史进程，论证了两汉西南经略对云南社会经济文化发展具有重大的影响。林超民的《汉族移民与云南统一》⑥，以云南汉族移民为角度，论述了自西汉元封二年（前109年）设益州郡屯垦

---

① 王欣、蔡宇安：《新疆和卓之乱与清朝的治乱》，《陕西师范大学学报》（哲学社会科学版）2005年第1期。
② 秦树才：《蔡毓荣与云南的治乱》，《云南教育学院学报》1999年第1期。
③ 世博、伯钧：《道光的平叛战争及善后措施》，《中央民族学院学报》1986年第3期；马志荣：《左宗棠镇压陕甘回族起义方略及善后措施述评》，《回族研究》1991年第4期；王希隆：《青海善后事宜十三条述论》，《中国史研究》1993年第3期；季云飞：《清统一台湾之役善后问题研究》，《台湾研究》2002年第4期。
④ 刘本军：《鄂尔泰改土归流的善后措施》，《云南社会科学》1999年第6期。
⑤ 方国瑜：《两汉经略西南：郡县设置与行政统治》，《方国瑜文集》（第1辑），云南教育出版社2001年版。
⑥ 林超民：《汉族移民与云南统一》，《云南民族大学学报》（哲学社会科学版）2005年第3期。

成边,经过开拓、蜕变、落籍、土著、归流之过程,最终在清代随着大规模改土归流、遍设汛塘背景下,对云南进行开发,云南人由民族认同、文化认同上升至国家认同。付春的《尊王黜霸:云南由乱向治的历程(1644—1735)》①一书以"大一统"思想为指导,以"尊王黜霸"为具体实践,探讨了清初至雍正时期治理土司叛乱、两次入滇、剪灭南明、平定三藩、改土归流、整治滇西北等一系列实践,揭示了该时期云南由战乱向稳定的过程,体现了云南在国家统一中的重要战略地位,也是对方国瑜先生"中国历史发展整体论"新的诠释。余文兵的《帝国深入西南——清中期中央政府对滇缅边区的治理(1723—1840)》②,从政治、经济、文化、军事及民族关系与文化变迁的角度,探讨了雍正元年(1723年)至道光二十年(1840年)清朝对中缅边区的治理,认为清代中期比以往任何一个朝代对滇缅边区的治理都更为深入,影响更加深远,体现了边疆与内地的一体化进程。刘灵坪的《明清时期洱海地区的国家治理与"白人"认同》③,以明清时期洱海地区为研究对象,以明朝卫所制度下之卫所土军、大理卫军屯驻扎地、户籍管理及卫所归并、土著族群为视角,探讨了西南边疆国家治理的历史进程,以及由此带来的当地非汉人群集体身份意识的变迁所产生的重大影响。方铁的《清朝治理云南边疆民族地区的思想举措》④,就清前期对云南的治理给予了积极评价,认为治理核心是"守中治边"及"守在四夷"。李世愉的《清政府对云南的管理与控制》⑤,认为清前期对云南的管理与控制主要是通过改土归流的方式来解决的,论述了雍正年间云南改土归流的原因、进程及后果,指出清王朝通过改土归流取得对云南的有效统治。邹建达

---

① 付春:《尊王黜霸:云南由乱向治的历程(1644—1735)》,云南大学出版社2011年版。
② 余文兵:《帝国深入西南——清中期中央政府对滇缅边区的治理(1723—1840)》,博士学位论文,中央民族大学,2011年。
③ 刘灵坪:《明清时期洱海地区的国家治理与"白人"认同》,博士学位论文,复旦大学,2013年。
④ 方铁:《清朝治理云南边疆民族地区的思想举措》,《思想战线》2001年第1期。
⑤ 李世愉:《清政府对云南的管理与控制》,《中国边疆史地研究》2000年第4期。

的《清初治滇述论》①，认为清朝初年平定"三藩之乱"后二三十年，是云南由战乱向稳定的关键时期，清朝统治者在总结和借鉴历代治滇思想和政策的基础上，经过不断调整和充实，形成了一套相对完整的治滇政策体系，为清朝后期统治云南奠定了基础。

清朝的边疆治理与封疆大吏的治边思想及举措密切相关。周琼的《高其倬与云南》②一文，探讨高其倬两任云贵总督期间，对云南经济、吏治、边界的治理，认为其奠定了改土归流的基础，巩固了改土归流的成果，成为乾嘉经济大发展的基础。刘本军的《震动与回响——鄂尔泰在西南》③一文，以改土归流、开辟苗疆、西南水利为中心，探讨了鄂尔泰在西南边疆地区的治理思想及措施，针对云南地区，该文又以充实的论据论证了所谓"江外宜土不宜流，江内宜流不宜土"这一说法缺乏事实依据，对西双版纳地区改流只是江内版纳部分地区而并非全部江内版纳地区。王燕飞的《清代督抚张允随与云南社会》④一书，研究了张允随及其治滇时期，治矿、治荒、治江、抚绥边夷、裁汰僧道及吏治均得到了不同程度的发展，揭示云南社会发展状况，探讨其政绩，挖掘其治滇思想，透视其个人素质，进而充分肯定张允随在任期间对云南社会发展作出的突出贡献。刘海泉的《晚清边吏岑毓英治滇研究》⑤从晚清岑毓英治边思想角度，论证其对边疆地区政治、军事、经济、文化、教育等方面的治理措施，开启了西南地区近代化的进程。

边疆的最前沿是边界，边界问题研究是边疆问题不可忽视的一环。历史时期疆域边界是相对模糊的，但近代以来，中国向现代国家转变过程中，边界逐渐清晰明朗，在缅甸、越南、老挝相继逐步沦为英法殖民地后，西南界务问题不仅仅是清朝与安南（今越南）、老挝和缅甸的问题，且加入了英法殖民主义的因素，甚至成为中英、中法

---

① 邹建达：《清初治滇述论》，《云南民族大学学报》（哲学社会科学版）2006年第4期。
② 周琼：《高其倬与云南》，硕士学位论文，云南大学，2000年。
③ 刘本军：《震动与回响——鄂尔泰在西南》，博士学位论文，云南大学，1999年。
④ 王燕飞：《清代督抚张允随与云南社会》，云南大学出版社2005年版。
⑤ 刘海泉：《晚清边吏岑毓英治滇研究》，硕士学位论文，云南大学，2010年。

界务之争问题。故而边疆治理也涉及解决边界争端等问题。

滇东南地区与安南（越南）接壤，清中前期与该国有数次较大的边界之争，晚清越南沦为法属殖民地，与清朝滇东南发生较大边界纷争。方国瑜的《明清时期云南东南部边境与安南的关系事迹》① 一文，详细梳理了明代以来临安府边境宁远州猛赖、猛蚌、猛梭等地，清开化府边界、广南府边界三蓬地与安南（越南）界务之争。在方先生的指导下，木芹的《清代中越边界云南段述评》②、龙永行的《中越界务会谈及滇越段勘定》③、林超民的《睦邻为美、友好为上——明清滇越界务述论》④ 及尤中的《中国西南边疆变迁史》⑤ 中均对明清以来滇东南边境与安南（越南）界务之争有更加系统、详细的论证。中国社科院中国边疆研究所诸多学者也对明清时期滇东南边境的界务之争进行了探讨。吕一燃先生主编的《中国近代边界史》⑥ 中即有对滇东南边界变迁的论述。李国强的《中越陆路边界源流述略》⑦ 一文，溯源了秦汉至新中国成立后中越边境的边界变迁。近些年来，学界更多从中越宗藩关系的视角出发，以清朝与越南藩属国为出发点，再次对界务之争重新评述，代表作为孙宏年的《清代中越关系研究（1644—1885）》⑧、刘炳涛的《试论"雍正安南勘界案"秉承的依据和原则》⑨。

晚清边疆危机背景下，中法战争后，越南沦为法属殖民地，中越宗藩关系被打破，清廷对滇东南边疆地区的管控能力减弱，设置临安

---

① 方国瑜：《明清时期云南东南部边境与安南的关系事迹》，《方国瑜文集》（第3辑），云南教育出版社2003年版。
② 木芹：《清代中越边界云南段述评》，《中国边疆史地研究报告》1991年第1—2期。
③ 龙永行：《中越界务会谈及滇越段勘定》，《中国边疆史地研究报告》1991年第3—4期。
④ 林超民：《睦邻为美、友好为上——明清滇越界务述论》，《林超民文集》（第2卷），云南人民出版社2008年版。
⑤ 尤中：《中国西南边疆变迁史》，云南教育出版社1987年版。
⑥ 吕一燃：《中国近代边界史》，四川人民出版社2007年版。
⑦ 李国强：《中越陆路边界源流述略》，《中国边疆史地研究导报》1989年第1期。
⑧ 孙宏年：《清代中越关系研究（1644—1885）》，黑龙江教育出版社2014年版。
⑨ 刘炳涛：《试论"雍正安南勘界案"秉承的依据和原则》，《中国边疆史地研究》2011年第3期。

开广道管辖临安、开化、广南三府，治所设于蒙自县，兼领兵备道及督海关，负责对外交涉及滇越边境事务。陈元惠的《从临安开广道的设立看云南的近代外交》① 一文，认为临安开广道的设置具有军事防务性质，在巩固边疆、加强国防、捍卫国家主权方面起到了重要的作用。后清朝与法国签订《边界会巡章程》，规定两国派员会同巡查中越边界，并在中越边界划段管理，以中法各派督办大员管理，下分设汛，以中法双方各设对汛相望，总管对汛的大员称为督办，滇东南地区设河口、麻栗坡对汛督办；《从国防与外交机构到特别行政区——清末民国时期云南对汛督办的设立与演变》② 一文，则详细论述了清末民初云南对汛督办设立及演变过程，认为云南对汛督办的作用和影响除稳定边疆、巩固国防外，还在开发边疆、建设边疆方面作出重要贡献，推动了河口、麻栗坡对汛区政治、经济和文化的发展。

从上述论述看出，老一辈学者在爬梳史料的基础上对明清以来滇东南边界变迁作了详细论述，以孙宏年、刘炳涛为代表的青年学者，以中越宗藩关系这种新的视角为着眼点，将研究向纵深推进，这对本书的研究思考具有极大启发。但笔者认为国家间的界务之争不仅仅止步于宗藩关系，更是国家治理能力在边疆地区的体现，将界务之争放眼于国家治理体系的思考下进行探讨。

关于历史疆域、历代行政区划和边疆民族地区特殊政区的研究

疆域与政区始终是历史政治地理研究的主题，并构成历史地理研究的基础。疆域，就是一个国家或政治实体的境界所达到的范围。中国历史上出现过的一些地区性、民族性的政权实体，甚至一些部落或部落集团，它们实际占有、控制的地域范围都可以称为疆域。③ 政区，就是国家为了行政管理的方便，必须将其国土划分为有层级的区域。④

---

① 陈元惠：《从临安开广道的设立看云南的近代外交》，《学术探索》2004 年第 3 期。
② 陈元惠：《从国防与外交机构到特别行政区——清末民国时期云南对汛督办的设立与演变》，《中国边疆史地研究》2008 年第 2 期。
③ 葛剑雄：《中国历代疆域的变迁》，商务印书馆 1997 年版，第 7—10 页。
④ 周振鹤：《行政区划史研究的基本概念与学术用语刍议》，《复旦学报》（社会科学版）2001 年第 3 期。

由于历史疆域与现代国家领土一样与行政区划紧密联系在一起，因为疆域是由行政区划组成的，行政区划史研究又是疆域史研究的重要组成部分，所以老一辈历史地理学家，为维护国家统一和领土完整，通常将政区与历史疆域结合起来一并研究，注重对行政区划设置的考释，通过政区考释来揭示政区发展在从历史疆域到现代国家领土转变过程中的主权演进规律。1938年商务印书馆出版的由顾颉刚、史念海合著的《中国疆域沿革史》①就带有这样的特点，该书从全国角度对西南疆域沿革进行了研究。在西南边疆与政区关系的研究上，方国瑜的《中国西南历史地理考释》②、尤中的《中国西南边疆变迁史》③具有突出贡献。从20世纪60年代至80年代，谭其骧先生带领老一辈历史地理学者共同努力完成的《中国历史地图集》8卷本，则是我国历史疆域、政区考释和历史地理编绘的集大成之作。在政区研究上，形成以考订为主的特色。以上成果为在行政区划研究上廓清历史真相、解决疑难问题奠定了坚实的基础。

具体到滇东南边疆地区相关研究，最早为方国瑜的《中国西南历史地理考释》、林超民的《云南郡县两千年》中对秦汉句町国、进桑王国，西汉至南朝时期益州郡贲古县、兴古郡、牂牁郡等地理考释，南诏大理国时期通海都督府政治区划地理考释，考证了步头、古湧步的位置在今元江及河口。元、明、清时期对该区域建置，从历史、地理、民族、语言、交通等方面进行了综合考证，全面研究了云南郡县（行政区划）建置历程，研究了县级政区的设置，解决了定点定位等重大疑难问题。所不足的是，缺乏对政区性质和管理特点的研究。

20世纪90年代以来，政区研究从政区地名考释为主向历史政治地理构建转变，相关研究集中体现在周振鹤主持编撰的《中国行政区划通史》13卷本，是行政区划研究的集大成之作。周振鹤在《中国行政区划通史·总论》中，强调从政治地理视角，分析中国历史上行政区划变迁的基本特点以及影响其变迁的因素，分析历代特殊形式的政区类型，特别是对行政区划进行了分类、概念定义和基本要素的诠

---

① 顾颉刚、史念海：《中国疆域沿革史》，商务印书馆1999年版。
② 方国瑜：《中国西南历史地理考释》，中华书局1987年版。
③ 尤中：《中国西南边疆变迁史》，云南教育出版社1987年版。

释，是行政区划研究的重大进展。研究指出"行政区域的分划过程是在既定的政治目的与行政管理需要的指导下，遵循相关的法律法规，建立在一定的自然与人文地理基础之上，并充分考虑历史渊源、人口密度、经济条件、民族分布、文化背景等各种因素的情况下进行的，其结果是在国土上建立起一个由若干层级、不等幅员的行政区域所组成的体系"①，进而提出行政区划应当具备层级、幅员、边界、形状和地理区位诸要素。② 行政区划定义及其基本要素的提出，为行政区划研究建立了基本探讨范畴和类比标准，是对历史行政区划研究方法和理论的重大贡献。此外，就清代行政区划研究，傅林祥对省制、道制及总督与巡抚辖区，直隶州、抚民厅进行了深入细致的研究。③ 但该研究着重于内地行政区划演进，缺乏对边疆地区行政区划的探讨。如《清代抚民厅制度形成过程初探》一文，从行政区划制度各要素和厅主官"同知""通判"派遣切入，研究抚民厅演进与形成过程。然抚民厅有直隶厅和散厅之分，直隶厅主要是设置于边疆地区的特殊行政区划，该文没有专论。

政区类型分为正式政区与特殊政区。正式政区，是疆域主要、基本的部分，一般设置于农业区或半农半牧区，由正式的、分级的行政机构加以管理，有固定的或经常性的驻地和明确的管辖区，对区内人民登记户籍，征集赋役和税收，执行法律。最高统治者拥有对内对外的全部权力；特殊政区，是在边远地区、新控制或占领的地区、非汉族或非本民族聚居区所设置的行政区，统治者给予一定的优待，实行比较松散的管理，不进行经常性的户籍登记，行政长官由中央或上一

---

① 周振鹤、李晓杰：《中国行政区划通史·总论先秦卷》，复旦大学出版社 2009 年版，第 8 页。
② 周振鹤、李晓杰：《中国行政区划通史·总论先秦卷》，复旦大学出版社 2009 年版，第 9—11 页。
③ 傅林祥：《清代抚民厅制度形成过程初探》，《中国历史地理论丛》2007 年第 1 辑；《江南、湖广、陕西分省过程与清初省制的变化》，《中国历史地理论丛》2008 年第 2 辑；《清初直隶州的推广与行政层级的简化》，《历史档案》2010 年第 4 期；《晚明清初督抚辖区的"两属"与"兼辖"》，《安徽大学学报》（哲学社会科学版）2010 年第 5 期；《清康熙六年前守巡道制度的变迁》，《历史地理》（第 25 辑），上海人民出版社 2011 年版；《政区·官署·省会——清代省名含义辨析》，《中国历史地理论丛》2011 年第 1 辑；《清代两江总督和江苏巡抚得名的时间与方式》，《江苏社会科学》2014 年第 3 期。

级政府任命。① 特殊政区，多则设置在边缘和少数民族地区，往往采用军管或军事监护形式进行统治管理，并划分了特殊政区的类型：军管型准政区——都尉、都督、都护府、都司卫所；少数民族地区的特殊行政制度——道、左郡、土司；虚拟政区——遥领、虚封、侨置州郡。②

上述行政区划诸要素划分基本是以地理要素来考量，但仅从地理要素角度还不能完全解析行政区划的真正功能和实质。国家在边疆地区进行行政区划设置，既是为了实现边疆控制，维护国家统一、领土完整，更是出于管理行政区域内土地与人口的需要。事实上，我国幅员辽阔，民族众多，不同区域人口、民族差异很大，内地与边疆不仅地理环境差异巨大，而且社会发展程度也存在巨大的差别。行政区划研究若只考虑地理条件诸要素的话，就难以解释我国历史上为什么出现那么多名类繁杂、形态多样的政区形式。为此，陆韧、凌永忠的《元明清西南边疆特殊政区研究》③ 一书中，在对元、明、清西南边疆行政区划进行实证研究的基础上，提出"特殊过渡型政区"概念，为行政区划研究提供了另一种理论研究范式，解析了元代西南边疆宣慰司、安抚司、蛮夷官制度，明代西南边疆外边政区建制体制，清代直隶厅及湘黔苗疆十厅政区的管理体制及商业经济发展。此外，该书还创新性地提出行政区划研究的核心要素应当是"掌土治民"。所谓"掌土"，即在行政区划内实施的土地管理方式，在边疆特别表现为疆域领土的管控；所谓"治民"，则是对行政区域内人口管理的方式。该研究最大的学术价值在于，认为行政区划研究除了考虑地理诸要素外，"掌土治民"是行政区划的核心内涵，政区内对土地、民族、人口管理差异是行政区划分类的重要指标。从边疆特殊过渡型政区概念出发，凌永忠的《民国时期云南边疆地区特殊过渡型行政区划

---

① 葛剑雄：《中国历代疆域的变迁》，商务印书馆1997年版，第11—12页。
② 周振鹤、李晓杰：《中国行政区划通史·总论先秦卷》，复旦大学出版社2009年版，第100—151页。
③ 陆韧、凌永忠：《元明清西南边疆特殊政区研究》，人民出版社2013年版。

研究》①一书中则认为云南对汛督办是特别行政区向正式政区演化过程中的特殊政区形态。在演进过程中，国家对汛督办管控逐渐深入，并逐渐具有掌土、治民能力，行政职能得到强化，从最初管理国防与外交，到后期完善行政划要素，最终在1950年演变为县级政区，考释了河口、麻栗坡对汛督办区域范围。此外，张轲风的《民国时期西南大区区划演进研究》②一书，认为民国时期对西南空间范围的认定出现显著变化，解析了为什么广西、湖南、湖北、广东等省也常被纳入"西南"大区，这一区域观念的形成与当时民族分布格局、地理环境、政治中心转移以及地域格局的变化均有密切关系。

综上所述，不论是正式政区还是特殊政区研究，虽进行了扎实的实证研究，但涉及清代滇东南边疆地区的研究都相对薄弱。此外，滇东南地区由于长期为土司管辖区，产生了一些边疆地区所特有的管理机构，③以其特点进行自我管理与调适。因此，本书将在前人研究基础上，以滇东南边疆地区为例，探讨国家治理体系下边疆地区行政区划设置的进程及特点。

关于边疆军事体系建构研究

元、明、清西南边疆军事防御体系呈现出由腹里向边疆不断演进的历史进程特点。元朝设立云南行省以后，以宣慰司、宣抚司负责对西南边疆的军政管控，且蒙古军屯驻地点均分布在交通干线上。陆韧的《元代宣慰司的边疆演化及军政管控特点》④，认为元代宣慰司制度经历了一个由内地向边疆的演化过程，并在元中后期突出分布于西南边疆，其长官宣慰使均兼都元帅或管军万户等军事职衔，负责对西

---

① 凌永忠:《民国时期云南边疆地区特殊过渡型行政区划研究》，中国社会科学出版社2015年版，第86—124页。
② 张轲风:《民国时期西南大区区划演进研究》，人民出版社2012年版。
③ 清嘉庆时期，云南广南府"夷人则有侬人、沙人、僰夷、獛喇、土獠，或十余家数十家为一寨，合一二十寨为一大寨。侬人之大寨名曰牛，其中有四十八牛，皆属于土同知"。（清）伯麟:《滇省舆地图说·广南府图说》，中国社会科学出版社2009年影印本，第39—40页。
④ 陆韧:《元代宣慰司的边疆演化及军政管控特点》，《云南师范大学学报》（哲学社会科学版）2012年第6期。

南少数民族进行军事招讨和管控，形成了符合西南边疆少数民族社会经济特点的特殊管理模式，在西南边疆承担着军事镇戍、屯田、保障交通和疆域开拓的重任，为元代西南边疆的稳定和发展作出重要贡献。然而元代宣慰司军事管控特点是区域大、驻军少，且宣慰司驻地靠内地，对广大少数民族部落地区则是"鞭长莫及"。以滇东南临安广西元江宣慰司、广南西路宣抚司为例，至顺年间统辖临安路、广西路、元江路、斡泥路、彻里路及其十余部落军政，虽然治所是在建水州，但是实际驻兵点是在通海县曲陀关都元帅府，① 并不能对边远的辖区形成有效的军事控制。广南西路宣抚司的治所驻地在广南，对靠近边界区域、少数民族众多的富州、安宁州、罗佐州也无法形成有力管控。

　　明代是内地汉族移民大规模进入云南的时期，其中第一大类是军事移民。据估算，明代进入云南军事移民第一代人口达到80万。② 洪武十四年（1381年）明以军事力量平定云南，后设镇戍卫，巩固在云南的统治。军事制度方面，卫所是明朝在云南统治的核心。随着军事移民增多，开始在当地设卫筑城，屯田垦种，实行军政同治。早在元代云南行省建立以后，大规模屯田已经开始，但是元朝在西南地区的民屯早于军屯，且设置军屯的时间较民屯更晚，③ 加之元朝兵力有限，因此没有大规模蒙古兵进入云南从事屯垦。明代云南汉族军事移民筑城屯聚，坚壁固守，以城镇作为明朝统治政权根据地和护卫汉族移民安全的堡垒，在设卫建政同时，不断筑城设防，屯聚军队，使新筑卫所形成的军政城镇成为汉族移民在云南的重要聚居地，逐渐控制了云南内地军政重镇和交通、坝区，使云南腹里及迤西、迤南、迤东的交通枢纽、军事要冲均在其控制范围内。例如，洪武初年，将临安府治所南移至建水州，并将滇南军政中心由元朝时期的通海移至临安

---

① 聂迅、王世丽：《云南蒙古族的民族认同调适与原因探讨》，《云南民族大学学报》（哲学社会科学版）2015年第1期。

② 陆韧：《变迁与交融——明代云南汉族移民研究》，云南教育出版社2001年版，第48页。

③ 方铁、方慧：《中国西南边疆开发史》，云南人民出版社1997年版，第300—301页。

（今建水县城），在府城东泰和街设临安卫，以数万卫军力量进行大规模的城防整治，将其修筑为具有很强防御功能的屯兵重镇，城内军政、行政衙门健全。总体来说，相比元代的军事控制，明代云南军政控制更加向边远地区推进。

此外，明朝边疆防御主要依赖当地少数民族土司"藩篱"和土司土兵，即明廷针对西南边疆内、外边区创新性施行了差异化的管理模式。陆韧、彭洪俊在《论明朝西南边疆的军管羁縻政区》[①]中指出，由于云南边疆复杂的地理条件、民族分布、历史传统、风俗习惯、地区差异、人口密度及国际地缘政治等客观因素，从而对西南边疆外弧地带实行因地制宜的管控，对云南外边政区实行军管性和羁縻性统治。这一管理体制对明廷在边疆少数民族地区设官建制，维系外边政区土司对明朝的国家认同和版图上的归附起到了重要作用。虽然土司边疆"藩篱"具有护国捍边作用，但土司属于国家间接军事防御体系，并非国家正式军事建制，且具有不稳定的"摇摆性"，甚至还有隐患问题。

清朝对全国的军事控制，在京畿腹里以八旗兵驻守，而以绿营兵分驻各省及边疆地区，存城驻守和分设汛塘是绿营兵存在的两种基本形式，在边疆地区以遍布汛塘为多。有关历史时期军事建制权威性著作当数军事科学院主编的《中国军事通史》[②]（20卷）。其中，清代卷以鸦片战争为分界点，分上、下两卷论述了清朝二百余年间所经历的大小战争及各类军事建制。郑天挺的《清代的八旗兵和绿营兵》[③]阐述了清代两大军事制度。罗尔纲的《绿营兵志》[④]爬梳了清朝历代政书、档案等基本史料，在进行认真搜集和排比的基础上，对全国绿营兵历史沿革、营制、任务、调遣、官兵铨选考核、奖惩、俸饷、军器、马政等方面作了较全面论述，是绿营兵研究的奠基之作。以上代表性研究论著，研究面较为广泛，但深度不够，缺乏对专题问题的探

---

① 陆韧、彭洪俊：《论明朝西南边疆的军管羁縻政区》，《中国边疆史地研究》2013年第1期。
② 军事科学院：《中国军事通史》，军事科学出版社1998年版。
③ 郑天挺：《清代的八旗兵和绿营兵》，《历史教学》1955年第1期。
④ 罗尔纲：《绿营兵志》，中华书局1984年版。

讨，尤其对清代边疆军事体系的研究不足。

绿营兵以布置汛塘作为控制全国的主要手段，而清廷在云南布置的绿营兵数量居全国各省首列。因此，绿营兵在清代云南军事防御体系中起了至关重要的作用。秦树才的《清代云南绿营兵研究——以汛塘为中心》①一书中梳理了清代云南绿营兵的创建、发展、消亡过程，并探讨了分布在云南边疆地区的汛塘设置，认为汛塘起源于明代之镇戍制度。清代的塘与明代的哨戍有密切的联系，二者均分布于交通沿线。清代的塘是在裁废明代哨戍的基础上设立的，起到维持交通、安定社会的作用。该书首次对清代绿营兵做了区域性深入研究，将清代边疆军事体系研究在深度上大大向前推进，具有重要学术价值。

晚清是边疆军事防御重要的转变时期，随着滇东南地区临安开广道的设置，河口、麻栗坡对汛督办作为军事协调功能逐渐体现出来，以清末新政中编练新军为标志，中国由传统帝制下后置性边防向现代国家边防体系转变。光绪三十年（1904年），云贵总督丁振铎将云南的防军、土勇一律改为巡防队，编成南防十营、西防十营、开广边防五营、普防五营、江防五营、铁路五营，②其中南防区正位于滇东南地区，滇东南边防现代化转型与云南边疆民族地区的近代化密不可分。潘先林的《"近代化"历程中的滇川黔边彝族社会——对中国近代民族史研究理论问题的思考》③一文，以滇川黔边彝族社会近代化历程研究为基础，提出了"边疆民族型"近代化模式的概念，认为边疆民族地区近代化起步较晚，随着边疆危机的出现，资本主义对云南的冲击，促使边疆民族地区发生社会变迁，主要表现为边疆民族人民向资本主义工业化、民主化方向的种种努力以及观念转变、习俗变迁、经济发展、民族团结等，不仅充实了中国近代化的内涵，而且为中国民族史研究提供了新的研究范式，其《"沿边型"近代化模式与

---

① 秦树才：《清代云南绿营兵研究——以汛塘为中心》，云南教育出版社2004年版。
② 潘先林、张黎波：《天南电光——辛亥革命在云南》，云南人民出版社2011年版，第67页。
③ 潘先林：《"近代化"历程中的滇川黔边彝族社会——对中国近代民族史研究理论问题的思考》，《民族研究》1998年第3期。

"近代化"视野下的少数民族社会变迁——对"边疆民族型"近代化模式的再讨论》①，基于前文思考，提出了"沿边型"近代化模式，认为少数民族的近代化，实质上应指"近代化"视野下的沿边少数民族的社会变迁、社会转型及国家认同。孔令琼的《晚清民国云南边防近代化研究》②，详细论述了19世纪后期至20世纪40年代，随着英法殖民势力的深入，致使西南边疆危机日益加深的情况下，晚清及民国政府为安定云南边疆民族地区，保障西南国防体系安全，制定了一系列政治、经济、文化、军事措施来巩固西南国防，维护国家安全和领土完整，阐述了云南地方政府在边防近代化过程中所做的努力及实践，并结合了当时典型的文本来论述该时期主要的边防思想。

此外，与云南边防研究有关的还有：陆韧的《云南边疆的现代化起步与社会变迁——基于贺宗章、丁文江红河地区亲历记的研究》③，从政治军事和红河水运视角考察了红河地区在外来势力冲击下，滇越铁路的修筑以及清末红河地区新旧社会变革和现代化起步的状况，以丁文江的《我的第一次内地旅行》《云南个旧》的记载为例，见证了滇越铁路开通后民国初年红河地区现代化进程加速及交通运输业、个旧锡业的现代化转型初期发展情况，探讨了在20世纪最初15年云南边疆现代化的起步及社会的变迁，认为边疆地区的现代化进程更为坎坷，不仅面临着与内地相同的旧政治体制桎梏和落后经济的制约，更面对着帝国主义侵扰掠夺和复杂国际环境影响，边疆特殊地理条件和恶劣生态环境是制约现代化发展的原因之一。苍铭的《烟瘴对乾隆时期西南边防政策的影响》④，认为乾隆时期开化府地区充满了烟瘴，使乾隆时期清王朝始终对边防采取消极防守政策；而马亚辉在《乾隆时期的云南边隘》⑤一文中，认为虽然乾隆时期瘴疠对边隘驻防有着严重

---

① 潘先林：《"沿边型"近代化模式与"近代化"视野下的少数民族社会变迁——对"边疆民族型"近代化模式的再讨论》，《贵州民族研究》2008年第1期。
② 孔令琼：《晚清民国云南边防近代化研究》，博士学位论文，云南大学，2014年。
③ 陆韧：《云南边疆的现代化起步与社会变迁——基于贺宗章、丁文江红河地区亲历记的研究》，《云南民族大学学报》（哲学社会科学版）2010年第1期。
④ 苍铭：《烟瘴对乾隆时期西南边防政策的影响》，《中央民族大学学报》（哲学社会科学版）2009年第1期。
⑤ 马亚辉：《乾隆时期的云南边隘》，《文山学院学报》2012年第4期。

影响，但清王朝仍采取了积极措施，例如对云南边隘进行查勘修葺，以云贵总督为首的各级边疆官吏更是对边隘时常巡阅，对驻防力量较弱的边隘增派兵丁等。在鸦片战争以后，清朝边疆危机加深，尤其是中法战争以后，中越局势紧张，清朝加强了对滇东南边境地区的军事布防。

综观既有研究，多是以云南地区作为整体进行系统翔实论述，针对清代滇东南地区边防建设虽有提及，但却未进行系统的论述及探讨。本书认为云南边疆现代化应当包含边防的现代化，即传统后置性边防向现代边防的转变，对滇东南边防现代化的演进及南防军事体系的建立进行探讨，笔者在中国国家图书馆抄出民国初年的边防调查报告——《云南南防调查报告》①，该文本针对滇东南地区的兵营屯驻、道路、河川、对汛等有非常详细的调查，并专辟一章对时下种种弊端提出了改良策，在报告末尾附有调查日期及进程，清晰呈现了民国初年滇东南地区的军事布防格局。《云南史料丛刊》所收录的《幻影谈》中也有大量关于南防军事方面的信息。《云南南防调查报告》所提供的最大价值在于，可以让我们清晰地认识到晚清时期云南边疆军事防御体系已经到达了最边界地区，不再是元明时期的管控，真正落实到了防御体系上。本书也将充分运用这些史料深入探讨滇东南地区军事布防的演进态势。

关于国家治理中的边疆民族地区基层社会管理研究

有清一代，国家对地方基层社会治理主要由里甲、保甲、乡约等基层社会管理组织构成。里甲制度是明代在编制赋役黄册基础上组成的国家机构基层行政单位和最基本的役制组织。刘伟的《明代里甲制度初探》②一文，认为里甲制度不仅是封建政权机构的基础，而且是其政权赖以发挥其职能的工具。清朝随着"摊丁入亩"在全国的推行，里甲制失去了赖以存在的基础，在全国州县之下又推行保甲制度

---

① 此书系手抄本，原书既未署名，也未注明编撰日期，但分析书中内容后可以确定调查日期为1912年。
② 刘伟：《明代里甲制度初探》，《华中师院学报》1982年第3期。

作为主要的基层管理体制。孙海泉认为清代保甲制度是由州县政府通过乡一级保甲组织而贯彻于村庄之中的，是直接统治乡里的基层组织制度。① 乡约最初只是一种约定，并不是基层社会管理组织的名称。明清以来，乡约逐渐向官方化形式过渡，逐渐成为一种乡村社会自治制度，在控制和维护地方社会秩序方面起到了作用。牛铭实的《中国历代乡约》②，系统梳理了乡约在中国的起源、发展、演变与消亡，分章论述了各地乡约的发展及其在基层社会所发挥的治理能力。王日根在《论明清乡约属性与职能的变迁》③一文中认为，清政府在地方社会大力推行乡约制度，其职能主要是进行思想道德教化，根本目的是维护封建统治，反映了中国传统政治文化中包含了巨大的融通性和内调节功能。实证研究方面，常建华考察了清代江西按察使凌燽所记《西江视臬纪事》，在对文本分析后认为保甲与乡约是当时治理乡村社会的主要手段，并进而认为"清代治理乡村社会的组织措施，形成完整的基层社会组织体系，并影响了基层社会结构"④。因此，里甲、保甲和乡约等基层社会组织构成了清政府治理地方社会的主要模式。

上述代表性研究从不同角度对清代基层社会组织体系进行了分门别类的论证。近年来，区域社会史研究逐渐兴盛，更加关注基层社会和民众，相较于传统帝王将相史的研究，这种"自下而上"的研究路径、"底层历史"撰写方式越来越成为一种潮流。但是，如果一味地关注基层社会，而忽视国家的存在，则可能会把区域社会史研究领入另一个极端，因为"区域社会的历史脉络，蕴涵于对国家制度和国家'话语'的深刻理解之中。如果忽视国家的存在而奢谈地域社会研究，是难免'隔靴搔痒'或'削足适履'的偏颇的"⑤。

在社会史研究领域，杨国安认为明清时期国家对基层社会治理的模式是：集权国家对乡村社会的部分管理和乡村社会的自我运行，共

---

① 孙海泉：《清代保甲组织结构分析》，《河北学刊》1992 年第 1 期。
② 牛铭实：《中国历代乡约》，中国社会出版社 2005 年版。
③ 王日根：《论明清乡约属性与职能的变迁》，《厦门大学学报》（哲学社会科学版）2003 年第 2 期。
④ 常建华：《乡约·保甲·族正与清代乡村治理——以凌燽〈西江视臬纪事〉为中心》，《华中师范大学学报》（人文社会科学版）2006 年第 1 期。
⑤ 陈春声：《走向历史现场》，《读书》2006 年第 9 期。

同构成中国乡村治理模式的特征,① 即国家与社会之间既不是国家力图控制地方,也不是地方试图对抗国家,二者是一种交融与互动的状态。面对中国散漫、平铺的自然村落社会,首先皇权并不想无所不至地对其进行绝对控制,再则乡村社会自己拥有一套自我管理与民间秩序的维护机制。因此,明清时期的官府对于乡村治理更多的是一种危机式的处理方式,即除非发生严重的社会动荡和案件纠纷,官府尽可能不介入乡村社会。可以说,这从国家与地方二元互动的研究视角得到了普遍认同。该观点针对边疆少数民族地区时可以有效弥补"汉化"模式的不足。在"汉化"阐释模式里,边疆一直是被征服、被控制的,包括被纳入版籍、被编入里甲、被作为王朝国家的编户齐民,被传授先进的生产技术、被教化及被标识为特定的身份和族群等,这其中体现了国家的强大权威和无处不在。国家与地方二元互动视角就是要打破这种固有思维,把身处在边疆地区的人不仅视为王朝国家所征服和统治的对象,而且当作活生生的、与王朝国家之间存在利害关系的,并懂得利用政治经济等手段与文化策略的、具有历史与生活经验的、有矛盾的心理和情绪的人。但社会史与历史地理学的关注视角是有区别的,社会史更加注重基层民众,历史地理学的关注视角是国家层面。

　　历史地理学关于政区研究中,往往将视角聚焦在县级政区之上,这也与传统观念"皇权不下县"的因素有关。对此,胡恒在《皇权不下县?——清代县辖政区与基层社会治理》②一书中,对"皇权不下县"的观点提出了质疑,他认为清代基层社会治理最明显的变化就是州、县佐贰官分辖,分划辖区进行治理。近代以来国家权力不断下探,通常被认为是近世中国社会治理的一大变化,这一变化在历史上是有延续性的,并创新性地提出了"县辖政区"概念。然而,清代的佐贰官虽然担负了某些社会治理的职责,并以此来论证中央权力对基层渗透的程度在雍正时期已十分深入,但这种行政的地方化实践仍

---

① 杨国安:《国家权力与民间秩序:多元视野下的明清两湖乡村社会史研究》,武汉大学出版社2012年版,第403页。
② 胡恒:《皇权不下县?——清代县辖政区与基层社会治理》,北京师范大学出版社2015年版。

只是个别现象,从国家整体规划来说,清廷并没有把县以下的行政管理作为制度纳入全盘体系规划之中。这是从历史地理学的角度来探讨基层社会治理重要性的一部著作,但全书对边疆民族地区基层社会治理的探讨相对较为薄弱。

目前学界对边疆民族地区基层社会治理的研究方兴未艾,社会史与人类学理论及研究范式引入历史地理学研究,使历史地理学向精细化、基层社会研究方向转变,地方基层社会管理成为历史地理学研究的重要内容。陕西师范大学的萧正洪、王社教等学者正在从事该领域的相关研究,其中萧正洪指导的博士论文以《历史社会地理视野下的移民社会研究(1821—1949)——以乌鲁木齐地区为中心》[①] 为选题,探讨了西北边疆地区移民社会的典型代表——乌鲁木齐地区基层组织体系的构建与运转,以乡约、"水利"、农官、教育、军控、宗族、婚姻等为切入点进行探讨,并针对该地区缺水情况,考察其用水、争水个案,是从历史地理学视角对边疆地区基层社会管理体系统翔实论述的有代表性的成果。可以看出,正是由于边疆地区特殊的自然与人文地理环境,历史地理学对基层社会研究已呈现出向边疆地区转移的趋势。

方国瑜、木芹、林超民则对西南边疆的民族特点和边疆民族社会固有的民族社会结构和组织进行了解析。尹建东等的《汉唐时期西南地区的豪族大姓与地方社会》[②] 一书,对汉唐时期西南地区的南中大姓、爨氏家族及爨文化、巴蜀豪族以专题式进行了研究,考察其形成、发展、衰落的过程,探讨了三者在地方社会中的权威类型、权力基础及权力支配的特点,动态地呈现出西南豪族大姓权力结构的变化过程及其对地方社会政治所产生的影响和社会经济发展变化的特点,分析了造成西南地区豪族社会经济发展过程中的结构性、地域性差异的生态、文化及社会因素。陆韧的《明代云南士绅阶层的兴起与汉文

[①] 刘超建:《历史社会地理视野下的移民社会研究(1821—1949)——以乌鲁木齐地区为中心》,博士学位论文,陕西师范大学,2014年。

[②] 尹建东等:《汉唐时期西南地区的豪族大姓与地方社会》,云南大学出版社2013年版。

化传播》①《论明代云南士绅阶层的兴起与形成》②以明代云南儒学、科举、移民为例分析，认为云南各少数民族和汉族移民的部分子弟逐渐改变原来的社会地位和身份，跻身于"士绅"阶层和社会群体的行列，发挥着引领云南社会进步的重要作用。云南与内地一体化进程的加速，成为明代云南社会变迁的重要特征之一。于晓燕的《清代南方民族地区的义学研究》③，对清朝的官办民助初等教育——义学，在南方民族地区的施行情况进行了研究，认为义学是基于国家一统、边疆稳定和民众启蒙与开启民智的立足点而设立的。马亚辉的《清代云南的保甲制度》④，探讨了保甲制度在云南的演进，其推行于康熙年间，但并未很好实施，雍正时期再次推行，并在一些州县试行，至乾隆时期得到完善直至清末，反映了清朝对云南社会治理的认识是一个由浅到深的过程，云南与内地一体化的趋势日益增强。

土司、改土归流问题也是西南边疆地区所关注的重点问题之一。清代以前滇东南长期为土司所管辖，针对滇东南土司及改土归流的相关研究有：胡淑的《明清时期滇东南壮族土司研究》⑤一文，考证了明清时期滇东南地区壮族土司的设置，并论述了其发展、衰落的过程，探讨了壮族土司设置的特点及作用。李和的《明清时期滇东南地区土司与封建王朝的关系》⑥，认为明清两代封建王朝通过土司制度对滇东南地区进行了有效的统治，在不同程度上实行了土流参治和改土归流，但由于当地土官的势力强大，成为实际的统治者，土司与封建王朝之间是既联合又斗争的关系。有关滇东南地区的改土归流，王文成的《近代云南边疆民族地区改土归流述论》⑦一文提及了滇东南

---

① 陆韧：《明代云南士绅阶层的兴起与汉文化传播》，《齐鲁文化研究》（第4辑），山东文艺出版社2005年版。
② 陆韧：《论明代云南士绅阶层的兴起与形成》，《云南师范大学学报》（哲学社会科学版）2007年第1期。
③ 于晓燕：《清代南方民族地区的义学研究》，云南民族出版社2011年版。
④ 马亚辉：《清代云南的保甲制度》，《西南边疆民族研究》（第11辑），云南大学出版社2013年版。
⑤ 胡淑：《明清时期滇东南壮族土司研究》，硕士学位论文，云南大学，2006年。
⑥ 李和：《明清时期滇东南地区土司与封建王朝的关系》，《赤峰学院学报》2010年第2期。
⑦ 王文成：《近代云南边疆民族地区改土归流述论》，《学术探索》1994年第3期。

地区的改流，并注意到了改流后开化府所辖政区是按原土司地划分，基层统治权也仍归土司"苗裔"掌握。

综上研究成果，以云南为视角探讨了清代的治理，但对云南所辖各区域关注不够，且时段多集中在清朝前期（顺、康、雍、乾）及清末（光绪）时期，对清朝中后期研究也有所欠缺。以往对边疆治理的研究只研究到族群、县级政区的管理，几乎没有关于县以下边疆基层社会及其基层社会治理的研究。有关清代滇东南改土归流的研究也仅是国家治理下具体实践之一，未深入展开探讨改流后对滇东南地区的制度性措施。本书认为在清代以前土司对边疆民族社会进行间接治理，改土归流后国家设立基层社会管理体制，对边疆民族社会进行直接治理，这是清代西南边疆治理的最大进展。由于滇东南地区特殊的地理环境使得民族呈散杂居状，国家治理难以深入，一方面国家参照内地模式，进行"移植"与"模拟"，将内地基层社会的管理方式"复制"到边疆地区上来；另一方面边疆民族地区基层社会本身也有自我管理及调适的过程，产生特有的管理方式。这些将在后文中进行详细探讨。

三　研究的理论、方法、资料

方国瑜在《论中国历史发展的整体性》中指出：中国历史是有其整体性的，在整体之内，不管出现几个政权，不管政权如何不统一，并没有破裂了整体，应当以中国整体为历史的范围，不能以历代王朝疆域为历史的范围。① 中国历史之所以形成整体发展，是由于有其的核心起着主干作用。这个核心就是早在中原地区形成的诸夏族，后来发展成为汉族的人们的共同体。② 该理论对本书思考有重要的指导意义，中国历史的发展虽是整体，但在整体之下的内部是不均衡的发展，各个地区（尤其是内地与边疆）由于地理环境、民族等要素的

---

① 方国瑜：《论中国历史发展的整体性》，《方国瑜文集》（第1辑），云南教育出版社2001年版。

② 方国瑜：《论中国历史发展的整体性》，《方国瑜文集》（第1辑），云南教育出版社2001年版。

不同，使得核心区向边缘区的治理进程并非均质推进，因而中国边疆各个地区的发展是不平衡的。

周振鹤先生提出了"边疆区与内地的圈层型关系"这一重要理论，在每个圈层之下是国家治理在各个地区不同程度的深入，因此才会产生许多的"空隙"地带，这些空隙地带即是国家治理暂时无法达到的区域，成为了帝国之下"内在的边陲"区。周振鹤以实证研究准确解析了秦汉至唐宋时期边疆地区圈层发展的不平衡性，陆韧、凌永忠通过解析元、明、清时期西南边疆地区过渡性特殊政区的特点，以实证研究印证了该理论，但仍缺乏对边疆民族地区基层社会的解析。例如，滇东南边境不仅仅是国家的边陲地带，还是国家资源矿产富集区，曾有大量移民进入该地区采矿，由此产生的流民问题是清廷面对的棘手问题。若不对县级政区以下的基层社会作深入探讨，国家治理的纵深推进是无法清晰认识的。

目前学界愈发重视对一个区域的"社会空间"建构及转换问题的研究，尤其是社会史的研究逐渐向区域化转向，历史地理学也愈加重视对一个小区域进行精细化研究。有两种学术走向值得关注：一是对区域研究中尽量刻画区域社会的整体面貌及其发展演变特点，通过区域史角度透析中国历史演变的总体趋势；二是以"自下而上"视角探索上层政治史如何渗透到地方基层社会，即要探讨国家与社会之间的互动关系。基于上述认识，本书将以清代滇东南作为一个区域来探讨国家治理进程，即边疆与内地一体化，考察中国统一多民族国家下的不平衡发展，论述国家对边疆民族地区的治理，考察滇东南地区政区设置及变动、军事布防、基层社会的管理，探索国家是如何将"内在的边陲"区逐渐"填满"的。民族地区的稳定和发展是国家的重大战略目标，边疆民族地区的相对落后已经严重制约了国家的和谐发展，对边疆民族地区的治理已是当务之急，本书的研究希冀为当今国家对边疆民族地区的治理提供历史上的借鉴。

有关中国历史政治地理概念，周振鹤认为，政治地理学不同于地缘政治学，它是政治过程的地理学，是地理学的分支学科，而历史政治地理就是以历史学的研究方法为主，利用中国古代丰富的文献资源，从中发现历史时期政治过程与地理环境的关系，其研究对象是历史时期的政治地理现象。① 以行政区划为研究对象，中国历史政治地理的研究内容应包括三个方面：第一，以复原疆域政区历史变迁的全过程为目的，提出解决当今或今后有关国家疆界和政治体制改革对策的基础；第二，就疆域政区本身的要素（政区结构、政区幅员、政区边界等）来进行分解式的以及政治学角度的研究；第三，研究政治过程对地理区域变迁的影响，即研究中国历史上的行政区划为何有如此繁复的变迁过程。② 因此，作为行政区划研究，应充分利用历史政治地理的研究方法，而行政的实质是管理，行政区划就是国家在一定区域内进行管理，在清代以来滇东南地区民族状况复杂、民族危机严重、国家政体转型的背景下，特殊行政区划的设置，对内可以强力控制边疆，维护多民族统一国家的发展，对外可以宣示国家主权，捍卫领土完整。据此，结合滇东南地区的具体情况，可以探究特殊政区在边疆与内地一体化发展过程中的过渡作用，为正式政区的设置提供参考价值。

历史社会地理是历史地理学的分支学科，它是研究历史时期各地人群的形成、分布及其变迁，研究地理因素对社会文化现象的影响，具体研究内容应包括历史时期社区及社会现象的地理研究，后者包括人群研究、风俗地理和社会变迁等。③ 本书落脚点是对边疆地区基层社会的探讨，与社会史研究密切关联，将其与历史地理学结合，即是历史社会地理。社会史是以"人"为研究核心，是对基层社会传统生活方式的研究，而历史人文地理自然也不能缺乏对人的关怀。④ 然而国家治理并不是对单向的基层社会的管理，还要有乡村社会的自我调适，坚持以国家治理与民间社会秩序互动为视角，将云南南部边疆视为一个整体，既从国家视角出发探讨官方对于民间社会的管控，又从基层社会着眼，揭示乡村社会的自我调适，以此体现国家治理与基层社会秩序之间的互动多元视野。

---

① 周振鹤：《中国历史政治地理十六讲·前言》，中华书局2013年版。
② 周振鹤：《建构中国历史政治地理学的设想》，《历史地理》（第15辑），上海人民出版社1999年版。
③ 王振忠：《历史社会地理研究刍议》，《中国历史地理论丛》2005年第4辑。
④ 王振忠：《社会史研究与社会历史地理》，《复旦学报》1997年第1期。

关于研究资料，本书的研究工作主要是基于既有史料。因此传统史学的治学方法——对史料的搜集、整理、归纳、考辨等，始终是我们研究的基础核心，因为任何新理论的提出均是建立在对实证研究的基础之上的，最终都要回归到对新史料的发掘及对既有史料的重新解读上。历史政治地理、历史社会地理两种研究范式，是本书的核心。但任何一个学科都有与生俱来的局限性和单一性，除了对文献的重视以外，更加注重对田野考察，因此，人类学、社会学的理论与方法也为本书研究提供了丰富的、可借鉴的思想资源和分析手段，正如杰弗里·巴勒克拉夫（Geoffrey Barraclough）所言："如果说，历史学家向社会科学去寻找新见解和新观点的根本原因是对历史主义及其立场和观点的强烈反动，那么，历史学家首先应当面向人类学和社会学去寻找新方向是毫不奇怪的。在所有的社会科学中，社会学和人类学在观点上与历史学最为接近。"① 雅克·勒高夫（Jacques Le Goff）也指出，历史学要"优先与人类学对话"②，新史学"或许是历史学、人类学和社会学这三门最接近的社会科学合并成一个新学科"③。据此，历史地理学与其他学科的交叉、联姻，强调多学科方法的交叉渗透应成为未来历史地理学发展的鲜明特征之一，以历史地理学研究方法为核心，通过学科间的平等交流与对话，把人类学、社会学的概念、方法、分析框架融入到历史地理学研究中来。

在现有的研究资料中，《云南史料丛刊》中已收集了大量史料：《安南勘界案》《勘察开化府边界折》《张允随奏稿》《旨稽查流民酌议章程奏》与雍正时期中越边界划界有关，《岑毓英奏稿》《幻影谈》《滇南界务陈牍》《清季外交史料有关云南事迹摘抄》中均有大量晚清时期滇东南地区人文、地理、政治、经济、军事等记载，这些史料为本书研究做了前期铺垫。

其次，明朝时期云南通志及地方志。虽然本书研究时段定在清代以后，但若仅依靠清代以后基本史料，是无法完整了解云南南部边疆地区

---

① ［英］杰弗里·巴勒克拉夫：《当代史学主要趋势》，杨豫译，上海译文出版社1987年版，第76页。
② ［法］J. 勒高夫等主编：《新史学》，姚蒙编译，上海译文出版社1989年版，第36页。
③ ［法］J. 勒高夫等主编：《新史学》，姚蒙编译，上海译文出版社1989年版，第40页。

的变迁过程的，由于该地区在明代属土司管辖，有大量"空隙"地带，其相关情况记载本身就很少，因此，对这些史料应当充分利用。清季以来史料，例如《清史稿》《清实录》《云南史料丛刊》《宫中档朱批奏折》、地理总志、云南通志、清代至民国时期相关地方志、伯麟图说等，这些常见史料也为本书奠定了前期研究基础。为充分占有史料，笔者曾先后三次前往滇东南地区考察，在考察途中搜集到民间流传的碑刻、族谱等，在当地档案馆中查阅了相关材料，于中国第一历史档案馆抄出内阁题本、军机处录副奏折、宫中档朱批奏折中与研究地区相关的清宫档案，从中国国家图书馆抄出了前人未曾关注过的《云南南防调查报告》。以上这些将是完成本书的基本史料。

再次，清代以来，尤其是清末民国时人对西南边疆地区的民族调查、地志资料及游记。例如，曾任临安开广道道员的贺宗章，在其《幻影谈》中，就记载了大量关于滇南地区的军事征战、民族、基层社会、宗教等内容，尤其是在滇越铁路通车后，记载了关于南部边疆地区的军事布防情况及风俗变迁，而前人研究多未关注到这一重要史料。

复次，民国各类相关期刊，例如《边政公论》《西南边疆》《东方杂志》等，含有很多时人对滇东南边疆地区的理解和分析。中法战争后，清政府与法属越南划定边界，清廷对国家领土寸土必争，他们对流民的治理措施及对外关系等有独到见解，在边疆民族地区体现出了强烈的国家认同和民族认同意识，反映了时人的边疆观念和治边思想。

最后，新中国成立后编撰的相关地名志、文史资料及州志、县志资料。这些资料虽然是今人编写的，但其中的文字信息、地图追溯了相关人士的回忆，对本书仍有不可忽视的参考价值。

第一章 元明时期云南东南部的边疆管控

元代行省制度，形成了全国大一统的局面格局。至元十一年（1274年）建云南行省，以路、府、州、县统辖，滇东南地区虽有临安路领之，但路下没有完整行政区划，仍以土官治理。明洪武十五年（1382年）平定云南，临安府隶属云南布政司，下由教化三部、王弄山、安南、八寨四个长官司管理，广南西路宣抚司改府（土府），派土司治理。洪武二十八年（1395年）置广南卫欲进行军事管控，但随即被撤。永乐元年（1403年）复置，但卫治已被移至云南府，军事管控鞭长莫及。明中叶以后，宦官专政，土地兼并日益严重，赋税和徭役繁重，农民起义此起彼伏。嘉靖年间虽有减轻租银、整顿赋役及抑制宦官、裁撤锦衣卫等改革措施，但终究无法挽回明朝的衰落。万历以后，农民以白莲教组织起义，朝廷为镇压农民起义，军费开支日益膨胀，辽饷加派，加重了农民的负担，竭泽而渔，迫使更多的农民揭竿起义，终难逃过灭亡的命运。

明末西南地区随即陷入混乱之中，相继发生多起土司叛乱。崇祯四年（1631年），普名声叛乱。次年，普名声死，其妻万氏继领其众，作乱滇东南地区。后万氏招赘沙定洲为婿，二人结纳，势力愈加壮大，直至明朝灭亡。清顺治二年（1645年），元谋土司吾必奎叛乱，黔国公沐天波调沙定洲平叛，沙定洲趁机坐大势力，劫夺沐天波家产，至顺治五年（1648年）方被大西军平定。后余党王朔等又纠合教化安南、王弄、八寨、枯木、牛羊等诸酋反。康熙四年（1665年），被吴三桂领兵剿平。可以说，在清代以前的元明时期，国家治理并未深入滇东南边疆民族地区。顺治十六年（1659年），清朝平定云南以后，始将滇东南地区改流设官，拉开了清朝治理滇东南地区的序幕。

第一节　元明时期云南东南部边疆管控

元代于云南行省东南部边疆依内地模式设置路、宣抚司、宣慰司等制度进行政管理和军政管控，但治理模式则异于内地。行政管理方面，虽设置了路、府、州、县，与内地政区形态基本一致，但对当地少数民族则是土官辖土民的管理体制；在军事管控方面，以设置和调整宣慰司进行军政管控。

一　临安路与广南西路的设置

公元1253年，蒙古军跨革囊灭大理，将军政合一的万户、千户、百户制推行至云南，又以原族群和部落结构为基础，设置了19个万户、40余个千户和若干百户。至元十一年（1274年），元朝立云南行省，下以路、府、州、县统辖之。《元史·地理志》载："云南诸路行中书省，为路三十七、府二，属府三，属州五十四，属县四十七。其余甸寨军民等府不在此数。"① 行政区划与内地基本一致。但是，由于云南各少数民族叛服无常，又设宣慰司进行控制，其长官均加都元帅或管军万户职衔，② 负责对少数民族的军事管控和招讨。云南行省宣慰司仅具有一个片区的军政统筹管控权，而不是行政区划单位，云南行省各路、府、州、县由于行省分层级进行行政管理，而各宣慰司则偏重于军事管控。③ 对于滇东南部边疆地区，是以临安路和广南西路宣抚司进行行政管理。临安路，唐宋南诏大理国时期，有乌蛮、白蛮三十七部；大理国时期既是民族部落结构，也是行政区划，又是地方性民族性特征的混合政区制。滇东南边疆地区，在南诏统治

---

① 《元史》卷61《地理志四》，中华书局1976年标点本，第1457页。
② 《元史》卷91《百官志七》，中华书局1976年标点本，第2308—2309页。
③ 陆韧：《元代宣慰司的边疆演化及军政管控特点》，《云南师范大学学报》（哲学社会科学版）2012年第6期。

时期为通海都督，大理国时置秀山郡，以阿僰部蛮居之。统一云南后，元宪宗七年（1257年）置阿僰万户府，对该地区进行管控。云南行省建立后，逐渐将万户府等改设为路。《元史·地理志四》有："临安路，下。唐隶嶲州，天宝末没于南诏。蒙氏立都督府二，其一曰通海郡，段氏改为秀山郡，阿僰部蛮居之。元宪宗六年内附，以本部为万户。至元八年改为南路，十三年又改为临安路。领县二、千户一、州三。州领二县。宣慰司所领屯田六百。"① 可见，至元八年（1271年）改为南路，十三年（1276年）又改为临安路，治所沿袭南诏大理国时期南部军政管控中心，仍为通海（今云南省通海县县城秀山镇），是为云南行省东南地区的军政统治中心。临安路下为多层级管理，路领二县、一千户、三州，州领二县。临安路直辖河西、蒙自二县，舍资千户和建水州、石平州、宁州三州，其中宁州又领通海、嶍峨县。若以古今地名对照，则河西县即今通海县西城；蒙自县为今蒙自县；舍资千户驻今蒙自县东部之老寨②；建水州为今建水县；石平州为今石屏县；宁州为今华宁县，最初领三县，其西沙县驻今华宁县城西二华里处；通海县为今通海县；嶍峨县即今峨山彝族自治县。以上辖境约为今云南省通海县、嶍峨县、蒙自县、建水县、石屏县、开远市、华宁县、河口县、文山县、马关县、西畴县、麻栗坡县、砚山县等地，囊括云南滇东南边疆广大地区。

早在南诏、大理国时期，广南西路辖区与右江上游连成一片，唐、宋时归邕州管辖，非南诏、大理国所有。宋末元初始归属云南。至元十二年（1275年）二月，"特磨王侬士贵、南丹州牧莫大秀，皆奉表求内附"③，今云南文山州广南、富宁和广西右江上游一带划归云南行省并设治。《元史·地理志四》列有广南西路宣抚司，"广南西路宣抚司。阙"④，无具体内容。已有学者考明，元代不仅设置了广南西路宣抚司，而且设置了广南西路，是元朝云南行省下设的军政统治机构。广南西路"在广西路（驻今泸西县）维摩州（驻今砚山

---

① 《元史》卷61《地理志四》，中华书局1976年标点本，第1476页。
② 至元十三年又改称安南道防送军千户，盖以其地近安南故。
③ 《元史》卷128《阿里海牙传》，中华书局1976年标点本，第3128页。
④ 《元史》卷61《地理志四》，中华书局1976年标点本，第1464页。

县北部之维摩)之东,湖广田州路(驻今广西田东县西)之西",
"领富州、安宁、罗佐3州",① 即广南西路,今广南县,辖境约为今
广南、富宁二县之地。

二 元代云南行省东南边疆地区的土官治理模式

国家对边疆少数民族地区的控制,通常先以军事力量进入,对少数民族招讨的同时,伴随国家行政区划设置及内地汉文化的传播。前文述及,至顺二年(1331年)设置临元广宣慰司,然至元年间,内地汉文化先于传播至建水,且相比治所通海,更向南、向边疆地区深入。可以说,元代在临安路的治理方针是"文化先行"策略。历史时期国家实际占有、控制的地域范围都属于国家疆域。在疆域内部,国家对其实行有效、分层级的行政管理,就是行政区划。正式政区内,中央王朝及地方官对区内清丈土地,对人民登记户籍,征集赋役和税收。但在边远非汉族聚居区,统治者实行比较松散的管理,不进行经常性的户籍登记,中央王朝任命当地少数民族头人代为管理当地土民,"长官可以世袭,或者按照当地原有习惯产生,但必须得到中央或上级政府的批准或确认;长官可以保留原来的称号,但必须承认臣属的地位;可以有自己的军队,但对外的军事行动必须得到上级政府的批准,或者接受上级政府的调遣"②。因此,少数民族头人所管辖区域是中央王朝力量所不及之区,但仍是历史时期国家疆域范围的一部分。

至元十一年(1274年),云南行省领路三十七、府二、属府三、属州五十四、属县四十七。③ 两年后置临安路,原以阿僰部蛮居之,辖宁州、建水、石屏三州,河西、蒙自二县,宁州领通海、嶍峨二县,又舍资千户一。又,《大元混一方舆胜览》"斡泥路"条下有"教合三部,领车部、牙部、空亭部"及"王弄山部,领屈中、阿马、阿月三部"。④ 广南西路宣抚司,《元史·地理志》缺,《胜览》

---

① 尤中:《云南地方沿革史》,云南人民出版社1990年版,第235页。
② 葛剑雄:《中国历代疆域的变迁》,商务印书馆1997年版,第13页。
③ 《元史》卷61《地理志四》,中华书局1976年标点本,第1457页。
④ 《大元混一方舆胜览》,郭声波整理,四川大学出版社2003年版,第474页。

亦未记载。道光《广南府志》有"世祖至元十四年，立广南西路宣抚司，领富州等五州"①，后省并路城、上林、罗佐三州，唯领富州、安宁二州。明天启《滇志》所载亦同，唯仅载"元至元间"。②

教合三部、王弄山部、舍资千户、广南西路宣抚司均属元朝时期滇东南地区，均为土官所辖地区。限于史料缺乏，对该区域只有大致了解。《大元混一方舆胜览》曰："（教合三部及王弄山部）其俗巢居山林，使用极俭，积贝以百二十为窖，收地中，死则嘱其子曰'我藏贝凡若干窖，汝取几处，余勿发，我来生将用之'。其愚如此。"③ 海贝是元明时期云南的主要货币，据考证，其作为货币在云南从9世纪中叶持续到17世纪中叶，约存在800年，是西南与沿海各国在商品交换中共同使用的货币。④ 元代厉行通货政策，统一全国货币，唯独云南仍以贝作为商品交易媒介，因为"云南贸易与中州不同，钞法实所未谙，莫若以交会、贝只子公私通行，庶为民便。并从之"⑤。可见，通行货币在云南并不适用。又，至元十三年（1276年）舍资千户在改隶前仍为夷人居住地，"蒙自县之东，阿僰蛮所居地。昔名衰古，又曰部裒踵甸"⑥。又，广南西路宣抚司虽领二州，但仍以土司管辖，"元时侬郎恐为宣抚，有二子，长布哈，次正祐"⑦。所领富州、安宁州均为土司地，接受梁王册封，"元时沈郎先为富州、安宁二州土官，子永秀梁王署为元帅"⑧。大德五年（1301年），云南行政右丞忽辛对广南"以礼致之"，但因"广南酋沙奴梗化"，遂致忽辛"留数月不遣"。⑨

---

① 道光《广南府志》卷1《建置·沿革》，杨磊等点校，兰州大学出版社2004年版，第42页。

② 天启《滇志》卷2《地理志·沿革郡县名·广南府》，古永继校点，云南教育出版社1991年版，第62页。

③ 《大元混一方舆胜览》卷中《云南等处行中书省·金齿百夷诸部》，郭声波整理，四川大学出版社2003年版，第474页。

④ 方国瑜：《云南用贝作货币的时代及贝的来源》，《云南社会科学》1981年第1期。

⑤ 《元史》卷9《世祖本纪六》，中华书局1976年标点本，第177页。

⑥ 《元史》卷61《地理志四》，中华书局1976年标点本，第1476页。

⑦ 雍正《云南通志》卷24《土司》，《四库全书》史部，商务印书馆1985年影印版，第570册，第223页。

⑧ 道光《云南通志》卷131《秩官志七·土司一》，道光十五年刻本。

⑨ 道光《广南府志》卷1《建置·沿革》，杨磊等点校，兰州大学出版社2004年版，第42页。

元代滇东南地区均属土官管辖，由于该地区政治、经济未能与内地一体化，因此行政区划及流官体系未能进入，国家未能对其直接治理，仍以土官管理土民。

三　临安广西道元江等处宣慰使司兼管军万户的军政管控

元代云南行省东南部边疆，除设临安路、广南西路宣抚司以行政管理外，还通过宣慰司对边疆进行开拓和军政管理。云南行省东南部在元代属于临安广西道元江等处宣慰使司兼管军万户进行军政管控。《元史·地理志四》也有"临安广西元江等处宣慰司兼管军万户府"①。该宣慰司的设置和军政管控情况是大概清楚的。

元朝统治深入滇南少数民族地区，"云南行省招降临安、白衣、和泥分地城寨一百九所"②，以临安路、广西路为基础"立临安广西道宣抚司"③，以张立道"为临安广西道宣抚使，兼管军招讨使，仍佩虎符"。张立道是云南行省平章事赛典赤倚重的重臣，以其出任临安广西道宣抚使，足见对东南边疆的重视，张立道"兼招讨使""佩虎符"，④ 具有统军征讨和行政大权，临安广西道宣抚司成为统管云南行省南部军政最高军政机构。《大元混一方舆胜览》无临安广西宣抚司记载，"临安道宣慰司，建水州置司"⑤，在今云南建水县。说明该宣抚司设置不久即改宣慰司，管控东南部边疆地区。天历三年（1330 年）以"云南行省立元江等处宣慰司"⑥，为元江叛乱招讨而设置的军政管控机构。平叛后，行省南部出现临安道和元江等处两个宣慰司并存、互不统属的局面。为加强南部军政统辖，至顺二年（1331 年）五月"置八百等处宣慰司都元帅府，以土官昭练为宣慰使都元帅。又置临安元江等处宣慰司兼管军万户府、孟定路、孟昌路并为军民总管府，秩从三品。者线、蒙庆甸、银沙罗等甸并为军民府，

---

① 《元史》卷61《地理志四》，中华书局1976年标点本，第1476页。
② 《元史》卷10《世祖本纪七》，中华书局1976年标点本，第200页。
③ 《元史》卷13《世祖本纪十》，中华书局1976年标点本，第279页。
④ 《元史》卷167《张立道传》，中华书局1976年标点本，第3917页。
⑤ 《大元混一方舆胜览》，郭声波整理，四川大学出版社2003年版，第471页。
⑥ 《元史》卷33《文宗本纪二》，中华书局1976年标点本，第742页。

秩从四品。孟并、孟广、者样等甸并设军民长官司"①，将临安道宣慰司与元江等处宣慰司合并为"临安广西元江等处宣慰司兼管军万户府"，统辖临安路、广西路、元江路和"金齿白夷诸部"斡泥路（今红河、元阳县）、彻里路（今版纳等地区）及其十余部落军政，东南部边疆属于该宣慰司亲自军政统辖。

总之，行政区划方面，元代行政区划融合辽金之制，形成一套多级、复式隶属关系层级，其统辖关系为"行省—路—府—州—县"，路、府、州均可辖县，路、府可在辖县的同时兼辖领县的府、州。云南行省之下以临安路设置进入行政管理，路下不领府级政区，辖有建水、石屏、宁州及河西、蒙自二县，宁州又领通海、嶍峨县，还有舍资千户。② 元代临安路路治在通海县（今通海县北），而宣慰司治在建水州（今建水县）。③ 据此，元朝对临安路军事力量的控制更为深入。但由于临安府所辖范围较大，不管是宣慰司治所的建水州还是路治的通海县，元代对临安路行政控制及军事管控的范围仅为府北地区，中南部广大区域仍以任命少数民族头人治理。

此外，文化方面值得关注的是元代在云南大力推行儒学、汉文化的广泛传播。至元十二年（1275年），赛典赤·赡思丁任云南行政平章政事，其间看到云南"子弟不知读书"，因此"创建孔子庙、明伦堂、购经史，授学田"④。张立道任云南中庆路总管期间，始"首建孔子庙，置学舍，劝士人子弟以学，择蜀士之贤者，迎以为弟子师，岁时率诸生行释菜礼，人习礼让，风俗稍变矣"⑤。此后，元代又在大理、临安、澄江、仁德、曲靖、鹤庆、威楚、武定、永昌、丽江、姚安诸路府设学舍，⑥ 至元二十二年（1285年），"复创庙学于建水路"⑦，于建水州设立学舍。

---

① 《元史》卷35《文宗本纪三》，中华书局1976年标点本，第785页。
② 李治安、薛磊：《中国行政区划通史》（元代卷），复旦大学出版社2009年版，第205页。
③ 方国瑜：《中国西南历史地理考释》，中华书局1987年版，第798—799页。
④ 《元史》卷125《赛典赤·赡思丁》，中华书局1976年标点本，第3065页。
⑤ 《元史》卷167《张立道》，中华书局1976年标点本，第3916—3917页。
⑥ 陆韧：《唐宋至元代云南汉族的曲折发展》，《民族研究》1997年第5期。
⑦ 《元史》卷167《张立道》，中华书局1976年标点本，第3917页。

第二节　明代滇东南治理的深化

洪武十五年（1382年），明朝平定云南后便着手治理云南。但云南为少数民族聚居区域，因而实行差异化治理方针：统治相对成熟的地区，设立与内地相同的正式行政区划府、州、县，"大理、临安以下，元江、永昌以上，皆府治也"①，即大理、临安以北，元江、永昌以东地区，皆以流官治理，余下仍由少数民族头领管理，并不断探索新的治理模式。

一　明朝西南边疆治理的深化

军事方面。明代设置卫所，移入大量军事移民。卫所建制，大多置于洪武年间，至二十八年（1395年）底，云南卫所建制基本完成，为13卫、2军民指挥使司、6个直隶于都司的守御千户所、10个直隶于卫的守御千户所、3个王府护卫。② 此外，守御千户所是明朝卫所兵制中的特殊建制。据《明史·兵志》，明代卫所以5600人为一卫，辖前、后、左、中、右5个千户所，每所1120人。卫领千户所，设千户长一名。"守御千户所"则是因军事防御目的需要而设立，下领百户所，是都司为了不同的防御目的和军事任务而派驻指定地区，功能各不相同。明朝初年守御千户所多设于云南内地军政要地，用以加强军卫镇戍力量和腹里地区兵力。至中后期，守御千户所大多隶属于不同军卫，兵力相对薄弱，均是为镇压控制边远地区民族反抗或边防镇戍的需要而设立。③ 现以滇南临安府新安守御千户所说明。

新安守御千户所建于正德十四年（1519年），"在蒙自县西南，正德十四年建，隶临安卫"④。又，天启《滇志》："在蒙自县西南，

---

① 《明史》卷313《云南土司一》，中华书局1974年标点本，第8063页。
② 郭红、靳润成：《中国行政区划通史》（明代卷），复旦大学出版社2007年版，第468页。
③ 陆韧：《变迁与交融——明代云南汉族移民研究》，云南教育出版社2001年版，第201—203页。
④ 万历《云南通志》卷7《兵食志·新安守御千户所》，1934年刻本。

正德十四年调临安卫中所建，隶临安卫。"① 治所在今蒙自县东南 15 里，今犹称新安所地名②，即今蒙自县新安所镇。蒙自元时为阿棘蛮所居地，宪宗六年（1256 年）内附，但随即叛乱，次年讨平。至元十三年（1276 年）改县，下领舍资千户，在蒙自县之东，其地近交趾，以舍资为安南道防送军千户。③ 土酋割据及互相争斗时有发生。明初基本沿袭土酋分治局面。正德八年（1513 年）四月，安南长官司土酋那代叛服无常，"恃其地接交阯，遂谋叛，焚劫村寨，道路不通"④，云南巡抚都御史顾源、镇守太监张伦随即调兵剿平之，擒获那代伏诛。为加强该地区防守，明廷于同年六月决定"革蒙自土官，改安南长官司为新安守御千户所，调临安卫中所官军戍之"⑤，正式设新安守御千户所。由于治所选址，至正德十二年（1517 年）方才筑城，次年建成，御城北连临安府诸县，南控滇越边陲。明朝设置新安守御千户所就是要在滇南边远地区建立外藩，与蒙自县形成掎角防守之势，互相策应，以达到固内而捍外、保地方之安宁目的，与元时期军事管控只到建水县相比，明朝对临安府军事管控更向边境地区深入。

行政区划方面。明代行政区划层级较元时简化，高层政区以布政使司为行政长官，同时废路置府，下或辖州或辖县。平定云南后，将临安路改临安府，设府治于建水州。⑥ 说明已具备从军事管控到设置行政区划条件，国家治理向南推进。天启二年（1622 年），临安府领建水、石屏、阿迷、宁州、新化五州，通海、河西、嶍峨、蒙自、新平五县，教化三部、王弄山、思佗甸、纳楼茶甸、亏容甸、溪处甸、左能寨、落恐甸、安南九长官司。⑦ 明廷在临安府下行政区划设置更

---

① 天启《滇志》卷 7《兵食志·新安守御千户所》，古永继校点，云南教育出版社 1991 年版，第 260 页。
② 方国瑜：《中国西南历史地理考释》，中华书局 1987 年版，第 1144 页。
③ 《元史》卷 61《地理志四》，中华书局 1976 年标点本，第 1476 页。
④ 《明武宗实录》卷 99，正德八年四月乙卯。
⑤ 《明武宗实录》卷 101，正德八年六月丁巳。
⑥ 方国瑜：《中国西南历史地理考释》，中华书局 1987 年版，第 908 页。
⑦ 郭红、靳润成：《中国行政区划通史》（明代卷），复旦大学出版社 2007 年版，第 197—199 页。

细化,在南部与东南部地区设置数个长官司,行政管理比元代更加深入。

卫所设置必然带来大量军事移民屯垦戍边。正德十四年(1519年),云南巡抚何孟春上疏称:"戍守以屯田为要,军士以足食为先……今查新安千户所该拨田一百六十七分,其在响水河、阿三、李海、曲葱等处,附近普瓦寨者九十九分,在小窝则者一十五分,若使筑城于此,守御之军出城而耕,入城而守,为便尤甚。"① 一分田即为一份田,新安所军士皆有屯田。新安所建立之初,共有屯军244名,内有167份田。明后期,卫所制度废弛,天启年间所还有官军1594名,屯田2784亩。② 此外,随着屯田对坝区开发,兼有大量内地汉族移民进入蒙自坝区,他们以御城为中心,开垦耕种着附近土地,同时还兼营烧窑、织布等手工业,立所以来一直承担着"窖银"税。他们带来先进的生产技术并传诸后世,从而使这一地区逐渐从落后步入滇南比较富庶的行列。可以说,新安守御千户所的官兵是开发蒙自坝子的第一批生力军,也是进入这一地区最大、最早的汉族群落。③

文化方面。兴教化、导风俗,以夏变夷,是明初治理云南的主导思想。明前期在云南广泛建立各类儒学,实行科举考试,传播汉文化,让各族人民接受儒学教育,逐渐脱离了原来土酋、土民、军籍的身份。自洪武初始,即在云南各地建立官学。明朝的官学——府、州、县、卫学是与云南流官体制配套的文教机构,凡流官所辖府州县一般都置官学,部分土府、州,由于卫所设置,移民较多,中央王朝也设卫学,尚未改流之区,也率先置学以兴教化。景泰六年(1455年),云南布政使陈文言:"遍立学校以施教……迄今七十有三年。是以圣化渐被,无间穷僻,椎卉化为衣冠,嘔咿变为雅颂,熙熙皞

---

① (明)何孟春:《何文简疏议》卷4《急救生灵疏》,《四库全书》史部,商务印书馆1985年影印版,第429册,第107页。
② 陆韧:《变迁与交融——明代云南汉族移民研究》,云南教育出版社2001年版,第209页。
③ 朱端强、白云:《明代新安守御所考略——云南历代汉族移民研究之一》,《云南师范大学学报》(哲学社会科学版)1996年第5期。

睥，亦何下于内地哉！"① 建水在元代已设立学舍，但明代临安府汉文化已逐渐向周边辐射。嘉靖三年（1524 年）、六年（1527 年），分别设立崇正书院、景贤书院。隆庆年间，蒙自县文庙设立见湖书院，万历年间，于石屏州设立龙泉、秀山、州前、五亩、张本寨五个书院。② 至明后期，临安府已是"士秀而文，崇尚气节，民专稼穑。衣冠礼度，与中州埒"③。

明代官学和各类教育机构在中央王朝努力下，在云南获得前所未有的发展，分布地区也突破前朝设学范围，遍及所有靠内设府地区，包括部分未改流土府、州。学校种类，从元代单一的路学发展到了府、州、县、卫、设学及书院五种。学校的数量从十余所陡增到府、州、县、卫学 60 余所，书院 56 所，设学可考者 165 所，儒学教育机构 280 多所，有十余万子弟诵读其中。④ 明朝继承元代"文化先行"治理方略，实行军事、行政管理同时，总以儒学教育先行推进，不断向周边辐射扩散，以教化教育少数民族及汉族子弟。但是，元明时期对少数民族子弟教育仍有局限性，国家对边疆各民族的教育重点仍聚焦在土官及土司上层，其目的是培养忠顺的土官及土司，⑤ 忽略了下层少数民族子弟教育，使得国家治理仅仅停留在局部及少数民族上层集团，不能下放到边疆各民族基层，这种状况直到清代才彻底改观。

二 明代广南府与广南卫设置挫折

明初平定云南，废广南西路宣抚司，"置广南府，以土酋侬郎金

---

① 景泰《云南图经志书·重修云南志序》，李春龙、刘景毛校注本，云南民族出版社 2002 年版，第 3 页。
② 肖雄：《明代云南书院考析——以明清云南方志为中心》，《中国边疆史地研究》2015 年第 2 期。
③ 天启《滇志》卷 3《地理志·风俗》，古永继校点，云南教育出版社 1991 年版，第 110 页。
④ 陆韧：《论明代云南士绅阶层的兴起与形成》，《云南师范大学学报》（哲学社会科学版）2007 年第 1 期。
⑤ 于晓燕：《清代云南官办民助初等教育"义学"探析》，《云南民族大学学报》（哲学社会科学版）2007 年第 3 期。

为同知"①。广南府,"明为土府"②。可见,明初虽置广南府,但仍为土知府,以土同知管辖,未设流官。事实上,有明一代,广南府均为侬氏所掌管。《中国行政区划通史》(明代卷)载:"广南府领富、安宁、罗佐3州,寻废安宁、罗佐2州。府治在今云南广南县。富州,洪武十五年十一月起隶广南府,为土州,设有沈氏土知县。治在今云南富宁县治,后南迁至皈朝。"③ 至明末,广南府下只领富州,为土州,土官沈氏管理。崇祯年间,"土官李保叛,逐土官,土官移居州东南境,地名皈朝"④。富州旧治于普厅,即今富宁县新华镇,皈朝即今富宁县归朝镇。⑤

广南府设立后,未建完整城墙,以排栅代之,"明太祖洪武十九年建排栅,周四里,南设二门"⑥,周边为喀斯特地貌,"西北五里曰牌头山……峰峦起伏……土民筑寨其上","东南九十里曰者鹞山,高可二百仞,怪石嵯岈,昔为酋寨","东北一百五十里曰西宁山,下有崖洞,蛮多隐遁其中",⑦ 府内多为少数民族,汉族移民大多无法在该区垦种,且土司叛服无常。万历五年,侬酋叛乱,后巡抚王凝会同黔国公沐昌祚抚定之。⑧ 明朝只在该区象征性收取租税,"租税仅取十之一",仅派临安卫指挥使一人镇戍其地,"指挥出,印封一室,入取,必有瘟瘴死亡"⑨。虽然有夸大成分,但也反映了广南地区瘴疠重,内地流官无法驻扎。

富州位于广南府东南,有水陆可由南盘江至广西泗城、田州,历来为商贾贸易之路,是滇铜、粤盐互销运输必经之道,"田畴广沃,

---

① 《明太祖实录》卷150,洪武十五年十一月甲戌。
② 傅林祥等:《中国行政区划通史》(清代卷),复旦大学出版社2013年版,第557页。
③ 郭红、靳润成:《中国行政区划通史》(明代卷),复旦大学出版社2007年版,第200页。
④ 嘉庆《重修一统志》卷482《广南府·古迹》,《四部丛刊》续编,史部。
⑤ 陈庆江:《明代云南政区治所研究》,民族出版社2002年版,第85—86页。
⑥ 民国《广南县志》卷4《城池》,《中国地方志集成》影印本,凤凰出版社2009年版,第292页。
⑦ 天启《滇志》卷2《地理志·山川·广南府》,古永继校点,云南教育出版社1991年版,第95页。
⑧ 道光《云南通志》卷102《武备志二·戎事二》,道光十五年刻本。
⑨ 《明史》卷313《云南土司一》,中华书局1974年标点本,第8076页。

人民殷富，实荒徼奥区"①。但正由于商业贸易发达，导致盗贼多流于其间劫夺客商，明人言：

> 昔两路之通也，仕宦商贾，间出广南，其人闻华言，则相视而笑，遗以食盐、槟榔、金丝烟，喜出过望，以米薪、豚酒酬焉，行旅野宿，无盗贼之虞。顷岁，滇粤往来者踵相接，有亡命窜其中导之，初以数人持刀盾伏于箐，伺行者噪而出，行者大骇奔去，委二簏于地，发之皆兼金也。其后每劫必大获，有聚数百人要于路者……行旅以广南为畏途矣。②

国家无法对区域有效管控，是贼匪横行的主要原因。明后期，沈氏势力渐微，"多以土舍护印"。万历初年，"沈仁拿印逃奔泗城，委官勘处竟未归"③，后有沈锐者取其印以归。广南府流官既无法常驻，只能将府印委于土司，官印常被土司随意私带，可见中央对广南府的控制松散。

明朝在总结历代国家治理的经验教训上，寓行政管理制度于兵制，在全国设立都司卫所制度，是明代的基本军事制度。由于边疆地区国家行政管控力度较弱，因此都司卫所在边疆地区的意义显得尤为重要，周振鹤先生即将都司卫所划归"军管型的特殊地方行政制度"④。卫所起初直隶于中央大都督府，后来按地区分属于设在各省的都指挥使司。后行省改为布政使司，都司与布政使司分别掌控地方之军事与民政。明以5600人为一卫，下辖前、后、左、中、右五个千户所，每千户所1120人，卫所管辖军户，"其军皆世籍"⑤，平时屯垦，战时征调。

云南都司置于洪武十五年（1382年），"其地去云南尚远，今云

---

① 天启《滇志》卷2《地理志·形势·广南府》，古永继校点，云南教育出版社1991年版，第70页。
② 天启《滇志》卷4《旅途志·陆路·粤西路考》，古永继校点，云南教育出版社1991年版，第172—173页。
③ （明）顾炎武：《天下郡国利病书》卷31《云贵》，《四部丛刊》三编，史部。
④ 周振鹤：《中国地方行政制度史》，上海人民出版社2005年版，第354页。
⑤ 《明史》卷90《兵志二·卫所》，中华书局1976年标点本，第2193页。

南既克，必置都司于云南，以统率诸军"①。但云南外连交趾，内为少数民族世居，明廷在不同区域实行不同的管理制度。在统治稳固、成熟之地设置与内地相同的府州县，在边远少数民族聚居地由其头领任职，设宣慰司、安抚司、长官司、土州等。因此，云南日常军事防守由都司及其下属的卫所、军民府负责。②经过朱元璋的经营，洪武二十八年（1395年）底，云南都司下辖13卫、2军民指挥使司、6直隶于都司的守御千户所、10直隶于卫的守御千户所、3王府护卫。③

广南卫初设于洪武二十八年，"云南后卫于广南府，置广南卫"④，但维持时间不长。永乐元年（1403年），明成祖命"复设越州、平夷、广南三卫，而以广南瘴疠之地，命置于云南城中"⑤，据此广南卫可能在洪武末年或建文年间被废弃。永乐元年虽议复置广南卫，但最终于九年（1411年）迁移云南府治东，即由广南府城迁至云南府城，即今昆明市东南广卫村，⑥终明均沿此制。

永乐元年移卫至府城，标志着广南卫设置失败。明初国家想用军事力量来实现对广南地区的管控，但并未成功，由于广南边疆势力突出及瘴疠原因，洪武年间军事移民进入后，设"指挥使二员，同知四员，佥事三员。经历司经历一员，知事一员。镇抚司镇抚一员。千户所四，正副千户九员，百户三十二员。三分马、步、旗军六百三十九名，七分屯军九百二十名。舍丁二百七十七名，军余四千六百七十名"⑦，但最终不仅卫所被撤，甚至连国家正规军事力量都无法控制，必然成为国家治理边疆地区的空缺地带。

---

① 《明太祖实录》卷141，洪武十五年正月甲午。
② 郭红、靳润成：《中国行政区划通史》（明代卷），复旦大学出版社2007年版，第465页。
③ 郭红、靳润成：《中国行政区划通史》（明代卷），复旦大学出版社2007年版，第468页。
④ 《明太祖实录》卷241，洪武二十八年九月壬子。
⑤ 《明太宗实录》卷23，永乐元年九月丁酉。
⑥ 郭红、靳润成：《中国行政区划通史》（明代卷），复旦大学出版社2007年版，第488页。
⑦ 民国《广南县志》卷6《职官志·武备》，《中国地方志集成》影印民国23年钞本，凤凰出版社2009年版，第516页。

三 滇东南边疆地区土司制度的演化

洪武十五年（1382年），朱元璋派傅友德、蓝玉、沐英领兵平定云南，随即改置三长官司地。三长官司是指教化三部长官司、王弄山长官司及安南长官司，均位于临安府东南部地区，该区域与交趾接壤。

教化三部长官司，一在八寨（又名阿雅），一在枯木，一在教化山，合三部为一司，故曰三部。① 北宋皇祐四年（1052年），狄青征侬智高，寓人龙海基做向导有功，始命领其地。元为强现三部，隶临安等处宣慰司，② 即教合三部。洪武十五年征云南，"（龙）者宁率部兵归款，始授长官司职"③，又随明军征交趾有功，"加云南卫指挥职衔"④。土司设公署，"司治在珑村大教化，众山联络，一山中峙，土官公署与民居在其巅"，且均为夷人居住，"曰马喇、曰沙人、曰猓、曰侬人、曰野蒲、曰喇记"⑤，是今壮族与瑶族支系。

正统年间，交趾犯边，龙氏势力已渐衰弱，仍领教化三部地区。嘉靖间，龙氏宗支渐繁衍，龙敬有三子，各领一部，"以长子胜安领阿雅，次子德胜领教化，三子胜全领枯木，皆为副长官"⑥。万历年间，又数犯边境，龙氏皆从征，为稳定西南边境、防范交趾入侵立下功劳。后人评价："龙氏自海基以来，上下几五百年，历世二十有五，中间王师数征交趾，龙氏莫不从军；其余交兵年年入犯，随时堵御，能使不为边患，其长官皆奉法效忠。"⑦

---

① 道光《云南志钞》卷8《土司志下·废官·开化府》，杜允中注，刘景毛点校，《云南文献》1995年第2期，第441页。
② 天启《滇志》卷2《地理志·沿革郡县名·临安府》，古永继校点，云南教育出版社1991年版，第56页。
③ 道光《云南通志》卷132《秩官志七·土司二》，道光十五年刻本。
④ 道光《开化府志》卷2《建置·沿革》，娄自昌、李君明点注，兰州大学出版社2004年版，第18页。
⑤ 《滇系》卷9《土司系》，《中国方志丛书》影印光绪十三年重刊本，成文出版社1968年版，第1367页。
⑥ 道光《云南志钞》卷8《土司志下·废官·开化府》，杜允中注，刘景毛点校，《云南文献》1995年第2期，第442页。
⑦ 道光《云南志钞》卷8《土司志下·废官·开化府》，杜允中注，刘景毛点校，《云南文献》1995年第2期，第443页。

王弄山长官司，在"（临安）府东南。元王弄山大小二部"①，又天启《滇志》："元兀良吉歹征交趾，路经阿宁，立大小二部。"② 明洪武十四年（1381 年）改授长官司，以阿额为长官，"其后有阿乍，传至乌土白、乌志得、乌胜凤，死后，其子有乌高举"，凡六世，后便不知所终，所居地势险要，"盖夷夏要冲云"，均为夷人，有"侬人、猓猡、䝞鸡、獛剌、沙人、阿成"③。

安南长官司，即元舍资千户所地，后改安南道防送军千户所，"洪武十五年三月仍曰捨资千户所，寻改置长官司"④，以归附土官那由授副长官司衔，但叛服无常。正德八年（1513 年），蒙自土舍禄祥争袭父职，鸩杀其嫡兄禄仁，"安南长官司土舍那代助之以兵，遂称乱，守臣讨平之"⑤，因此将安南长官司升蒙自县，以新安守御千户所成之。正德十二年（1517 年）筑城屯田，"御城与县城为犄角，北连临安诸位县，南控滇越边陲"⑥，是控驭长官司主要军事力量。但由于管控不力，天启二年（1622 年）又复置安南长官司，至明终。

可以得出，明代临安府南部皆以长官司管理。地理环境险恶，多瘴疠，汉夷杂居区，土著势力过于强大，无法在该地区设置行政区划，流官体系不能进入，因此元明以前该地区"皆以夷制夷，未尝建立郡县"⑦。当交趾累犯边境，只能是"临安无南面之虞者，以诸甸为之备也"⑧，各长官司亦不请代袭，自相冠带，日寻干戈。

---

① 《明史》卷46《地理七》，中华书局1974 年标点本，第1177 页。
② 天启《滇志》卷2《地理志·沿革郡县名·临安府》，古永继校点，云南教育出版社1991 年版，第56 页。
③ 《滇系》卷9《土司系》，《中国方志丛书》影印光绪十三年重刊本，成文出版社1968 年版，第1367 页。
④ 《明史》卷46《地理七》，中华书局1974 年版，第1178 页。
⑤ 《明史》卷313《云南土司一》，中华书局1974 年版，第8071 页。
⑥ 陆韧：《变迁与交融——明代云南汉族移民研究》，云南教育出版社2001 年版，第205 页。
⑦ 道光《开化府志·序》，娄自昌、李君明点注，兰州大学出版社2004 年版，第10 页。
⑧ 《明史》卷313《云南土司一》，中华书局1974 年版，第8071 页。

四 明末清初"沙普之乱"波及下的滇东南边疆

"沙普之乱"是指明末清初云南一系列的土司叛乱。①崇祯四年（1631年），阿迷州土酋普名声发动叛乱，经云南巡抚王伉率兵讨伐，但遭失败。崇祯五年（1632年），普名声死，其妻万氏仍领其众，继续在滇南作乱，"此晚明一大事也"②。后普名声妻万氏招安南长官司沙源之子沙定洲入赘，"兼有安南、阿迷之众，复并吞夷地，南至交冈"③，势力愈加壮大。顺治二年（1645年）九月，元谋土司吾必奎反，黔国公沐天波檄调遣各寨土官平叛，其命宁州土知州禄永命、石屏州土目龙在田与沙定洲同参将李大赟共同进剿，但由于这些土司曾与吾必奎共同征战过，因此沙定洲不至，后李大赟进兵，吾必奎自杀，叛乱遂平，④此时沙定洲又乘机发动叛乱，至顺治五年（1648年）才被大西军平定，但沙定洲残余势力并未剿平。

康熙四年（1665年），迤东土酋宁州禄昌贤，新兴王耀祖，嶍峨禄益、王扬祖、王弄王朔，蒙自李日森、李世藩、李世屏，八寨李成林，纠合纳楼普率、教化张长寿、枯木龙元庆、倘甸叶向阳、叶正君，石屏龙韬、龙飞扬，路南秦祖根，陆凉资洪，弥勒昂复祖，维摩沈应麟、沈兆麟、王承祖、王义、王先任、王先伦等谋叛，众至数万攻临安，陷蒙自、嶍峨、宁州、易门，围弥勒、通海、石屏、宜良等州县，各郡震动。⑤此次叛乱由据守王弄山余党王朔聚众自滇东南发动，陆续向北影响，几乎扰乱了整个云南的社会秩序。

自明崇祯四年（1631年）开始的普名声之乱，至康熙四年滇东

---

① 付春：《尊王黜霸：云南由乱向治的历程（1644—1735）》，云南大学出版社2011年版，第57页。
② 方国瑜：《云南史料目录概说》（上册），中华书局1984年版，第351页。
③ 雍正《云南通志》卷16《兵防·师旅考》，《四库全书》史部，商务印书馆1985年影印版，第569册，第520页。
④ 康熙《云南通志》卷3《沿革大事考》，《中国地方志集成》影印康熙三十年刻本，凤凰出版社2009年版，第89页。
⑤ 康熙《云南通志》卷3《沿革大事考》，《中国地方志集成》影印康熙三十年刻本，凤凰出版社2009年版，第95页。

南王朔等余党反清，其影响力长达35年，对明末清初的云南社会产生了极大影响。教化三部长官司、王弄山长官司及安南长官司地是这一系列土司叛乱的策源地，战乱严重影响当地基层社会发展。由于该区界连交趾，各少数民族上层时而归顺中央王朝，时而投靠安南，是明末清初西南边疆社会不安定因素之一。

第二章 清初滇东南边疆民族地区的治乱与初步理正

清初西南边疆局势复杂，明清鼎革之际，由于云南沐氏旧有势力固守、南明政权进入云南以及边疆地方民族地区内部争斗等，导致西南边疆乱局，严重危害了元明以来的西南边疆统一与安定局面，清初滇东南边疆地区是明末清初西南边疆动乱的延续。因此，治乱与理正是这一时期的主题。

第一节 清初西南边疆的治乱

一 大西军平定沙定洲之乱

正如前文，明末沙定洲之乱由滇东南土司引发，虽波及云南全省，但滇东南是较严重的动乱区。清初对沙定洲之乱的治乱并非以清朝为主，而是在清军入关后，节节败退于云南的农民起义军大西军铲除了沙定洲势力，最后由大西军平定的。

顺治元年（1644年），清军入关之际，张献忠率领农民军攻克成都，建立大西国政权，年号"大顺"。顺治三年（1646年），大西军兵败西充，张献忠牺牲，其义子孙可望继续领导军队，将阵地转移至云贵地区扩充实力。三月，占领平彝，进入云南境内，又陷交水，继而攻打滇东重镇曲靖。此时，沙定洲正围攻楚雄，闻讯急调兵增援，一面从蒙自抽调军队北上增援，一面"遣大兵头数十，领兵数万往援曲靖"①，

---

① 道光《开化府志》卷8《兵防·师旅考》，娄自昌、李君明点注，兰州大学出版社2004年版，第215页。

但战败，被擒数百人，余众皆散去。

沙定洲兵败后，退据阿迷州，屯兵伵革竜，与万氏营狡兔之窟。其下汤嘉宾、陈长寿等各据一山立营，为掎角之势，私通交趾，借其援兵。随后大西军先后平定云南境内效忠于南明王朝的各处缙绅起义，招抚驻守楚雄洱海道的杨畏知、永昌的沐天波，利用沐天波的名义先后招抚了滇南宁州、嶍峨、新兴、石屏等地土司，继而剿灭了滇西和滇东北的土司势力后，云南全境基本底定，只剩下滇东南阿迷州和蒙自地区仍在沙定洲势力之下。顺治五年（1648年）八月，孙可望遣李定国等攻打阿迷州、蒙自，"围以木城，困守三月，绝其水源，诸蛮惧，出降者相续，遂械定洲、万氏等数百人回城"①。十月，刘文秀进讨伵革竜，斩定洲，② 其万氏、汤嘉宾等在昆明处死，标志着祸乱数年的沙定洲之乱被平息，暂时结束了云南混乱的局面。

二 消灭南明政权与吴三桂势力深入滇东南边疆地区

沙定洲之乱的平定并未结束清初动乱局势，清朝势力没有深入云南，南明永历政权接踵而至。永历帝自顺治三年（1646年）监国于广东肇庆，自继皇帝位后，一直处于迁播不定状态，在两广、湖南之间辗转奔逃。顺治八年（1651年）十二月，清军攻打南宁，永历帝面临覆灭危险，逃窜至滇东南地区，受孙可望下属高文贵部护卫幸免逃脱。随后便倚仗着大西军余部李定国、孙可望势力在西南地区负隅顽抗，抵抗清廷。

然而，此时孙可望与李定国之间在如何扶持南明政权的问题上出现分歧，永历帝则试图联合李定国来对抗孙可望，但最后都归于失败。随后李定国宣称"臣兄事可望有年，宁负友，必不负君"③，公然与孙可望决裂。事实上，李定国也想奉南明为正朔，以此对抗清廷。因此，顺治十三年（1656年）二月，李定国迎永历帝入滇，将云南作为反抗清廷的政治中心。此时清军已大军集结蓄势待发，李定

---

① 道光《开化府志》卷8《兵防·师旅考》，娄自昌、李君明点注，兰州大学出版社2004年版，第216页。

② （清）邵廷采：《西南纪事》卷10《李定国》，光绪十年徐干刻本。

③ （清）邵廷采：《西南纪事》卷10《李定国》，光绪十年徐干刻本。

第二章　清初滇东南边疆民族地区的治乱与初步理正　/　63

国与孙可望的决裂，不仅客观上为清军入滇提供了"便利"，也加速了南明政权的灭亡。

顺治十五年（1658年），清军分三路入滇，"安远靖寇大将军信郡王铎尼由贵州，征南将军固山赵布泰由广西，平西王吴三桂、定西侯莫勒根、下都统李国翰由四川"①，会师曲靖。顺治十六年（1659年），三路大军会师后，兵不血刃，迤东遂平。次年占领昆明，清廷命铎尼等班师回京，"命吴三桂为总督，移镇云南"②，自此，吴三桂成为事实上的云南王。

吴三桂总管云南后，先后平定多起云贵地区土司叛乱。康熙三年（1664年），贵州毕节水西土司安坤、安如鼎聚众十余万，举行大规模反清暴动，吴三桂亲自领兵征讨水西，驻师乌蒙。云南各土酋趁吴三桂出师空隙，纷纷发动叛乱，以滇东南为多。康熙四年（1665年）三月，迤东诸酋相率叛，宁州禄昌贤，新兴王耀祖，嶍峨禄益、王扬祖，王弄山王朔，蒙自李日森、李世藩、李世屏，八寨李成林，纠集纳楼普率，教化张长寿，枯木龙元庆，倘甸叶向阳、叶正昌，石屏龙韬、龙飞扬，元江那烈，路南秦祖根，陆凉资洪，弥勒昂复祖，维摩沈应麟、沈兆麟及王承祖、王义、王先任、王先伦等乘机谋叛，"欲由澂江、广西诸路合犯省城，先分掠各府、州、县，禄昌贤陷宁州执知州曹诚，遣贼攻昆阳、晋宁、三泊，王朔、李世屏率李成林、张长寿攻临安，秦祖根拥伪开国公赵应选攻弥勒，龙韬、龙飞扬攻石屏，李世藩陷蒙自执知县潘驯，禄益、王扬祖陷嶍峨，与举人董齮馨、杨缃暗通执知县孙衍庆，禄昌贤复遣贼攻河西"③，其余各部攻打广西、维摩等处。此次叛乱，一则牵涉头人较多，几乎滇南各寨均有参与；二则影响范围广，滇东、滇中、滇南无不受波及。此外，将个别知府、知县劫为人质。一时间处处烽火，远近震动。

对此，吴三桂檄调总督卞三元、巡抚袁懋功及提督张国柱发兵进

---

① （清）倪蜕：《滇云历年传》卷10《起大清世祖章皇帝顺治元年尽康熙七年》，李埏校点，云南大学出版社1992年版，第515页。
② （清）倪蜕：《滇云历年传》卷10《起大清世祖章皇帝顺治元年尽康熙七年》，李埏校点，云南大学出版社1992年版，第517页。
③ 道光《云南通志》卷175《南蛮志一·群蛮四》，道光十五年刻本。

讨，又遣王辅臣援弥勒，阎镇援临安，赵得胜援石屏，生擒伪开国公赵应选。赵得胜将石屏解围，龙韬、龙飞扬败走，阎镇部打败王朔、李世藩，临安城解围。先是，王耀祖陷易门，吴三桂讨宁州之际，将王耀祖生擒。后其弟王扬祖自嶍峨至铁炉关，据守省城要路，三桂以副将都统石国柱剿杀于九龙池，阵斩马麟甲、李明阳，遂困其城。四月十七日，擒齐正、王义，斩伪军师孟传信及徐元勋、杨佩远等数十人，易门遂平。

易门收复后，仍有诸多头目据守各寨：李世藩、李日森与禄昌贤、禄益仍据守在蒙自县；沈应麟据维摩；龙韬入乐育，与那烈、龙飞扬合兵；王朔据老寨；李成林据八寨；龙元庆据枯木；叶向阳、叶正昌据倘甸。各自聚兵二万欲将合攻省城。吴三桂乃留左都统吴应期，随同巡抚袁懋功守护省城，遣副都统高得捷、高拱辰、王屏藩，总兵王辅臣、阎镇等一同围剿蒙自。总兵沈应时、马惟兴、马宁等先剿沈应麟，次进老寨，堵御各头目奔窜的后路，遣总兵赵得胜由元江、落恐讨那烈、龙飞扬，而吴三桂亲统精兵与总督卞三元、提督张国柱从临安、阿迷前进。七月十七日，高得捷等至蒙自，李世藩、叶正昌败走，遂复县城，知县潘驯得以获救，又败李日森与发果山。

八月五日，吴三桂遣左蠹章京胡国柱等收复老寨，大败王朔、禄昌贤部。昌贤走八寨，王朔走雾露结。二十八日，吴三桂由王弄山抵教化。九月十二日，又由枯木进攻牛羊寨，龙元庆逃遁，投奔土酋侬得功。吴三桂遣兵追之，龙元庆又逃入交趾，高拱辰等追剿蒙自诸土司，李世藩、叶向阳、叶正昌逃往大江沼，李日森逃往打巫白箐，诸将齐力追逐，将李日森斩杀。吴国贵由大江沼追至勒古簿，生擒李世藩，阵斩叶正昌。时沈应麟在法古陇城中，而沈应时率兵至维摩，被困其城，后均被生擒。

十月，赵得胜兵至落恐，斩杀龙韬于那更，又擒得那烈、龙飞扬。马宁兵至八寨，禄昌贤据龙阴山，守备党法夺路土山，斩杀禄昌贤，吴国贵斩杀王朔于雾露结，马惟兴斩杀张长寿于丘北。李成林势穷奔走交趾，后被交人杀之。

从康熙四年三月滇东南各土酋叛乱起，经吴三桂平叛，至十月斩杀王耀祖、禄昌贤、李世藩、李日森、沈应麟、龙元庆、侬得功、王朔、张长寿等土司,余党李世屏、普率、沈兆麟等目睹大势已去,皆来归降投诚,滇东南教化三部、王弄山、安南长官司所属枯木、八寨、维摩、牛羊、新现等势力被消灭。

三 平定"三藩之乱"

随着清朝对全国统治力度的增强,统一中央集权与地方割据势力之间的矛盾日益激化。康熙帝继位后,有志于全国统一大业,对地处南方的三藩势力耿耿于怀,采取削藩策略。康熙二年(1663年)清廷收缴吴三桂"大将军印",六年(1667年)又免去吴三桂"总管"一职。十二年(1673年),清廷下达撤藩政令,彻底激怒了吴三桂,于是他便联合耿精忠、尚之信起兵反清,矛头直指朝廷。三藩以吴三桂势力最大,不仅经济上是中央政府沉重的负担,甚至威胁到清政府的统治。吴三桂军由云南、贵州起兵开进湖南,几乎占据湖南全省,随后进攻四川,当地官员迫于压力纷纷投降。此外,福建、广东、广西、陕西、湖北、河南和台湾的明郑等地汉官、汉兵和少数民族上层人士,及农民、奴仆都响应吴三桂号召,造成"三藩之乱"。

面对吴三桂叛乱,清廷迅速采取措施。首先下诏政治讨伐。康熙十二年(1673年)十二月,颁布诏书削吴三桂官爵,并宣谕云贵文武官员及军民:

> 逆贼吴三桂,穷蹙来归。我世祖章皇帝念其输款投诚,授之军旅,锡封王爵,盟勒山河。其所属将弁,崇阶世职,恩赉有加,开阃滇南,倾心倚任。迨及朕躬,特隆异数,晋爵亲王,重寄干城,实托心膂,殊恩优礼,振古所无。讵意吴三桂性类穷奇,中怀狙诈,宠极生骄,阴图不轨。于本年七月内,自请搬移。朕以吴三桂出于诚心,且念其年龄衰迈,师徒远戍已久,遂允奏请,令其休息。仍敕所司安插周至,务使得所,又特遣大臣前往宣谕朕怀。朕之待吴三桂可谓礼隆情至,蔑以加矣。
> 近览川湖总督蔡毓荣等疏称,吴三桂径行反叛,背累朝豢养之恩,逞一旦鸱张之势,横行凶逆,涂炭生灵,理法难容,神人共愤!今削其爵,特遣宁南靖寇大将军统领禁旅,前往扑灭。兵威所

至，刻期荡平。但念地方官民人等身在贼境，或心存忠义不能自拔，或被贼驱迫怀疑畏罪，大兵一到，玉石莫分，朕心甚为不忍，爰颁敕旨，通行晓谕，尔等各宜安分自保，无听诱胁，即或误从贼党，但能悔罪归诚，悉赦已往，不复究治。至尔等父兄子弟亲族人等，见在直隶各省出仕居住者，已有谕旨，俱令各安职业，并不株连，尔等毋怀疑虑。其有能擒斩吴三桂头献军前者，即以其爵爵之，有能诛缚其下渠魁，及以兵马城池归命自效者，论功从优叙录，朕不食言。尔等皆朕之赤子，忠孝天性，人孰无之？从逆从顺，吉凶判然，各宜审度，勿贻后悔。地方官即广为宣布遵行。①

诏书中，康熙帝罗列吴三桂数条罪状，削其官爵，向云贵当地官员及军民动员，意在以政治方式分化瓦解吴三桂属下官兵。此时吴三桂长子吴应熊正在京城，康熙帝将其囚禁，避免向其父通风报信，又暂停裁撤闽、粤二藩，以彻底孤立吴三桂势力。但吴三桂继续据守云贵两省，充分调动当地土司土兵为其效力，向北、东推进，短短数月间，云南、贵州、四川、湖南、广西、福建六省落入其手，湖北、江西部分地区也遭沦陷，中原震动，形势危急。

面对吴三桂的步步紧逼，康熙帝转变策略，以军事打击与政治瓦解相结合，逐步扭转战局。首先，命大学士图海率军西征，以甘肃提督张勇及总兵王进宝、孙思克、陈福、赵良栋等增援陕西，大败王辅臣部，收复了陕西与甘肃失地；其次，又命张勇、王进宝等部进攻四川，又调兵攻打福建、广东、广西的耿精忠、尚之信势力，后耿、尚二人倒戈投降，福建、广东、广西全省及江西、浙江部分地区告捷；最后，集中剩余兵力攻打湖南吴三桂主力部队。

随着清军在各省的节节胜利，至康熙十六年（1677年），吴三桂接连失去陕西、福建、广东、广西地区，江西、浙江、甘肃大部分地区也被清军收复。除云贵、四川、湖南外，其势力被大大削弱了。而吴三桂自发动叛乱以来，军费开支巨大，所收赋税已不足以供给军需，虽然其曾在衡州（今衡阳）称帝，但年老体衰，已无力与清廷

---

① 《清圣祖实录》卷44，康熙十二年十二月壬戌。

争天下，战争进入了相持阶段。

吴三桂方面，迅速召回马宝、胡国柱、王绪，以精锐部队攻打衡州门户永兴，双方僵持，久攻不下。至康熙十七年（1678年）八月，吴三桂突然病死，其部遂停止所有攻击，拔营而去。这成为清军扭转战局的关键。随后战局形势陡变，叛军群龙无首，众心瓦解，其孙吴世璠被迫继承帝位，清军趁机大举进攻，从此叛军一蹶不振，湖南、广西、贵州、四川等地逐步被清军收复。而马宝、胡国柱等叛军仍作困兽犹斗，节节顽抗，清军各将帅仍多迁延，以致时逾两年。直到康熙二十年（1681年）底，清军围攻省城昆明，吴世璠势穷自杀，余众出降，三藩之乱终告平定。

清廷在平定"三藩之乱"中耗费了巨大的人力、物力和财力。据学者估算，三藩部属兵额总数为15万—16万人，加上响应者的兵力，其总数已大大超过清廷用于平叛的兵力。[①] 这场战争波及陕西、甘肃、四川、云南、贵州、湖南、广西、广东、福建和浙江，其范围之广与规模之大是清初以来所未曾有过的。康熙帝不惜一切代价将其平定，目的就是要消灭地方割据势力，维护国家统一，有利于边疆和内地经济、文化的交流。至此，清初在西南边疆军事上的治乱大体上完成。

第二节 清初对云南的理正

随着清军消灭南明政权、平定云南及"三藩之乱"以后，在军事上基本完成了对西南边疆的治乱。但是，历时20余年战乱，西南边疆百废待兴，面临着恢复社会秩序和边疆安宁的理正任务。这种理正任务，即"善后"，实际是对云南边疆整体的治理体系建设。清初对云南的治理从平定南明政权后就开始，治理的重点，一是安抚明朝旧部和当地少数民族，二是对西南边疆治理提出全面的治理方略。例如，清初重臣、太子太傅王弘祚于顺治十年（1653年）就上言曰"黔国公沐天波世守云南，得民心，其僚属有散处江宁者，宜令往招天波为内应"，对当地民族应当"加意抚绥，俾令归化。冠服异制，

---

① 李尚英：《康熙平定三藩及其善后措施》，《学习与思考》1984年第6期。

勿骤更易"①，就提出招抚明朝世镇云南的沐氏势力和延续土司制度，安抚少数民族的治理之策。此外，王弘祚还就"云南平，迭疏上善后诸事，请开乡试，慎署员，设重镇，稽丁田，恤士绅，抚土司，宽新政"②。可见，在顺治十六年（1659年）平定云南之初，清朝已经着手进行西南边疆的治理体系建设，涉及文化体系治理的"开乡试"，职官制度建设的"慎署员"，军事镇戍和边防建设的"设重镇"，经济方面健全赋役体系的"稽丁田"，社会治理的"恤士绅"，特别重视对少数民族的治理"抚土司，宽新政"。但是，这些治理措施尚未完全展开，云南又因吴三桂发起的"三藩之乱"陷入混乱。

自康熙四年（1665年）十月滇东南土司势力被消灭后，清朝开始着手逐渐恢复经历战乱之后的云南。但是好景不长，康熙十二年（1673年）南方又相继有云南平西王吴三桂、广东平南王尚可喜、福建靖南王耿精忠为首的割据势力，与清廷分庭抗礼，形成"三藩之乱"，其中以吴三桂的势力最大，不仅在经济上是清朝政府沉重的负担，而且已威胁到清朝的政权。直至康熙二十年（1681年）冬，清军进入云贵省城，吴三桂之孙吴世璠自杀，历时八年的"三藩之乱"方被平定。对于清廷来说，这既是确立稳固统治的标志，也是清朝治理云南的开始。关于平定"三藩之乱"的过程，前人已有详细的论述③，笔者不再赘述。以下仅针对平定"三藩之乱"以后的筹滇方略进行论述。

平定"三藩之乱"逾后二三十年间，是云南实现由乱向治的关键时期。清朝总结和借鉴历代治理云南的思想和策略，经过不断调整和充实，在政治、军事、经济、文化等领域，结合云南社会历史发展的实际情况，探索出一套相对完整的治滇体系。因此，平定"三藩之乱"后，清朝对云南的治理或理正才真正开始。最重要的是时任云贵总督蔡毓荣提出的《筹滇十疏》，内共十条，具体如下：

---

① 《清史稿》卷263《王弘祚传》，中华书局1977年标点本，第9901页。
② 《清史稿》卷263《王弘祚传》，中华书局1977年标点本，第9902页。
③ 付春：《尊王黜霸：云南由乱向治的历程（1644—1735）》，云南大学出版社2011年版，第153—188页。

一曰蠲荒赋。云南陷寇八载，按亩加粮。驱之锋镝，地旷丁稀，无征地丁。额赋应予蠲除，招徕开垦。

二曰制土夷。前此土目世职，不过宣慰，三桂滥加至将军、总兵。初投诚，权用伪衔给札，今当改给土职。旧为三桂夺职者，察明予袭。

三曰靖逋逃。三桂旧部奉裁，征兵散失。八旗仆从，兔脱鼠窜。宜厚自首赏，重惩窝隐。所获逃人，量从末减，庶闻风自归。

四曰理财源。云南赋税不足供兵食。地产五金，令民开采，官总其税。省会及禄丰、蒙自、大理设炉铸钱。故明沐氏庄田及入官叛产，均令变价，以裕钱本。田仍如例纳赋，兵弁余丁，垦荒起科，编入里甲，俾赋有余而饷可节。

五曰酌安插。逆属尝随伍，当遣发极边。若仅受伪衔，并未助逆，宜免迁徙。

六曰收军仗。私造军器，应坐谋叛论罪。土司藏刀刀枪，民以铅硝、硫黄贸易，皆严禁。

七曰劝捐输。云南民鲜盖藏，偶有灾祲，无从告籴。请暂开捐监事例。

八曰弭野盗。鲁魁在万山中，初为新嶍阿蒙土人所据，啸聚为盗。内通新平、开化、元江、易门，外接车里、孟艮、镇元、猛缅。三桂授以伪职，今虽改授土司，仍宜厚集土练，分驻隘口，防侵轶为患。

九曰敦实政。兵后整理抚绥，其要在垦荒芜，广树蓄，裕积贮，兴教化，严保甲，通商贾，崇节俭，蠲杂派，恤无告，止滥差。州县吏即以此十事为殿最。

十曰举废坠。各府州县学宫，自三桂煽乱，悉皆颓坏。今宜倡率修复。通省税粮，既有成额，宜均本折定，留运驿站，酌加工食，俾民间永无派累。①

《筹滇十疏》奠定了清朝中前期西南边疆治理方略。政治方面，

---

① 《清史稿》卷256《蔡毓荣传》，中华书局1977年标点本，第9789—9790页。

建立以总督、巡抚制度为核心的云南地方统治机构。督抚制始设于明朝，总督和巡抚是中央都察院派驻地方的高级官员，是明廷为强化中央集权、更好地处理中央与地方关系、协调地方事务而设。清朝入关后，沿明制，"外台督抚，杜其纷更，著为令甲"①。顺治十六年（1659年），清军平定云南，以"云贵地方初辟，节制弹压，亟须总督重臣"②，升贵州巡抚赵廷臣为云贵总督，此乃清代云南督抚设置之始。其后，云南总督、巡抚与贵州互驻，康熙二十六年（1687年），云南总督、巡抚同驻云南府城，确立了云南督、抚同城体制，直至清朝灭亡。

督抚制对云南地方政治产生了深远影响。首先，使云南的政治制度与内地直省趋于一致，融入清王朝的封建统治体系，其事权、职能、任免与内地相同，因此云南在政治上与中央王朝的联系更加紧密，也使清王朝对云南的管控力度加强，有利于全国的统一。其次，总督与巡抚同城驻扎，更有利于皇权对督抚的控制。清代各省总督与巡抚并不都是同驻一城。在督抚体制较为成熟和稳定的乾隆朝时期，全国8总督15巡抚，督、抚同城的仅有4例，且大都设在边远省份，地理上犬牙交错，也是封建统治较为薄弱的地方。③ 总督与巡抚职责各有侧重，一省之下，总督主军事，巡抚主民政，但二者并没有严格的权限划分。查阅清代各省总督、巡抚奏折可以发现，经常有总督上奏有关地方经济、吏治等事宜，④ 也有巡抚上奏地方军事的奏折。⑤ 这样，督、抚职责互相渗透，你中有我，我中有你，彼此牵制，互相监督，地方军政大权很难集于一人之手。

军事方面。蔡毓荣于《筹滇十疏》中提出"蠲荒赋、制土夷、

---

① 《清史稿》卷114《职官一》，中华书局1977年标点本，第3263页。
② 《清世祖实录》卷123，顺治十六年正月癸丑。
③ 邹建达：《清初治滇述论》，《云南民族大学学报》（哲学社会科学版）2006年第4期。
④ （清）硕色：《奏报云南通省大概秋收丰稔情形折》，乾隆十六年九月二十六日，《宫中档乾隆朝奏折》（第1辑），"国立"故宫博物院1982年影印本，第777页。
⑤ （清）刘藻：《奏为绿营千总历俸六年保举送部引见折》，乾隆二十八年正月初六日，《宫中档乾隆朝奏折》（第16辑），"国立"故宫博物院1983年影印本，第526页。

靖逋逃、理财源、酌安插、收军仗、劝捐输、弭野盗、敦实政、举废坠"①共十条治理乱后云南措施,也是从地方封疆大吏的视角,首次系统提出治理云南的具体实施办法。为加强云南的绿营兵驻防,其将云贵总督督标由4营4000人增为5营5000人。康熙二十四年(1685年),又增设援剿二协官兵,添设云南巡抚标兵300名,云南提督标兵2营,鹤丽镇兵600名,大大增加了云南绿营兵的数量。此外,为权衡云南各地利害关系,将5个镇的绿营兵布防于鹤丽、永顺、楚姚、蒙景、开化、临元澄江、曲寻武沾,从东、西、南三面控制各要地,拱卫省城。又将中甸从西藏收回,交与丽江土知府木尧,增兵防守以为西北屏障。②总之,通过在云南各地大规模驻扎绿营兵,清政府对云南的统治实现了由坝区到山地,由汉族地区向少数民族地区的发展,巩固和深化统治力度,实现了对云南的军事管控。

经济方面。云南在平叛后"荒丘蔓草,白骨青磷"③,经济极其凋敝,百姓无以为生。康熙帝多次下诏蠲免云南通省地丁钱粮,"上念滇民遭吴逆困苦,悉行蠲免"。继任云贵总督范承勋,奏请六年逋欠屯粮分年带征。康熙三十三年(1694年)、四十三年(1704年)、四十九年(1710年)再次免云南通省地丁钱粮。④此外,康熙五十年(1711年)、五十一年(1712年),"地丁钱粮,一概蠲免"⑤。经过康熙年间的轻徭薄赋政策,云南人民得以休养生息,垦田辟地,发展农业生产。蔡毓荣号召在外省的流民回籍垦种荒地。康熙二十七年(1688年),总督范承勋将投降的吴三桂逆属编入保甲,⑥一起垦种荒地,随着垦种队伍扩大,至康熙二十四年(1685年)云南的耕地面积已达64817顷,相比顺治十八年(1661年)增加了12702顷,同

---

① 《清史稿》卷256《蔡毓荣传》,中华书局1977年标点本,第9789—9790页。
② 秦树才:《蔡毓荣与清初云南治乱》,《云南教育学院学报》1999年第1期。
③ (清)蔡毓荣:《筹滇十疏·议蠲荒》,道光《云南通志》卷203《艺文志四·杂著七·疏三》,道光十五年刻本。
④ 雍正《云南通志》卷10《田赋》,《四库全书》史部,商务印书馆1985年影印版,第569册,第275页。
⑤ 《清圣祖实录》卷251,康熙五十一年十月癸丑。
⑥ 康熙《云南通志》卷3《沿革大事考》,《中国地方志集成》影印康熙三十年刻本,凤凰出版社2009年版,第101页。

时人口也大量增加。至康熙五十一年（1712年），云南已是"人民渐增，开垦无遗，或沙石堆积难于耕种者，亦间有之，而山谷崎岖之地已无弃土，尽皆耕种矣。由此观之，民之生齿实繁"①。因此，经过战后的休养政策，云南人口大量增加，可耕地面积大幅度增长。

云南富含丰富的矿产资源。由于铸造铜钱的需要，云南铜矿开发事关国家经济命脉。蔡毓荣敏锐地觉察到这一利处，于是上奏请求开矿，很快朝廷批准施行。至康熙二十三年（1684年），为进一步鼓励商民开采铜、铅矿，取消了矿税。②而康熙年间全国实行"矿禁"政令，但唯独云南的矿产得以大规模开采，这是康熙帝基于维护云南地方社会稳定及国家矿产需求而做出的选择。这样，矿产大规模开采带动了云南商业发展，增加了地方的财税收入。

文化方面，大力推行儒学教育。康熙二十二年（1683年），云南巡抚王继文奏请修建学校，并命汉土官员予以捐助。在王继文的倡议与推动下，云南地区的文教事业开始振兴。③正如其所称："汉民既知奋兴，彝民亦必观感，其桀骜难驯之气自可潜消而默化。"④而蔡毓荣虽主管军事，但其也认为应加强云南人民的教化，他在一份奏疏中提到：

> 滇人陷溺数年，所习见者皆灭理乱常之事，几不知孝悌忠信为何物矣！今既如长夜之复旦，反经定志，全在此时。臣已饬行有司各设义学，教其子弟，各以朔望讲约，阐扬圣谕，以感动其天良。各选年高有德之人，给以月廪，风示乡里。但人情率始勤而终怠，其或作辍不常，安能久道化成而保民无邪慝耶？则所以革民心，兴民行者之力行宜亟也。⑤

---

① 《清圣祖实录》卷249，康熙五十一年正月壬午。
② 马琦：《清代皇帝矿产资源观与矿政演变：以铜铅矿为例》，《文山学院学报》2015年第2期。
③ 吴伯娅：《王继文与云南的开发》，《云南社会科学》1992年第2期。
④ （清）王继文：《请增训导二十五员疏》，道光《云南通志》卷203《艺文志四·杂著七·疏三》，道光十五年刻本。
⑤ （清）蔡毓荣：《筹滇十疏·敦实政》，道光《云南通志》卷203《艺文志四·杂著七·疏三》，道光十五年刻本。

为此于康熙二十二年（1683年）在云南补行乡试，随后又命云南各府州县设立义学。康熙年间云南义学建设集中于康熙二十年（1681年）至二十九年（1690年）间，共计139馆，① 这正是在蔡毓荣与王继文的主导下实施的。义学的推广使得少数民族子弟也能够接受识字明理教育，改变了元明时期只有上层土酋才能够接受儒家教育的局面，使汉文化迅速传播到基层少数民族群众中，推动了云南儒学教育的发展，从思想上巩固了中央王朝统治秩序。

此外，清初在未达到置流官条件地区，继续推行土司管理土民政策。元明时期在云南实行土官与土司制度，是鉴于当时云南生产力发展状况及各民族政治、经济、文化等发展不平衡的实际情况，任命当地少数民族首领管理当地土民。自明初始，已陆续对云南部分地区进行改流，"治以中土之法"。但直到明朝末年，仍有土司留存云南腹里及边疆地区，势力依然强大。迨清初平定云南后，"土司奉命者世袭，有罪者革除"，清廷对于归顺土司命继续领其地，而对于叛乱者，清政府则进行军事镇压，并顺势改流，土司"靡不服教畏神，洗心涤虑，而雕题凿齿、卉服穴处之民，亦知袭衣冠、习文字"②。但是康熙年间的改土归流并非有计划实施，而是针对叛乱区的惩戒措施，因此虽以军事镇压，但多数地区未置流官管理。

总之，在经历了平定吴三桂战乱之后，面对千疮百孔的云南社会，清廷在政治、军事、经济、文化等方面对云南进行了有效的治理，政权继续巩固，军事力量得以加强，文化教育深入基层及少数民族子弟，正所谓"存存乐业，鸡犬恬然"③，人民安居乐业，为后期清朝的国家治理及康乾盛世局面打下了坚实的基础。

---

① 于晓燕：《清代南方民族地区的义学研究》，云南民族出版社2011年版，第71页。
② 雍正《云南通志》卷24《土司》，《四库全书》史部，商务印书馆1985年影印版，第570册，第219页。
③ （清）甘国璧：《奏报收成分数雨水沾足折》，康熙五十六年四月二十七日，《宫中档康熙朝奏折》（第6辑），"国立"故宫博物院1976年影印本，第923页。

第三章 清初滇东南行政区划的设置与管理

顺治十六年（1659年），清军入滇拉开了全面治理云南的序幕。顺治十八年（1661年），云南广南府添设流官。明末清初云南迤东地区历经土酋骚乱的蹂躏，康熙四年（1665年）被吴三桂领兵平定以后，于康熙六年（1667年）在原教化三部、王弄山、安南三长官司辖地设开化府，派驻流官管理。广南府添设流官与开化府设置，标志着国家以行政区划方式深入土司地区。行政区划是中央对地方为行政管理的需要，将国土划分为有层级的区域，国家将行政权力深入地方基层的管理方式。因此，清朝初年广南府改流及开化府设置可以看作是清王朝对滇东南治理的开始。

第一节 开化府的设置

一 康熙六年开化府的设置

明代临安府东南部众多土司之间有着千丝万缕的联系，该地区与安南接壤。康熙四年（1665年）十一月，云南迤东土酋被吴三桂平定。次年二月，清政府下令诏免迤东被贼州县新荒钱粮。[①] 清政府在积极探索如何安抚与治理叛乱后的迤东地区。在王朔等土酋之乱时，牵涉到八寨、教化、枯木、阿雅、维摩、王弄山等地众多土司。如何割断众多土司之间的联系，并防范安南国侵扰，使中央王朝的统

---

① 康熙《云南通志》卷3《沿革大事考》，《中国地方志集成》影印康熙三十年刻本，凤凰出版社2009年版，第95页。

治能够深入基层管理,是清政府面临的最棘手问题。其实早在顺治十八年(1661年)六月,清政府就曾尝试以行政区划方式瓦解土司势力,"编枯木、八寨、牛羊、新县李日芳、李大用等四处隶蒙自县"①,但是由于土司势力过强,彼此联系紧密,蒙自县的管辖鞭长莫及,行政权力无法向滇南继续深入,只能另以新置。吴三桂亲自领兵平叛,对该地区情况十分了解。

康熙五年(1666年)八月,吴三桂上奏:"滇东诸酋削平,臣议改设流官,建置开化一府,永定一州。所有开化府请设知府、同知、经历、教授各一员。"②经朝廷反复合议,次年(1667年)准以"以教化、王弄、安南三长官司地置开化府,隶云南布政司"③。府治在今云南文山市驻地开化镇。④但三长官司地辽阔,仅靠一府级政区难以管辖众多土民,必定要以县级政区辅之管辖。县级政区是中国行政区划体系中最为稳定的一级政区,也是封建时代皇帝直接任命行政官员的最低一级政区。⑤但中国古代县级政区并非随意设置,要考虑众多因素。首先,县治位置必须考虑设在县境内及与上级政府之间的交通要道上,以便于人员和物质输送、赋役征集及治安管理。若人口过多、赋役征集量过大、治安条件太复杂,中央王朝就要考虑分设新县或调整县辖境。其次,设立一个县级政府需要有一系列配套设置,要有必需的官吏、士兵、衙署,建立城池和相应的交通运输设施,日常运行也需要大量经费,所以县的设置和维持必须考虑行政成本,并非设得越多越好。有些人口过少、太穷或治所太偏僻的县往往会被撤并。可见,在设府之初,清廷并未考虑到这些因素。

开化府管辖地区皆为少数民族,地理环境复杂,是典型的喀斯特

---

① (清)倪蜕:《滇云历年传》卷10《起大清世祖章皇帝顺治元年尽康熙七年》,李埏校点,云南大学出版社1992年版,第521页。

② 《清圣祖实录》卷19,康熙五年八月庚午。

③ 道光《开化府志》卷2《建置》,娄自昌、李君明点注,兰州大学出版社2004年版,第10页。

④ 傅林祥等:《中国行政区划通史》(清代卷),复旦大学出版社2013年版,第562页。

⑤ 周振鹤:《行政区划史研究的基本概念与学术用语刍议》,《复旦学报》(社会科学版)2001年第3期。

地貌区，少数民族呈散杂居分布居住，没有大量汉族移民进入，坝区与山地并未得到有效开发，人口不集中，导致行政管理十分不便，并不具备设置县级政区的条件。开化府设立后，"因教化、王弄、安南三长官司地暨牛羊、新现、八寨、古木、维摩、陆竜等处编为八里，改教化司为开化里，安南司为安南里，王弄司为王弄里，八寨司为永平里，牛羊土司为东安里，陆竜、新现为乐农里，维摩为江那里，古木司为逢春里"①。在府级政区下置开化、安南、王弄、永平、东安、乐农②、江那、逢春八个里，每里领有最少85个村寨，最多201个村寨，③显然与内地"府—县"层级不同。但"府—里—寨"行政管理方式，是适应了边疆少数民族地区的特殊形势，不仅有利于中央王朝管理西南边疆，还能笼络少数民族头人，以此加强对三长官司辖地治理。

广西府属维摩州，与开化府北部接壤，明代以来均为土官世袭管理。明朝改土归流后，归广西流官管辖，但"未尝一人入其中"，因此，维摩州"土官世袭。州城，系土城"④。崇祯四年（1631年），普名声叛乱所占，"钱粮皆其办纳"。开化府设置后，朝廷为避免普氏势力侵入该区，进一步化解普名声势力，议设三乡县以试图控制。因此，康熙八年（1669年）将维摩州废除，将维摩州一分为三，以其地析入广西府、开化府、广南府分而治之。但地方官员踏勘后，认为三乡县"地势卑恶，非营建之区"⑤，又被普名声势力控制，康熙九年（1670年）复将三乡县并入广西府师宗州管辖。

康熙六年（1667年）开化府设置及随后一系列行政区划调整，尤以"府—里—寨"特殊政区设置，消弭了开化府潜在的不安稳因

---

① 道光《开化府志》卷2《建置·沿革》，娄自昌、李君明点注，兰州大学出版社2004年版，第18页。

② 有的志书记作"乐竜"，实为同一里。

③ 道光《开化府志》卷3《里甲》，娄自昌、李君明点注，兰州大学出版社2004年版，第52—67页。

④ 天启《滇志》卷5《建设志·城池》，古永继校点，云南教育出版社1991年版，第204页。

⑤《兵部行"云南维摩州改治监司得人为要等情"稿》，《明清史料》乙编，第七本，第631—632页。

素,"自开设以来,萑苻无警,则控制之道得也"①,基本达到外控安南、内制土夷的效果。

二 开化府城的地理格局

都城是国家出现后的产物,是一个国家或政权的政治中心,也是向全国发号施令的地方,被视为一个政权的象征。② 中国地级城市,虽不像都城那样是经过精心选址和规划的,但在平面布局上也有诸多特点。马正林先生曾总结古代中国内地城市特点:第一,衙署在地方城市中占据着重要的位置,是诸回籍贯所在地,往往占据有利地形或位于城的中部,居高临下,便于居中指挥;第二,县级以上的城市都分布在水陆交通干线之上,且多数在河流的沿岸;第三,城市的街道多呈"十"字、"井"字或"丁"字形,为东西、南北走向;第四,居民区多为方形或矩形;第五,城市平面布局多按功能分区,有官衙区、手工业区、商业区、文化区、园林区、居民区等,例如官署区、市场区、文庙、居民区,是县级以上城市都必须具备的基本特征;第六,交通干道多呈辐射式,由城区向四周放射。③

边疆少数民族地区与内地有所差异,在土司管辖地区通常是没有筑城的,以"栅"代之,即以木杆围成排栅,内不设公署。改土归流后,一方面国家派遣内地流官前往进驻管理,另一方面国家会仿照内地城市规格布局,于当地筑城、挖池,设衙署、建学庙,并配以社仓、常平仓、养济院、育婴堂等公共福利机构。流官才能在当地正常开展工作,保证各项设施良好运转,维持地方社会安定。瞿同祖先生曾指出,清代州县官的责任是要确保交通干道和重要桥梁的状态良好,还有城墙和官有建筑(衙门、府库、粮仓、监狱和官建寺观)也必须修缮良好。④ 总之,州县官作为地方基层父母官,既要建立各

---

① 雍正《云南通志》卷1《图说》,《四库全书》史部,商务印书馆1985年影印版,第570册,第25页。
② 邹逸麟:《中国历史人文地理》,科学出版社2001年版,第99页。
③ 马正林:《中国历史城市地理》,山东教育出版社1998年版,第299—301页。
④ 瞿同祖:《清代地方政府》(修订译本),范忠信等译,法律出版社2011年版,第246页。

项设施，还要保证其通畅良好。

城池，是指城墙、城濠及相应一些配套设施所组成的用于对治所防御的系统，城池是行政区划发展最明显的标志之一。陈正祥先生曾论道，"中国城的发展，受政治的影响最大，军事防御次之；商业和交通等的需要，都只是陪衬的"①，且"绝大多数是方形的"②。中国古代新置行政区划必有治所，治所周围筑有城池，后有公署、仓库等配套设施建设，即设治必筑城。因此，城池是改土归流后最先设置的建筑系统。

开化府，"旧无城"③。康熙六年（1667年），改流筑城。次年，"知府始筑土为垣，覆木为檐，楼橹悉备，周四里三分，以盘龙河为池"④。此城依山而建，"城北凤凰、六诏为郡镇山"⑤。刘昕以盘龙河为临河的有利条件，于康熙十年（1671年）开凿歧渠，以灌田利民。⑥古时政区治所城墙发展一般由无墙到土墙，再到砖石墙。大多为夯土而成，但边地要塞及战略重地，则选用石及其他材料。⑦从自身防御性角度来说，砖石墙不像土墙那样易于倾圮，遇战火、洪水等灾难时，砖石墙更能有效保护自身，能更好保护城内居民，但其建造成本更高。府级政区治所城池一般规模较大，标准较高，其建造在当时来说是一项大工程，往往是官、民、兵等社会各界、各种力量的一次较集中投入。⑧开化府城初筑时，就是由"知府刘昕、同知姚明文燮、通判万伟同建"⑨，当然众多民、兵也会参与修

---

① 陈正祥：《中国文化地理》，生活·读书·新知三联书店1983年版，第72页。
② 陈正祥：《中国文化地理》，生活·读书·新知三联书店1983年版，第77页。
③ 道光《开化府志》卷2《建置·城池》，娄自昌、李君明点注，兰州大学出版社2004年版，第24页。
④ 康熙《云南通志》卷8《城池》，《中国地方志集成》影印康熙三十年刻本，凤凰出版社2009年版，第195页。
⑤ （清）伯麟：《滇省舆地图说·开化府》，中国社会科学出版社2009年影印本，第35页。
⑥ 康熙《云南通志》卷8《城池·闸坝堰塘》，《中国地方志集成》影印康熙三十年刻本，凤凰出版社2009年版，第205页。
⑦ 陈正祥：《中国文化地理》，生活·读书·新知三联书店1983年版，第72页。
⑧ 陈庆江：《明代云南政区治所研究》，民族出版社2002年版，第114页。
⑨ 康熙《云南通志》卷15《秩官·公署》，《中国地方志集成》影印康熙三十年刻本，凤凰出版社2009年版，第337页。

建。与同时期云南其他府级政区治所城墙相比，开化府城并不算小，但限于成本原因，没有建造砖石城墙。直到乾隆八年（1743年）安南国内乱，危及开化府，云贵总督张允随提请改筑砖石城，内称：

> 近年以来，该国内难相仍，黎、阮、武、莫诸族竞起称兵，奸民乘机窃发乱靡有定，三歧、安北、宣光、干塘、洪水、保乐、安边一带已为贼巢，此数处距开化边界，远者二三百里，近者百数十里不等，边防在在俱关紧要。
>
> （开化府）在建置之初，一切规制俱从简略，千里雄疆，仅筑土城一座，周围五百六十四丈五尺，高不及一丈，厚不及三尺，覆木为檐，有茅茨而无雉堞城基，四面皆临溪河，仅西南一隅，可通陆路。城内地势狭窄，学宫、城隍祠以及三营守备，衙署与仓廒，军器火药局库皆在城外，自建筑至今，历七十余载。土性浮松，加以风雨剥蚀，日就单薄。虽地方官岁岁派夫粘补，然东修西塌，徒费民力，无益边防。请将开化府城增其式廓，易建砖城，添置雉堞、城楼炮台等项，以资捍卫。①

由于涉及边疆安稳，随即得到乾隆帝批准。② 乾隆十年（1745年），城墙"易以砖"。③ 此次增筑开化府城池，可谓焕然一新。首先，康熙初改流设府后，限于成本原因，"一切规制俱从简略"，并未仿内地城池格局筑城，仅"筑土为垣，覆木为檐"，且城内地势狭窄，"学宫、城隍祠以及三营守备，衙署与仓廒，军器火药局库皆在城外"。以至历经七十余年后，"土性浮松，加以风雨剥蚀，日就单薄"。砖石城改筑，不仅较前更为坚固，还有城楼、炮台各四个，④

---

① （清）张允随：《奏请添建开化府城楼炮台以壮金汤事》，乾隆八年闰四月初七日，中国第一历史档案馆藏，档案号：04-01-20-0001-037。
② 《清高宗实录》卷192，乾隆八年五月庚寅。
③ 嘉庆《重修一统志》卷488《开化府·城池》，《四部丛刊》续编，史部。
④ 道光《开化府志》卷2《建置·城池》，娄自昌、李君明点注，兰州大学出版社2004年版，第24页。

能有效抵御边界纷争和外界滋扰。

其次，城墙厚度及周长扩展，城内面积大幅增加。筑城初，府城"周围五百六十四丈五尺，高不及一丈，厚不及三尺"，增筑后，"长七百二十八丈，高一丈八尺，周围四里一分"。① 若以一丈 3 米、一尺 0.3 米计算，则改筑前开化府城周长约为 1693.5 米，高 3 米，厚 1 米。改筑砖城后，长增至 2184 米，高 5.4 米。若以古代中国"城周不满 5 里，数量最多；全国多数的县城，特别是在边区的，周围概小于 5 里"② 的标准，其规制基本达到内地城墙的标准。

最后，城门增加名称，东曰钟秀，南曰薰阜，西曰威远，北曰望华。③ 中国古代城门的数量，视城的规模行制、行政等级及商业、交通等情况而定。普通的城，特别是县城，只有四个城门。而府城和州城，常开有较多城门。城门常取文雅的名称。④ 例如，"钟秀""薰阜""望华"是把城门所临对的涵容风光景致进行抽象和概括后而命名；"威远"则反映统治者的思想目的、意识倾向和价值标准等，均被寓于城门名称之中，体现了封建统治者希望地方长治久安、忠诚奉上、守土拓疆及大民族主义的思想，兼有对地方民众思想进行教化的功能。此外，帝制时代的政治意象中，城墙是国家、官府权威的象征，是一种权力符号，营建城壁楼橹，有助于树立官府的权威，凝聚民心，最终达到稳定统治秩序的目的。⑤ 因此，乾隆八年（1743 年）对开化府城池修缮后，"自此岩疆重镇，永固金汤矣"⑥。

知府作为一府最高行政长官，其府公署"在城南门内，向南"，

---

① 道光《开化府志》卷 2《建置·城池》，娄自昌、李君明点注，兰州大学出版社 2004 年版，第 24 页。
② 陈正祥：《中国文化地理》，生活·读书·新知三联书店 1983 年版，第 73 页。
③ 道光《开化府志》卷 2《建置·城池》，娄自昌、李君明点注，兰州大学出版社 2004 年版，第 24 页。
④ 陈正祥：《中国文化地理》，生活·读书·新知三联书店 1983 年版，第 79—80 页。
⑤ 鲁西奇：《中国历史的空间结构》，广西师范大学出版社 2014 年版，第 332 页。
⑥ 道光《开化府志》卷 2《建置·城池》，娄自昌、李君明点注，兰州大学出版社 2004 年版，第 24 页。

位于城中心偏南，靠近南门。改土归流后知府刘䜣初建，"土阶茅茨，仅蔽风雨"，不具备处理公务的条件。康熙二十三年（1684年），知府石文晟续修，"建大堂、二堂、驻防、后楼并花厅各三楹"。三十七年（1698年），知府张仲信"建大门、二门并两厢书房、吏房"，后历任知府随增随修。至乾隆二十三年（1758年），府署已建成"大门三间、鼓蓬二间、仪门三间、土地祠一间、官厅一间、大堂三间、两廊书办房班房十四间、二堂三间、三堂三间、厨房三间、茶房一间、船房五间、书房三间、库房三间、后楼三间、陪房三间、上住房五间、左右陪房二间、下住房五间、花厅三间、箭厅三间、马王庙三间"①。除具备办公职能外，还有住房、书房、茶房、箭厅等就寝、消遣、练武场所。

雍正八年（1730年），开化府设附郭文山县，与府同城，其规模较知府署小，县署在西门内，由旧府通判署改设，"大门三间、仪门三间、大堂三间、二堂三间、驻防、厢房、内外书房三十三间、土地祠一间"。与其配套的有位于其右的典史署，设"大门一间、大堂三间、土地祠一间、住房三间、班房三间、监舍六间"。②

除知府公署外，还有作为佐贰官的府同知署，"在府署右"，与县署规模相当，为康熙六年（1667年）改流后所设。康熙三十二年（1693年），府同知柯邓枚捐修"二门、大堂、住房、客厅"。后历任同知随时增修。至乾隆二十三年（1758年），有"大门一间、仪门三间、大堂三间、二堂三间、上住房三间、左右陪房六间、库房三间、大书房三间、厨房三间、书办房四间、班房三间"③，规模建制比知府署简陋，仅有办公、休息场所。

教授、训导主管一府文教，是国家在基层传播儒家文化的重要途

---

① 道光《开化府志》卷2《建置·公廨》，娄自昌、李君明点注，兰州大学出版社2004年版，第28页。
② 道光《开化府志》卷2《建置·公廨》，娄自昌、李君明点注，兰州大学出版社2004年版，第30页。
③ 道光《开化府志》卷2《建置·公廨》，娄自昌、李君明点注，兰州大学出版社2004年版，第28—29页。

径。雍正《云南通志》载："教授、训导署，俱在东门外学宫左。"①因此城池图上并未体现该公署形制。教授署始建于康熙三十二年（1693年），由同知柯邓枚建"大门一间、大堂三间、坐房三间、书房一间、厨房一间"，至乾隆二十三年（1758年）仍旧。训导署始建于康熙三十四年（1695年），在新街书院旁，由知府李锡捐建。次年（1696年），训导张联贵移建于教授署旁，并捐建"大门一间、坐楼三间、厨房一间"②。此外，城东南角还设有文庙，配有正、副学署一个，是以办学为宗旨的将学习儒家经典的学校与祭祀孔子礼制性的庙宇相结合的国家行政教育场所与祭孔场所。府城南桥外大兴寺内还设有讲约所，③乡约定期对当地民众举行宣讲《圣谕广训》，作为国家向基层民众传达圣训之地。

此外，还有审问及关押犯人的司狱署。司狱署"在安平署楼门内东首。大门三间、群房三间、土地祠一间、仪门一道、花厅三间、茶房一间、大堂三间、二堂三间、宅门一道、住房五间、厨房一间，共二十三间。监狱一座，在楼门内西首。虎头门一道、更房一间、女监一所、内监门一道、监神堂一间、散监二间、药王殿一间、监房三大间"④。以上俱系道光元年（1821年）同知周炳督捐建，因此乾隆开化府城池图上并未反映出来。同知署初建之时并不与知府同城，而是设在了开化府南部与安南接壤的马白关，由于马白关是滇东南最重要的关隘之一，可以直通安南，同知驻此"督捕水利关防，专管边务"。因此，同知驻马白关更多的是管控隘口，兼有军事防务的职能。⑤

中国古代就出现了丰富而独特的慈善思想和实践，明清时期是传统

---

① 雍正《云南通志》卷18《秩官·文员公署》，《四库全书》史部，商务印书馆1985年影印版，第569册，第629页。

② 道光《开化府志》卷2《建置·公廨》，娄自昌、李君明点注，兰州大学出版社2004年版，第29—30页。

③ 道光《开化府志》卷2《建置·公廨》，娄自昌、李君明点注，兰州大学出版社2004年版，第32页。

④ 道光《开化府志》卷2《建置·公廨》，娄自昌、李君明点注，兰州大学出版社2004年版，第29页。

⑤ 道光《开化府志》卷2《建置·公廨》，娄自昌、李君明点注，兰州大学出版社2004年版，第28页。

慈善事业发展的高峰。育婴堂、养济院、常平仓、社仓等公共福利机构在清代各府州县基层社会多有设置，推动了传统中国慈善事业的发展。

育婴是指对父母无力养育或遭遗弃的婴孩进行抚养与资助的慈善行为，育婴堂就是专门从事育婴活动的机构。养济院，或称普济堂、留养局，是在清代每个州县都设有的济贫机构，孤寡老人、残疾人和穷人可得到住宿、衣食供应和医疗救助。二者性质类似。州县官有责任按照当地规定名额收留照顾这几类人。① 从全国范围来说，以顺治二年（1645年）创办的太仓州育婴堂或顺治十二年（1655年）创办的扬州育婴社为最早，② 对清代育婴事业影响最为深远的当数雍正二年（1724年）谕旨，③ "行文各省督抚，转饬有司，劝募好善之人，于通都大邑人烟稠集之处，照京师例，推而行之"④。此后育婴事业在全国范围逐渐推广。

云南育婴堂始建于平定"三藩之乱"以后，在云南巡抚王继文倡导下设立。《滇南育婴堂碑记》提及：

> 滇之民固朴而纯，而贫夫妻子往往有弃子女勿育者。夫父子至性也，生死至切也，人孰无心，而忍于割父子至爱，忘生死之？观其殆有大不得已而隐衷无告者乎？是可以哀已。且以婴儿之甫具生机，旋归死路，道旁狼藉，宛转呻唔，保赤子之谓，何而顾使黄口罹此惨毒也，抑或又可伤已。使于此而膜置之，其何以慰天地帝王之心乎？此育婴堂之由亟亟也。⑤

清初"三藩之乱"平定后，云南社会经受战争蹂躏，经济发展滞

---

① 瞿同祖：《清代地方政府》（修订译本），范忠信等译，法律出版社2011年版，第254—255页。
② 王卫平、黄鸿山：《中国古代传统社会保障与慈善事业》，群言出版社2004年版，第231页。
③ 黄永昌：《传统慈善事业中的官民参与及角色：以清代湖北育婴事业为中心》，吴琦主编《明清地方力量与地方社会》，中国社会科学出版社2009年版，第61页。
④ 《清世宗实录》卷19，雍正二年闰四月癸未。
⑤ （清）王继文：《滇南育婴堂碑记》，雍正《云南通志》卷29《艺文八》，《四库全书》史部，第570册，商务印书馆1985年影印版，第530页。

后，人民流离失所，"往往有弃子女勿育者"，育婴堂即诞生在此特殊时期，早于全国普遍推行的时间。乾隆帝继位，继续推行全国慈善事业，谕全国各处推行养济院，"所有鳏寡孤独，残疾无告之人，有司留心，以时养赡，勿致失所"①。云南在鄂尔泰主政期间推广普济堂，"加意养老，旷典频颁而于衰羸疲癃残疾之人所在存恤"②，"每堂设有正、副堂长二人，医生一人，水、火夫六名，其收养之人每日给以京升八合，薪、蔬、油钱十文，盐五钱，历任各司亦复递加整理"③。开化府自改土归流以后，也设立各种慈善机构，有养济院一所，"在西门外。公田三分，一在者腊寨，一在左母结寨，一在小禾木坎，年共收京石租谷六十八石"，栖流所一，"在西门外。有田三分，一在法古寨，一在平坝寨，一在攀枝花。田租、房租，年收租银三十三两，作内外孤贫染病药饵、病故官殓、严寒制给棉衣布裤之用"。④ 所有经费均来源于公田。

　　清代全国各州县城都设有常平仓，由州县官负责。当春天粮食青黄不接、价格上涨时，仓中储存的粮食出售给本地百姓，到秋季再用春季售粮回收的资金重新以低价买粮补充。此外，还有义仓或社仓，也由州县官统一管理，通常由本地乡镇居民通过自愿方式捐献设立。一般来说，社仓建立于乡村地区，而义仓建立于城镇地区。⑤ 雍正十一年（1733年），雍正帝言明社仓作用："各省州县设立社仓，原以便民济用。若遇应行借给之时，该州县一面申详上司，一面即速举行，方可以济闾阎之缓急。"⑥

　　开化府制度始于雍正年间。据道光《云南通志》及道光《开化府志》载：

---

① 《清高宗实录》卷6，雍正十三年十一月己酉。
② （清）鄂尔泰：《普济堂条规序》，雍正《云南通志》卷29《艺文志十二》，《四库全书》史部，第570册，商务印书馆1985年影印版，第636—637页。
③ （清）陈宏谋：《清厘普济堂详》，《培远堂偶存稿》卷1《云南布政任》，《清代诗文集汇编》第280册，上海古籍出版社2010年版，第5页。
④ 道光《开化府志》卷2《建置·坊表》，娄自昌、李君明点注，兰州大学出版社2004年版，第31页；道光《云南通志》卷40《建置志三·官署·开化府》，道光十五年刻本。
⑤ 瞿同祖：《清代地方政府》（修订译本），范忠信等译，法律出版社2011年版，第250页。
⑥ 《清世宗实录》卷131，雍正十一年五月庚寅。

> 大有仓，在城东门内，原系开化府经营，仓六座二十四间。
> 常平仓，在大有仓内，仁、丰、泰三号。
> 社仓，一在本城南门内；一在逢春里马白下寨，三间；一在安南里老寨，三间；一在江那里本街，三间；一在新现本寨，二间；一在大窝子本寨，三间；俱雍正二年建。①

开化府改流后下设八里，各仓分布在府内（大有仓）、里寨内（逢春里、安南里、江那里）和汛地（新现汛）。乾隆二十一年（1756年），知县谢千子扩建常平仓，计10座共39间，并以带有儒家文化色彩的"仁、义、礼、智、信、丰、盈、裕、泰、新"来命名，说明清朝有意施行"文化改流"方略。

常平仓，是用以调节粮价和备荒赈恤的仓库。开化府常平仓设后，在遇天灾之时，即开放常平仓赈济灾民。如乾隆九年（1744年）二月初十日，马白汛客民杨逊远店铺，灯煤燃草失火，加之风狂火烈，连带损毁83户民宅。次日，府城王一才家，因草铺内煮饭起火，加上大风，共烧毁528户兵民宅，损毁财物不计其数。随后，云贵总督当即加捐给抚慰，开放常平仓以济灾民，按瓦房每间赈银一两、楼房每间赈银二两、草房每间赈银五钱的方式，共拨付赈济银七百四十四两；马白汛受火灾波及各户，共赈银一百七两。② 社仓是用以积谷备荒的义仓，为乡社所设，可自行经营管理。上述国家治理边疆基层社会以赈济与文教相结合，目的是达到边疆与内地一体化。

津梁，是民众为克服江河阻碍而设置的便民桥梁。修建津梁既是公益事业，也是国家考核地方官员政绩的指标之一，因此，清代州县地方官通常会主动倡导或参与当地津梁修建工程。现将开化府津梁修建情况统计如下，见表1。

---

① 道光《云南通志》卷40《建置志三·官署·开化府》，道光十五年刻本；道光《开化府志》卷2《建置·仓库》，娄自昌、李君明点注，兰州大学出版社2004年版，第25页。按，《开化府志》记"雍正三年"，道光《云南通志》记"雍正二年"。

② （清）张允随：《奏为开化府属地方被火赈恤事》，乾隆九年四月初二日，中国第一历史档案馆藏，档案号：04-01-01-0107-016。

表1 清代开化府津梁简况表

名称	修建时间	修建者	位置
洒戛龙桥	康熙七年	士民公建	城西百里
南桥	康熙九年	知府刘欣 通判赖伟	城南
永济桥	康熙九年	知府刘欣 通判赖伟	城南，道光二十六年易石桥。咸丰九年重修
镇西桥	康熙十一年	知府刘欣 通判赖伟	城西门外半里
和尚庄桥	康熙十一年	士民公建	城东八里
汤坝河桥	康熙十三年	士民公建	城北八十里。另一在城西百五十里，里人公建，木桥石礅上盖瓦屋
依人河桥	康熙十五年	僧心明募建	城西北五十里同治七年重修
沟绞桥	康熙十八年	阖郡公建	城南十五里
所里城桥	康熙二十二年	郡民公建	城西五十里
一字桥	康熙三十年	里民公建	城北五十里
弥勒河桥	康熙四十年	士民公建	城西北八十里
天生桥	康熙四十一年	郡人初建 知府汤大宾复修	城西北三十里
三板桥	康熙五十二年	土经历周应龙倡建	城北百二十里
永济桥	康熙五十九年	里人建	城南锡板，旧名冷水桥。光绪九年郡人改建石桥，易名永济桥
北桥	雍正四年	总兵冯允中 知府佟世佑	城北门外。雍正四年易名泰安桥
双元桥	乾隆七年	里人公建	城南六里
牛羊太平桥	乾隆十八年	胡应泰	城东百余里

资料来源：1. 道光《开化府志》卷3《山川·津梁》，娄自昌、李君明点注，兰州大学出版社2004年版，第45—47页。

2. 道光《云南通志》卷50《建置志六·津梁三·开化府》，道光十五年刻本。

3. 光绪《续云南通志稿》卷33《地理志·津梁》，光绪二十四年刻本，《中国边疆丛书》（第2辑），文海出版社1966年版。

可以看出，开化府流官未置前，没有正规桥梁修建。自改流后，在官府带动下，士民始共建桥梁，大多集中在康熙年间，且多在府城附近。具体可根据倡建人不同，将表中津梁按功能分为官用与民用。若以设置目的来看，官用津梁主要在重要市镇或往来驿道上，着眼于维持地方统治及国家背景下交通信息往来服务，出于国家利益的考虑，这类津梁一般距离府城较近，方便地方官员管理。例如，南桥、永济桥、镇西桥，均在府城附近。民用津梁则强调服务本土乡民出行，在实际功用上，仍是国家交通系统的组成部分，由于通常是民间倡修，因此会分布在府城周边地带，距离府城数十至百十里不等。

为巩固改土归流成果和保卫地方安全，国家通常派驻绿营兵守卫新筑城池公署安全。开化镇总兵作为开化府最高军事长官，驻扎城中心偏左靠近知府署，坐镇其中既可保卫知府署，又方便指挥调动全城之兵员。康熙七年（1668年）初建，有"辕门六间、大门三间、二门五间、大堂五间、二堂三间、坐楼五间、外厢房十四间、内厢房六间、东西箭厅六间，书房、班房、仓库、马房等七十六间"。中营游击署同期修建，为总兵署的联络机构，负责信息的上传下达；左营都司署，位于西门内通判署左，负责西门及通判署安全。此外，还有位于东门附近的右营都司署，兼顾东门及文教机构、仓廒安全。鉴于城内南、北守卫兵力不足，乾隆十一年（1746年），于两地分设右营守备署、中营守备署，并协防开化府署；又于城西南设左营守备署，作为总兵署附属机构协防西门安全。此外，城北三里有演武厅，作为兵员操练之用。① 总体来看，开化府武职公署分布较散，各自分兵据守，文职公署及东、西、南、北四城门和仓廒、文庙也均有绿营兵守卫，清朝国家常备武装的绿营兵已常驻开化府。

开化府城北门外，还建有寿佛寺与万寿宫。二者是移民会馆，寿佛寺是湖广籍人会馆名称，为"楚客公建"②，此外还有禹王宫、湖

---

① 道光《开化府志》卷2《建置·公廨》，娄自昌、李君明点注，兰州大学出版社2004年版，第30页。

② 道光《开化府志》卷2《建置·公廨》，娄自昌、李君明点注，兰州大学出版社2004年版，第27页。

广馆、湖广会馆、两湖公所湖北馆、湖南馆等不同命名。万寿宫是江西籍会馆最常用的名称，为"江右客民公建"，也称江西馆、江西会馆、豫馆。① 开化府万寿宫有二：一在新现；一在城西乐农里。寿佛寺有三：一在城北门外；一在城西马腊底；一在城南枯木寨。说明至乾隆年间已有大量江西、湖广籍移民来此从事商业或山地垦殖活动。

总之，开化府改流后，国家以派驻流官形式，在当地修筑城墙，开挖城池，新建常平仓、社仓、养济院、津梁等公共福利设施，国家教化及内地儒家教育、各种坊表（诸如文明坊、忠烈坊、节孝坊、彰善坊等）得以进入。在内地流官主政下，开化府逐渐建立了与内地府州县相同的配套设施，做到在地理实体上的改土归流，加上大量汉族移民的进入，以至于"声教渐通，夷俗蛮风，渐染衣冠礼乐。于是置名辟土，凿池筑城，安塘卡，置汛地，设哨房，筹备周详，可谓殚精竭虑矣"②，边疆与内地差异逐渐消融。

三 三长官司存留的土民管理职能

《清史稿·土司传》载：

> 教化三部长官司副长官。清顺治十六年，副长官龙昇归附，仍以张长寿为名，许之，授世职。康熙四年，附王禄叛，诛之，以其地为开化府，设流官。
>
> 王弄山长官司副长官。清顺治十六年，副长官王朔归附，授世职。康熙四年，朔与禄昌贤叛，官兵讨之，朔自焚死，以其地属开化府。③

又，乾隆《大清一统志》："安南废长官司……康熙四年，朔与

---

① 蓝勇：《清代西南移民会馆名实与职能研究》，《中国史研究》1996年第4期。
② 民国《马关县志》卷2《建设志·沿革》，何廷明、娄自昌校注，云南大学出版社2012年版，第41页。
③ 《清史稿》卷514《土司三·云南》，中华书局1977年标点本，第14262页。

禄昌贤等叛，官兵攻破之，朔自焚。今其地俱入开化府。"①

细读上述史料，似乎自开化府设流官后，土司便已完全废除，但实则不然。由于当地少数民族众多，不具备设县条件，仅靠知府一人之力无法管辖开化府边远地区，只能继续倚靠土人头领协助管理，但土司已废，清政府便启用土经历一职，"本朝康熙二十年，新授今职，周应龙袭（土经历）"②。周应龙为开化府俫俩（今彝族支系），早年以"伪守备投诚"，后随清军"从征石门坎、黄草坝有功，给以总兵扎付"，最后"改授土经历，准其世袭"。③

虽然在流官体系下继续保有土官管理土民职能，但至雍正年间，清政府还是采取措施限制土官的权力。第一，划定疆界，明确划定各个土司的管理区域，土司不得侵扰辖区内的居民。第二，限制土司权力，设流官吏目，进行牵制，土司只管催征、捕盗等事务。第三，不许土司、土民擅自离境。第四，以分封承袭的方法削弱大的土司的势力。④开化府设八里以后，所有居民"皆以土司苗裔催征该里钱粮，赴府完纳"⑤，至雍正末年仍旧。乾隆八年（1743 年），开化府土经历周天爵病故，云贵总督张允随还向中央提请立即遴选继承者：

> 云南开化府署土经历周天爵于雍正十三年三月二十九日病故，前生三子，俱未娶妻，病故无嗣，天爵正妻李氏所生嫡亲四男，周霖彼时年方十岁，未合袭例，请以伊叔祖周荣贵抚幼管理地方事务，经升任督臣尹继善具题准部议复转，行遵照在案。兹据云南布政使阿兰泰详称查明，周霖年已及岁，应承袭，取具宗

---

① 乾隆《大清一统志》卷 374《开化府·古迹》，《四库全书》史部，商务印书馆 1985 年影印版，第 483 册，第 59 页。

② 康熙《云南通志》卷 27《土司》，《中国地方志集成》影印康熙三十年刻本，凤凰出版社 2009 年版，第 85 页。

③ 雍正《云南通志》卷 24《土司》，《四库全书》史部，商务印书馆 1985 年影印版，第 570 册，第 224 页。

④ 傅林祥等：《中国行政区划通史》（清代卷），复旦大学出版社 2013 年版，第 66—67 页。

⑤ 道光《开化府志》卷 2《建置·沿革》，娄自昌、李君明点注，兰州大学出版社 2004 年版，第 18 页。

图册结,加具印结,详请具题,前来臣复查无异,相应具题,请将周霖准其承袭开化府土经历之职,颁给号纸以专职守,除宗图册结送部外,臣谨恭疏具题。①

土经历周天爵于雍正十三年(1735年)病故,但"土官员缺,未便义悬",由嫡子周霖继任,但周霖尚幼,由其叔周荣贵代为管理。至周霖年满十八,方为承袭。中央王朝是"颁给号纸以专职守",说明是国家正式承认的土官,此段史料说明了直至乾隆初年,涉及土民的大小事务仍要借土官来管理,但开化府的行政主官仍为流官。因此,清代国家对地方进行改土归流,并不代表土官或土司完全被废除,若改流后当地少数民族势力过强,国家会适当保留并降低土司职衔,继续保留土官管理土民的职能,待土司势力逐渐被分化、瓦解、消融后,才会施行与内地相同的管理体制。

第二节 广南府改流与流土并治

一 明清广南府的地理格局

广南府情形与开化府有所不同。首先,从地理环境及位置上来说,广南府南部、开化府虽同与安南接壤,但边境线并不长,同时东部与广西接壤,隶属珠江水系的西洋江从剥隘流通广西百色厅,是水路运输滇铜及粤盐的重要通道,虽瘴疠甚重,但往来商贾贸易发达,因此"第山多遐阻,交广皆通舨朝,道路尤为要害"②,一方面带动了广南府商品流通,配套驿站、道路交通体系也较成熟,"由宝月关、归朝至镇安,七百一十里。并归朝至博隘,广南至泗城、田州,通为广南路"③,但另一方面流民大量麇集,导致抢夺事件在商运道路上

---

① (清)张允随:《题为已故开化府经历周天爵世袭文职请准由其嫡男周霖承袭事由》,乾隆八年六月二十八日,中国第一历史档案馆藏,档案号:02-01-03-04188-010。

② 雍正《云南通志》卷1《图说》,《四库全书》史部,商务印书馆1985年影印版,第570册,第23页。

③ 天启《滇志》卷4《旅途志·陆路·粤西路考》,古永继校点,云南教育出版社1991年版,第172页。

时有发生。

其次，从民族构成上来看，广南府基本为单一少数民族聚居区，主要民族成分为侬人、僰僚等，均为今壮族的支系，① 语言、生活习俗等均有相通之处，国家管理此地属民相比开化府较为容易。

明洪武十五年（1382年）平滇，设广南府，领一州（富州），不设县级政区，下编"里"管理基层村寨。至明朝末年，广南府"编里六"，富州"编里四"，② 各里统辖数量不等的村寨，与开化府形制相同，仍为土府。洪武十六年（1383年），土司侬氏率部归附，"改授广南府土同知"③，由于富州"土同知侬氏世袭"④，因此清代志书记载为"土富州"，相应的城池、公署等配套设置建设相比流官管辖的府城简陋。天启《滇志》记载广南府及富州形制如下：

> 广南府。知府一，同知一。（土官世袭。）
> 经历司经历一。（旧设照磨所照磨一，万历四十一年题裁。旧设在城、速为二驿驿丞各一，万历四十一年裁革，印收土官处。）
> 府署，在平突坡上，洪武十九年建。万历二十二年毁于火，今止门堂寝楼存。
> 经历司、照磨所、广安库，俱在府内。
> 在城驿，在府西城外。
> 速为驿，在府西六十里。
> 府城，在平突坡上，洪武十九年建，排木为栅，周四里三百一十步，有西南二栅，下有壕池。
> 永宁仓，在府内，万历二十二年毁于火。

---

① 云南省编辑组等：《云南少数民族社会历史调查资料汇编》（三），民族出版社2009年版，第8页。
② 天启《滇志》卷2《地理志·疆域·广南府》，古永继校点，云南教育出版社1991年版，第67页。
③ 雍正《云南通志》卷4《建置·广南府》，《四库全书》史部，商务印书馆1985年影印版，第570册，第116页。
④ 《清史稿》卷74《地理二十一》，中华书局1977年标点本，第2345页。

> 养济院，在府治。
> 府前铺　速为铺
> 富州。知州一，（土官。）（旧设同知一，万历四十一年题裁。）吏目一州署，洪武十七年建。
> 州前铺。①

从相关记载可以看出，广南府及富州直到明朝末年都是以土知府、土同知、土知州管理。作为防御性及抵御自然灾害的城墙，四周皆山，以西洋江环绕之，仅"建排栅，周四里，西南设二门"②，与内地规制不符，既不是土城也不是砖石城，毫无防御能力。万历二十二年（1594年）府署及社仓遭遇大火，后未及时修复或重建。此外，广南地区水陆运输发达，有普梅河、马别河、西洋江等流经，作为运输和行人通过的津梁，仅有万历年间土舍侬应祖修建的木制桥梁两座——西安桥、通津桥，俱在府西数里。③ 因此，有明一代广南府仅是名称改流，实质上仍是以侬氏土司管理，国家行政权力未能进入。

清顺治十六年（1659年），广南府土知府侬鹏投诚，将"印信、号纸呈缴"④，同来投诚的还有富州土司沈崑瑺，"仍授世职"⑤。将明朝颁给的号纸和印信一并呈缴，"仍授土知府"。清政府经过两年的经营后，顺治十八年（1661年），广南府添设流官，降侬氏为土同知，富州仍为土知州。⑥《清朝通典》记载："云南土同知一人，曰广

---

① 天启《滇志》卷5《建设志·城池·广南府》，古永继校点，云南教育出版社1991年版，第207页。
② 道光《广南府志》卷1《城池》，杨磊等点校，兰州大学出版社2004年版，第56页。
③ 康熙《云南通志》卷6《山川·关哨津梁》，《中国地方志集成》影印康熙三十年刻本，凤凰出版社2009年版，第183页。
④ 民国《广南县志》卷6《职官志·土职》，《中国地方志集成》影印民国23年钞本，凤凰出版社2009年版，第461页。
⑤ 康熙《云南通志》卷27《土司》，《中国地方志集成》影印康熙三十年刻本，凤凰出版社2009年版，第85页。
⑥ 雍正《云南通志》卷4《建置·广南府》，《四库全书》史部，商务印书馆1985年影印版，第570册，第116页。

南府。云南土知州四人,曰富州。"① 这样广南府流官成为府级的行政主官,掌管府下一切政务,而土同知、土知州为辅助管理的行政辅官。

设治必筑城。广南府流官进驻后,开始筑新城,并展开公署、仓廪等配套机构设施的建设,即"设官至吏,自宜筑城浚池,非徒防御边墙已也……有城池必有公署,有公署必有仓库,亦得次第修举矣"②。广南府署,"在城内。本朝顺治十六年新建"③,但未载明所筑城池类型。雍正十年(1732年),云南巡抚张允随派员对府城勘估增修,"筑砖城,周四里九分,高一丈六尺八寸,有池"。据此,顺治十六年始修城墙应为土城。具体而言,城"周四里四分七厘六毫七丝,计六百零五丈八尺,高一丈六尺八寸,设垛口共一千六百零三,炮台八座,东西南北四门各设城楼,加设小南门便民取水出入。城依山无池"④。换算成米制为周长约1817.4米,城墙高约5.04米,比开化府城周长短了366.6米,高度矮了0.36米,并有垛口1603个,由于没有挖城池,因而镇山关隘就显得尤为重要,城东南宝月关,城西白马关、界牌关,城南崀函关,城北镇北关,这些关隘将府城包围起来,为"郡城扼要之区也"⑤。总体而言,基本符合内地正式州县规制。同时,土富州也随着雍正十年一同改筑砖城,"周三里四分,高一丈六尺八寸,东北无池,西南以大溪为池"⑥,但并未建成。

广南知府署位于中轴线中心,即"城中十字街",顺治十六年(1659年)新建,其影壁、后堂诸处,由康熙四十四年(1705年)改造而来,但乾隆以后,"三堂四堂后皆倾圮"。宝宁县,是乾隆元

---

① 《清朝通典》卷39《职官十七》,《万有文库》本。
② 道光《广南府志》卷1《城池》,杨磊等点校,兰州大学出版社2004年版,第56页。
③ 雍正《云南通志》卷18《秩官·文员公署》,《四库全书》史部,商务印书馆1985年影印版,第569册,第628页。
④ 道光《广南府志》卷1《城池》,杨磊等点校,兰州大学出版社2004年版,第56页。
⑤ 道光《广南府志》卷1《山川·关梁》,杨磊等点校,兰州大学出版社2004年版,第33页。
⑥ 雍正《云南通志》卷6《城池》,《四库全书》史部,商务印书馆1985年影印版,第569册,第171页。

年（1736年）添设的附郭县，次年新建县署，在"府治东南"，中轴线以东。三年（1738年）在县署旁新建典史署。① 中轴线以东靠近东门，自北向南分布着各类学校，有培风书院（道光元年建）、文昌宫（乾隆六年初建，嘉庆二十五年移建府东北）、莲峰书院（乾隆五十九年建）、圣庙（附正、副学署）、魁阁（乾隆六年初建，嘉庆九年移建府东南），② 教授训导署，"在府治东南，乾隆四十八年建"，似应在圣庙内，这些文教机构的设置代表了改土归流以后儒家文化的进入。

津梁方面，笔者梳理康熙雍正《云南通志》、乾隆《大清一统志》及嘉庆《重修一统志》后发现，其记载均与明天启《滇志》相同，可能至嘉庆中后期未修建新津梁。唯乾隆元年（1736年）广南府设宝宁县以后，才有新津梁修建：康熙四十七年（1708年），知府茹仪凤建旧莫桥于城西南；乾隆十九年（1754年），知府蒋横捐建乐安石桥于城南九十里西洋江作为津渡；嘉庆二十二年（1817年），知府何愚改建普厅石桥于城东二百二十里；道光二十九年（1849年），知府李锡龄于城东二里建新石桥。③

仓廪方面，广南府级"无仓廒"，在宝宁县署中，限于地图比例，图示未能反映。《广南府志》及道光《云南通志》有明晰记载：常平仓、社仓、广储仓、广丰仓、新裕仓、广贮仓、丰盛仓、常平仓、常盈仓、恒济仓、常宁仓、永盛仓、际运仓、顺宝仓、常裕仓、常盛仓、丰裕仓，俱在城内，每仓各三间；甚至土富州国家也设仓廪，有裕、仁、义、礼、智五字号仓廒，各三、五、七间不等。④

移民会馆方面，以府署为中心，北、东、西三面建有岭南会馆、寿佛寺及三楚会馆、江西会馆。寿佛寺、江西会馆及三楚会馆代表江西及湖广籍移民进入，岭南会馆则是广东籍移民。可见，该区有数量

---

① 道光《广南府志》卷1《城池》，杨磊等点校，兰州大学出版社2004年版，第56—57页。
② 道光《广南府志》卷2《学校》，杨磊等点校，兰州大学出版社2004年版，第60页；道光《广南府志》卷2《祭祀》，杨磊等点校，兰州大学出版社2004年版，第91页。
③ 光绪《续云南通志稿》卷32《地理志·津梁》，光绪二十四年刻本。
④ 道光《云南通志》卷38《建置志三·官署·广南府》，道光十五年刻本。

不少的岭南移民，这与清代滇铜、粤盐互销及往来贸易有重要联系。此外，府城东南方还建有清真古寺，说明至嘉庆年间府内已有不少回民在此定居。

军事驻防方面，广南营隶属开化镇总兵管辖，设参将一员，其署在"府治西北"，靠近西门附近，旁边各设左、右两部及庙武营，未见文字记载。城南靠近南门处为中军守备公署。以上军事衙署均分布在中轴线以西。

综上，广南府城内部格局相比开化府更加规整。首先，以南北中轴线为中心，中心是府署，西面为武职公署及移民会馆，东面是县署、各种学校及寺庙，文武分明，官署分布逐步集中，有利于政令通达与施行。中国古代城的布局从东汉以后，内部有一条南北贯通的中轴线，东西呈对称布局，中央官署都在中轴线的两侧，且坐北朝南，以南门为正门。① 随着商业的兴起，会馆也随之兴建，大街小巷互相连接沟通。其次，城内文职公署、武职公署、学校、会馆、仓廒、寺庙等建制一应俱全，虽不如内地种类繁多，但也基本具备行政、军事、商业、居住、文化娱乐等功能。说明改土归流后国家行政权力已进入该地区。

二 广南府改流

顺治十六年（1659年）广南府改流，经康熙年间调适，至雍正元年（1723年），土流矛盾仍待解决。侬鹏投诚后，清朝给以土丞世袭，但整体治理形势未见好转。由于侬氏是蛮中大族，自唐宋以后便专制一区，侬智高据地数千里，带甲十余万，扰攘数年，动天下之兵而后定。侬鹏倚仗家族势力，抢掳遵义府女子濮氏为妾。侬鹏死后，其妻禄氏听信土目龚胜等谗言，将濮氏与后夫所生之子改名侬绳英冒袭土职。后因侬绳英不法被削，后府权便由土目掌控。

广南府土目下分四大头目，称内甲、总管、板栏、内兵，以内甲为最大，凡"把持线索，任意指挥"皆系其所为。旧时内甲均系侬氏掌管。康熙三十五年（1696年），陆尚贤与侬克昌争夺内甲引发动

---

① 邹逸麟：《中国历史人文地理》，科学出版社2001年版，第125页。

乱，侬氏向知府求助，官兵趁机招抚并将陆尚贤拿获。但却引发侬、陆结下仇怨，随后陆氏争夺上风，"官府传唤从不入城，即偶至城外禀事，亦必四路埋伏，势若临敌"，在村寨中"恃强占夺，不遂其意便肆烧抢"，加上地理环境便利，与广西、交趾接壤，官兵至而匪徒散匿，无从追踪。

雍正初，针对云南多出土司叛乱，清廷上下合议在云南进行改土归流，平定各地土司叛乱。着眼广南府事态情形，鄂尔泰认为应先晓谕陆氏"改过从宽，怙恶必戮"，再命广南府要隘驻扎官兵更替防汛，时正值与安南界务纷争，待与安南定界之事定后再行剿抚，以"汉彝并用"管理，收其土地，"为一劳永逸之计"。① 雍正帝对此意见是："次第缓为之……凡烟瘴之地，改流极宜详慎。"②

鄂尔泰审时度势，认为广南府及富州地区"地广田肥"，且"接壤粤界，沙侬素多仇杀，又并无城垣可资防御"，"彝患不在土官而在土目"，当务之急是化解土目势力并改筑城垣。可以看出，广南府当前面临两大问题：一则土目势力过大，流官管控不力；二则城垣年久失修，匪乱猖獗，治安混乱。经过对土目恩威并施，陆氏族人先后来归诚，以和平方式解决了土目问题，上缴自制武器大炮，愿"永做良民"，在原纳粮一千八百二十二石基础上，再增输一千一百七十七石，近三千石，又捐资建城垣一座。此后，富州土知州沈氏也愿称臣，纳粮一千石以供兵食，并在皈朝建立一座城郭以固边防。通过这次宣谕，广南府、富州土目大多已归诚，但仍有部分土目未尽根除，陆顺达、陆尚安父子仍盘踞在广南府边界一带。③ 雍正六年（1728年），广南府各土目，先后弹黜，广南府土同知、富州土知州"各愿增岁二三千石，并捐建府、州城垣"④，土

---

① （清）鄂尔泰：《奏覆广南府土目陆顺达等不法情形折》，雍正五年八月初十日，《雍正朝汉文朱批奏折汇编》（第10册），江苏古籍出版社1989年版，第349—350页。
② （清）鄂尔泰：《奏覆广南府土目陆顺达等不法情形折》，雍正五年八月初十日，《雍正朝汉文朱批奏折汇编》（第10册），江苏古籍出版社1989年版，第351页。
③ （清）鄂尔泰：《奏报广南府富州土司土目投见归诚情形折》，雍正八年正月十三日，《雍正朝汉文朱批奏折汇编》（第17册），江苏古籍出版社1990年版，第701—703页。
④ 《清史稿》卷514《土司三·云南》，中华书局1977年标点本，第14257页。

目问题暂时得以消解。

针对边防事宜，鄂尔泰认为广南府辖地甚广，应当调整广南营汛兵统辖：

> 广南一营地方辽阔，汛广兵单，实不足分布弹压。按旧制，广南营属广罗协兼辖，系臣衙门统辖，并不受开化镇节制，是以遇有事故呼应不灵，彼此推诿，以致日久废弛。查广南府离省城十二站，离广罗协驻扎之广西府八站，而开化府一镇离广西府、广南府皆止四五站，较论远近，此一协一营自应归并开化镇管辖，庶便酌缓急以资调度，且此一隅系三省交界极边之地，今统归一镇，则黔有安笼镇，粤有右江镇，与滇、黔三方鼎峙，连络声援，亦足以建威消萌，永谋宁谧。①

可见，鄂尔泰认为应将广南营划归开化镇统辖，方能更好地管控土目叛乱。雍正十一年，陆尚安父子篡夺侬氏外委土守备职权，"抢掠焚劫，奸淫境内夷民"，聚众持枪炮至广西西林县抢掠，强占各寨田土。继任总督尹继善会同巡抚张允随、提督蔡成贵商酌剿抚事宜，但匪徒来势迅猛，"巢穴险固，党羽众多"，而云南普洱、元江等地军务未捷，广南官兵均已出师，存城兵丁甚少，不便轻举妄动，只能一面严加防范，静观其变。次年，军务告竣后，大军回师，广南营参将吕文焕率大军与土练前往剿抚，加之西林县知县一同招抚，擒获陆顺达、陆尚安父子，余党悉数来降。四月十三日广南府逆匪告竣，陆氏父子被提解到省交按察司严审。②至此，广南府土舍、土目叛乱终告平定。

---

① （清）鄂尔泰：《奏报广南府富州土司土目投见归诚情形折》，雍正八年正月十三日，《雍正朝汉文朱批奏折汇编》（第17册），江苏古籍出版社1990年版，第704页。
② （清）蔡成贵：《奏报剪除广南府土目陆顺达等以靖边地折》，雍正十二年三月十二日，《雍正朝汉文朱批奏折汇编》（第26册），江苏古籍出版社1991年版，第11—13页；（清）张允随：《奏报擒除广南府恶目陆尚安事竣折》，雍正十二年五月二十七日，《雍正朝汉文朱批奏折汇编》（第26册），江苏古籍出版社1991年版，第437—438页；（清）尹继善：《奏报剿擒广南府逆目陆尚安事竣情形折》，雍正十二年六月初一日，《雍正朝汉文朱批奏折汇编》（第26册），江苏古籍出版社1991年版，第480—482页。

三 广西府维摩州并入广南府

康熙八年（1669年），清廷将广西府属维摩州地一分为三，分划广西府、开化府、广南府治之，涉及政区划界问题。政区是为中央集权国家行政管理的需要而设置，其划界自然要以对其集权统治有利为原则。传统中国以农业经济发展为需要，农业经济又是维持封建政权统治的根基，因此政区的划分一定要使政区与地理环境相一致，在此指导思想下，便产生了山川形便与犬牙交错两种划分原则。山川形便是指"以天然山川为行政区划的边界，使行政区划与自然地理区域相一致"①，这是一种最直观、最明显的划分原则；犬牙交错则与此相对立，政区的划分与山川走向不合，其明显是为了封建王朝统治者需要，将地方势力以大化小，最终瓦解。在中国历史早期，山川形便与犬牙交错同时并用，后期以犬牙交错原则逐渐占据上风，体现了中央对地方集权程度愈加深入。

维摩州有大、小维摩山，小维摩山"高不下千仞"，大维摩山则"山高出众……有箐口，甚险隘"②，是少数民族世居区，主要为沙人，今壮族支系，主要居住在今文山州，以广南县最多。③ 沙人是"安南土酋沙氏之苗裔，在夷中最为骁勇"④，明末清初土酋沙定洲，"犷悍，尤顽钝"，其据守区域地理形势易守难攻，因此叛服无常。另外，此地盛产铜矿，地广人稀，清初国家允许云南开采矿产，诸多土民前往开凿打矿，"客货往来"，治安环境十分恶劣，为控制局面，国家希望可以"移维摩州于隘地以弹压"。⑤ 总之，维摩州沙人势力强盛，国家希望以政区划分将其分化、瓦解，以有利于中央集权国家

---

① 周振鹤、李晓杰：《中国行政区划通史·总论先秦卷》，复旦大学出版社2009年版，第87页。
② 民国《广南县志》卷4《形势》，《中国地方志集成》影印本，凤凰出版社2009年版，第281页。
③ 云南省编辑组等：《云南少数民族社会历史调查资料汇编》，民族出版社2009年版，第7页。
④ （清）谢圣纶：《滇黔志略》，古永继点校，贵州人民出版社2008年版，第183页。
⑤ 民国《广南县志》卷7《交通志·省道·驿站》，《中国地方志集成》影印民国23年钞本，凤凰出版社2009年版，第564页。

统一。

雍正三年（1725年）云南布政使李卫的奏折也许能更好地反映出这一点。李卫每到一处便留心地方形势，发现边疆各省在清查时判定不清，导致地方混乱，因此向雍正帝上密折称：

> 臣每留心地方形势，多有两省接壤之处疆界不清致滋多事，而尤甚者湖南之于贵州、广西，广西之于云南，云南之于四川，广东之于福建，地处边徼人杂，汉苗其间，往往有地数百里千余里，并未明隶某省管辖，即当年绘舆图之钦差亦不曾深入其地，遗漏不可胜数。平居无事两省皆置之度外，一旦匪类窃发，有争杀抢掠之事，则两省互相推诿，倘其中可以取剥，则两省文武官员代为之争，甚非体统。更可患者，其地既为可黔可楚之地，则其民即为非黔非楚之民。保甲不得而编，汛兵不得而防，钱粮不得而征，奸恶以是为盘踞之窟，盗贼以是为捕外之薮。拨厥所由，不过边界不清。
>
> 臣愚昧之见，莫若预为饬行直省督抚提镇，先于两省交界之处会查明切，原系某省管辖应归某省勒石定界，即有久混难清者，务令平心清割渐次设法抚顺剪除，使疆界划然，统辖有归。文武官稍能流行震慑，自然弭盗戢民，汉彝皆可相安，庶几消患于未萌。①

李卫密折内称疆界不清省份为云南、贵州、广西、广东、福建，均是边疆或靠近边疆地区，这些地区一旦疆界不清，就会成为政府管辖的"空隙地带"，大量流民贼匪麇集，时常会有"争杀抢掠之事"，难以管理，遇事地方官为了逃避责任而互相推诿，久而久之，便会造成地方割据势力，于国家统一不利。李卫以敏锐的眼光觉察到了这一点，密折上报雍正帝请求立即划清疆界以专责成。可见，其国家治理思想是一脉相承的，总期于地方安定及国家统一。

---

① （清）李卫：《奏陈海防边界密折管见折》，雍正三年二月十二日，《宫中档雍正朝奏折》（第3辑），"国立"故宫博物院1978年影印本，第830—831页。

第三节 无辖县府级政区的管理局限

自秦汉至民国前期，纵观中国两千多年行政区划层级变迁，大致历经了三个循环：第一，秦汉"郡—县"二级制到魏晋南北朝"州—郡—县"三级制；第二，从隋代及唐前期"州（郡）—县"二级制到唐后期及宋辽金"道（路）—州—县"三级制；第三，从元代"省—路—府—州—县"多级复合制到明清时期"省—府—县"三级制。① 可以看出，不管中央王朝如何变更行政区划层级，县级政区始终是历朝历代稳居地方最基层的行政区划设置。县既是中央王朝直接任命长官的基层政区，也是最基本、最重要的行政区域，划定县的幅员也是确定统县政区与高层政区幅员的基础。因此，在地方基层设置县级政区对于中央王朝统治的重要性不言而喻。

开化府设流官后，府级政区并未辖县，而是以"府—里—寨"特殊的管理体制，里与寨并不是一级行政区划。广南府虽在明初设府，其下领有富州，但通过前文分析可知，明代广南府仍为土司掌控，富州亦同。清顺治十六年广南府设流官后，富州仍由沈氏土司管理，故称"土富州"更为确切。严格来说，土州并不能算国家正式行政区划。因此，可以认为开化府、广南府下未领县级政区。在中国古代交通不发达的情况下，中央王朝仅靠一府级政区统辖大片区域，必然会导致诸多管理局限。

第一，对国家信息无法做到及时上传下达。开化府与广南府所辖疆域辽阔，在没有机械交通工具和信息传递系统条件下，知府若要向下传达上级政令，就会显得捉襟见肘。在中国古代，县以下一般不设置完整的、正规的政区，仅由县级政区长官通过指派或确认基层头人代为管理民众，主要是征集赋役、维持治安和保证交通畅通等，更多是倚仗士绅、乡约、宗族通过非行政手段实施的，甚至还有当地火头参与。笔者在中国第一历史档案馆查阅清宫档案发

---

① 周振鹤：《中国地方行政制度史》，上海人民出版社2005年版，第59—80页。

现，乾隆三十五年（1770年）开化府乐农里发生一例命案，有糯乍比寨民王以坝因与其妻发生口角，而将其妻子连同两个儿子、一个女儿砍死砍伤。命案发生之时为五月初八日，由乐农里猓多寨火头田里向知府报案。① 但直至官府知晓并处理此案之时，已是次年元月，间隔时间竟长达半年有余。乾隆年间开化府基层村寨已有1181个②，如此之多的村寨全靠知府一人管辖，必定不能顾及，迫切需要在府级之下设置县一层级政区，使得信息能够有效地上通下达，分担府级政区一部分政务，缓解政区辖境过大、人口过多、事务太繁杂的矛盾。

  第二，无法对边远地区进行有效的监督。关于县的幅员，秦汉时期就定下了一个基本的原则，即"县大率方百里，其民稠则减，稀则旷，乡、亭亦如之，皆秦制也"③。这就是说，县的幅员大致以百里见方面积为基数，再以此作为居民数量的调节，人口稠密的地方，则县的面积应当划小些；反之，人口稀少的地方，则县的面积应划得大些。若依此制，那么在距离百里之处的地方，应当设一县，方才符合古代时期的管理水平。百里之县中心到四边的距离，相当于今天的17.5公里。④ 这样对于县官下乡劝课农桑，或者农民进城缴纳赋税都是比较方便的，过大或过小均有碍于此。据相关记载，广南府"东西广七百二十里，南北袤四百三十里，府东二百四十里为富州"，开化府"东西广六百四十里，南北袤四百二十里"。⑤ 这些测量数字尽管不精确，但能够反映相对距离的远近。按"百里设县"计，则广南府要设七县、开化府要设六县方符合基准，地方政府方可施行有效行政管理。开化府所辖"里"既并不具备行政管理职能，知府对各里

---

① （清）刘统勋：《题为云南开化府文山县民王以坝砍伤继妻陆氏身死议准绞监候事》，乾隆三十六年二月二十一日，中国第一历史档案馆藏，档案号：02-01-07-1172-001。
② 道光《开化府志》卷3《里甲》，娄自昌、李君明点注，兰州大学出版社2004年版，第52—67页。
③ 《汉书》卷19《百官公卿表》，中华书局1962年标点本，第742页。
④ 周振鹤：《中国地方行政制度史》，上海人民出版社2005年版，第201页。
⑤ 康熙《云南通志》卷5《疆域》，《中国地方志集成》影印康熙三十年刻本，凤凰出版社2009年版，第140页。

也不能有效监督。乾隆二十二年（1757年）清政府更定保甲之法。乾隆四十年（1775年），广南府共编甲3555，户34997。① 若按每家五口计算，广南府共有人口17.4985万，富州是土州，土知州不能登记户籍，广南府实际上也仅靠知府掌理。

中国古代以农业经济为主导，各朝代都要维持正常的农业生产，才能保证封建王朝的长治久安。县级政府既是基层民众的"父母官"，也是直接牧民的基层组织，其劝课农桑和征赋收租的施政范围是不宜朝令夕改、频繁变动的，否则将会影响国家对地方行政职能的发挥。若统县政区之下没有县级政区的设置，那么将会大大降低国家行政的影响力。

---

① 道光《广南府志》卷2《民户》，杨磊等点校，兰州大学出版社2004年版，第79页。

第四章　清中后期至民国初年边疆与内地行政区划体系的一体化进程

边疆政区与内地一体化，是指由于边疆地理环境的复杂性、民族构成的多样性和边疆地区社会经济与内地发展的不平衡性，不能满足像内地一样设置正式政区，特别是边疆民族地区的县级政区，中央王朝往往采用特殊的行政区划体制，如土司政区、军事管控区，清代创制的具有行政管理双重结构的直隶厅、散厅，以及民国初年的对汛督办等进行间接行政管理。随着国家治理进程的深化和边疆社会经济的发展，国家对这些特殊政区进行与内地政区一体化的改制，实现对边疆民族地区和人口与内地一致的"掌土治民"① 全面管理，实现国家治理行政体系全面深入边疆地区。

雍正帝继位后，在全国范围内勇于革新，解决或试图解决了历久相沿的弊政，使清朝国力强盛和国家政局安定，在调整生产关系、造成比较清明和稳定的政治、巩固和发展统一的多民族国家方面作出了巨大贡献。②

根据前文可知，清初在开化府、广南府改流后府级政区下，由于未设县级政区，导致了行政管理的诸多局限。因此，经过了康熙时期的初步调适后，雍正、乾隆朝开始逐渐探索对开化府、广南府县级政

---

① 陆韧、凌永忠：《元明清西南边疆特殊政区研究·导论》，人民出版社2013年版，第3页。
② 冯尔康：《雍正传》，生活·读书·新知三联书店1999年版，第648—650页。

区的设置，以逐渐深入行政管理。雍正八年（1730年），开化府于府城设置了文山县；乾隆二年（1737年），广南府设置宝宁县，与府同城。文山县与宝宁县的设置标志着国家行政管理开始逐渐深入基层地区，在行政区划上逐渐达到边疆与内地一体化的进程。

第一节　乾隆时期云南行政区划与内地一体化的整肃

乾隆三十五年（1770年），云南省行政区划发生重大变革，多处府州县均有变化，具体如下：

> 云南府为省会，大理府为提督驻扎地，曲靖、临安、楚雄、昭通、澄江属邑俱多，东川为矿厂最胜之区，开化界接南皮，丽江通连西藏，永昌、顺宁、普洱临缅边地，且郡境广阔，均照旧存留。
>
> 武定府辖二县一州；元江、镇沅二府无首邑，辖一厅一县；广西府无首邑，辖一厅二州，不成郡，均改直隶州。武定既改州，所属和曲州裁，禄劝州改县，同原辖之元谋县，俱归武定直隶州辖。
>
> 元江府属他郎通判，镇元府属威远同知，不便归州统率，改附近普洱府辖。
>
> 广西府属五嶂通判，改附近曲靖府辖。元江府原辖新平县，归元江直隶州辖。镇沅府原辖之恩乐县，归镇沅直隶州辖。广西府原辖之师宗、弥勒二州，俱改县，归广西直隶州辖。
>
> 姚安府仅辖一州一县，不成郡，应裁。姚安原辖之姚州、大姚县，归附近楚雄府辖。
>
> 鹤庆府本有原管地方，距丽江仅八十里，改州，与所属之剑川州，归丽江府辖。
>
> 广南府止有同城之宝宁县，不成郡，改直隶厅同知。宝宁县同城，应裁，改设照磨一员，以资佐理。
>
> 永北、蒙化、景东三府，无属邑，不成郡，但地方辽阔，距

府窎远，归并他郡，一切征输审解未便，将永北、蒙化、景东三府，均改直隶厅同知。

丽江、顺宁二府无首县，与体制不合，应将专管地方改首县管理。

临安府首邑系建水州，改县以符体制。①

总体来看，此次行政区划变革的核心内容是省直属行政区划体制的完善，具体表现为：第一，自乾隆三十五年（1770年）政区调整以后，所有府级政区均为"正府"，土府、军民府已不复设置，府级统县政区的改土归流先期完成；第二，武定、广西、镇沅、元江、蒙化、景东等"与体制不合"的府被改为直隶州或直隶厅，在不改变直属于省关系的同时，和国家经制行政区划体制相符。通过行政区划体制调整，云南省直属统县政区体制趋于完善，府级统县政区形态达到基本统一，中央政府的直接统治权力覆盖到云南省全部区域，清朝中央对云南地方的行政管理力度进一步强化。

这次云南行政区划变革是基于雍正、乾隆前期清廷基本完成对其改土归流，为清政府在云南推行与内地行政区划基本一致创造了条件。这次调整改变了元明以来以夷制夷或以大员弹压来治理云南的策略，是清政府进行全面边疆治理及深入行政管理的开端。明代和清前期，云南省级以下行政区划，在腹里地区均照内地规制设置，而大多数少数民族分布地区，仍以大员弹压方式控制少数民族部落首领，以其势力大小及活动范围为基础授予土职衔，却不能对土司所辖内进行清丈土地和编户齐民。雍正、乾隆时期的改土归流，即是要在行政区划的方面改变这种状况。因此，乾隆三十五年云南行政区划所调整的区域，多是改土归流区域，以体制是否符合为原则，对府、直隶州、直隶厅进行新建或改置，重点是对县级政区的调整，使云南行政区划与全国一体化。

---

① 《清高宗实录》卷852，乾隆三十五年二月庚戌。

第二节　开化府设县

一　文山县的设置

雍正三年（1725年）西南各省督抚上奏多起命盗案件，均在交壤之地，为此雍正帝命各省大员清查原因，并言："两省交壤之地，其界址多有不清，云、贵、川、广等处尤甚，间有一省之内，各州县地界亦有不清者。每遇命盗等事，则互相推诿，矿厂盐茶等有利之事，则互相争竞，甚非息事宁人之意。朕深知此弊。今特降谕旨与各省督抚，其共矢公心，勿存私见，详细亲查，如与邻地界有不清者，则两省各委贤员公同勘定。若本省内地界有不清者，即委本省贤弁勘定……于地方大有裨益矣。"① 诏令中雍正帝明确以法令的形式规定要肃清界址不清之处，尤其要清查"本省内地界有不清者"。地方督抚便开始对本省内与行政区划不合者进行调整。

雍正七年（1729年），云贵广西总督鄂尔泰上疏："云南开化一府，接壤交趾，地方辽阔。虽设有同知、通判、经历三员，俱非印官，不能分理正务。请将通判一缺裁去，增置一县，设知县一员，于地方有益。"② 次年，清政府批准这一请求，"寻定新设县曰文山"，"裁开化府经历缺，添设文山县典史一员，从云贵广西总督鄂尔泰请也"。③ 文山县设立后，即在府城西门内，以原开化府通判署改为文山县署，又在县署之右，新建典史署。④ 文化教习方面，"始设学校，渐入文化"⑤。

据乾隆《大清一统志》载，雍正年间开化府行政区划的调整，实

---

① 《清世宗实录》卷30，雍正三年三月癸丑。
② 《清世宗实录》卷89，雍正七年十二月辛亥。
③ 《清世宗实录》卷100，雍正八年十一月壬午。
④ 道光《开化府志》卷2《建置·公廨》，娄自昌、李君明点注，兰州大学出版社2004年版，第28页。
⑤ 《民国新编麻栗坡特别区地志资料》，《中国地方志集成》影印民国36年钞本，凤凰出版社2009年版，第162页。

际是"裁开化府通判并经历司二缺,改设县治,赐名文山"①。通判是辅佐官员,"分掌粮运、督捕、水利、理事诸事务"②,按事务繁简,因时裁设。宗人府、通政司、都察院及各府置经历,掌出纳文移。通判一职掌管事务更烦琐,不便裁去,只将文员经历改为典史。清代典史级别不高,"未入流,各直省员数与知县同"③,也称县尉,掌管缉捕和狱囚。总之,雍正八年(1730年)对开化府行政区划调整,是将府通判、经历裁去,增置文山县知县及典史。

县级政区的行政长官称知县,既是一县的行政长官,也是亲民官,职责是"平赋役、听治讼、兴教化、厉风俗。凡养老、祀神、贡士、读法皆穷亲阙职而勤理之"④,"知县掌一县之政,亲理民务"⑤。因此,知县是统县政区之下直接参与治理基层社会的行政官员。但是知县管理仍有局限性,自下多级衙门官员均在衙门内工作和生活。除了衙役常备派遣索税或逮捕嫌疑分子外,衙门官员不再直接受理乡村民间事务。衙门官员在任职期间,总是住在衙门内,不许他们外出。这样,衙门在许多方面就跟人口众多的乡村隔离开来了。⑥ 因此,知县虽为亲民官,但中国古代基层社会,知县的权力主要被局限在县城附近地区,很少出巡县境。面对开化府地域辽阔的地区,文山县知县与府同城,是开化府的附郭县,只有一个典史,权力很难深入所辖八里地区。但雍正八年(1730年)文山县的设置,使得开化府行政区划建制与内地相比更加规整了。

二 加强对偏远地区府亲辖地的管理

清代府级政区下辖厅、州、县,一般知府不直接管辖基层民众。

---

① 乾隆《大清一统志》卷374《开化府·建制沿革》,《四库全书》史部,商务印书馆1985年影印版,第483册,第57页。
② 《清朝通志》卷69《职官略六》,《万有文库》本。
③ (清)黄本骥:《历代职官表》卷5《知州知县等官》,上海古籍出版社1980年版,第278页。
④ 《清朝通典》卷34《职官十二》,《万有文库》本。
⑤ 《清朝文献通考》卷85《职官九》,《万有文库》本。
⑥ 《衙门与城市行政管理》,载[美]施坚雅主编《中华帝国晚期的城市》,叶光庭等译,陈桥驿校,中华书局2000年版,第418页。

但一些特殊的府可以直接管理一定区域内民众，与直隶州类似，这些区域称为府的亲辖地。府亲辖地多出现在西南地区，贵州省除遵义府之外，其他各府及直隶州均有亲辖地，① 云南的临安、广南、顺宁、丽江、普洱、永昌、开化等府，广西的思恩、泗城、太平、镇安等府，也有亲辖地。② 这些地区内均保留有土司，部分土司由知府直接管辖，因而形成亲辖地。随着改土归流施行，设立州县，府的亲辖地大多消失，仅有个别保留到清末。民国《马关县志》载：

> 雍正八年（1730年），设文山县，附开化府。先是，开化设府，因教化、王弄、安南三长官司地暨牛羊、新现、八寨、古木、维摩、陆竜等处，编为八里，改教化司为开化里，安南司为安南里，王弄司为王弄里，八寨司为永平里，牛羊司为东安里，陆竜、新现为乐农里，维摩为江那里，古木司为逢春里，皆以土司苗裔催征该里钱粮，赴府完纳。③

上述八里地区"均归开化通判治理"④。可以看出，康熙年间设开化府后，所辖八里为原土司后裔居住地，这些地区的钱粮是由当地土司负责征收，最后向知府完纳。雍正四年（1726年）至九年（1731年），清王朝在西南民族地区大规模改土归流，在云南东北和西南少数民族地区废除土司之多、新设流官之众、涉及地区和民族之广，以及战争之残酷均前所未有，土司势力受到沉重打击。但此次改土归流并未涉及开化府，在府的偏远地区仍有众多土司势力存在。究其原因，在于雍正年间改土归流的主导原则是对经常叛乱的地区进行武力改流，雍正帝曾称："云、贵、川、广以及楚省各土司僻在边隅，

---

① 李坤：《明清时期贵州"亲辖地"的设置与知府行政职能的扩大》，《贵州文史丛刊》2012年第1期。
② 傅林祥等：《中国行政区划通史》（清代卷），复旦大学出版社2013年版，第60页。
③ 民国《马关县志》卷2《建设志·沿革》，何廷明、娄自昌校注，云南大学出版社2012年版，第42页。
④ 《民国新编麻栗坡特别区地志资料》，《中国地方志集成》影印民国36年钞本，凤凰出版社2009年版，第161页。

肆为不法，扰害地方，剽劫行旅，且彼此互相仇杀，争夺不休。而于所辖苗蛮尤复，任意残害，草菅民命，罪恶多端，不可悉数。是以朕命各省督抚等悉心筹划，可否令其改土归流，共遵守王化？"① 因此，改土归流仅针对土司叛乱较严重地区，开化府经康熙初年置流官后，虽保留土经历，但该区一直相安无事，并未出现大规模少数民族势力扰乱地方秩序的现象，因而清政府便继续保留土司，以知府领管。因此，开化府辖所辖八里是知府的亲辖地，封建王朝将国家权力渗透至地方基层社会的过程中，将绝大部分长官司直接纳入知府亲辖，原因是知府在地方政府中具有较高权威，便于弹压少数民族，此制直至清亡。②

开化府八里所有词讼及税收均由知府负责。税收方面，八里"以土司苗裔催征该里钱粮，赴府完纳"。文山设县后，"所有八属土司，上粮纳税均归文山县"③。词讼方面，逢春、永平、东安三里位于开化府南部、西南、东南地区，与安南接壤，汉夷杂处，以少数民族居多，因此词讼案件相对其他五里地区更多，知府往往顾此失彼。道光初年，"三里（东安、永平、逢春）诉讼案件犹半归知府管理"④，部分案件只能靠各里乡约、火头等代为处理。光绪二十年（1894 年）至二十六年（1900 年），文山县发生一则天主教徒与附近汉民争田纠纷：

> 开属文山境内五里冲，有天主教堂，法国牧师金梦旦，通中国语言文字，在滇二十余年。有保保教民一村，与附近汉民张、

---

① 《清世宗实录》卷 64，雍正五年十二月己亥。
② 《清实录》记载："元江、镇沅、鹤庆、丽江、顺宁、永北、蒙化、景东八府，知府亲辖地方与直隶州同，除所属各厅州县审转案件，仍照定限扣算外，其亲辖地方审理案件应照州县应得限审解，不得照知府核转各州县案件限期扣展。"（《清高宗实录》卷 700，乾隆二十八年十二月戊子）据实录记载，至乾隆二十八年，云南有亲辖地的八个府中，并无开化府。但通过上文分析可知，开化府是符合亲辖地规制的，且所辖八里至清末都未改设县。因此，本书认为至清末开化府是有亲辖地存在的。
③ 《民国新编麻栗坡特别区地志资料》，《中国地方志集成》影印民国 36 年钞本，凤凰出版社 2009 年版，第 161 页。
④ 民国《马关县志》卷 2《建设志·三里营汛塘房之建设》，何廷明、娄自昌校注，云南大学出版社 2012 年版，第 44 页。

刘、李数姓，于乾隆时控争田土山界，计长二十余里，迨嘉庆时庆知府任内，曾将其地断归倮民，给有执照一纸，厥后屡次翻控。道、咸间，复经开化府两次断归汉民，仍给执照，理由充足，较前明晰，两造屡次案卷具存。倮民自入教后，恃势复控，并数上控，经数任奉批集讯，未结。余前任方美旃复奉院司集讯，因倮民当堂逞刁，重责数百，于是金牧师上省联合总主教、法总领事，直向两院交涉，持倮民所奉嘉庆时执照为确据，盖牧师凭倮民一面之词，不知全案也。迨余接任，迭奉宪札履勘，秉公复讯断结，连日调阅全案，随传倮民告曰："此案既有执照，不难断结，但须金牧师来此面商。"答云："金在省。"余谓："须尔等自去邀来。"未几，金果来，并同中国刘牧师入署求见。刘系四川附生，余以宾礼招待。越日，备西餐邀饮甚欢，始为详叙此案原委及经过情形。金曰："教民有执照，岂不足凭耶？"余曰："汉民尚有在后执照，牧师通中国文字，不难一阅而知。"遂出全卷与二人同阅。金牧师阅到后卷，自知错误，半晌无语。余曰："两君尊见如何？"金曰："此案听凭贵府判断，以免两造拖累，再不敢赞一词。"余始邀同履勘，以山地二里许，有天然沟坎，断给倮民，以便推广建造，并出入路径为之丈量，开方绘图，立碑永定界线。两造遵结，通详立案。金梦旦心悦诚服，到蒙自购香槟酒一箱，专送至署称谢，旋任云南省总主教。外人非全不讲公理，但多误于偏听。凡涉教案，宜善于委婉疏通，俾得晓解，而后不难了结。①

这则纠纷案件，我们重点关注的是其断案执法者。光绪年间，开化府彝族天主教徒，与附近的张、刘、李姓汉民发生了田地划界纠纷，到开化府知府请求解决。首先，早在乾隆时期，知府已将其地断归彝民，发有执照一张。迨道光、咸丰间，知府又两次均断归汉民所有，"理由充足，较前明晰"，并"两造屡次案卷具存"。而法国天主

---

① 《幻影谈》下卷《民事·文山》，《云南史料丛刊》（第12卷），云南大学出版社2001年版，第129—130页。

教牧师出于维护教徒利益，力主向贺宗章要求田地应归倮民所有，但贺宗章以"汉民尚有在后执照"为由，认为田地理应归汉民所有，有理有据，牧师也无言以对。总体来看，从乾隆至清末，开化府均掌有对八里地方词讼案件审理的权力。限于史料不足，目前仅能得知开化府对偏远地区亲辖地有征收赋税和词讼案件审理工作。

第三节 广南府地区行政区划调整

一 广南府县级政区的设置

广南府设县相对开化府较晚。乾隆元年（1736年），云南总督尹继善奏："广南为粤西、交趾分界之区，地方辽阔，事务殷繁，知府一员，实难总理。请于广南府添设附郭知县一员、典史一员，照例颁给印信，其土富州钱粮仍归土州经征，由府报解。土同知、知州二员，仍属府辖。"① 因此，"增置宝宁县，仍为广南府治"②。朝廷议准："云南广南一府，事务殷繁，向未设县。知府一员实难总理，添置附郭宝宁县，设知县一人，典史一人。"③ 可见，广南府设县是以开化府模式，于府城设附郭宝宁县，同时添设知县、典史各一员。同年于府治东南新设知县署，次年又新建典史署。④ 随之将府学训导拨归县学，开宝宁县文教。⑤ 设县原因也基本相同，均是地域辽阔，事务殷繁，知府一员难以掌理。

广南府特殊之处在于前已设有富州，虽是由土知州代为治理，但已形成一级行政区划，府城内仍有土同知驻扎。设县以后富州管理权限及土同知的归属，是地方政府随之要解决的问题。赋税征收方面，将"土富州钱粮仍归土州经征，由府报解"，土同知和土知州仍要听命知府。命盗案件方面，乾隆三年（1738年），巡抚张允随奏称：

---

① 《清高宗实录》卷28，乾隆元年十月甲子。
② 乾隆《大清一统志》卷373《广南府·建制沿革》，《四库全书》史部，商务印书馆1985年影印版，第483册，第53页。
③ 道光《云南通志》卷117《秩官志二·官制题名九》，道光十五年刻本。
④ 道光《广南府志》卷1《城池》，杨磊等点校，兰州大学出版社2004年版，第57页。
⑤ 《清高宗实录》卷28，乾隆元年十月甲子。

"广南府新设之宝宁县既与土同知同驻府城,共管地方。凡命盗案件,请令宝宁县移会土同知,一体查缉,限满无获,将知县与土同知一并揭参。至土富州与宝宁县分管地方,命盗案件,亦令将移解承审之处,分别考成。"① 由此可见,广南府流官仍是府级行政主官,主管府内钱粮、捕盗贼事宜。设县后,知府将部分权力下放至知县。当地方遇到命盗案件时,土官作为行政辅官只有参与的权力,并没有决定权。

广南府虽将土官权力收归知府、知县管理,但仍有地域辽阔,南与安南接壤,东与广西邻界,管控不及的问题,尤其距离府治"二百四十里"之富州,名曰流官管控,但事实上属"土知州管辖,其地分为四哨、九芡、十八夕"②,这些地区为少数民族杂居区,在古代没有机械化运输工具的情况下,知府、知县治理很难深入偏远地区。广南地区土壤肥沃,多膏腴之地,水陆交通发达,但地理环境险恶,"山高水急,林深密箐,一人守险,万人莫入"③。同治、光绪年间法国殖民者入侵,藩属尽失。府东常有广西流民窜扰富州地,肆虐乡井,人民不得安枕。因此,"严东路之防,即所以奠全县之安宁"④。在抵御外敌入侵及处理流民问题上,防患未然,富州改流已势在必行。此外,道光十六年(1836 年),广南笼浪寨汉人徐德成、杨金七、矣朋向土司租种土地,并"每年上纳租钱二千文,不敢短少。若有短少欠,另招安别人耕种,不敢异言"⑤,反映了土司势力在广南地区根深蒂固。

---

① 《清高宗实录》卷 74,乾隆三年八月甲申。
② 民国《富州县志》卷 1《沿革》,杨磊、农应忠点辑,云南大学出版社 2007 年版,第 3 页。四哨即普厅、花甲、阿用、板仑,以布苏官管理;九芡即剥隘、敬龙、峨村、渭乐、自府、龙隘、龙卡、列村、班哈,各设头目一人;十八夕即剥隘、百峨、坡戈、坡怀、者仪、者宁、那良、那班、那瓜、西宁、腊山、百江、板平、者桑、百部、沁村、鸟落、安定,以布斗管理。
③ 民国《广南县志》卷 4《形势》,《中国地方志集成》影印本,凤凰出版社 2009 年版,第 278 页。
④ 民国《广南县志》卷 4《形势》,《中国地方志集成》影印本,凤凰出版社 2009 年版,第 283 页。
⑤ 吴晓亮、徐政芸:《云南省博物馆馆藏契约文书整理与汇编》(第 6 卷),人民出版社 2013 年版,第 22 页。

光绪二十六年（1900年），兼署云贵总督、云南巡抚丁振铎上奏："广南府属土富州地方叠出劫案，民不聊生，请改流，添设通判、知事，并将普厅塘经历裁去，改设巡检以资治理。"① 富州原驻皈朝，即今富宁县归朝镇。乾隆中期添设汉官，曰"广南府分防普厅塘经历"，故名"普厅"，土知州移驻皈朝。② 时间当在乾隆三十六年（1771年），"滇省土富州分驻佐杂，查有普厅塘地方，系土富州要路，为运铜必经之所，请将广南府经历移驻，催趱铜运，稽查村寨，酌增民壮六名，以供役使，铸给广南府分防普厅塘经历印"③，是出于保证滇铜运输安全需要。嘉庆元年（1796年），云南绿营兵开始裁汰，从同治十二年（1873年）杜文秀起义失败至光绪三十一年（1905年）云南编练新军，是云南大规模裁汰绿营兵的时期④，是云南边防空虚期。皈朝地处广南府东，与广西邻界，常遭游匪滋扰，"无复人烟，尸骸堆积，触处皆是，河水几为之不流"。后经知府刘均处置，但尤未净尽，"居民复业者，初仅二十余户，结茅为屋，荒凉特甚"，皈朝自遭兵燹以后，烟户稀少，无守御，改流设治条件不成熟。同时，普厅塘自乾隆中期始，即有内地流官驻扎。因此，富州改流后治所移至普厅塘，⑤ 即今富宁县治新华镇，并设富州通判，普厅塘经历改为巡检，前往剥隘驻守。

富州在光绪二十六年改土归流以后，已具备"厅"级行政区划要素。厅，原指在官署中听事问案的办公场所。明代时与知府同城的佐贰官同知、通判被派驻城外，负责一个地方的专项事务，同知、通判的办事场所即称为厅，按照所管事务的不同，一般称为水利厅、海防厅、捕盗厅等，不是行政区划。清代沿袭了明代的地方行政制度，并加以创新，最终成为地方行政区划，其长官一般称为抚民同知（通

---

① 《清德宗实录》卷461，光绪二十六年三月癸卯。
② 民国《富州县志》卷1《沿革》，杨磊、农应忠点辑，云南大学出版社2007年版，第3页。
③ 《清高宗实录》卷893，乾隆三十六年九月庚申。
④ 秦树才：《清代云南绿营兵研究——以汛塘为中心》，云南教育出版社2004年版，第68—74页。
⑤ 民国《广南县志》卷2《大事记》，《中国地方志集成》影印本，凤凰出版社2009年版，第114页。

判），在少数民族地区称抚彝同知、抚番同知等。抚民同知（通判）不再是知府的佐贰官，而是与知府、知州、知县一样，是自己辖区内的行政长官——正印官。① 这些"抚民厅"，具备"专管地方"（一定的"地域范围"）、一定数量的人口（管理对象）、一个行政机构等条件。② 若按上述标准，首先，富州改土归流后设通判，又称"富州抚彝府"③，即抚彝同知。其次，富州治所范围在普厅塘，下辖第一区第一镇各乡、第二区皈朝第一镇各乡、第三区洞波各乡、第四区者桑各乡、第五区剥隘第一镇各乡、第六区花甲各乡。④ 最后，自光绪末叶至宣统年间，富州有户口一万三千六百四十四户，男三万一千一百七十三丁，女二万八千七百六十九口。⑤ 可以认为，富州在改土归流后，具备厅级行政区划要素。

综上，广南府在顺治十八年（1661年）改流设官以后，先是在行政区划方面于乾隆元年设置附郭宝宁县，后光绪二十六年（1900年）富州改土归流，以富州厅的设置，具备了"府—厅—县"行政区划的层级，与内地逐渐规整一致。

二 广南直隶厅改置的流产

乾隆三十五年（1770年）云南行政区划调整，涉及广南府改直隶厅的议程："广南府止有同城之宝宁县，不成郡，改直隶厅同知。宝宁县同城，应裁，改设照磨一员，以资佐理。"⑥ 行政区划的实质是中央对地方实行有效层级管理，中央通过行政区划的方式将行政权力深入至地方基层，进而管理行政区内的人口及土地。此次广南府议改直隶厅，将宝宁县议裁，以主管文书卷宗的文官照磨来辅佐管理。

---

① 傅林祥：《清代抚民厅制度形成过程初探》，《中国历史地理论丛》2007年第1辑。
② 傅林祥：《清代抚民厅制度形成过程初探》，《中国历史地理论丛》2007年第1辑。
③ 民国《富州县志》卷10《学制》，杨磊、农应忠点辑，云南大学出版社2007年版，第39页。
④ 民国《富州县志》卷4《舆地》，杨磊、农应忠点辑，云南大学出版社2007年版，第9—11页。
⑤ 民国《富州县志》卷6《民政》，杨磊、农应忠点辑，云南大学出版社2007年版，第19页。
⑥ 《清高宗实录》卷852，乾隆三十五年二月庚戌。

第四章 清中后期至民国初年边疆与内地行政区划体系的一体化进程

雍正年间厅制尚未正式形成，直隶厅一般记载为"直隶同知"。"直隶厅"一名的出现，首见于乾隆二十五年，① 大多领有亲辖地。清代直隶厅是在清朝治边方略指导下，对边疆民族地区因汉人增加、汉民垦殖区扩大而造成民族构成变迁和经济开发扩大的情况下，创设的一种既能保持边疆民族地区稳定，又能实现对其辖区内所有民族人口进行管理的政区模式，其直隶于各省布政司，朝廷派出抚民同知为主官，掌地、治民、控土司、兼汛防，还偏重对经济和汉人管理的特点。清代直隶厅不仅具备了行政区划各要素，而且具有行政双结构、民族构成多样性、户籍管理分类性、服役征收的差异性和军事管控等特征，是边疆民族地区行政体制由土司制度或当地民族自行管理模式向全国政区一体化演进的过渡型政区。② 总之，清代直隶厅的特点是不改土而置流官来管理。

乾隆三十五年（1770年），改广南府为直隶同知，设照磨一人，旋复为府。③ 同年，"议改府为直隶厅，将宝宁县裁汰，及典史裁汰，设照磨。三十六年，复设府县"④。说明广南府改直隶厅并未成功，仍保持府县的设置，其原因是什么呢？

广南府议改直隶厅的八个月后，曾任广南府知府，后任直隶按察使的王显绪向乾隆帝奏："该处沙侬杂处，易滋事端，又为江西各省采办滇铜经行站路，稽察难周。旧设土同知一员，藉有知府管理约束。若将知府裁改同知，与土同知官阶相等，易生亵玩，应仍留知府，方合弹压机宜。"⑤ 广南府为少数民族杂居区，主要为壮族和苗族，由于瘴疠严重，清代中前期内地汉族移民的数量极少。明代曾力图在此设广南卫，但以失败告终。康熙二十一年（1682年），广南营也仅有绿营兵800名。⑥ 道光十六年（1836年），"以开化、广南、普

---

① 《清高宗实录》卷622，乾隆二十五年十月丁丑。
② 陆韧：《清代直隶厅解构》，《中国历史地理论丛》2010年第3辑。
③ 道光《云南通志》卷117《秩官志二·官制题名九》，道光十五年刻本。
④ 道光《广南府志》卷1《建置》，杨磊等点校，兰州大学出版社2004年版，第44—45页。
⑤ 《清高宗实录》卷871，乾隆三十五年十月己亥。
⑥ 秦树才：《清代云南绿营兵研究——以汛塘为中心》，云南教育出版社2004年版，第20页。

洱地多旷闲，流民覆棚启种，因议论入户甲。御史陶士霖论其病农藏奸，禁之"①。清代广南府是在明代广南土府基础上，于顺治十六年（1659年）改土归流，以内地流官为府级行政主官治理。虽然广南府保留了土官，但仅为土同知，是佐贰官，即行政辅官。改土归流之时，雍正六年（1728年），"广南府各土目，先后劾黜"②。广南府在政区稳定时，领宝宁县一，富州一，虽然富州为土州，但乾隆三十六年已派驻广南府经历移驻富州治理。③

因此，广南府是事实上的改土归流，形制上不存在行政双结构及民族构成多样性的特点。乾隆帝接王显绪上奏后认为："所言似为近理。前此原以滇省改设流官时，知府员缺太多，甚且有名为一府，并无州县隶属者，是以谕令经略大臣同该督等确核地方事宜，酌量裁改。虽经廷臣会议允行，但朕于该处实在情形，无由深悉，其应裁应留之处，原不少存成见……其知府一缺，应否仍留，悉心详度，定议奏闻，不得稍有回护。"④ 可见，清廷也同意保留广南府，仍保留了府级政区设置。

第四节　滇东南边疆地区的特殊政区

历史时期中央王朝除在内地省份设置府、州、县等正式政区外，在边疆少数民族地区还存在特殊政区。特殊政区是在边远地区、新控制或占领的地区、非汉族（或非本民族）聚居区所设置的行政区，统治者给予一定的优待，实行比较松散的管理，如减免部分或全部赋税，不进行经常性的户籍登记。这些单位的名称与正式行政区相同，长官也是由中央或上一级政府任命。这种单位往往是一种过渡形式，等条件成熟后就会改为正式行政区。⑤ 其带有典型的边疆民族地区特征，组织形式与管理体制都与正式政区存在极大差异。在特殊政区

---

① 《清史稿》卷120《食货志一·田制》，中华书局1977年标点本，第3504—3505页。
② 《清史稿》卷514《土司三·云南》，中华书局1977年标点本，第14257页。
③ 《清高宗实录》卷893，乾隆三十六年九月庚申。
④ 《清高宗实录》卷871，乾隆三十五年十月己亥。
⑤ 葛剑雄：《中国历代疆域的变迁》，商务印书馆1997年版，第12页。

内，国家对土地和民族人口的占有及管理方式有重要差别，因此决定了国家不得不设置特殊政区进行管理，其表现形式为设置正式政区的条件不充分，特别是设县条件不成熟的边疆地区，目的是推进边疆地区的管理和开发，创造设县的条件，为将来设县做准备。① 特殊政区的设置是中央政府为加强管控和开发边疆民族地区，巩固统一的多民族国家而采取的重要举措。以下解析几类滇东南特殊政区的设置及职能。

一 开化府安平厅设置

开化府南接壤安南，文山县设置后管辖开化、江那、王弄、安南、新现、永平、逢春、东安八里地区，其中东安、逢春、永平三里为边界，马白关位于中越边境，地居边隘，知府管控不及。乾隆二十四年（1759年），改开化府同知为安平厅抚民同知，裁澂江府司狱一人，添设安平厅司狱一人。② 次年，将开化府同知驻扎马白，职重巡防。③ 开化府同知常驻马白关负责巡防，在委任官员上，均选曾任夷疆要缺之人，体现国家对边防的重视。但开化府知府驻府城，同知驻马白关，导致当边隘有夷人偷越出入境之时，知府"事务殷繁，不便乏员"，无暇顾及，同知也无能为力，"往来游巡必须该同知亲身在彼"。因此，二者"事难兼顾所有"④。

马白关设置之初，除控驭边防外，还负责征收赋税。乾隆初年交趾内乱，国家严格控制流民私自出入境，加强对马白关的防御，禁止违禁物品流出境外，"马白税口，因京外未宁，暂行封闭，恐有无知愚民越界射利，私贩铅铁硝磺违禁之物，严饬汛弁查拿解报，发交地方官审究，不许私纵一人出境"⑤。乾隆前期改设安平厅后，并未达

---

① 陆韧、凌永忠：《元明清西南边疆特殊政区研究》，人民出版社2013年版，第4页。
② 道光《云南通志》卷117《秩官志二·官制题名九》，道光十五年刻本。
③ （清）归宣光：《题为遵议云南省请以吴玉麟调补开化府同知等员缺事》，乾隆二十五年十月十五日，中国第一历史档案馆藏，档案号：02-01-03-05694-001。
④ （清）伯麟：《奏为委任图克棠阿署理开化府知府事》，嘉庆十五年十月二十一日，中国第一历史档案馆藏，档案号：04-01-12-0287-082。
⑤ （清）赛都：《奏为敬陈营伍地方及制备马兵盔甲查勘备汛塘房等办理情形事》，乾隆九年六月初一日，中国第一历史档案馆藏，档案号：04-01-01-0109-003。

到预期效果，马白关是滇东南的屏障，出马白关东南可到越南河阳，西南可通保胜，与越南黄树皮、漫美、箐门、新马街、坝哈、花龙、猛康等地邻近，仅以同知驻马白关并不足以管控边境地区。嘉庆二十四年（1819年），云贵总督伯麟奏请"改云南开化府同知为安平同知"①，安平同知作为附郭驻扎开化府城，同时"割文山县东安、逢春、永平三里俱隶管辖"②，设司狱一员，开化、王弄、安南、乐农、江那五里，仍属文山县管辖。③ 由于清代行政区划的新置、裁废、合并、迁治、划界等，一般要经历较为复杂的过程，从地方官提议，到督抚同意并向朝廷奏请，再到朝廷议准，最后委派官员到任，需经多道程序，有许多时间节点。行政区划的设治时间，一般以朝廷议准的时间为准，安平厅的设置时间，应为从嘉庆二十四年提议，至道光二年（1822年）正式设置。

关于设置安平厅事由，伯麟奏言：

> 兹查滇省之开化府在省城东南，该府所属仅止附郭文山一县，地方辽阔，广袤三千余里，东、西、南三面均与越南接壤。从前土著民人稀少，风气淳朴，易于治理。近年以来，川、黔、江、楚以及两粤各省民人接踵而至，五方杂处，不下数十万人，高原下隰，住居殆遍，其中良莠不齐，有素习耕凿者，山头地角开垦成熟，共勤种植，亦有贸易营生者，尚知各安本分，而游手好闲之徒，多有往来掠食，滋生事端，以致词讼盗窃案件日见其多。
>
> 该县所管之东安、逢春、永平、江那、开化、旺弄、安南、乐龙等八里，地方远近不等，其距县较远者竟十余站之外，每遇勘验命盗抢窃等案，往返动经旬月，此处勘验未毕，彼处又有续报之案，一日之内，层见叠出。该县一人之耳目，精神照料，实难周到，若

---

① 《清仁宗实录》卷359，嘉庆二十四年六月己酉。
② 《清宣宗实录》卷31，道光二年三月己酉。
③ 道光《开化府志》卷2《建置·沿革》，娄自昌、李君明点注，兰州大学出版社2004年版，第19页。

不量为变通，诚恐鞭长莫及，地方大小事件，日久难免贻误。①

嘉庆年间，由于川、黔、江、楚及两粤汉族移民增多，"不下数十万人"，内地汉族移民对开发滇东南山地、发展当地经济起了重要作用，但也导致土客矛盾，经常引发事端，"词讼盗窃案件日见其多"。随着事务增多繁杂，知县难以承担所有八里地方大小事件的治理任务，因此新设安平厅分担靠近边境地区的东安、逢春、永平三里命盗案件审理任务，主要职责为管理边防和赋税征收。

安平厅设立后是衙署建设。道光元年（1821年），同知叶申芗奏请添设衙署、监、仓等，称：

> 同知分管东安、逢春、永平三里地方刑名钱粮，事务较繁，请于同知旧署内添建书差房六间，以资办公。□□征收三里粮米，应需仓廒，请将文山县旧仓拟给三间归同知管理。惟此项仓廒年久坍塌，应请修理，并添建仓神祠、仓书、斗级大门、更夫等房九间，照壁围墙等项以资收贮。
>
> 管理三里刑名案件，添设司狱一员，经管监狱，应建司狱衙署一所，计大小房屋十七间，并月台、走道、甬道、照壁、围墙等项以资栖止。
>
> 监狱一所，应建大小房屋二间，并围墙等以资羁禁人犯，惟查前项应建司狱衙署监狱，应需地基，查城内并无官地亦无空闲地基可以置员建盖，仅购买得民人房地三亩四分，堪以建盖。②

次年，清廷批准建造，③添建六间书差房，将原文山县旧仓归同

---

① （清）英和：《题为遵议滇省开化府属地方酌改同知分理民事并移驻县丞等官事》，嘉庆二十四年六月十七日，中国第一历史档案馆藏，档案号：02-01-03-09272-003。

② （清）史致光：《题为开化府属文山县地方辽阔奏准改设安平同知添设江那县丞应建衙署监仓等项房间造具事宜清册具题事》，道光元年九月初六日，中国第一历史档案馆藏，档案号：02-01-02-2819-010。

③ （清）那彦成：《题为遵议云南开化府文山县地方辽阔准其添设司狱员缺等事》，道光二年三月初三日，中国第一历史档案馆藏，档案号：02-01-03-09403-016。

知管理，用以存放征收粮米。添建司狱衙署、监狱各一所以羁押人犯，具备管辖三里行政事务规模。但安平厅同知署系以旧开化府同知署地基改造。开化同知署，于康熙六年（1667年）建于马白关，但后知府刘䜣将其移建开化府署内。① 这意味着安平厅同知是驻扎在开化府城内，对管理东安、逢春、永平三里事务并未起到明显作用。

光绪九年（1883年）中法战争爆发，西南边疆危在旦夕。为有效控驭滇东南边防，覃克振在接任安平厅同知后意识到，厅衙驻开化府城并不能对边境有效管理，因此建议将厅衙署移驻马白关，以资控驭：

> 查厅属东安、逢春、永平三里，地方邈在边隅，毗连域外，汉夷杂处，狂悍难驯，正宜善为扶绥，严为防范，庶可制治于未乱、消息于未萌也。乃安平同知官署，则借地而居，驻府城内，反于所属地方遥遥相隔，官不得与民亲，何从办其良莠？民不得与官见，无复知有刑威。以故豪猾宿奸，肆行无忌，强霸劫杀之案，岁不免焉。一经缉捕，则以外域为逋逃渊薮。夫安良戢暴，非无求治之方；而地远法疏，实有难治之势。
>
> 振到任后，亲历各乡，询悉地方利病。据绅耆等佥称：安平官署，同驻府城，诸凡与民不便，应请仍复旧制，移驻逢春里之马白关。适地当其中，则左之东安、右之永平，皆得近而治理。抚内防边，莫善于此。该绅耆等不为无见。
>
> 窃思设官分职，原以为民安平，为亲民之官，有守土之责，事繁任重，非等闲曹，矧值办理边防，尤宜慎固封守，举凡牧民训练，攘外安中，在在均关紧要，岂可远离所属，致有疏虞？此则振夙夜扪心不敢怠安旷职者也。
>
> 拟将厅署移驻马白，民得官以为依，官得民而教战。虽无城郭，众志可以成城；上下交孚，人和尤兼地利。沿边守险，外悔无虞，纠猛施宽，内忧不作。振等审时择地，迁移衙署，洵为今

---

① 道光《开化府志》卷2《建置·公廨》，娄自昌、李君明点注，兰州大学出版社2004年版，第29页。

日急务，有益地方，诚非浅鲜。况民之所欲，官宜从之。①

可以看出，覃克振以地方基层官员的眼光深刻认识到其行政区划的弊端，认为安平同知署遥寄府城，是"官不得与民亲""民不得与官见"，一旦地方有事，则"地远法疏，实有难治之势"。因此，他认为应在马白关建造安平厅衙署。作为地方基层社会的直接管理者，士绅唐世凯也认为这样设置是"教化难周，鞭长莫及"，称此以往将会"声威莫及，法令不周之故"，对于地方基层社会则是"弊端百出，朦蔽日深"②。

因此，光绪二十六年（1900年）清廷以当地少数民族众多，移开化府安平同知，仍驻马白关，以旧开化镇行辕为衙署，③ 开始在马白关建厅城。兴建初期，马白关地理环境十分恶劣，"四野疏旷，垣墉缺如"④。至光绪三十一年（1905年），安平厅才移衙就治，但却虚称厅城，其实无城也。⑤ 光绪三十四年（1908年），安平同知韩熙华于北关寿佛寺前兴工筑堤，蓄水为池，号曰"水城"，名实未符。唯自池水蓄后，居民可远回禄灾殃，是为雅人增游玩地点。从光绪二十六年地方官员开始提议在马白关建城，直到三十四年才正式动工，但已不能作为军事防御之用，反映出清末地方政府的衰败腐朽。

从清初马白关的建设，至清末安平厅的移驻，马白关具备边防、税收的功能。有清一代，从永平里至河口、南溪、新店、老卡，顺天生桥沿边，再到马白城子卡、火烧卡，顺大河抵东安里麻栗坡豆豉店、交趾城、扣览、天保、卡子等处，直接广南境界，共设有三塘、

---

① （清）覃克振：《安平厅详请造马白城》，民国《马关县志》卷10《杂类志·公牍》，何廷明、娄自昌校注，云南大学出版社2012年版，第336—337页。

② （清）唐世凯：《清光绪二十八年（1902）安平士绅呈请移衙》，民国《马关县志》卷10《杂类志·公牍》，何廷明、娄自昌校注，云南大学出版社2012年版，第337—338页。

③ 《清德宗实录》卷473，光绪二十六年九月戊戌。

④ 民国《马关县志》卷2《建设志·新设城池》，何廷明、娄自昌校注，云南大学出版社2012年版，第45页。

⑤ 民国《马关县志》卷2《建设志·马关名称之由来》，何廷明、娄自昌校注，云南大学出版社2012年版，第43页。

十汛,此外还有总兵、游击、守备、都司署及营房均驻马白关。① 民国2年(1913年),马白关改县,正式设置县级政区,完成了从边防、税收机构向正式政区的转变。

二 中法战争后河口、麻栗坡对汛督办设置

中法战争后,越南沦为法属殖民地,中国西南边疆国际关系与地缘政治也随之发生重大变化。随着中法界务交涉增多,通商频繁,涉外事务的增加使国防安全愈加重要。法国入侵越南,激起中越两国人民的强烈反抗,导致中越边境社会动荡不安,同时也妨碍了法国的侵略行为及在华的利益攫取。因此,法国强烈要求与清政府一同维护中越边疆的稳定,而清政府也迫切需要加强边疆管理的强度,于是中法共同商定在中越边境互设管理机构,即对汛督办。

光绪十一年十月二十七日(1885年6月9日)中法签订《越南条款》,第一款规定:"越南诸省与中国边界毗连者,其境内,法国约明自行弭乱安抚……法国既担保边界无事,中国约明亦不派兵前赴北圻。"② 二十二年三月二十五日(1896年5月7日)中法又签订《边界会巡章程》,规定:

> 两国应行会同巡查中越之边界,分三段:第一段:广东省与越南接壤边界;第二段:广西省与越南接壤边界;第三段:云南省与越南接壤边界。
>
> 以上所开三段,各由中、法两国选派一大员,会同督办巡查事宜。
>
> 中国各督办大员于其责成巡查一段各事宜,均准饬令该省文武各官遵办,专受该省督抚节制。
>
> 法国督办大员,第一段驻扎芒街,第二段驻扎谅山,第三段驻扎保胜。中国督办大员,第一段驻扎东兴,第二段驻扎凭祥,

---

① 民国《马关县志》卷2《建设志·三里营汛塘房之建设》,何廷明、娄自昌校注,云南大学出版社2012年版,第43页。

② 王铁崖:《中外旧约章汇编》(第1册),生活·读书·新知三联书店1957年版,第467页。

第三段驻扎河口。

每段中法两督办大员所驻之处，以德律风或电线相接，以便随时通信。

每处对汛，以法国一汛，中国一汛，住边界通衢中、越两边相望之处而设；其有地势不宜扎营处所，则于或左或右，斜角遥对亦可，总期两边相望，声气可通。

对汛所设之处开列于后：一、芒街与东兴；二、北市与里接；三、横模与洽洞；四、越南峙马与中国峙马；五、同登与南关；六、越南平而与中国平而；七、那烂与布局；八、驼龙与水口关。①

《边界会巡章程》基本确立了对汛设立的原则、督办职责及对汛官员的管理等事宜，标志着对汛督办机构的确立，但没有议定涉及滇越边界段对汛。

光绪二十三年（1897年），法国公使施阿兰照会清朝总理衙门，商定在云南河口、麻栗坡各设置一督办大员，下设十八对汛。② 具体见表2。

表2　　　　　　　　晚清河口、麻栗坡对汛表

中国	越南	中国	越南
那发汛	漫念贡汛	新寨汛	依底汛
湾塘街汛	龙膊汛	田蓬汛	呈祥汛
坝洒汛	坝洒汛	河口汛	保胜汛
老卡汛	那录汛	新店汛	上马汛
老卡汛	飞龙汛	都竜汛	箐门汛
保良街汛	漫美汛	猛峒中村汛	老寨汛

---

① 王铁崖：《中外旧约章汇编》（第1册），生活·读书·新知三联书店1957年版，第644—645页。

② 陈元惠：《从国防与外交机构到特别行政区——清末民国时期云南对汛督办的设立与演变》，《中国边疆史地研究》2008年第2期。

续表

中国	越南	中国	越南
天堡汛	清水汛	潘子花汛	崖脚街汛
茅山卡汛	新街汛	董干汛	普棒汛
龙卡汛	龙古寨汛	田蓬街汛	上蓬汛

资料来源：黄国安等：《近代中越关系史资料选编》（中册），广西人民出版社1988年版，第670—671页。

这是滇越边界最初设置对汛情形。为进一步加强滇越边境对外交涉事务的统一管理，云南总督岑毓英申请在蒙自设立临安开广道，管辖与越南接壤的临安、广南、开化三府，负责中外通商事务，兼任中法交涉对汛督办，负责办理中越边界商务、界务、会巡捕务及华洋诉讼，①特设正督办驻扎蒙自，由临安开广道尹兼任。由此，河口、麻栗坡降为副督办。随后中法双方议定将原十八对汛裁减为十对汛，"以河口督办辖五对汛，曰那发对汛、曰坝洒对汛、曰河口对汛、曰新店对汛、曰老卡对汛"，"麻栗坡督办辖六对汛，曰茅坪对汛、曰天保对汛、曰攀枝花对汛、曰董干对汛、曰田蓬对汛。宣统元年（1909年），奏准添设玉皇阁对汛"。②

河口、麻栗坡对汛督办及所辖对汛设立之初，尚属军事、外交机构，偏重国防、外交及部分行政职能。军事职能方面，多数汛地直接由清廷军事建置改设而来，"麻栗坡对汛督办之职权，原于清光绪二十三年张贵祚管带怀远前营，奉命来麻驻防，职司防堵边隅，弹压匪类，纯是军事权贵。是年十月奉命改组交涉，副督办分设五对汛，职司内地军事，办理外交。原是管带（即今之营长）阶级在清代多系副将（即今之少将）、参将（即今之上校）任职，其职曰麻栗坡交涉副督办兼带怀远前营"③，"河口副督办拟请接带忠字后营，仍驻防河

---

① 陈元惠：《从临安开广道的设立看云南的近代外交》，《学术探索》2004年第3期。
② 民国《马关县志》卷5《兵略志·绿营兵制》，何廷明、娄自昌校注，云南大学出版社2012年版，第143页。
③ 《民国新编麻栗坡特别区地志资料》，《中国地方志集成》影印民国36年钞本，凤凰出版社2009年版，第154页。

口……所有那发、龙膊、河口、新店、老卡等五汛,则就忠营内拨兵一百五名,归河口副督办管辖"①,官兵主要处理汛地聚众生事并股匪执械等事务,维护边境稳定。按《边界会巡章程》协定,"越南界内报有股匪聚会,一经闻信,法国汛弁即当飞行转知该对汛中国汛弁,并禀明该段边界法国督办大员","中国界内报有股匪聚会,一经闻信,中国汛弁即当飞行转知该对汛法国汛弁,并禀明该段边界中国督办大员","凡有匪徒在越南境内被法军追迫过界入中国者,即由就近法国对汛知照中国对汛,或由追匪之法军管带知照就近中国军兵管带,俾中国军兵迅速接追捕获。遇有匪徒由中国境内过界入越南者,应由中国对汛或剿匪之中国军兵管带,速即知照法国对汛或就近法军管带,俾法军即行接追捕获"。② 中法战争后大量中国士兵无法得到妥善安置,散聚在中越边境成为"游勇",河口、麻栗坡对汛督办及所辖对汛设置目的就是镇压游勇滋扰,保卫边疆稳定。

外交职能方面,《边界会巡章程》规定:"凡有法国人民及法国所保护人民与别国居住北圻人等欲行过界入中国者,须俟法国官员请中国边界官员发给护照,方得执持前往。倘由北圻入中国者系中国人民,只由中国边界官员自发凭单可也。至有中国人民欲从陆路由中国入北圻者,应由中国官请法国官发给护照,以便执持前往。"③ 可见,河口、麻栗坡副督办以汛兵职守边疆,职在巡查中越边界,维护国家领土主权,掌管着发放和查验护照的权力,外交职能凸显。在对汛督办的人事组织方面,除了配备军事人员外,还有文职人员,有"书记(或文案)、翻译、管档、收支、缮校等员",其中书记官撰拟文牍,督办因公出境或有不得已事故得代照料其军事民事,翻译官主要职责为翻译外交往复公牍,摘译外交书报,督办接待或往谒外宾时通译其

---

① 黄国安等:《近代中越关系史资料选编》(中册),广西人民出版社1988年版,第675页。

② 王铁崖:《中外旧约章汇编》(第1册),生活·读书·新知三联书店1957年版,第646—647页。

③ 王铁崖:《中外旧约章汇编》(第1册),生活·读书·新知三联书店1957年版,第645—646页。

谈话，督办因公出境或有不得已事故时得代其照料外交上之事务。①

总之，河口、麻栗坡对汛督办是在越南沦为法属殖民地、云南地缘政治发生了重大变化后，除军事防御需要外，兼具交涉事务职能，清政府为加强边疆管理需要而设立，其已具备了军事与外交的职能，对中法战争后稳定云南边境起到了重要作用。

三 民国初年河口、麻栗坡对汛督办向行政区划的演变

民国2年（1913年）四月，云南大部分腹里地区完成了废府存县的行政区划调整，但边境地区的行政建制尚未完成。次年八月，"麻栗坡副督办改为对汛督办，各汛地一律改组划为特别区域，兼理司法"。民国5年（1916年），"麻栗坡对汛督办行使军事、外交、司法行政权"②。此轮对汛督办勘划为特别行政区，加司法权，是对汛督办向行政区划演变的重要基础。

民国22年（1933年），云南省民政厅派出专员会同马关、广南、屏边等县县长，前往各对汛办理勘察，拟订初步的划界方案：

> 拟将马关县与河口督办所属之新店、老卡两对汛，及与麻栗坡督办所属之玉皇阁、天保两对汛素来争执最烈之桥头街、小坝子、都竜、猛洞等处仍分别划入汛区办理，尚无不合，又河口督办所属那发对汛，向来管辖系与金河设治局同一范围，而那发与坝洒对汛中间，因屏边县所属之西区八里横亘于中，致两汛间交通要道不能贯通联系，自应将西区八里划入汛区，但屏边为新近改设之县治（系以靖边设治局该县），若将该县所属西区八里划出，则土地、人口减少，于县治不无妨碍。

针对上述划界出现的问题，勘界专员提出了两套具体的解决方法：

---

① 陈元惠：《云南对汛督办：建立、发展、淬变》，博士学位论文，云南大学，2008年，第39页。

② 《民国新编麻栗坡特别区地志资料》，《中国地方志集成》影印民国36年钞本，凤凰出版社2009年版，第155页。

第四章 清中后期至民国初年边疆与内地行政区划体系的一体化进程 / 127

> 第一项，就金河区天然形势，由该区内分水岭起，沿王布田河至茨桶坝止，划为那发对汛区域所辖，金平区域归并猛丁设治区，改治后改为金平县，再就猛丁区内划出比较接近屏边之地面一部分与屏边西区八里互换，即将八里划入坝洒区，以期得失相当；
>
> 第二项，屏边县西区八里仍划入汛区可将蒙自县属之蓬春岭全部划出，以接近屏边之一部分土地划归屏边，其余之地划归金河。①

以上划界方案，专员充分考虑了山川形便、方便行政管理的原则，并得到云南省政府批准，此次划界工作是对汛督办特别区向县级政区演变的重要一步。但屏边、金平地方出于自身利益的考虑，并不配合贯彻执行省政府方案，他们恐怕划界后本区管辖范围缩小，影响财政收入，对省政府的既定划界拒不执行。河口对汛则为了扩充自己的统辖区域，据理力争，极力多划多拨，双方争执不下。为此，民国27年（1938年），省政府不得不再次派遣专员，前往河口、屏边、金平切实踏勘，以化解双方分歧，最终结果为：

> 由越南起化中里三十里归汛区管辖，而屏边县划拨西区八里后，又不能照叶专员前拟第一项办法，以猛丁区域与之互换（因猛丁与屏边中间尚隔有金平县土地），该钟委员所拟将西区八里中之第一、第二段，及第三段地面之近十一甲一部地方，与第五段内接于十一甲之阿得、博雷、打树等寨划归坝洒对汛所属，以达两汛间联贯之目的。其屏边县南区各地，仍照现管界限依旧管理，俾免纷更，无须另觅抵补区域与之互换，自为解决悬案，便利执行之主张。

金平方面，除分水岭之卡房，河口陈督办已有声明情愿放弃，仍归金平外，其十一甲地方，钟委拟本纵分，原则上有河头一甲

---

① 龙云：《云南行政纪实·边务·河口某楼盘的对汛督办》1943 年铅印本，第 20 册，第 3—4 页。

起，以河头后山之山沟顺白马河至十里村分界，下沿大竹山甲之山后顺滥漂冲河分界，划归那发对汛，那黄街等寨，现为汛署驻地，绝难归还金平，即请一并划归那发管理，亦系双方兼顾之策，在各对汛方面，地区既能联系，在各县治方面，亦无重大困难。①

最终勘界相比之前更加细致，明确了各政区的边界及幅员。但部分地方官仍固守不从，继续政治博弈，"或以界线不明，或以清丈耕地、编查保甲户口等各要政尚未办竣，先后呈请暂行照旧管理，缓期移交"②，省政府作为"中间人"，力争调节双方矛盾，只得以边疆民族地区特殊性为先，认为"边地民智固弊，历史习惯难打破，只能循循宣导，不宜强制执行，故界务交收一事，尚需相当时日也"③，做出折中选择，对河口对汛督办区不作严格边界限定，只对其管辖范围作了划定，即"东界麻栗坡，南界越南，西界金平，北界金平、蒙自、屏边、马关，东南界越南，西南界越南，西北界金平，东北界麻栗坡"④。

麻栗坡对汛督办所辖区域，初有茅坪、天保、攀枝花、董干、田蓬、玉皇阁六对汛，没有划定的管辖区，归广南、西畴、马关三县管理，除掌外交、国防外，还兼理行政、司法，甚至田粮赋税都总揽了，⑤ 其中玉皇阁、茅坪、天保三汛地原归马关，攀枝花、董干两汛及督署原系东安里，即西畴县，田蓬汛署在广南地方，权属较为混乱。民国6年（1917年）六月，省政府以马关、西畴、广南三县距边地弯远，治理不周，派委员马子骥前往划界分区，将麻栗坡对汛督办及所属六汛划为特别七区："督办署所属东安里之南油半甲、磨山

---

① 龙云：《云南行政纪实·边务·河口麻栗坡对汛督办》1943年铅印本，第20册，第6页。
② 龙云：《云南行政纪实·边务·河口麻栗坡对汛督办》1943年铅印本，第20册，第6页。
③ 龙云：《云南行政纪实·边务·河口麻栗坡对汛督办》1943年铅印本，第20册，第6页。
④ 龙云：《云南行政纪实·边务·河口麻栗坡对汛督办》1943年铅印本，第20册，第6页。
⑤ 黄德荣：《边防对汛督办见闻》，《文山壮族苗族自治州文史资料选辑》（第4辑），未刊行油印本，1985年。

半甲、马达半甲为特别第一区；茅坪汛所属马关至归仁里聚义甲为特别第二区；玉皇阁对汛所属之聚隆甲为特别第三区；天保对汛所属之奋武甲为特别第四区；攀枝花对汛所属之东油半甲及胡迭半甲为特别第五区；董干对汛所属之马桑甲、普元甲为特别第六区；田蓬对汛所属之普梅营、郎恒营、木央营为特别第七区。"[1] 其范围"南与法属越南接壤，东与广西镇边县毗连，北接富州、西畴，西接马关、河口。东西三百余里，南北阔三十余里，全区面积总计九千余方里"[2]，每区都有明晰的疆域界线及面积，具体见表3。

表3　　　　　　　民国麻栗坡对汛辖区表

区域	今地	面积
麻栗坡第一区	麻栗坡县麻栗坡镇	约550平方公里
茅坪第二区	马关县都龙镇茅坪乡	约275平方公里
玉皇阁第三区	马关县与麻栗坡县交界的南捞乡地区	约262.5平方公里
天保第四区	麻栗坡县天保乡、猛峒乡	约250平方公里
攀枝花第五区	麻栗坡县下金厂、八布、六河、杨万乡	约525平方公里
董干第六区	麻栗坡县董干镇、铁厂乡、马街乡	约1012.5平方公里
田蓬第七区	富宁县田蓬镇、木央镇、里达镇、新华镇、板仑乡	不详

资料来源：1.《民国新编麻栗坡特别区地志资料》，《中国地方志集成》影印民国36年钞本，凤凰出版社2009年版，第185—207页。

2.《云南省各县区域全图》，民国22年四月铅印本。

需要说明的是：首先，表3中的面积是以原书记载中的平方里换算得来，以此计麻栗坡对汛辖区面积逾3000平方公里。其次，今地对照是按原记方位，参照《云南省各县区域全图》，对比今县级行政区划图推出的范围，大致相当于今麻栗坡全县及马关县东部、富宁县西部部分地区。至此，麻栗坡特别区内一切教育、团务、建设、司

---

[1]《民国新编麻栗坡特别区地志资料》，《中国地方志集成》影印民国36年钞本，凤凰出版社2009年版，第165页。

[2]《民国新编麻栗坡特别区地志资料》，《中国地方志集成》影印民国36年钞本，凤凰出版社2009年版，第134页。

法、行政均归汛区直接治理,与马关、广南、西畴三县有关系的,仅有粮赋,于是麻栗坡对汛督办特别区在行政上可以独立自主地处理本区事务,与周边三县再无统辖关系,具备了过渡县级政区的特点。

民国7年(1918年),省政府批准麻栗坡作为特别区,次年开始统计区内人口,"麻栗坡对汛督办有17194户,其中男丁40226口,女口35959,丁口合计76185"①。而民国13年(1924年)云南省户口统计,未见有河口、麻栗坡对汛督办记载,理由是"麻栗坡特别区已奉命令由原管制马关县查报"②,民国21年(1932年)省户口统计亦未有相关记载,原因是此期间河口、麻栗坡对汛督办区与周边各县政府划界上存在管辖上分歧,省政府正进行相关调解工作,在区域未划定的前提下,政府是不会进行户口调查的。

民国27年(1938年),省政府划定了河口、麻栗坡对汛督办区的管辖区域,先后进行了三次户口调查,具体见表4—表6。

表4　　　　民国27年河口、麻栗坡户口等统计表

属别	区	乡	镇	保数	甲数	户数	人口数	
							男	女
河口县	5	19	5	80	694	7357	16233	15347
麻栗坡	7	39	2	212	1865	22585	63488	62006

资料来源:《续云南通志长编》卷38《民政三·户政四》,1986年,第134页。

表5　　　　民国28年河口、麻栗坡户口等统计表

属别	乡镇数	保数	甲数	户数		合计口数		本国口数		壮丁数	
				合计	本国	男	女	男	女	甲级	乙级
河口对汛督办	13	86	720	7627	7627	15843	15214	15843	15214	1960	2495
麻栗坡对汛督办	21	205	1935	23002	23002	61941	62597	61941	62597	17801	7528

资料来源:《续云南通志长编》卷38《民政三·户政四》,1986年,第143页。

---

① 《续云南通志长编》卷38《民政三·户政四》,未刊行油印本,1986年,第116页。
② 《续云南通志长编》卷38《民政三·户政四》,未刊行油印本,1986年,第121页。

表 6　　　　　　　　民国 32 年河口、麻栗坡户口等统计表

属别	乡镇数	保数	甲数	户数			合计口数		本国口数		外国口数		壮丁数	
				合计	本国	外国	男	女	男	女	男	女	甲级	乙级
河口督办公署	9	78	603	6571	6545	26	14515	15159	14471	15105	47	54	1968	2500
麻栗坡督办公署	19	165	22685	22647	22644	3	61165	61514	61154	61504	11	10	11388	6237

资料来源：《续云南通志长编》卷 38《民政三·户政四》，1986 年，第 152 页。

此外，民国 32 年（1943 年）成立云南省民政厅边疆行政设计委员会，还对全省少数民族人口进行调查，编印成《云南全省边民分布册》，河口对汛区少数民族 24.948 万人，共 15 种，占全县人口的 81.25%，分别为瑶人、窝伲、沙人、侬人、苗人、奭人、仆喇、普儿、倮倮、苦聪、土僚、劳乌、母鸡、喇鸡、倮蔑；麻栗坡对汛区有少数民族 63.054 万人，共 8 种，占全县人口的 51.85%，分别为苗人、侬人、倮倮、土僚、瑶人、沙人、奭人、喇鸡。①

综上所述，河口、麻栗坡对汛督办特别区具有所管辖区域的范围，可以对本辖区内人口进行统计，与云南省其他县一起纳入户口统计，掌握了辖区内户籍和赋税管理权，说明河口、麻栗坡已不再是一个国防与外交机构，虽仍以"特别区"命名，但已具备行政区划各要素。民国以后，云南省政府派出划界专员，划定河口、麻栗坡对汛督办的行政管辖区域，明确了辖区边界，随后对汛督办署将辖区内人口进行调查与统计，对本区进行人口管理与赋税征收，实现了"掌土"与"治民"职能。因此，可以认为河口、麻栗坡对汛督办特别区已演变为县级地方行政区划。

---

① 杨履中：《云南全省边民分布册》，张黎波整理，载林文勋主编《民国时期云南边疆开发方案汇编》，云南人民出版社 2013 年版，第 185—186 页。

第五章 清代滇东南边疆形势的演变与军事防御体系的边疆管控

滇东南地区与越南接壤,地处国防前沿,自顺治十六年(1659年)清军进入云南改流设府以来,安南无时无刻不在觊觎、侵扰与蚕食中国领土,雍正年间与安南发生了一次大的边界纷争,乾隆时期由于安南国内发生内讧,导致众多难民逃亡中国避难。此外,滇东南还是众多少数民族的聚居区,由于喀斯特地貌的原因,呈散杂居分布,政府经常疏于管理。因此,军事管控就显得尤为必要。

第一节 清代滇东南边疆形势的演变

一 清初滇东南边疆态势

滇东南地区接壤越南,地处国防前沿,地形复杂,重峦叠嶂,河谷深切,交通不便,且瘴疠横行,生态环境恶劣。开化府"边陲万山丛箐,僻地险区"①,广南府则"崇崖巨壑,峻阪深林……一夫当关,千人莫入……两粤冲途,交彝要障"②。此外,该地区为少数民族世居地,开化府少数民族有"侬人、僰子、花土僚、白土僚、黑土僚、旱摆夷、水摆夷、白倮罗、黑倮罗、聂素、沙人、黑母鸡、白母鸡、黑仆拉、白仆拉、马喇、瑶人、花仆拉、阿成、窝泥、阿戛、阿者、

---

① 康熙《云南通志》卷5《疆域·形势》,《中国地方志集成》影印康熙三十年刻本,凤凰出版社2009年版,第145页。
② 康熙《云南通志》卷5《疆域·形势》,《中国地方志集成》影印康熙三十年刻本,凤凰出版社2009年版,第145页。

阿系、阿岌、普岔、喇鸡、喇乌、孟乌、普剽、普马、普列、腊欲、腊兔、舍乌、山车、阿倮、腊歌"①，而广南府少数民族"种类尚多"，有"侬人、沙人、花土僚、白土僚、黑沙人、白沙人、白倮罗、黑倮罗、黑仆喇、白仆拉、花仆喇、瑶人、僰夷、僰人"②。至民国时期，汉人也只占少数。少数民族受汉文化影响较小，更多沿袭自身的文化与习俗，大多为土司所控制。顺治十六年，清政府虽在该地区改土归流，但土司势力过大，国家行政权力难以深入偏远基层地区。

　　清代边疆民族地区行政管理力量薄弱，一方面，不利于国家领土的保护，清初"惟设开化府后，安南仍以入侵我国之意图，而与清廷争议，引起界务交涉，长期未决"③，作为清朝藩属国的安南就领土问题与清朝不断产生纷争。另一方面，大量流民滋扰边境地区，是滇东南地区不安稳因素之一，而地方官疏于管控，匪徒猖獗。雍正元年（1723年），开化镇总兵阎光炜"擅给虚役张贵生牌票，纵拿客民，致死人命"④。雍正八年（1730年），有"黄玘平（又名陈茅山）、蒋先生（蒋世臣）、赵大哥（即赵起龙）、黄国雄、罗老四等要犯供出，黄玘兆、盘王（又称莫王）、黄卜昌、黄阿、何斗冲、陈养等居住云南土富州练村地方，跟随土富州官妹沈氏并往来"⑤，在盘王岩峒外散布伪札，后清廷抓获富州党羽农父粟、农父有、农父袍，系盘王党羽，曾受札付等物。

　　总之，复杂的地理环境、恶劣的生态环境及散杂居的少数民族，使得清政府的行政成本增加，严重阻碍了滇东南边疆民族地区的设官建置，行政态势愈加严峻。

---

　　① 道光《开化府志》卷9《风俗·种人》，娄自昌、李君明点注，兰州大学出版社2004年版，第244—248页。

　　② 道光《广南府志》卷2《风俗·种人》，杨磊等点校，兰州大学出版社2004年版，第74—76页。

　　③ 方国瑜：《云南史料目录概说》（中册），中华书局1984年版，第518页。

　　④ （清）高其倬：《奏报滇省营伍情形折》，雍正元年十月二十六日，《宫中档雍正朝奏折》（第1辑），"国立"故宫博物院1977年影印本，第900—901页。

　　⑤ （清）鄂尔泰：《奏报拿获土富州各要犯及讯供缘由折》，雍正八年七月二十四日，《雍正朝汉文朱批奏折汇编》（第18册），江苏古籍出版社1990年版，第1047页。

二 雍正中越界务之争及勘界

北宋元丰七年（1084 年）以后，中越陆路边界的传统习惯线已经形成，双方边界大致走向为：自今越南奠边府西北一带起，往东折经伦州、琼崖一带，后依莱州省东界向北抵龙膊河岸附近，再向东以黑河（斋河）为界，该河流域北部大部分属中国。宋代中越陆路边界大致穿越今广西钦州、凭祥、靖西，云南富宁和越南河江、宣光、老街、莱州。元朝时期曾发生安南陈朝侵略中国和元入侵越南的边境事件，但是边界走向与领土归属相比宋代并无大的变化。明朝继承了宋元以来的中国领土，中越边界并无大的变化。①

康熙三十年（1691 年），安南使者阮名儒等在岁贡时奏称："云南开化土司侵占保乐州百的、美丰、栗廪、有巢、玉玺等社村，渭川州东蒙、无咎、牛羊、蝴蝶、普园各峒社，兴化水尾州甘棠、香山、山腰、呈烂、花贯等峒二十八村。"② 康熙三十六年（1697 年），安南国王黎维正向康熙帝进言："臣国牛羊、蝴蝶、普园等三处为邻介土司侵占，请敕地方官给还。"③ 后云南巡抚石文晟呈见康熙帝，问其安南边境事宜，奏称：

> 牛羊、蝴蝶、普园等三处明时内属，自我朝开辟云南即在蒙自县征粮。至康熙五年，改归开化府属，已三十余年，并非安南之地。伊轻听妄言，擅行具奏，而又遣兵到边。是时，臣同督臣仰体皇上柔远至意，令防守人等不得轻动。臣思此地久入版图，且在内境，断不宜给还。④

康熙帝认为"安南国王黎维正不察本末，轻听妄言，遽遣兵于边

---

① 孙宏年：《清代中越关系研究（1644—1885）》，黑龙江教育出版社 2014 年版，第 198—199 页。
② 《钦定越史通鉴纲目》卷 34，转引自孙宏年《清代中越关系研究（1644—1885）》，黑龙江教育出版社 2014 年版，第 203 页。
③ 《清圣祖实录》卷 186，康熙三十六年十一月甲午。
④ 《清史稿》卷 276《石琳兄子文晟》，中华书局 1977 年标点本，第 10069 页。

第五章 清代滇东南边疆形势的演变与军事防御体系的边疆管控 / 135

疆驻扎生事妄行，应行文申饬"①。事实上，安南先于康熙二十二年（1683年）侵占了开化府属南狼（今麻栗坡县南温河乡一带）、芹菜塘（今马关县都龙镇芹菜塘）等地，随后又向清朝提出领土要求，企图进一步侵占牛羊（今西畴县南部老街）、蝴蝶（今西畴县东北部，属鸡街村）、普园（今麻栗坡县东北），遭到清政府的拒绝。② 为遏制安南对边境滋扰，石文晟上疏请求在开化地区"选择廉能素著，熟悉风土者"③调补官员控御。此次边界纠纷后，清廷在开化府边界增强兵员，但安南并未放弃无理要求，反加紧蚕食开化府边界大赌咒河以北中国领土，致雍正初年更大一轮的争端又起。

雍正二年（1724年）底，有矿民在凯华府逢春里开采都竜铜矿并清查地界时，发现有六寨被安南占去，随后云南总督高其倬派新任开化镇总兵冯允中亲往踏勘。查明缘由后，向雍正帝奏明：

> 云南开化府与交趾都竜厂接壤，向日交界以赌咒河为界，系一大河，后因其地旷远，多有劫杀之案，又适值交趾之贼攻劫各寨，总兵、知府既畏处分，又惮救援之劳，遂将塘汛移入内界，称此外系交趾地方，另指一小河强名为赌咒河。其实弃去疆境一百余里，内有六寨，人户田粮俱归交趾，迄今四十余年。历来知而不言者，因都竜厂广产银铜，内地及外彝俱往打矿，货物易销，贸易者亦多。总兵设汛稽查，暗抽私利，恐说出旧界，则一经清查，此弊亦露。近经客民开铜山，呈出旧界，藩司李卫详报前来。臣以铜矿事小，疆境事大，委员确查，总兵阎光炜尚阻挠隐蔽，后经查出六寨旧纳粮额，及塘房旧址。臣随移咨安南国王，准其咨覆，尚支吾牵赖。目今臣又将详细情节再行移知，俟其覆定，详行具奏请旨。至内地人民出口之处，查新总兵冯允中人明白，实心办事。臣令就近详查情形，或应概行禁绝，或竟立一关，止禁硝磺铅铁等物，不禁货物，抽其课税以资军饷，何者

---

① 《清圣祖实录》卷186，康熙三十六年十一月甲午。
② 李国强：《中越陆路边界源流述略》，《中国边疆史地研究导报》1989年第1期。
③ 《清圣祖实录》卷188，康熙三十七年六月乙巳。

为宜,详细查报。①

从奏折中可以看出,因开采都竜铜矿,查出安南侵占中国领土达一百余里,并有六寨纳粮额及汛塘旧址为证。此次与安南界务之争的起因有二:一则是边界时常发生贼乱,而总兵、知府畏惧怕事,不敢承担责任,因此私自将界址内移;二则由于都竜厂产矿,将矿厂划出界外,矿民来往开矿,总兵可以暗中抽取私利。高其倬以国家疆界为重,据理力争,详查上奏。但是雍正帝对该奏折仅批复:"全在尔悉心,斟酌行之。"对国家领土的丢失并没有重视,因此就导致了随后的界务之争。

界务之争发生后,开化镇总兵阎光炜因渎职被革,高其倬命新任总兵冯允中会同安南使臣郑镜,共同前往边界勘察情况,命兵弁严把边隘,"勿容阑入无故,切勿辄纵兵威",又密会临元镇及广罗协、广南营随时策应。② 雍正三年(1725年)正月,冯允中勘毕后,高其倬向清廷报告:

  内地旧界,亲身踏量,至都竜厂之对过铅厂山下一百二十九里,又查出南狼、猛康、南丁等三十四寨,亦皆系内地之寨,被交阯占去不止马都戛等六寨。据《开化府志》及土人之言,皆以此铅厂山下即系旧界,内一小溪即系赌咒河。但此溪甚小,不应与外国分界之处,指如此小溪,且谓之河,复细查《云南通志·图考》内刊载,开化南二百四十里至交阯赌咒河为界。因细问土人,过都竜铅厂一百余里有一大河,今交阯呼为安边河,以道里计之,正合二百四十里,此方是赌咒河,以此分界方始符合等语。臣又再四反复细查《通志》开载,开化府南二百四十里至交阯赌咒河,则安边河为赌咒河无疑。然一百二十里之境人何以皆知,二百四十里之境人何以不知?盖缘

---

  ① (清)高其倬:《奏明与交阯疆界不清折》,雍正二年十一月十六日,《宫中档雍正朝奏折》(第3辑),"国立"故宫博物院1978年影印本,第478—479页。
  ② (清)高其倬:《奏陈交阯遣陪臣查界折》,雍正二年十二月二十二日,《宫中档雍正朝奏折》(第3辑),"国立"故宫博物院1978年影印本,第651—652页。

第五章　清代滇东南边疆形势的演变与军事防御体系的边疆管控　/　137

此一百二十里失去四十余年，年老之人皆能记忆。二百四十里之界不知失于明季何时，事久年淹，故土人无能知之者。臣前查时，亦止知有一百二十里一层，不知有二百四十里一层，实是臣疏漏之罪。若以旧界，应将二百四十里之境彻底取回，交阯之都竜、南丹二厂皆在此内。交阯久倚此二厂以为大利，必支吾抗拒，且必谓臣等图其矿利，故捏陈奏。但臣叨任封疆，朝廷境土，臣以尺寸为重。①

据此，高其倬令冯允中再次踏勘查量后，发现安南侵占中国领土不止一百二十里，又查出了南狼、猛康、南丁等三十四寨都被安南侵占。高其倬发觉事态严重，因此细查《云南通志》及《开化府志》得知，开化府南二百四十里才是与安南旧界。据康熙《云南通志》记载："开化府……南至交趾赌咒河界二百四十里。"② 又细问当地人得知，过都竜厂一百余里有一大河，以道里计算正好二百四十里，安南称其为安边河，实际应为赌咒河，安南已侵占一百二十余里地有四十余年。高其倬据实上报，要求力争收回丢失于明季的二百四十里地，但是雍正帝不以为然：

治天下之道，以分疆与柔远较，则柔远为尤重；而柔远之道，以畏威与怀德较，则怀德为尤重。据奏都竜、南丹等处在明季已久为安南国所有，非伊敢侵占于我朝时也。安南国我朝累世恭顺，深为可嘉，方当奖励，何必与争明季久失之区区弹丸之地乎？且其地如果有利，则天朝岂与小邦争利？如无利，则何必争矣？朕居心惟以至公至正，视中外皆吾赤子，况两地接壤，最宜善处，以安静怀集之，非徒安彼民，亦所以安吾民也。即以小溪为界，其何伤乎？贪利幸功之举，皆不可，汝知

---

① （清）高其倬：《奏报交趾旧界详细情节折》，雍正三年正月二十六日，《宫中档雍正朝奏折》（第3辑），"国立"故宫博物院1978年影印本，第771—772页。
② 康熙《云南通志》卷5《疆域》，《中国地方志集成》影印康熙三十年刻本，凤凰出版社2009年版，第140页。

朕此意，斟酌为之。①

此上谕得知，雍正帝前告诫高其倬要"斟酌行之"，实际是要放弃安南在明代侵占的中国领土。雍正帝视中外皆赤子，以天朝大国自居，认为安南国累世恭顺，对藩属国强调"柔远"重于"分疆"，"怀德"重于"畏威"，如果与安南国争夺"区区弹丸之地"所属利益，则有损清朝体面，因此主张放弃。

而高其倬仍希望尽力收回所失领土，又上奏折请求明查："自铅厂山下小溪以内土田有粮额可凭，疆界有塘基可据。失去仅四十余年，彼处之人知之者多，应以小溪为界。臣仍移咨安南国王，亦委员会同查清之后，明白立界。"②可以看出，高其倬仍坚持主张收回旧界，但接雍正奉谕，无奈只能"以小溪为界"。但高其倬仍寄希望会同安南进一步勘界。对此雍正仍批复："斟酌而行。"针对高其倬的一意孤行，雍正随即密谕高其倬，表达其真实用意：

安南立界一事，朕前已批示矣。今该王亦行陈奏，尔当细心斟酌，毋垂朕怀远之心，毋长伊逞忮之渐。用恩必使其知感，出言必使其服神，斯为最要。冯允中汉仗好但不解事，既有此不慕之景与边境无益，朕已易南天祥矣。尔当语南天祥俾知朕意。开化文员若须解事而安静者，或不称此任者，尔酌量调移奏来。但此事即当展界，亦须向彼国请明奏闻，得旨后奉行方是。而冯允中即便立碑定界，占寨毁舍造营房，甚属孟浪。即前谕尔准四十里之界，尔亦当相机料理，不可生事。再此事前后所以然之故，尔悉一一明白。③

可见，雍正帝出于稳固政权的考虑，希望避免多生事端，尽快结

---

① （清）高其倬：《奏报交趾旧界详细情节折》，雍正三年正月二十六日，《宫中档雍正朝奏折》（第3辑），"国立"故宫博物院1978年影印本，第771—772页。
② （清）高其倬：《奏报遵谕办理交阯疆界折》，雍正三年五月初六日，《宫中档雍正朝奏折》（第4辑），"国立"故宫博物院1978年影印本，第281页。
③ 《宫中档雍正朝奏折》（第4辑），"国立"故宫博物院1978年影印本，第286页。

第五章 清代滇东南边疆形势的演变与军事防御体系的边疆管控 / 139

束与安南国的界务之争,主张将铅厂山下四十里之地赐予安南国,开化镇总兵冯允中也因没有遵从旨意而被雍正调职,甚至称其立碑定界行为是"甚属孟浪",命高其倬对开化所有文武官员传达旨意,若不遵从,准许高其倬将其革职。

雍正三年(1725年)五月二十五日,云南布政使李卫针对此次界务纠纷,认为守卫国家领土是封疆大吏职责所在,"普天率土之臣皆有守疆固围之责",同时奏称被安南国占去之逢春里居民"倾心向化","纷纷控诉,愿回天朝,仍为内地之百姓",赞扬冯允中在安南率兵于边境耀武扬威之时,弹压堵御要隘,并为其辩解称"非冯允中多事所致"。最后还痛斥安南国侵占清朝国家领土的行为,冒着被处分革职的危险一再请求差员会勘各清界址。① 但雍正批复道:"皆非一言可取。"

二十六日,高其倬彻底清查了界务之争的来龙去脉。首先,查清了开化府与安南的界线:

> 查开化与安南之界,一总共有三层。其最近内之一层离开化府一百二十里,以马伯汛为界,乃久定制内地,历来安塘设汛,此界毋庸置议。其最近外之一层,自铅厂山小河以外至安边河,即大赌咒河,安南之南丹、都竜二厂皆包在内,此即《通志·图考》所载:自开化府南二百四十里至赌咒河与交趾界之旧境。经总兵冯允中查,臣前折所奏,失自明朝者即系此境,交人在都竜厂东面设守以为界限。臣前但将原系内地情由折奏,并未有一兵前往,并未遣一人过界。今经二次钦奉谕旨,念安南国王累世恭顺,此境失在明朝,令臣不必与争,圣鉴至明,臣已钦遵宣扬皇上天地之恩,咨明知会安南国王,此界亦无庸置议。惟有在马伯汛以外铅厂山小河以内之一层,共四十里,内有开化府逢春里之各寨,现今臣之所查奏及安南国王所疏请者皆系此地。②

---

① (清)李卫:《奏陈边地情形折》,雍正三年五月二十五日,《宫中档雍正朝奏折》(第4辑),"国立"故宫博物院1978年影印本,第383—385页。
② (清)高其倬:《奏陈与安南交界情形折》,雍正三年五月二十六日,《宫中档雍正朝奏折》(第4辑),"国立"故宫博物院1978年影印本,第415—416页。

由此可见，除去之前雍正帝以安南累世恭顺将铅厂山至大赌咒河之境将其赏赐外，又有马白汛至铅厂山下四十里之境被安南占去。那么这四十里之地又从何得来呢？高其倬查出，康熙年间开化府总兵高必胜"私开谋利"，准许商船通航，由于往来商船甚多，遂有三人被杀害于双眼井地方，高必胜畏惧怕事，遂暗地将塘汛内撤四十里，另在马白汛立界碑，称"此外与开化无涉"，开化府逢春里即被划为界外。至康熙二十一年（1682年）开化府边界有土目叛乱，总兵见而不救，都竜土目逢春里各寨"遂认彼粮"，但此时安南并未派兵设守，逢春里便成为"中外皆置之不内不外、若有若无之间"。直到李卫主理云南铜政期间，有矿民前往开矿，方才查出此四十里之地。高其倬坚持"仍以马伯汛为界"，力争收回此四十里地。但最终未被雍正帝采纳，反而将高其倬调任闽浙总督，不再让其督办此事，① 改由鄂尔泰接任。调任闽浙总督后，高其倬仍坚持上奏雍正帝请求新任督抚力争收回失地，称"臣职任封疆难容久弃外域。今虽调任闽浙，难容缄默，伏乞皇上谕令现任督臣界安南速行清还，则内外之境截然，边方永息纷竞之扰矣"②，体现作为封疆大吏寸土必争、守土有责的强烈责任感。

雍正四年（1726年），鄂尔泰任云贵总督接办边界事务。十一月，鄂尔泰命广南知府潘允敏前往开化府边界踏勘，安南亦遣土目武公宰等随同前往，勘出开化"至铅厂山溪流，仅得一百二十九里"，"其非古所谓赌咒河，彰彰明矣"，但由于"奉有谕旨，又窥铅厂山形势，两山高峙，中贯一溪，据险相守，中外截然，因议就近立界，不复深求"。不料安南竟"撤回人员"，"欲并铅厂山内地而悉踞之"。对此，鄂尔泰指出，安南乃"犬羊之性，畏威而不怀德，若不径行立界，以伏其心，并檄勒兵，以摄其胆，恐远人觊觎之萌"③。但雍正帝却准许以铅厂山下划界，鄂尔泰接圣谕后，又改称"安南国素本懦

---

① （清）高其倬：《奏报办理地方事务折》，雍正三年十二月初二日，《宫中档雍正朝奏折》（第5辑），"国立"故宫博物院1978年影印本，第444页。
② 《安南勘界案·高其倬折二》，《云南史料丛刊》（第8卷），云南大学出版社2001年版，第492—493页。
③ 《安南勘界案·鄂尔泰折一》，《云南史料丛刊》（第8卷），云南大学出版社2001年版，第495页。

弱，向无违抗。缘前藩臣李卫，以清查矿厂为辞，有失大体。遂被就轻。及前督臣高其倬行文，语意委婉，冀服其心，乃伊不信，以为绝非出自圣主意，遂致犹豫，以成违抗"①。

随后，安南国王致柬鄂尔泰称，潘允敏勘界时"意在曲护，援以一二依人，飘零佣赁，踪迹浮萍，而指为内地土户。又漫引钞本志书无凭汛地，妄自详称以为铅厂山立界乃为至当"。接到此柬后，就连心怀柔德的雍正帝也大感震惊，称："不通欠理，朕未料其如此痴迷。"② 于是命"速于铅厂山下立界设关，不许少施凌辱，不许随带兵丁，使彼得托词借口。而规模务须壮丽，以属观瞻。工程务须坚固，以垂久远"③。而鄂尔泰也强烈谴责安南谬论，称"独不思今之志书，古之典籍也。古之诸侯所恃以守其封疆者，厥惟典籍。今之大臣所恃以守其封疆者，厥有志书"④。八月初一，潘允敏奉命在铅厂山下建关立界，认为应在此地以重兵驻扎：

> 交阯分界建关一案：据开化镇总兵官南天祥呈，称承准照会亲往查勘，除久定之汛毋庸更易外，立碑分界处共有九寨，悉皆层崖峭壁，密菁深林，宵小最易潜藏，非增兵不能弹压。
>
> 应于本标三营内公拨官兵一百名，派出守备一员轮流统帅驻扎铅厂河新立关内，其马街旧设把总一员，在汛兵丁一百名，乃左营汛辖。今边界既展至铅厂河，则马街又属于内地，应将原设马街汛弁兵移驻马鞍山，与铅厂河互相掎角，联络声援，俾得建威消萌。⑤

---

① 《安南勘界案·鄂尔泰折二》，《云南史料丛刊》（第8卷），云南大学出版社2001年版，第497页。
② 《安南国来柬》，《云南史料丛刊》（第8卷），云南大学出版社2001年版，第499页。
③ 《安南勘界案·鄂尔泰折三》，《云南史料丛刊》（第8卷），云南大学出版社2001年版，第497—498页。
④ 《鄂尔泰咨复安南国》，《云南史料丛刊》（第8卷），云南大学出版社2001年版，第499页。
⑤ （清）鄂尔泰：《奏请改卫为县添设官兵等五事折》，雍正五年三月十二日，《雍正朝汉文朱批奏折汇编》（第9册），江苏古籍出版社1989年版，第234页。

立界后，针对赐予安南的土地，其国王"不知感激，又复具本，从广东、云南二省总督处求为题达"①。当鄂尔泰将雍正谕旨送达边关时，安南土目黄文绥竟"不郎恭迎"，称其国王"修岘大路，然后迎接"。针对安南有失礼仪的行为，云南提督郝玉麟认为应当"兴师问罪"，随后会同鄂尔泰会商筹划对安南用兵，拟定了具体进攻路线，命开化镇总兵南天祥"整备兵马，不时探听动静，察其虚实"②，并"点验器械，一应战攻之具预备整齐"，随时准备出兵安南，而雍正帝的意见是"少生事端"。③

讨伐安南问题，清廷上下各抒己见，总体以支持者多。广西巡抚韩良辅、广西提督田畯及两广总督孔毓珣均赞同对安南用兵以惩戒其不恭顺④，而广州将军兼广东巡抚石礼哈则反对用兵安南，认为"若喻以大义，该国王必翻然改悔，料不致有布檄兴师之事，唯是兵可备而不用，不可用而不备"⑤。对此，雍正帝的态度是反对出兵讨伐安南。

雍正五年（1727年）十一月十一日，鄂尔泰接谕旨，称："朕意亦当隐忍，再加详悉开导，伊若必执迷恋此尺寸疆土，况原系伊国数百年盘踞之地，论礼论情皆不应为之事，便将此数十里地界赐他，毫无损于国体，更表朕之仁政也。朕意定此。"鄂尔泰见状，也只能尊重旨意，便称"此事原发端在我，始于李卫、冯允中之孟浪，成于高其倬之听从，以致该国王语言无状，势难中止"。同日，安南以外郎

---

① 《清世宗实录》卷56，雍正五年四月壬子。
② （清）郝玉麟：《密陈安南私侵天朝疆土事宜折》，雍正五年八月初十日，《雍正朝汉文朱批奏折汇编》（第10册），江苏古籍出版社1989年版，第345—347页。
③ （清）郝玉麟：《奏报勘明与安南边界情形折》，雍正五年九月十六日，《雍正朝汉文朱批奏折汇编》（第10册），江苏古籍出版社1989年版，第648—649页。
④ （清）韩良辅：《奏报预筹合剿安南事宜折》，雍正五年九月二十二日，《雍正朝汉文朱批奏折汇编》（第10册），江苏古籍出版社1989年版，第701—703页；（清）田畯：《奏请率兵会剿安南折》，雍正五年九月二十五日，《雍正朝汉文朱批奏折汇编》（第10册），江苏古籍出版社1989年版，第725—726页；（清）孔毓珣：《奏拟挑选精锐兵弁督进剿安南折》，雍正五年九月二十九日，《雍正朝汉文朱批奏折汇编》（第10册），江苏古籍出版社1989年版，第750—751页。
⑤ （清）石礼哈：《奏陈不宜用兵安南折》，雍正五年十一月初六日，《雍正朝汉文朱批奏折汇编》（第10册），江苏古籍出版社1989年版，第907页。

第五章 清代滇东南边疆形势的演变与军事防御体系的边疆管控 / 143

土目六十余人、土兵三百余名前来迎旨,行三跪九叩之礼,"山呼万岁,鼓乐彩旌"①,并奏呈雍正帝陈谢表文:

> 窃臣国渭川州与云南开化府接壤,原以赌咒河为界,即马伯汛下之小河,臣国边目世遵守土,臣罔知侵占内地为何等事,且未奉诏书,是以备因陈奏。旋奉敕谕,令撤回斜路村等处人员,别议立界之地,仰蒙慈照,欣幸无涯。今复奉敕谕定于铅厂山小河立界,谕臣勿恃优待之恩怀无厌之望,自干国典,臣跽尺天威,弥深木谷。目今铅厂山经广南知府先已设关门、筑房屋、立界碑,臣国边目、土目遵臣严饬,帖然无言。臣竭诚累世,向化圣朝,蒙圣祖仁皇帝柔怀六十余年,今恭逢皇帝陛下新膺景命,如日方升,且薄海敷天莫非臣土,此四十里地臣何敢介意、有所觖望也?兹荷纶音晓谕诚切,臣感戴圣恩欣跃欢忭,惟愿万方拱命,圣寿无疆,圣朝千万年太平,臣国千万年奉贡。②

雍正帝得知安南不再有无理要求,也终于安心,"朕为慰悦,观此光景,钦差以可不必遣也"③,此时钦差御史杭奕禄、内阁大学士任兰枝已到达了昆明,于是鄂尔泰只能与其等候谕旨。

但是,表文中称"渭川州与云南开化府接壤,原以赌咒河为界,即马伯汛下之小河",事实上是安南国有意混淆是非,以小赌咒河妄指大赌咒河,否认侵占中国领土的事实。雍正帝竟还认为其"词意虔恭"。次年二月初十日,鄂尔泰雍正帝谕旨,称安南为天朝藩臣,藩属国的土地"皆朕土地","在滇在安南皆属一体",还命鄂尔泰修改志书,将钱粮册籍等删除。雍正帝认为这样安南国才能"生生世世感戴天下",且"后世亦传为美事矣"。④雍正帝以天朝大国自居,认为

---

① (清)鄂尔泰:《奏报安南国王差弁迎请敕谕情形折》,雍正五年十一月十一日,《雍正朝汉文朱批奏折汇编》(第11册),江苏古籍出版社1990年版,第22—24页。
② 《清世宗实录》卷65,雍正六年正月己卯。
③ (清)鄂尔泰:《奏遵旨酌议安南事宜折》,雍正五年十二月十三日,《雍正朝汉文朱批奏折汇编》(第11册),江苏古籍出版社1990年版,第238页。
④ (清)鄂尔泰:《奏覆安南事宜折》,雍正六年二月初十日,《雍正朝汉文朱批奏折汇编》(第11册),江苏古籍出版社1990年版,第655页。

普天之下莫非王土，藩属国的土地也是天朝的土地。鄂尔泰接旨后提出异议，称安南并不像余之藩属国如此恭顺，"诸外国皆居海外而安南国独居海内。诸外国如琉球、高丽等皆累代相承，子孙世守，而安南国屡行劫夺，曾不数世，故贪顽性成、狡猾习惯，示以恩泽逞心，慑以威则伏胆。今明侵占内境，妄意年远难稽，一奉诘问反据为外地，自称屈抑，至敢妄诞放肆，并谓天朝之志书皆不足凭，试思云南现有志书犹不足凭，该国所据以为凭者曾有何事？虽屡柬申诉，并不能明辨一语，则其情伪可知。况既已设关立界，附近小国谁不闻知？今忽见四十里之地仍复还给，是既设之光尚且可退，其并无关隘之处，又谁能理论？"① 鄂尔泰身为封疆大吏，明晰到这一弊端，预言数十年后必然会引起纷争。

雍正六年（1728年）三月二十一日，杭奕禄、任兰枝一行携圣谕，自昆明启程，由广南府至广西百色，一路抵达广西思明府南陵关界，前往安南国。② 至此，清朝与安南的界务之争告终。结果是：安南共侵夺滇东南领土一百二十里，其中八十里于明朝丢失，后四十里地自康熙二十一年（1682年）起因边方辽远而无复争论。通过此次界务之争，看出雍正帝以天朝大国自居，认为普天之下莫非王土，四十里之土地于内于外毫无区别，在内为云南之地，在外仍为"朕之外藩"。此外，赌咒河内居民皆系内地民人，"河内诸寨，其地系开化土目招徕开垦之地，其民皆天朝剃头辫发窄袖之民"③，划界使得将原本属内地之民被强行划予安南管辖，让边民成为了流民，不仅为边疆安全带来了隐患，而且为晚清中法战争后，中法勘界埋下了祸根。

三 安南对滇东南边疆地区国土的觊觎与蚕食

17世纪中后期，中越陆路边境变乱频生，各种抗清力量与清廷

---

① （清）鄂尔泰：《奏覆安南事宜折》，雍正六年二月初十日，《雍正朝汉文朱批奏折汇编》（第11册），江苏古籍出版社1990年版，第656页。
② （清）鄂尔泰：《奏报钦差杭奕禄等自滇起程前往安南日期折》，雍正六年三月二十八日，《雍正朝汉文朱批奏折汇编》（第12册），江苏古籍出版社1990年版，第88页。
③ 《移交委定界出具受地文结文》，《开化府志》卷3《山川·附录》，兰州大学出版社2004年版，第51页。

第五章　清代滇东南边疆形势的演变与军事防御体系的边疆管控　　145

有长达20年的斗争，随后又发生了"三藩之乱"（1673—1681年）。同期越南国内也不太平，其境内有高平莫氏、安平武氏等多种割据势力并存，而安南黎朝（郑氏控制）与各种势力进行着统一与反兼并的斗争。安南国内动荡的政治局势让黎朝贵族及平民逃入云南避难。由于僻处边境，清廷和云南地方官几乎一无所知，但却得到了当地土司的同情与支持。康熙二十八年（1689年），安南通过蒙自土司李世屏向云贵总督报告武公俊等在云南避难，随后清廷派兵将其遣送安南，边境暂时得以安宁。①

　　乾隆四年（1739年）至五十年（1785年），安南黎朝统治下的北圻地区，社会矛盾尖锐，农民起义此起彼伏。此外，莫氏、武氏等割据势力及对郑氏擅权不满的黎朝宗室、官员也趁机举义，他们在边境地区大量招募流民，拉拢土司势力，战争常波及边境，致滇、桂边防频告急，滇境地区又以开化、广南二府毗连安南而尤甚。乾隆四年，有"自称都铜交江王"②安南人等在边境散播流言，并先后攻占了干塘、小都竜等处，引起当地人民恐慌。矣长是生活在中越边境地区的一名壮族青年，其部众多来自都竜和广南府，常游荡在中越之间，从事小型贸易活动。云贵总督庆复知晓后，诏安南国王，请求出兵镇压，并派兵加强边防堵御，而乾隆帝则思"安南为我朝外藩，素常恭顺，与内地无异……务必有以服安南国王之心，而不失统御外藩之大体"③，因此称"彼若有求兵之请，断不可骤然发兵"④。后来矣长接受了清朝招抚，领其头目、仆从等30人投诚，⑤但余部仍活跃在都竜一带。后安南两次回文，以请求领凶为由，"肆诸市朝，以来惩艾"⑥，庆复也送交安南国王自行发落。但乾隆帝认为这样"殊未妥

---

　①　孙宏年：《清代中越关系研究（1644—1885）》，黑龙江教育出版社2014年版，第263页。
　②　《清高宗实录》卷93，乾隆四年五月乙亥。
　③　《清高宗实录》卷97，乾隆四年七月庚午。
　④　《清高宗实录》卷93，乾隆四年五月乙亥。
　⑤　颜洁：《清朝乾隆年间中越边境沙人事件——少数民族支系研究之二》，《东南亚纵横》2010年第12期。
　⑥　《清高宗实录》卷118，乾隆五年六月庚辰。

协"，"若仍送至彼国，势必尽诛"。① 可以看出，乾隆帝遵循了雍正帝理念，认为安南是清朝藩属国，清朝自应体现作为宗主国的大度，"安南之叛人，即中国之匪类，于彼于此，何容区分"，应以天朝律例处理矣长等贼党，"与该国自行究治无异，无庸复行解送"②。最终，安南同意将矣长等余党交清朝代为惩办，将矣长等安南人发配至广东、四川等烟瘴地方，并交地方官严加约束家口财产，余或发回原籍安插，或发云南有提镇驻扎之府，分交地方文武各官管束。③

　　自滇东南边境变乱后，清政府加强了军事防御。首先，禁止黑铅出口。黑铅为制备铅弹所用，是国家重要的战略资源。煎炼银矿通常需加入一定量的黑铅才能保证炼银质量，而都竜是云南产银量较大的矿厂之一，马白关是滇东南通向越南的重要关口，因而成为非法走私的主要源头。乾隆七年（1742年），云南巡抚张允随提请禁止黑铅由马白关出口："该厂五方杂处，奸宄潜藏。现在交地未宁，若黑铅出口，倘或不法之人擅置铅弹，保无滋事启衅情弊，事关军营火器，不便任听贩运出境"④，"所有马白税口不但商旅裹足，抑且严禁出入"⑤。禁止出口黑铅固然可有效地维护边境稳定，却对国家税收带来重大影响，因马白关直通安南，"全赖黑铅一项贩运出口，抽收税银以敷定额"。国家禁止黑铅出口后，"税课已多，抽收小贩杂税实难"，往来客商也逐渐减少，导致"无税可收"。⑥ 据户部统计，马白税口历年抽收银一千一百九十六两三钱四分零，而乾隆八年正月初四，却"仅抽收一百余两"⑦，足见商旅往来之少。由于事关国家税

---

① 《清高宗实录》卷103，乾隆四年十月甲午。
② 《清高宗实录》卷118，乾隆五年六月庚辰。
③ 《清高宗实录》卷147，乾隆六年七月壬午。
④ （清）张允随：《题为饬议开化府属马白税口禁止黑铅出口并商税定额事》，乾隆七年七月初四日，中国第一历史档案馆藏，档案号：02-01-04-13447-013。
⑤ （清）张允随：《题为开化府属马白地方现在不许客商出口税银无从征解应请停止抽收事》，乾隆八年九月三十日，中国第一历史档案馆藏，档案号：02-01-04-13576-007。
⑥ （清）讷亲：《题为遵旨查议云南省开化府属马白税口近今黑铅出口缺额税银豁除事》，乾隆五年四月初六日，中国第一历史档案馆藏，档案号：02-01-04-13252-012。
⑦ （清）徐本：《题为遵旨会议请准滇省开化府马白口额抽税银暂行停止事》，乾隆八年十二月初八日，中国第一历史档案馆藏，档案号：02-01-04-13576-014。

第五章 清代滇东南边疆形势的演变与军事防御体系的边疆管控 / 147

收,因此仅一年后,国家又允许地方政府收税。但贸易人数少,管理盘诘较严,使得征量难以敷足,"都竜厂民,渐次复业,请于撤回临广官兵之日为始,照旧于马白口收税。但贸易人少,课难足额。饬令该管同知,尽收尽解。至商旅往来,责成该同知严加盘诘,给牌验放"①。

其次,乾隆七年(1742年)三月,有猛发贼首矣扬,领众千余人,侵扰安边地方。贼兵四面开壕,支起挡木擂石,施放枪炮,安南兵弁不敢靠近,只能围守。而安边距离开化府仅数百里,境外有乱,开化府不得不防,于是总督张允随饬开化府沿边巡防备弁于各要隘处,"加谨巡防盘诘,勿致稍疏懈外"②。矣扬实为矣长之弟,冒称交王武氏子孙,煽惑无业游民,形同流寇。此番贼匪,就是矣长叛乱的余党。乾隆八年(1743年)八月十五日,余党矣扬、黎忠君等在安南扰乱,据开化府牛羊汛弁报称,"有沙匪多人掌旗鸣锣,过外域之普地、大箐"。随后开化镇总兵赛都加紧边界防守,一方面命游击赵国盛带兵驻扎马白关,守备郭文英增兵驻扎牛羊汛,令各隘防守员弁将时情据实上报;另一方面会同张允随,商请机宜,布置统候。张允随认为沿边地区兵力不足,若分拨堵御,恐致惊扰内地民人,于是檄调临元镇广罗协官兵,每处各三百名连夜赶往开化府。又令开化知府孙光祖亲自督饬练兵,协力防御,以同知姜之松驻马白隘口,稽查往来腰牌,文山知县朱兴燕负责安插难民。总之各方"协同堵御,声息相通,修严武备"③,基本稳定了边疆态势。尽管地方大臣如此严密控御边隘,但乾隆帝却认为"我边疆不宜预外围之事,用兵扫荡之事,殊属冒昧也"。

自交匪矣长作乱被擒后,其弟矣扬等匪党继续犯边作乱。总兵、知府、同知、知县各自为稳定边疆做出努力。雍正年间与安南界务之争后,都竜被划给安南,但当地事务仍由土目管理,但都竜土目翁贵畏惧

---

① 《清高宗实录》卷234,乾隆十年二月丁未。
② (清)张允随:《奏为开化广南边地查有贼氛已饬该文武严防事》,乾隆七年七月初五日,中国第一历史档案馆藏,档案号:04-01-01-0080-047。
③ (清)赛都:《奏为办理所属边界防务情形事》,乾隆八年八月初十日,中国第一历史档案馆藏,档案号:04-01-01-0095-043。

奔逃，致贼匪占领该地。总兵赛都出兵镇摄边界，贼匪胆怯而逃，都竜复为土目翁贵所治。赛都认为其"兵少无能"，应力保都竜不失。对待此事，乾隆帝发上谕称："开化地方接壤交阯，甚属紧要，他国中内乱三年，与中国无涉，来往之人固当稽查，即中国过去贸易之人，朕意亦当给与执照以便稽查，尔到云南见署总督张允随，问明白了再到任去。"① 同时又认为都竜乃外围之事，不宜用兵，实属昧也。

事实上，都竜矿藏丰富，"沙匪复攻都竜，大兵在界分布扬威，交人瞻状，以致屡攻未克"。乾隆八年（1743年）十月，安南大将阮培始亲领出战，虽未擒获贼首，却保都竜以观态势。但乾隆四年以来，交匪连续滋扰边境，虽经剿除，但仍"以致养痈遗患"。后开化镇总兵赛都探查到，安南遣将驻扎打罗，并"领兵欲进攻洪水、干塘、猛山一带"，由于洪水、干塘一带与滇境新现、老寨、八寨、坝洒各汛接壤，牡丹与内地者囊厂界相近，若安南兵员集中，恐致贼匪窜入境内。乾隆九年四月，安南阮金护带兵千余名进攻干塘，赛都当即调左营千总张永禧带兵一百名，至八寨汛大坝协，与汛把总朱鸣瑞分布严防，又调外委、把总王明、余正之带兵一百名赴新现，令左营游击张国用至新现，适中调遣分布。由于交匪屡剿不绝，至乾隆十年（1745年）三月，奉调剿匪的广罗协、临元镇官兵各三百名陆续自马白起程，先后回营。仅于开化镇存城额兵内，派拨二百五十一名，并招募服习水土之土著兵五十六名留守边隘。②

四 流民对边疆地区的滋扰及官方的处置

乾隆初年，越南北部边境战乱频繁，人民流离失所，难民为逃避兵燹之灾，逃至邻近中国州县避难。但由于安南国内连连内讧，清廷下令严守边隘。因此，安南难民无法以正规途径进入中国境内避难，只能偷越入境，造成大量安南流民集聚中越边境地区成为隐患。厂民，是前往开采矿产的民间手工业者或无业者，"厂之大者，其人以

---

① （清）赛都：《奏为遵旨办理所辖各处关隘防务事》，乾隆八年八月初十日，中国第一历史档案馆藏，档案号：04-01-01-0095-046。
② （清）张允随：《奏报撤回贴防开化官兵日期并安南夷匪及安南贡使各情形事》，乾隆十年五月二十七日，中国第一历史档案馆藏，档案号：04-01-01-0120-024。

数万计，小者以数千计。杂物竞逐，百物骈罗，意非有他，但未利耳，无城郭以城之，无版籍以记之。其来也，集于一方，其去也，散之四海"①，厂民来去无定，没有固定住所，经常聚众"各结为党，名曰拜把，歃血订盟，谓之烧香，弟兄逞强恃勇，不避死亡。别有其礼仪，非圣贤之礼仪也；别有其是非，非圣贤之是非也"②。其仪式绝非在儒家观念指导下，而是游离于正统之外的非法集会，地方政府无法对其户籍登记，给国家治理带来很大困难。

乾隆四年矣长等匪党攻打都竜时，该地厂民及难民奔窜至边界口避难。云贵总督庆复及时上报，乾隆帝念在安南"世守外藩，恪昭恭顺"，安南国难民，即同天朝赤子，因而令开化府官员在边界搭盖棚厂，妥善安置难民，"明立条约颁布、晓谕。分明夷汉稽查安插，不致流离失所"，以体现"圣主怀柔万方，中外一体之德意"。③ 乾隆八年（1743年），矣扬等余党又在安南北部起事，开化府又查获大量难民，均"酌给养赡"，待安南贼势稍戢后，给予"遣归复业"。④ 随着难民数量增多，引起清廷的重视。同年，清政府责令地方官员清查安南难民，"交阯难民，如有流入内地者，该地方官查明，给与口粮路费，押送出口"⑤。

自安南变乱以来，沿边村寨十室九空，"贼兵欲掠无所，其势不能久居"。滇东南是矿业富聚区，都竜厂"聚集民夷不下十余万，内游手无业从徒，则厂地难保无虞，不可不严加防范"。为此，清政府从开化镇调存城兵四百五十名，往马白汛赌咒河境驻扎以弹压。又调广罗协官兵三百名赴开化府，听候镇总兵调遣以壮军势。于都竜厂张挂，晓谕客民竭力堵御，保固厂地，毋惊窜失业。⑥ 此时，都竜厂已

---

① 道光《云南志钞》卷2《矿产志·采炼》，杜允中注，刘景毛点校，《云南文献》1995年第2期，第120页。
② 道光《云南志钞》卷2《矿产志·采炼》，杜允中注，刘景毛点校，《云南文献》1995年第2期，第123页。
③ 孙宏年：《清代中越关系研究（1644—1885）》，黑龙江教育出版社2014年版，第293页。
④ 《清高宗实录》卷199，乾隆八年八月己卯。
⑤ 《清高宗实录》卷191，乾隆八年闰四月壬午。
⑥ 《清高宗实录》卷191，乾隆八年闰四月壬午。

有大量内地移民,"内地人民,聚集甚众"①,数量不下数十万。广南府守隘近于疏懈,导致土人纷纷出境,甚属混杂。乾隆帝谕令广南府各通安南隘口之守隘员弁,加谨防范,不许人民自由出入,命张允随加意防范,将隘口情形随时陈奏上报。②清廷鉴于边地瘴疠甚盛,应调派兵弁防守弹压,拨广罗协兵三百名、临元镇兵三百名与土兵一同贴防。针对流民处置,以"严加约束,毋许潜出外域"③为主。总之,清廷处理此事态度是保守缓进。

乾隆十六年(1751年),广南府押送偷越入境的阮玉汉、几嫩、黄父案、几刁至广西,由太平府水隘口出境,计划由越南地方官在中越边境接收。行至广西归顺州时,当地兵弁查讯,自称云南土富州人。阮玉汉、几嫩虽供称交人,但形迹可疑,请求押回查讯。此四人后经查明,实为安南人并非内地汉人。为此二省地方官还因此事互相推诿:

> 今据云南布政使彭家屏等禀称,查明阮玉汉实系交趾夷目,被仇匪攻杀,欲赴内地投救,是以遵例剃头,其黄付安、几刁祖籍随系富州人,业已住居董奔四五代,因其董奔距交趾甚远,其聚居之人皆流寓之沙夷土民,是以不通交语,土富州地方并无村寨亲族可凭,实非内地民人。今董奔已被阮浚派攻夺其夷境牡丹宝乐等处地方,亦久为夷匪占据,滇南与交趾中隔不通,所有阮玉汉等不便羁留内地,仍应押赴粤西之龙州平而水口出关,交夷官收领安插。④

据此,阮玉汉等是进入滇境避难的越南人,阮玉汉、几嫩等因为想要偷越境内求生而剃发,而黄父案、几刁则谎称祖上是云南土富州的沙人,迁居至越南董奔地区已有四五代,董奔与云南开化、广南府接近,他们与土富州的沙人是同一族系,即壮族支系,只会说壮语而不会说越南语。同年十一月,越南地方官接收了阮玉汉等四人。

---

① 《清高宗实录》卷196,乾隆八年秋七月丙戌。
② 《清高宗实录》卷195,乾隆八年六月丙子。
③ 《清高宗实录》卷357,乾隆十五年正月戊辰。
④ (清)硕色、爱必达:《奏报查明阮玉汉等实系是夷非民折》,乾隆十六年九月二十六日,《宫中档乾隆朝奏折》(第1辑),"国立"故宫博物院1982年版,第781—782页。

矣扬等余党占据越南安北后，虽未侵扰云南辖地，但沿边一带清廷派兵严加防守。乾隆十八年（1753年）二月，贼匪已盘踞越南猛康、洪水一带，与开化沿边马白、八寨、坝洒等接壤，地处国防前沿。此时安南也正增兵剿匪，清廷担心匪徒"被攻窘迫，逃窜越境，即交兵远来，亦恐不谙地界，追入内地"，命开化镇总兵饬各汛兵协力巡防。此时，开化府报称有附近夷民传印布帖之事，抓获首犯李士明、杨天才，从犯八九十人，并搜出木印模及布帖伪牌等物件。讯问李天明供称，在安南有"漫棍猺人传帖招人，帮他攻打交趾"，他与杨天才制作印、布帖，让属下散发布帖，花一二十文铜钱就可以得到布帖，并可保障人身平安，还称若肯一起出安南会得到更多报酬，随着购买人数增加，跟随二者去了安南。由于清军封锁边境，防范严密，还未外出即被全部拿获。但是硕色认为其供词值得怀疑，"猺人即有招人情事，而内外疆界攸分，岂能传至内地？"① 遂将主犯、从犯从严处置。此后滇东南地区再无发生大规模流民扰边事件。至乾隆二十六年（1761年）春，有安南国沙匪郡寻（滚寻），"越入内地滋扰"，随后云南地方官员移咨安南国王，并饬兴化丁文坦督兵围拿，同时命开化、临安、广南府文武员弁至坝洒汛边界巡查堵御。郡寻结连匪党，筑有城池和炮台，又有壕沟防御，易守难攻。丁文坦以挡牌车轮火攻，攻破堡垒。② 郡寻窜入内地后，焚劫村寨。九月，最终安南兵弁在清波将郡寻生擒。③

安南方面，此期间爆发黄公舒、黄公缵父子反对黎朝的斗争。乾隆三十四年（1769年），由于猛天寨被安南官军攻占，造成黄公缵被迫率众逃入滇境避难，但当地土司未及时报官，因而黄公缵等打着高平莫氏旗号，清廷才予以接纳安置。据统计，从乾隆二十七年至三十八年，共查获从马白关偷越出境流民55人，④ 以后四年为多，共52人。乾隆四十年（1775年），安南送星厂有中国人张德裕、李乔光发

---

① 《清高宗实录》卷433，乾隆十八年二月丙辰。
② 《清高宗实录》卷631，乾隆二十六年二月己亥。
③ 《清高宗实录》卷645，乾隆二十六年九月乙丑。
④ （清）程景伊：《题为查议云南盘获安南国窜回夷民各案失察前署开化府马白同知周世荣等员分别议处事》，乾隆四十五年二月十七日，中国第一历史档案馆藏，档案号：02-01-03-07337-002。

生械斗事件①，导致千余厂民逃往滇境，"安南逃回矿徒盈千累百，籍隶两广者居多，此时仍有内地民人，在彼居聚，皆由各边隘，不能切实稽查，致奸民得以随时偷越"②。乾隆四十四年（1779年），开化府查获安南窜回内地夷民田老刀等三起流民偷越入境事件，共十八名，经询问称"安南一有匪徒扰累等事"，后地方政府于沿边防范，"凡从安南逸出之犯，自应概为查拿，不容稍有疏漏，若系内地民人，按其情罪从重究拟，若系该国匪徒，即应照例发还安南"③。同年，清廷接安南咨文，称黄文桐在都竜欠厂税，聚众滋事，要求清廷出兵协助镇压。乾隆帝谕令云南地方官在沿边巡逻悉心察捕。次年，黄文桐余党被安南剿灭，本人却潜逃。云贵督臣李侍尧便檄开化沿边官员，"关隘径路可通之处，严密堵截，如遇黄文桐及其余党剃发改装，窜入内地，即行拿解"。三月初，开化镇标三营所属八寨、马白、牛羊等汛，于边境一带逐一巡查。随后广南营所属普梅、者宾临界区，也留心察看沿边关隘，守边官兵俱巡查谨严，随时探查黄文桐行迹。④

清廷对待各种流民态度有所不同。就政治避难者而言，由于接受清朝册封，清政府均予以妥善安置、收留。对在边境滋扰闹事的安南匪徒及矿业流民，清廷则坚决派兵打击镇压。每次镇压事毕后，均派兵巡查以维护边境稳定，若系安南流民，发回交安南处理，而在收留政治避难的王公贵族时又均告知安南，仍是该立场的体现。若系内地民人，则一般发配至烟瘴地方充军，体现清朝对藩属国司法主权和唯一合法性的尊重。

第二节 滇东南军事防御体系的建构与边疆管控

一 清初滇东南绿营兵镇戍体系的建立

绿营兵与八旗兵同属清代正规军，是清王朝的主要军事力量，布

---

① 《清高宗实录》卷985，乾隆四十年六月甲辰。
② 《清高宗实录》卷1087，乾隆四十四年七月乙酉。
③ 《清高宗实录》卷1086，乾隆四十四年秋七月丁酉。
④ （清）孙起蛟：《奏为察看镇营边防地方安静情形事》，乾隆四十五年三月二十七日，中国第一历史档案馆藏，档案号：04-01-01-0376-005。

第五章　清代滇东南边疆形势的演变与军事防御体系的边疆管控　/　153

置汛塘是绿营兵控制全国各地的重要手段。清朝建立绿营兵制度是以汉制汉政策统治中国，以一定的镇守兵力，镇压随时爆发的无定事变。绿营制度建立后，清王朝才掌握了国家统治权最主要的工具。①顺治初建各省绿营营制，"有马兵、守兵、战兵。战守皆步兵。额外外委皆马兵"②。

顺治十六年（1659年），清军进入云南，李定国及南明政权撤退至滇西地区。磨盘山之役后，永历帝等流亡缅甸曼德勒，李定国率余部转战中缅边境。至此，清军基本控制云南。为实现对云南全面统治，清政府在设置行政区划的同时，也筹备布置军队，以驻扎绿营兵来实现军事管控。起初，经略辅臣洪承畴上奏："云南山川峻险，幅员辽阔，非腹里地方可比。请敕议政王、贝勒、大臣密议，三路大兵，作何分留驻守？"清廷几经商议后，决定留"平西王驻镇云南"③，统率驻滇藩兵及绿营兵。同年"定云、贵官兵经制。设云贵总督，标兵分中、左、右、前四营，中营设将领八，余三营将领八，兵凡四千。设云南巡抚，标兵二营，将领八，兵一千五百"④。总督与巡抚均领绿营军队，即督标与抚标，标志云南绿营兵建立。次年，清廷以"平西王吴三桂移镇云南，设左、右固山各一员，都统、副都统各一员，佐领牛录章京四十二员，甲兵八千四百名驻省城"⑤，并"忠勇中、左、右前、后五营，义勇中、左、右、前、后五营总兵官。每营游击一员、守备一员、千总二员、把总四员、马步战兵一千二百名，隶藩下"⑥，又设"援剿左、右、前、后四镇总兵官。每镇中、左、右游击三员，守备三员，千总六员，把总十二员，马战兵六百

---

① 罗尔纲：《绿营兵志》，中华书局1984年版，第2—3页。
② 《清史稿》卷131《兵志二·绿营》，中华书局1977年标点本，第3891页。
③ 《清世祖实录》卷124，顺治十六年三月甲寅。
④ 《清史稿》卷131《兵志二·绿营》，中华书局1977年标点本，第3898页。
⑤ 雍正《云南通志》卷16上《兵防》，《四库全书》史部，商务印书馆1985年影印版，第569册，第475页。
⑥ 雍正《云南通志》卷16上《兵防》，《四库全书》史部，商务印书馆1985年影印版，第569册，第475—476页。

名，步战兵以前五百名，守兵九百名"①。其中，8400 名甲兵系汉军八旗，忠勇五营、义勇五营及援剿四镇之兵为绿营兵编制。与此同时，清政府还设临元澄江镇、曲寻武沾镇、大鹤丽永镇、景蒙楚姚镇、广罗镇、永顺镇总兵官，每镇有总兵一人，下领中、左、右营游击三员，守备三员，千总六员，把总十二员，共马战兵 240 名，步战兵 960 名，守兵 1200 名。元江、腾越二协，每协设副将一员，守备一员，千总二员，把总四员，马战兵 100 名，步战兵 400 名，守兵 500 名。北胜、寻沾二营，寻沾设游击一员，官兵员数与协制同。②云南绿营兵主要部分形成。

顺治十八年（1661 年）九月，增云南提督，临元广西总兵官张勇为首任提督。③云南提督标初设时，领中军参将一员，左、右、前、后营游击四员，守备五员，千总十员，把总十二员，马战兵 1000 名，步战兵 2500 名，守兵 1500 名，共 5000 名。④ 提督"掌巩护疆陲，典领甲卒，节制镇、协、营、汛，课第殿最，以听于总督"⑤。因此，提督是一省最高武官，云南提督设置标志着清初云南绿营兵制的基本形成。此时云南绿营兵由三部分组成：一、吴三桂领辖的藩兵，忠勇五营、义勇五营及援剿四镇之兵；二、总督、巡抚、提督领辖的标兵；三、提督节制的六镇、二协、二营之兵。共计兵额 53000 名，是云南绿营兵发展史上兵员最多的时期。⑥

顺治年间，滇东南没有绿营兵驻扎，可能是该地区尚未改流，正规军没有进入。康熙四年（1665 年）三月，滇东南爆发大规模反清斗争，在土酋禄昌贤、王耀祖、禄益等领导下，起义队伍多达数万

---

① 雍正《云南通志》卷16上《兵防》，《四库全书》史部，商务印书馆 1985 年影印版，第 569 册，第 476 页。
② 雍正《云南通志》卷16上《兵防》，《四库全书》史部，商务印书馆 1985 年影印版，第 569 册，第 476—477 页。
③ 《清圣祖实录》卷4，顺治十八年九月壬辰。
④ 雍正《云南通志》卷16上《兵防》，《四库全书》史部，商务印书馆 1985 年影印版，第 569 册，第 478 页。
⑤ 《清史稿》卷117《职官四·武职》，中华书局 1977 年标点本，第 3389 页。
⑥ 秦树才：《清代云南绿营兵研究——以汛塘为中心》，云南教育出版社 2004 年版，第 4—5 页。

第五章　清代滇东南边疆形势的演变与军事防御体系的边疆管控　/　155

人，相继攻陷临安、蒙自、嶍峨、宁州、易门，又围攻弥勒、通海、石屏、宜良等州县，影响滇中及滇东地区，给清王朝在云南统治造成巨大威胁。后清廷派遣平西王吴三桂、总督卞三元、巡抚袁懋功及提督张国柱领兵相继征讨，同年七月平定滇东南各地土酋的反抗活动。平叛过程中，清政府有意在部分地区派驻绿营兵巩固统治。次年二月，增设开化镇总兵官，裁忠勇中营总兵官缺，所属官兵归开化镇统辖，以原任忠勇左营总兵官高启隆为首任开化总兵官。① 康熙六年（1667 年），以开化镇总兵官驻开化府城，辖本标中、左、右三营，兼辖广南、广西二营，兵额 2400 名。② 具体建制及存城、分防兵员数为："中、左、右游击 3 员，守备 3 员，千总 6 员（5 员存城，1 员分防坝洒），把总 12 员（6 员存城，6 员分防江那、牛羊箐口、八寨、马街子、老寨、新现），马战兵 240 名，步战兵 960 名，守兵 1200 名，共兵 2400 名（存城 1382 名，分防 1018 名〈江那 158 名，牛羊箐口关 127 名，八寨 127 名，马街子 152 名，老寨 127 名，新现 127 名，坝洒 200 名〉）。"③ 绿营兵的驻扎分存城与分防，存城即驻城防守，分防即分汛设塘。据此，开化镇统领兵员存城大于分防，七个分汛中④，老寨、坝洒、八寨、马街子、牛羊箐口关自西向东布防沿边一线，驻兵 733 名，占分防总数的 72%；新现地处临安府、开化府交界，为红河流经的区域，驻兵 127 名，占分防总数的 12.5%；江那地处开化、临安、广西州三地交界，少数民族较多，兼有控扼中越边境作用，驻兵 158 名，占分防总数的 15.5%。因此，开化镇初设时将主要兵力分防边境地区，更多的是考虑到管控中越边境作用。

康熙十二年（1673 年），吴三桂拥兵自重发动反清叛乱，据云南、贵州、四川、广西及湖南部分地区。云贵总督甘文焜、巡抚朱国治及按察使李兴元先后遇害，云南多数绿营官兵被招入麾下。清政府

---

① 《清圣祖实录》卷 18，康熙五年二月癸丑。
② 《清朝文献通考》卷 190《兵十二》，《万有文库》本；光绪《大清会典事例》卷 596《兵部五十五·绿营兵制》，《续修四库全书》本。
③ 雍正《云南通志》卷 16 上《兵防》，《四库全书》史部，商务印书馆 1985 年影印版，第 569 册，第 479 页。
④ 仅有坝洒汛没有把总驻守，其余六汛均有把总驻守。

在云南建立的绿营兵成为吴三桂反清的工具。康熙十八年（1679年）正月，清军收复湖南岳州，在湖广战场取得关键性胜利，收复失地，随即进兵云贵。两年后叛乱平定，云南提督桑峨奏请重置绿营兵，"滇省荡平，可立而待。云南旧设七镇，分汛防守，请敕部豫选能员驰赴军前"。随后任用马山、偏图为云南总兵官，"其余五镇员缺，待云南收复日遴选增补"①。吴三桂叛乱初，蔡毓荣任湖广总督，两湖地区是叛军主要进犯区，蔡毓荣置身平叛前沿，功绩卓著，对结束云南祸乱有巨大贡献，对云南基层社会有较为全面的认识。因此，康熙二十一年（1682年），蔡毓荣被任命为乱后首任云贵总督全面治滇。上任后，其向清廷上《酌定全滇营制疏》，全面详细陈述云南设置绿营兵的重要性："（云南）四围边险而中间百蛮错处，如猓猡、僰民、野苗等种类繁多，最为叵测。故无在非险要之地，无地不需控驭之兵。臣等量地设防，从长布置，务使无事分扼要害，有事掎角相援助，然后可经过久而无患。"针对开化府，又称"开化一镇，向以羁縻之域改为节制之区，丛山深箐，接通交阯，最称边隘，亟赖重兵，自应复设，仍驻开化"。广南府，"瘴疠之区，直接泗城、思恩等处，而皈朝、皈顺、富州一带，侬人野类叛服不常，且由皈朝以达架村，直通交阯，协兵未能兼制，应设游击一员，守备一员，千、把总六员，兵八百名，驻扎广南，听广罗协兼辖"②。康熙二十四年（1685年），蔡毓荣又增设援剿左、右二协。次年，范承勋接任云贵总督，对营制进行调整，"广南一营驻扎广南府分防广南、广西等汛，然而山箐丛杂，苗倮黠悍，地广汛多，不足分布，且臣有两省封疆责任。黔省为滇中上游要害，各种苗类不驯，更觉兵单。滇省既设有援剿营制，似宜以控制策应为务……原驻罗平之广罗协副将带领官兵酌量移驻广西府，与广南营互为掎角，添设分防各处险汛，既可联络黔镇，兼能控扼粤隘"③，将援剿右协由省城移驻广西府罗平州，与广

---

① 《清圣祖实录》卷94，康熙二十年正月丙寅。
② 康熙《云南通志》卷29《艺文三》，《中国地方志集成》影印康熙三十年刻本，凤凰出版社2009年版，第153—154页。
③ （清）范承勋：《请移援协驻防疏》，康熙《云南通志》卷29《艺文三》，《中国地方志集成》影印康熙三十年刻本，凤凰出版社2009年版，第182页。

第五章 清代滇东南边疆形势的演变与军事防御体系的边疆管控

南营互相策应。

康熙三十一年（1692年），云南绿营兵完成重建，形成3标、7镇、6协、7营的建制，相比初建时的3标、8镇、2协、5营有所增加。① 其中涉及广南营新置。蔡毓荣议设广南营加强滇东南军事防御后，清廷便批准这一请求。营驻广南府城，以开化镇总兵兼辖，下设游击一员，② 守备一员，千总二员（一员存城，一员分防土富州），把总四员（分防者隘、命帖、剥隘、杨五法车）。兵员有马战兵80名，步战兵320名，守兵400名，共800名。其中，存城350名，占总数的43.75%；分汛设塘兵员450名，占总数的56.25%（富州200名，占分防数的44.5%，者隘50名、命帖50名、剥隘50名、者洪50名、杨五法车50名，各占11.1%）。③ 可以看出，广南营兵员分防多于存城，因为其边防态势与开化府不同。广南府同与安南接壤，但边境线相比开化府要短得多，府东与广西接界，是滇铜、粤盐水路运输通道，府北者洪与广西西隆州八达城相接，府东剥隘与百色厅逻村相连，也是通往广西的重要门户，隶属珠江水系，清代云南与广东铜盐互易通常以剥隘为中转站。从乾隆四年至宣统二年，每年运往滇东南的粤盐达百万斤，足见当时食盐运输规模之大。④ 富州位于府东南，是控扼广南府边远地区的核心地带，驻扎汛兵数量是其余驻点的4倍，是广南府仅次于存城的第二大军事驻点，负责对中越边境及滇粤边境的军事管控，者隘、命帖、剥隘、者洪则均匀地分布在中越、滇粤边境上。同时期开化镇并未作大调整，仅于康熙二十一年裁广罗总兵官及标下中、左、右三营官⑤，将广罗镇改为协，移驻广西府，广

---

① 秦树才：《清代云南绿营兵研究——以汛塘为中心》，云南教育出版社2004年版，第8—16页。
② 雍正二年，改游击为参将。
③ 据雍正《云南通志》卷16上《兵防》，《四库全书》史部，商务印书馆1985年影印版，第569册，第482页相关数据统计。
④ 丁琼：《清代粤盐销滇研究》，《四川理工学院学报》（社会科学版）2012年第1期。
⑤ 嘉庆《钦定大清会典事例》卷438《兵部十二·官制·云南绿营》，《近代中国史料丛刊》（三编），文海出版社1997年影印本。

罗协副将以下将领8人，兵1200名，① 隶开化镇总兵统辖，兵员总数仍为2400名。

雍正年间是云南绿营兵制度变化较大的时期。首先，是清王朝进行规模空前的改土归流，主要涉及滇东北与滇南地区，从雍正元年（1723年）清廷在丽江府改设流官始，至雍正十三年（1735年）普洱府宁洱县设流官止，绿营兵起了至关重要的作用，它既是清政府的有力武器，又是改流后统治各少数民族地区的保障。因此，云南绿营兵在营制、兵员数量及分布范围上较康熙年间有较大发展。滇东北昭通府、东川府，滇南普洱地区，滇西北的中甸、维西等地均纳入绿营兵的驻守控制范围，较好适应了雍正时期改土归流和边疆形势变化的需要，为稳定清王朝在云南边疆民族地区的统治打下了坚实基础。但此次改流涉及滇东南地区较少，雍正六年（1728年），将广南府各土目先后劲黜。② 改土归流后，国家必定会在该地区新建或改置绿营兵驻扎。雍正十一年（1733年），云南布政使陈宏谋上奏在广南府驻兵：

> 云南界连黔、粤，而同行大路向止贵州一处。自雍正六年奉旨云贵广西同一总制以来，粤西入滇之路遂得通行，自粤西土田州之百色，接云南土富州之剥隘，由广南府以达云南省城。向来此路俱系土司地方，山深瘴甚，人迹罕至，至今百色地方新设右江一镇驻兵筑城，不特大壮声援，亦且商民渐集，烟瘴渐消。自百色、剥隘以至富州、广南一带，经前督臣鄂尔泰开修道路，安设塘汛，官民往来，行旅无惊。滇省发运铅锡铜斤，商贾皆由此路。臣蒙恩命，今春三月由粤西赴任，道经百色、剥隘，亲见情形，殊非曩昔传闻可比。于此见圣化涵儒，风会日盛，而蛮烟瘴雨之区皆成为康庄四达之路矣。臣一路流行体察，惟剥隘之兵防尚觉单弱，广南之文职督查难周，各有应行移设官兵至处，谨就臣所见，冒昧陈奏，仰祈圣明抉择。

---

① 《清朝文献通考》卷190《兵十二》，《万有文库》本。
② 《清史稿》卷517《土司三·云南》，中华书局1977年标点本，第14257页。

第五章　清代滇东南边疆形势的演变与军事防御体系的边疆管控　/　159

一、剥隘地方宜移驻游击也

查剥隘系由粤入滇之门户，两省交接之区，山势险峻，水陆通衢，距广南营四百七十里，距安南界止数十里，实为沿边要地。粤西之百色既设有重兵，滇省之剥隘更宜多设官兵，联为弹压，以固疆围。今剥隘止于广南营拨有外委一员，带兵五十名，防汛实属单弱，似应安设游击一员，带领守备、千、把兵丁驻防，内拨守备一员分防富州。查开化一镇驻扎开化府城，现有游击三员同驻城中，似可以一员移驻剥隘，其守备、千、把亦酌量移拨至广南府。现在设有广南营参将，统领守备、千、把，并兵丁八百名，向来富州、剥隘一带防汛之兵俱由广南营分拨在各汛已属兵单，而存城之兵止有三百五十名，亦属不敷。如剥隘、富州另设官兵分防，则广南分拨之兵可以制四存城，足资防守矣。

再查各协、营就近俱由镇臣管辖，今广罗协、广南营俱与开化镇相近，一应塘汛犬牙相错，向来未经兼辖，此疆彼界不无歧视，且开化、广南二府南界俱连安南，为内地唇齿之邦，应请将广罗协、广南营与新移之剥隘营俱应听开化镇管辖，营制既合，兵数加多，无事则声势已壮，有事则呼应亦灵，两郡相维，控制联络，亦边防之要策也。

二、广南府之富州地方宜设抚夷通判也

查广南一郡东接广西，南界安南，周方七百余里，向设知府一员，经历一员，统辖土同知、土富州二土司。原以僻在边隅，以土治土，仍其朴陋。自通粤以后，剥隘、富州已成通衢，户口日增，事物日繁，而广南府离富州四站，离剥隘六站，山路弯远，一切命盗争讼事件必须知府一人亲自审理，凡遇相验踏勘等事，往返动经旬日，且土富州与粤西之西隆州西隆县、小镇安、土田州等处接壤，奸匪出没，不无土田连年报复之事。近来土富州甚属衰微，奸目强夷，尤需流官弹压整饬。查有离府三站，计程二百二十里之旧土富州地方，俗名普厅，乃广南至剥隘边中之地，应于此处设分防富州抚夷通判一员。凡一应钱粮乃听土富州征收，其剥隘、富州词讼捕务，临边交界处所责令通判督缉审理，仍听广南府考核，庶佐理有人，而要地可无贻误。

查有澄江府通判一员，系属闲曹，原无职掌，可以裁汰即为移驻富州，可免添设之烦。至剥隘、富州既设官兵，俱应筑城建署，盖造营房。查广南府、富州二处城垣，前经广南府土同知官妻严氏、土富州知州沈肇乾情愿捐粮建造，经前督臣鄂尔泰奏折，钦奉朱谕：虽出伊等至诚，但此城不可听其捐修，请动正项钱粮修理可以。钦此。钦遵现在饬估建筑。查目今土官衙署系依山而居，不宜筑城，一应仓廒俱在旧富州之普厅，地方甚平坦，可以筑城，其通判衙署应另行添建可也。

　　以上二条，如蒙圣恩俞允，则两省交接之区，安南沿边之地兵防既密，督察咸周，边疆要地甚有裨益。①

　　广南营新建时，剥隘汛仅驻扎兵员50名。剥隘是滇东南重要门户，向东可通广西百色，向南可达安南，官民往来，商贾皆由此路，"实为沿边要地"。但至康熙末，地方官仍未对该地军事防御有所重视，而广西右江镇设有总兵大员弹压。雍正十一年初，陈宏谋由广西赴云南任布政使，由广西沿右江由百色至剥隘，再到广南府至云南省城，沿路往来商人众多，昔日"蛮烟瘴雨之区皆成为康庄四达之路"，但唯剥隘兵防仍单薄，认为广南营应添设"游击一员，带领守备、千、把兵丁驻防"。实际上，雍正初年，云南地方官似乎早已注意到此问题。雍正七年，广南营设外委、千总、把总共6员，同时裁马兵6名。雍正十年（1732年），广南营又添置兵员300名，内马兵30名，步兵120名，守兵150名。② 雍正末，广南营兵员数仍为1100名，③ 即康熙二十一年初设800名，加上雍正十年新增300名。此外，陈宏谋还认为，富州向来土司管辖，且距离省城鸾远，"一切命盗争讼事件必须知府一人亲自审理，凡遇相验踏勘等事，往返动经旬日"，

---

　　① （清）陈弘谋：《奏陈剥隘宜移驻游击及富州宜设抚夷通判管见二条折》，雍正十一年十一月十二日，《雍正朝汉文朱批奏折汇编》（第25册），江苏古籍出版社1991年版，第400—402页。
　　② 道光《云南通志》卷100《武备志一·兵制下》，道光十五年刻本。
　　③ 秦树才：《清代云南绿营兵研究——以汛塘为中心》，云南教育出版社2004年版，第35页。

第五章 清代滇东南边疆形势的演变与军事防御体系的边疆管控 / 161

于地方治理不利，且"奸目强夷，尤需流官弹压整饬"。就在陈宏谋任云南布政使同年，发生土司承袭派费之事，其中便有"土富州现在请袭，本司风闻竟有大胆棍徒于中包揽上下衙门使费，派至数百金"①，很可能是土司与衙门官吏暗中勾结。因此，陈宏谋建议在富州设抚夷通判一员，钱粮由富州征收，剥隘、富州词讼捕务令通判督缉审理。但没有得到施行。前文述及，至光绪二十六年（1900年），富州才改土归流设通判，余与陈氏所奏内容一致。可见，陈宏谋上奏的两条加强广南府偏远地区防御的建议，均未施行。这一方面是由于陈宏谋为新任官员，且不是云南本地人，对广南府还没有进行深入的了解，另一方面是地方政府对边远地区的重视程度不够，执行力度不够。

其次，雍正二年（1724年）到五年（1727年），清廷与安南在开化府边界再次发生界务之争，主要涉及都竜地区。以云南稳定时期的绿营兵制计，开化镇共有2400名兵员，其中分汛设塘1018名，即江那158名，牛羊箐口关127名，八寨127名，马街子152名，老寨127名，新现127名，坝洒200名。康熙三十六年中越第一次界务之争后，安南"遽遣兵于边疆驻扎生事妄行"。针对安南在滇境耀武扬威的行为，清政府没有采取军事行动，仅"行文申饬"②，开化府边防仍维持原状。雍正二年（1724年），中越边疆纷争再起。同年十二月二十二日，开化镇总兵冯允中在会同安南郑镜勘察边界时，发现其"带兵数千扎营伊境"，似有军事用意，于是冯"密行照会临元镇及行广罗协、广南营，俱令密备策应，虽属无事，无可不防"③。面对安南的挑衅，冯允中请求相邻临元镇协助，也暴露出开化镇分防兵员的不足。雍正五年（1727年），中越确定在铅厂山下立界，便开始建关。随后清廷于分界处设兵据守，在"本（开化镇）标三营内公拨官兵100名，派出守备一员，轮流统帅驻扎铅厂河新立关内，其马街旧设把总一员，在汛兵丁100名，乃左营汛辖。今边界既展至铅厂

---

① （清）陈宏谋：《查禁土司承袭派费檄》，雍正十一年，《培远堂偶存稿》卷1《云南布政任》，《清代诗文集汇编》（第280册），上海古籍出版社2010年版，第4页。
② 《清圣祖实录》卷186，康熙三十六年十一月甲午。
③ （清）高其倬：《奏陈交趾遣陪臣查界折》，雍正二年十二月二十二日，《宫中档雍正朝奏折》（第3辑），"国立"故宫博物院1978年影印本，第652页。

河,则马街又属内地,应将原设马街汛弁兵移驻马鞍山"①。由此,中越界务纷争结束后,地方官并未在边界地区增兵,仅于开化镇中、左、右三营抽调100名,以守备统辖驻扎铅厂关下。因此,雍正云南绿营兵在营制和兵员的数量上均较前有了很大的发展,主要得益于清政府在滇东北、滇西、滇南大规模的改土归流后,派驻绿营兵以及布置汛塘,使绿营兵的分布范围有较大扩展。但同时期的滇东南地区没有大规模的武力改流,在中越界务纷争时,也是以和平方式解决,所以滇东南地区的绿营兵驻防没有发生大的变化,仅于雍正十年广南营增置300名兵员。

乾隆年间,云南边疆进入"多事之秋"。首先,中越边境地区,安南连续发生内讧并引起叛乱。18世纪安南黎朝辖境各种矛盾不断激化,既有郑氏集团与黎氏王室、贵族、官僚的矛盾,又有下层民众与统治集团的矛盾。因此以反郑为旗号的王室和官员不断起事,加之以反封建为目的的下层民众起义及一些割据势力后裔恢复故土的反黎活动交织,此起彼伏延绵不绝,使郑氏疲于应付。乾隆四年(1739年),交江王矣长在安南打罗州暴动,安南禄平州土官韦福琯举兵反郑。乾隆六年(1741年),王儒蓬在安南船头起义,而奉命前去镇压的阮超后却反戈一击反叛黎朝。乾隆八年(1743年),安南除山西、山南、山北、海洋四郡外,余均被贼匪占据。②越南黎朝封建社会危机日益严重,阶级矛盾尖锐,阮氏统治的南方社会矛盾日益激化,土地被官僚和地主占夺,农民无以为生而成为流民。乾隆三十六年(1771年),阮文岳、阮文惠、阮文侣三兄弟在安南西山建立屯寨,举行首义,爆发西山起义,这是越南历史上最大的一次农民起义。乾隆五十一年(1786年),阮文惠率军北上,消灭郑氏政权,基本统一整个越南。当边境地区不时传来安南叛乱的消息时,清廷和沿边官员不得不做出反应。其次,在中缅边境,乾隆二十七年(1762年)底,缅甸雍籍牙王朝侵扰云南孟定、耿马、车里一带沿边地区,至乾隆三

---

① (清)鄂尔泰:《奏请改卫设县添设兵官等五事折》,雍正五年三月十二日,《雍正朝汉文朱批奏折汇编》(第9册),江苏古籍出版社1989年版,第234页。
② 孙宏年:《清代中越关系研究(1644—1885)》,黑龙江教育出版社2014年版,第19—20页。

第五章 清代滇东南边疆形势的演变与军事防御体系的边疆管控 / 163

十年（1765年）上升为中缅之间规模较大的冲突，在伊洛瓦底江与大盈江交汇处偏向中国的地区是双方的主战场。普洱及以外的边疆地区也是双方对峙交战的主要战区。此次冲突直到乾隆三十四年（1769年）以"老官屯和约"的签订而平息。

中缅、中越冲突后，暴露出绿营兵军心涣散、战斗能力弱的不足。中缅冲突期间，"云南绿营兵丁，习气颓靡"①，"滇省绿营兵弁怯懦成习，不堪应用。自出兵以来，逃亡散失"②，"云南绿营兵丁恇怯性成，屡屡弃逃溃散，玩律误机，实已不堪应用"③。而在中越边境云南段，清政府也意识到"旧设兵额，不敷防守"④。因此，清政府已在酝酿对云南绿营进行变革。

滇东南地区，乾隆元年广南府进行行政区划的调整，添置附郭宝宁县。云贵总督尹继善认为应加强该地区的军事防守，向中央奏请"于广南营添设兵三百名，广罗协添设兵一百名，并添建衙署营房，又将广南营参将、广罗协副将改隶开化镇统辖"⑤。乾隆八年（1743年），安南贼匪矣扬、黎忠君等围攻都竜厂，虽然都竜厂归安南管辖，但开化府沿边一带有马白、牛羊二汛与该地接壤，地方官加强兵备，"令游击赵国盛带兵驻扎马白，守备郭文英带兵驻扎牛羊，分拨弁兵，各隘防守不时查探情形，据报……檄调临元镇、广罗协官兵，每处各三百名来开"⑥。后贼匪复攻都竜。十月，安南派遣大将阮培亲自出战，驻扎打罗，欲攻打洪水、干塘、猛山。云南地方官鉴于与新现、老寨、八寨、坝洒四汛接壤，若安南兵员聚集边境，恐有贼匪窜入内地，因此总兵赛都"调左营千总张永禧带兵一百名，前至八寨汛属之大坝协，同该汛把总朱鸣瑞分布严防，又调外委、把总王明、余正之带兵一百名前赴新现，即令左营游击

---

① 《清高宗实录》卷795，乾隆三十二年九月丁巳。
② 《清高宗实录》卷803，乾隆三十三年正月丙辰。
③ 《清高宗实录》卷807，乾隆三十三年三月乙巳。
④ 《清高宗实录》卷28，乾隆元年十月甲子。
⑤ 《清高宗实录》卷28，乾隆元年十月甲子。
⑥ （清）赛都：《奏为办理所属边界防务情事》，乾隆八年八月初十日，中国第一历史档案馆藏，档案号：04-01-01-0095-043。

张国用前至新现,适中调遣分布"①。同年三月二十一日,边境匪徒已陆续救平,奉调剿匪的广罗协、临元镇 300 名官兵先后自马白军营起程回营。只于开化镇存城额兵内,派拨 251 名,并招募服习水土之土著兵 56 名留守边隘。②

乾隆八年（1743 年）,在安南贼匪最为猖獗之时,为稳定中越边境,总督张允随针对开化、广南、临安、元江、普洱五府的绿营兵汛塘调整,具体如下:

> 滇省开化、广南、临安、元江、普洱、五府地方,均与安南接壤,除临安、元江、普洱三府地方仍照常防守外,其广南府属通交路径,有篾那、郎海二处,先经安设塘卡,每卡拨兵练二十六名。今再添兵四名、土练十名,每卡共兵练四十名。
>
> 板江河、董昂、美汤、那黑、董布、里妥、董布街一带,与开化之蝴蝶、普元、牛羊等处相连。先经安设七卡,每卡安兵五名、土练十五名,拨千总一员,驻扎董布。今再于附近开化之草鲊、黑打、咸竜、那撒四处,各添一卡。
>
> 鬼马石硐地方,距董布甚远,稽察难周,应再于适中之岜皓地方设立一汛,安设九卡,仍令该管员弁,会哨巡查。
>
> 至开化一府,东西南三面均与安南接壤,水陆共六汛。其水路最要者,坝洒一汛,烟瘴恶毒,遴选服习水土之千总一员,带兵协同土练,更替稽查。陆路最要者,牛羊一汛,除原设把总一员外,另拨外委千总一员,带兵五十名,同彼地土练,驻扎防守。③

安南匪徒连年滋扰中越边境,已经威胁到内地。普洱、元江、临安、开化、广南五府与越南接壤,其中开化、广南受到游匪滋扰更

---

① （清）赛都:《奏为遵旨办理所辖各处关隘防务事》,乾隆八年八月初十日,中国第一历史档案馆藏,档案号:04-01-01-0095-046。
② （清）张允随:《奏报撤回贴防开化官兵日期并安南夷匪及安南贡使各情形事》,乾隆十年五月二十七日,中国第一历史档案馆藏,档案号:04-01-01-0120-024。
③ 《清高宗实录》卷191,乾隆八年闰四月壬午。

第五章 清代滇东南边疆形势的演变与军事防御体系的边疆管控 / 165

甚，因此清庭不得不增兵以资防守。其中，广南府箐那、郎海二处，每卡由原来的 26 名增至 40 名。开化草鲊、黑打、咸竜、那撒四处，各添一卡，原每卡驻兵 20 名，再加原设七卡，共驻兵 220 名，并有千总驻扎。开化通安南水陆要道的坝洒汛与牛羊汛，均驻扎千总、把总一员，协同土练稽查边境，牛羊汛还新增外委千总一员。

自乾隆初年安南内乱以来，黎、阮、武、莫诸族竞起称兵，奸民乘机窃发乱靡，与开化府接界的三歧、安北、宣光、干塘、洪水、保乐、安边已相继沦陷，这些地区远者二三百里，近者仅百数十里，边防在在俱关紧要。而开化镇最初额设兵额 2400 名，存城 1382 名，分防七汛兵 1018 名。乾隆四年后，开化府沿边增设塘卡，"新旧共四十七处"。但新增塘卡所派兵员是由存城兵丁内抽拨派往，"以致城中兵备日渐空虚，兵力既已单弱"①。由此，清廷采取"守边虚内"策略，附以招募当地土兵，将存城兵弁陆续调往起事地带进行驻防，即使在边境情形危急时，也仅借调附近临元镇、广罗协兵员前来协防，事毕回营，虽然兵员有所增加，但为数很少。

乾隆十年（1745 年），开化、广南边境贼匪相继肃清，总督张允随再次上奏兵员备边留彻事宜共四条：

> 从前夷贼攻逼都竜，调赴开化协防之临元镇、广罗协官兵六百名，久成劳费，且水土恶毒，时生疾病，请于乾隆十年春瘴未兴以前，全行撤回。其开化沿边各隘，自应酌拨巡防。查开镇马白汛，原设兵一百五十二名，又三营公拨巡防兵五十名。请于开镇存城兵内，添拨兵九十八名，令开镇左、右两营游击，按季轮流防堵。
>
> 牛羊汛接连之磨山、马达、桂皮树、上下藤桥、猺人寨，在在紧要，又者囊矿厂，逼近交阯，此数处烟瘴俱重。请于原设兵一百七十七名外，添拨开化存城兵一百五十三名，分布各处。令中营守备，选服习水土者，更番巡哨。又，天生桥、牛羊坪二

---

① （清）张允随：《奏请添建开化府城楼炮台以壮金汤事》，乾隆八年闰四月初七日，中国第一历史档案馆藏，档案号：04-01-20-0001-037。

处,边瘴最重。亦请于原设兵十六名外,将开镇添拨马白、牛羊二汛兵内,选服习水土者,每处十名,协同更番会哨,仍令开镇中左二营守备,轮替巡防。

坝洒八寨等汛,均系沿江烟瘴,惟土著之兵,可以耐久。请添募兵五十六名,即于三营兵内,遇缺陆续充补,分派前往。

原调协防马白等处,土练兵三百四十名,请留一百七十名,于新现、坝洒、大坝等处,协同汛兵防守,俟交地宁静全撤。①

这次调整主要体现在以下几个方面:第一,乾隆八年调拨至开化协防的临元镇、广罗协 600 名官兵,驻守一年多后全部撤回。第二,协防官兵撤回后,以开化镇内拨兵 148 名,再加原有兵丁 152 名,共 300 名兵丁,分属两营,按季巡防。第三,开化府者囊蕴藏丰富矿产,于该地附近加派兵员驻守,拨开化镇兵 153 名,加上既有 177 名,共 330 名,归中营守备统辖,更番巡哨。第四,天生桥、牛羊坪每处添兵 10 名,于马白汛、牛羊汛拨出,加上原有兵丁 16 名,共 36 名,分属开化镇中、左营统领,轮替巡防。第五,坝洒、八寨等沿边一汛,共添兵 56 名,于开化镇城派往,分别戍守。第六,将协防马白关土兵抽调 170 名,至新现、坝洒、大坝等汛,协助防守。可以看出,之前"守边虚内"原则,导致开化镇存城兵员不足,但由于边关险要,造成兵员"首尾两难"的境况。此番兵员调整,基本仍是以存成兵调拨至分汛区,但并不常驻,是以"按季巡防""更替巡哨"及"轮替巡防"方式,以存城、分汛兼顾,暂时解决了这一难题。

至此,乾隆十年(1745 年),开化镇存兵 2350 名,其中马步兵 225 名,公费兵 48 名,养余丁名粮 63 名,实在马战守兵 2014 名。汛塘有新设磨山一汛,额设汛兵 1142 名。② 兵员总数方面,乾隆七年(1742 年),裁开化镇兵 50 名,有马兵 5 名、步兵 20 名、守兵 25

---

① 《清高宗实录》卷 234,乾隆十年二月丁未。
② (清)赛都:《奏为敬陈开化营伍情形事》,乾隆十年六月初六日,中国第一历史档案馆藏,档案号:04-01-01-0121-022。

名,① 兵员总数减少，但分汛兵却增加 124 名。此外，乾隆年间为加强云南绿营兵的边防，还废除了营名粮制，实行挑补实兵制度。名粮，是绿营将官通过营兵空饷以领取、侵蚀钱粮，将此项钱粮移作他用的一种手段，其类型主要有亲丁名粮和公费名粮两种。顺治初年全国绿营兵建制后，绿营兵中就存在着各级将官以跟班、军牢、夜不收以及家人厮卒、驾鹰走狗之类顶名食粮的不法之举，导致军营有虚名而无实额。② 至康熙四十二年（1703 年），为遏制全国绿营将领的虚冒克扣，清政府酌给各省武职将领亲丁名粮。雍正六年（1728 年），规定在武职员弁去任之时，将名粮停扣募补。乾隆八年改为养廉名粮，"将亲丁姓名裁去"③，允许提督、千总、把总、外委各级绿营官弁占有数额不等的兵丁粮饷作为养廉之需，使得名粮合法化。但随后乾隆帝认识到"足兵卫民为万年久远计者，又不得稍存靳惜之见"④，因此决心彻底清查各省虚额空粮之弊，将全国各提镇以下公费养廉所占兵丁额饷挑补实额，将过去通过扣截绿营空饷支付的各项养廉费，改由国家财政正项支给，并开始裁撤各省养廉兵。正是由于养廉兵的存在，乾隆十年（1745 年）开化镇额兵 2350 名，而实际为 2014 名，这就削弱了军队战斗力，进而导致营伍废弛，漏弊多端。乾隆十六年（1751 年），总兵张凌霄上奏，称开化镇"兵马数目虽多缺，而技艺纯熟实为鲜少。且塘汛弁兵有名无实，复有滋扰之弊，甲械霉损不齐，钱粮类多，朦混兵丁，原无营房，员弁衙署竟有典卖，外委名粮牵混顶贸。种种弊端习为常法"⑤，还称"开化书识除本省名粮外，竟敢分食空粮至二十八九分之多……前任镇臣不为裁革，反行加添名曰'伙粮'，以示招徕"，又内地各省官兵俸饷均系按月支给，唯开化镇的兵饷系按季发放，且一次发放的银两过多，则"一旦入于穷丁之手，往往不顾前后，任意花消，迨后日食不继，每酿为犯法潜逃等弊。更且

---

① 道光《云南通志》卷 100《武备志一·兵制下·开化镇》，道光十五年刻本。
② 秦树才：《清代云南绿营兵研究——以汛塘为中心》，云南教育出版社 2004 年版，第 43 页。
③ 《清高宗实录》卷 186，乾隆八年三月丙寅。
④ 《清高宗实录》卷 1141，乾隆四十六年九月丁卯。
⑤ （清）张凌霄：《奏报边防兵民情事及筹办缘由折》，乾隆十六年九月二十八日，《宫中档乾隆朝奏折》（第 1 辑），"国立"故宫博物院 1982 年影印本，第 796 页。

有外籍入伍奸顽之兵，关银到手即行远扬，致顶补之丁屡月无饷，营中办理更易牵混"①，充分暴露了开化镇营伍各种弊端。② 因此，乾隆十八年（1753年），改开化镇左、右营游击为都司，同时裁撤都司养廉兵10名，内马兵4名、步兵4名、守兵2名。但乾隆二十三年（1758年），又发生开化镇中营游击八十三侵蚀饷银一案：

> 中营游击八十三，人本平庸，性复玩愒，营伍事宜，毫不警惕，惟听书识王朝佐怂恿蒙混。……前巡查该军营，兵数不敷，查询防弁，具呈凡有事故，各兵遗缺，该游击兵部拨防，惟发票与防弁，令其按扣银米呈缴，每次更换，或八九两，至十余两不等，既不补给，又不归入，截旷造报，显系侵隐。有历防千总向普云、刘正邦及呈阅朱票可证。
>
> 开化镇每季请饷，酌定护饷，兵九名，日给盘费银四分，往回三十日，共银十两八钱。该游击并不按数拨护，希图短拨盘费，其工费册内仍照数按季昌销。有历季请饷，弁目林毓珍、赵廷柱等可问。
>
> 镇标向因开化，人多瘴疠，详定每年夏季于工费项下，动支银三十两，买制药饵，惠济兵丁，该游击并未尽数制办，每次短发银十一二两，有马兵舜臣可审。
>
> 该镇每年请领岁修银两，自应尽数及时修葺，巡查该营汛防，惟大路塘汛少加苫补，其偏僻江那、六诏等汛塘房、哨楼等项，率

---

① （清）张凌霄：《奏报更革积弊以肃边营折》，乾隆十六年九月二十八日，《宫中档乾隆朝奏折》（第1辑），"国立"故宫博物院1982年影印本，第799—801页。
② 张凌霄在乾隆十八年遭到云贵总督硕色的弹劾，硕色称其自乾隆十六年上任开化镇总兵以来，"将营伍事宜，欲逞一己之间，纷纷变更外貌，似乎整顿，究其实际，皆属比不可行之事"，并详细列举其罪状。例如，"纵容兵役，藉搜枪为名，结党索诈"，又将"村寨民夷仇殴等事，听塘汛兵丁拿报"。最后，硕色认为张凌霄"俱甚荒唐乖戾，实不胜总兵之任"。[（清）硕色：《奏为开化镇总兵张凌霄荒唐乖戾不胜此任事》，乾隆十八年九月二十四日，中国第一历史档案馆藏，档案号：04-01-30-0171-019。] 后经查实，张凌霄以侵蚀俸饷银九百八十两，照例拟徒五年。（《清高宗实录》卷470，乾隆十九年八月丙辰。）但细看硕色奏折中所列罪状，并没有发现与亲丁名粮有关的叙述，可见张凌霄上奏营伍的弊病，并不是全部凭空捏造，再结合当时的历史状况，本书认为开化镇侵亏名粮是真实存在的。

第五章　清代滇东南边疆形势的演变与军事防御体系的边疆管控 / 169

多不修,显有侵蚀情弊。①

这是一个典型的案例,随后乾隆二十八年(1763年),又有开化镇总兵田英"借名提验库银将接济兵丁米价,私自动用银七百两前往取赎",又违例"私自带兵出境"。② 乾隆中期接二连三发生类似案件,使地方官开始注意到问题的严重性,因此总督阿里衮对云南各镇进行了彻查后,上奏曰:

> 冗兵固应核实,营制亦须调剂适宜。今滇省营制轻重不无失当,若照原议扣裁,与体制尚多未协。
> 总兵一员……腹内省分不过一二镇,边疆如四川则设四镇,甘肃为最要边地,亦止五镇,广东、福建均属海疆,水陆则各止七镇,未有如滇省设至九镇之多者。
> 盖建设一镇,必需三营,自总兵以至游、都、守、千、把、外委,官弁占扣亲丁名粮既多,而衙门伺候人役,如营书、字识、炮手、鼓手、伴当、跟役等项,所需之兵亦复不少。③

阿里衮认为云南军费开支过大,缘由在于所设镇营过多,兵员类型太多,解决办法是裁并镇营,"今若止议裁兵而不议裁镇营,则镇协各营额兵太少,既于体制不符,汛守亦多虚悬"。但九镇之中,永顺、普洱界临缅甸,临元、开化紧接交趾,"自不便稍有裁抑",鹤丽镇外通西藏,亦属边疆要地,"应留重镇以资弹压"。总之,此次调整云南镇营仅涉及云南腹地,不牵涉边地,没有对开化镇进行调整。乾隆三十八年(1773年),开化镇标中、左、右三营实操兵1978名,广南营参将

---

① (清)刘藻:《题为审得开化镇参革中营游击八十三侵冒不职一案依例拟徒四年请旨事》,乾隆二十三年十二月二十日,中国第一历史档案馆藏,档案号:02-01-07-13920-013。

② (清)郭一裕:《题为审得参革开化总兵田英等侵亏公项一案依律分别定拟请旨事》,乾隆二十八年八月初六日,中国第一历史档案馆藏,档案号:02-01-07-13902-008。

③ (清)阿里衮:《奏臣滇省营制轻重为协悉心详筹折》,乾隆三十三年七月初八日,《宫中档乾隆朝奏折》(第31辑),"国立"故宫博物院1984年版,第249页。

领942名，"兵丁汉仗，年力皆属壮健，并无老弱充数"①。可见，经过对云南兵员调整改革后，取得了一定成效。因此，乾隆四十七年（1782年）继续在云南裁撤养廉兵，其中开化镇裁361名，有马兵77名、步兵161名、守兵123名；同时募补兵361名，内步兵161名、守兵200名；广南营裁亲丁充赏公费兵128名。② 此番调整后，云南绿营兵进入一个相对稳定的发展时期，其中开化镇兵额2339名，广南营兵额942名，虽然对前有所减少，但裁减大量的养廉公费兵，换以实兵补足，且分汛兵弁得到少量的增加，战斗实力得到很大的提升，边防力量得以加强。

嘉庆初，在今四川、陕西、河南和湖北边境地区爆发了规模巨大的以白莲教为组织形式的农民反抗封建王朝压迫的起义。起义沉重打击了清王朝的统治，是清朝由盛转衰的转捩点，也是绿营兵走向崩溃的起始。其实，绿营兵在乾隆时期已开始显现疲弱情形，加以白莲教起义的洗刷，提督、总兵、副将等高级将领在战争中阵亡，清军阵亡数多达数十万，许多营伍有名无实。清政府为镇压白莲教起义，前后投入近两亿两白银，相当于国家五年的财政收入。因此，嘉庆十九年（1814年），清廷在全国范围内裁撤绿营兵，以节省饷银开支。除直隶、安徽、山东、河南、陕西、甘肃六省，及河东河标或控制紧要地区无法酌减外，江苏裁额兵365名，漕标裁84名，河标裁25名；江西裁额兵1083名；浙江裁额兵728名；福建裁添募暂设兵1350名，马560匹，湖北裁额兵1636名；湖南裁额兵1554名；山西裁额兵1865名；四川裁额兵630名；广东裁马696匹；广西裁额兵630名；云南裁额兵2332名；贵州裁额兵1958名。以上共统计裁兵14240名，马1256匹。每岁共节省饷银271932两有奇，米37555石有奇。③ 云南绿营兵裁兵数占全国的

---

① （清）彰宝：《奏报查阅滇省迤东各镇营伍事》，乾隆三十九年二月十一日，《宫中档乾隆朝奏折》（第34辑），"国立"故宫博物院1985年版，第532页。

② 《新纂云南通志》卷128《军制考二·绿营》，李春龙等点校，云南人民出版社2007年版，第398—399页。

③ 《清仁宗实录》卷288，嘉庆十九年三月丁巳。

16.4%，其中嘉庆九年（1804年），开化镇裁马兵20名，广南营裁马兵50名。嘉庆二十年（1815年），广南营裁步兵80名、守兵42名。嘉庆二十四年（1819年），开化镇裁拨临元镇步兵15名、守兵80名，广南营裁归临元镇步兵5名、守兵31名。① 这样，至嘉庆二十五年（1820年），开化镇兵额2224名，广南营兵额734名，广南营裁兵比例更大。裁兵之举，是清代绿营兵走向衰退的标志。

清代各武职衙门钻营取巧、油滑偷懒的积习使得绿营兵逐渐腐化，这也是绿营崩溃的主因之一。② 绿营兵以防守为主要目的的建军思想和乾隆后期清王朝的整体衰败腐朽，是绿营兵走向衰亡的重要原因。③ 乾隆年间中越边境频遭威胁时，开化镇并没有添加新兵员用于防守，只是将附近临元镇官兵檄调前来协防，待边境宁谧之时，又将防弁撤走。嘉庆年间经历了镇压白莲教起义后，为节省兵饷，这种以防守为主的思想则更加突出，这从道光六年的一则奏折中可见：

> 云南开化镇及所属地方，东、西、南三面俱与越南接壤。从前因越南境内夷匪不时构衅，虞督滋蔓，于乾隆年间经前督臣奏明，请于原防兵练内酌留官兵一百名由镇标据领，派千总一名带领驻扎马达，轮流更换，协同牛羊等汛巡防，又留土练七十五名，协同坝洒汛防范。计兵丁每名日给口粮即二分，土练每名日给口粮即一分。
>
> 前据开化安平同知中营游击具禀：越南境内夷匪，该国业经翦除净……内地边界较为安静，请收每防兵练，分别裁撤，以节縻费……近来越南已净，地方无事，内地边界亦十分静谧。④

---

① 《新纂云南通志》卷128《军制考二·绿营》，李春龙等点校，云南人民出版社2007年版，第398—401页。
② 罗尔纲：《绿营兵志》，中华书局1984年版，第68页。
③ 秦树才：《清代云南绿营兵研究——以汛塘为中心》，云南教育出版社2004年版，第55页。
④ （清）韩克均：《奏为开化边境安谧撤旧设防守练事》，道光六年十二月十四日，中国第一历史档案馆藏，档案号：03-2977-038。

自乾隆四年矣扬等匪乱起，至道光初年肃清。云贵总督韩克均请求撤开化留防兵 100 名，土练 75 名。道光六年二月从其请，开化府边界获得暂时的安宁。① 随后立即将防兵裁撤。但同年底继任总督阮元巡阅开化镇营伍时，仍发现不少弊端，"开化镇标总恩骑尉田元华久病不痊，千总毕良弼病不能射，把总李占连年力已衰"，"开化镇标外委冯天爵、陈发有均汛防不谨"，均被勒休或革斥。② 道光十六年（1836年），总督伊里布巡阅时，又发现"署开化镇标中营守备事普洱镇标中营守备殷成照虽吹食鸦片，访无实据，惟不时患病，将考告假，殊属规避，应请革职；又，开化镇右营千总薛万年步箭无准，应降为把总；开化镇标左营外委李瀛洲缉捕懈弛，应斥革；开化镇标右营额外孙得寿弓马软弱，应降为马兵"③。此次开化镇被革职或降职的将领共有 11 人，其中甚至还有吸食鸦片的情形。可见，云南绿营兵以防守为主的思想和乾隆后期清王朝的整体腐朽是造成绿营兵逐渐衰退的主要原因。

二 清代滇东南汛塘制度的设置

清代绿营兵制，设镇、协、营于各处驻守，有事调遣，事毕返防，弹压人民，布置军事网，设汛、塘、关哨，委千总、把总领兵驻守，遍于州县境内，设置汛塘、关哨，分兵守戍，以汛为大，委千总、把总领之，分管塘、哨、关、卡。汛塘是绿营兵分防驻扎的最小单位，通过汛塘分防驻扎，绿营兵实现了与当地社会最广泛的联系。"绿营制度，凡城守分防各营，都分领汛地，遇沿边沿海江处所及大道旁，都按段置立墩堡；分驻弁兵，各守汛地，叫做防汛"④，"汛地由各营分领，派兵防守"⑤。汛地具有缉捕要案、防守驿道、护卫行

---

① 《清宣宗实录》卷95，道光六年二月丁巳。
② （清）阮元：《奏为查阅云南开化等处营伍情形事》，道光六年十二月十八日，中国第一历史档案馆藏，档案号：04-01-18-0036-029。
③ （清）伊里布：《奏为查阅云南开化等处营伍情形事》，道光十六年十二月十二日，中国第一历史档案馆藏，档案号：04-01-18-0041-066。
④ 罗尔纲：《绿营兵志》，中华书局1984年版，第263页。
⑤ 罗尔纲：《绿营兵志》，中华书局1984年版，第266页。

人、稽察匪类的作用。① 汛兵大概占绿营兵数目的三分之一。② 关于云南绿营兵的情况，方先生曾指出："其在较为发达之内地，如云南府、曲靖府、澄江府、临安府、楚雄府、大理府、原鹤庆府、姚安府等处，大都设一汛驻城内，分塘哨于山区。至于边远各府则多设汛，如丽江府、永昌府、顺宁府、普洱府、元江府、开化府、广南府各处，大都明时不设卫所，清初改土归流，人口稀疏，山区荒芜，则多设汛分置塘、哨、关、卡。"③ 相比军事防守，汛塘对云南山区开发起了重要作用。木芹先生详细梳理了云南各府、州、县汛塘的设置情况，认为"清代关、哨、汛、塘的布置，比以前大大前进了，特别突出的是，高寒山区及国境线上是'星罗棋布'，统治者的意图是布置防卫网，分散在山林边僻之区"④。秦树才的《清代云南绿营兵研究——以汛塘为中心》⑤ 则是在此前基础上，将汛塘制度作为一个绿营基层整体，深入、全面地探讨其起源和发展、设置与分布、影响及作用。

清代云南汛塘制度的建立与绿营兵建立几乎同步。顺治十六年（1659年）云南绿营兵始建之时，汛塘制度也就初步形成了。至"三藩之乱"爆发前，云南汛塘制度为初创期，整个绿营兵中，分汛设塘比重不大，其设汛分防的绿营兵数占调整后云南绿营兵总数33100名的38%。此外，绿营兵和汛塘分布地区的差异较大，分布在腹里发达地区的占总数的55%，分布在腹里欠发达地区的占总数的34%，分布在边疆地区的仅占绿营兵总数的10.2%，⑥ 即滇东南的开化镇和滇西的腾越协，其中在滇东南地区分汛兵仅有1018名，设有千总1名，驻坝洒汛200名，把总6名，其中分防江那158名、牛羊箐口127名、八寨127名、马街子152名、老寨127名、新现127名。此时清军平定云南不久，吴三桂坐镇云南，称雄割据，发展力量，绿营

---

① 罗尔纲：《绿营兵志》，中华书局1984年版，第264页。
② 罗尔纲：《绿营兵志》，中华书局1984年版，第268页。
③ 方国瑜：《中国西南历史地理考释》，中华书局1984年版，第1229页。
④ 木芹：《云南地方史讲义》（下册），云南广播电视大学1983年版，第81页。
⑤ 秦树才：《清代云南绿营兵研究——以汛塘为中心》，云南教育出版社2004年版。
⑥ 秦树才：《清代云南绿营兵研究——以汛塘为中心》，云南教育出版社2004年版，第115—117页。

兵不能有效地部署在云南各地，尤其是边境地区。康熙四年（1665年）剿灭各滇东南土酋势力后，仍处在恢复发展期，整体防守偏弱，但在中越沿边一线，均布置了一定量的汛塘兵把守。虽然云南汛塘制度呈现出分汛设塘兵员较少，分布不均，主要集中在腹里和交通要道上，在边疆地区分布较少等特点，但云南绿营兵的汛塘分防之制还是取得了一定的成效。

康熙二十一年（1682年）清军平定"三藩之乱"，以云贵总督为首的云南地方统治者重新组建并布置了云南绿营兵。此阶段绿营兵的汛塘分布基本沿袭了之前的两个特点：第一，存城大于分防，云南通省绿营兵存城数为28395名，占绿营兵总数42190名的67%，而分汛兵为13795名，仅占绿营兵总数的33%；第二，绿营兵在各地区分布仍不平衡，腹里发达地区、腹里欠发达地区、边疆地区分别占62%、29%和9%。但这一时期云南绿营兵分汛设塘的数量与清初相比，还是有了一定程度的增加，从9200名上升到了13795名，① 很多清初未置汛塘之地在此期间均已初置，而滇东南地区相比清初并没有调整。

雍正年间，云南汛塘分布发生较大改变，主要由于清政府在云南大规模改土归流及中甸、维西划归云南管辖。首先，雍正元年（1723年）清政府在丽江府设流官，随后重点在滇东北昭通、会泽至宣威，再到滇南思茅至西双版纳北部一带进行大规模的改土归流活动并派驻流官。随着改土归流的推进，清政府以绿营兵进行军事管控，设昭东雄威镇管辖昭通府、东川府，设普洱沅威镇管辖普洱府、镇沅府。其次，中甸、维西划归云南管辖以后，设维西营驻扎当地。营制的新置、调整必然会带来汛塘设置的变化。首先，云南分汛设塘的兵丁有了大幅度的增长，达到20780名，占此时绿营兵总数47980名的43%，几乎与存城兵数量对半；其次，分布在云南腹里发达地区的绿营兵下降至45%，分布在欠发达地区的绿营兵总额下降至26%，分布在边疆偏远地区的绿营兵总额则上升至

---

① 秦树才：《清代云南绿营兵研究——以汛塘为中心》，云南教育出版社2004年版，第117—119页。

29%。① 滇东南地区开化镇分防数量不变，仍为1018名，分防地点仍旧。康熙二十一年（1682年）平定"三藩之乱"后，清政府便加强了对滇东南的军事管控，新设广南营隶属开化镇管辖，以分汛450名大于存城350名的比例，设千总1名，分防土富州，驻兵200名，把总5名，分防者隘、命帖、剥隘、杨五法车各汛，每汛驻兵50名。总之，雍正时期云南绿营兵在腹里发达地区、腹里欠发达地区及边疆地区的分布趋于平衡，标志着清朝的统治力量逐渐地由腹里中心地区深入到边疆少数民族地区，国家对边疆地区的管控力度大大加强了。

乾隆中缅冲突结束后，云南绿营兵制再次做了较大规模的调整，主要是加强了滇西地区军事管控，而腹里发达地区兵员数量逐渐减少。乾隆十二年（1747年），鹤丽镇隶属维西营上升为协，降剑川协为营。乾隆三十五年（1770年），裁汰腹里地区营制和兵员，将永北镇、曲寻武沾镇、楚姚蒙景镇裁汰，改为永北营、曲寻协、楚姚协，裁兵2925名，将云贵总督标兵及云南提督标兵之前、后二营兵丁共3160名裁汰，将奇兵营兵200名改归曲寻协，将云南巡抚标兵、广罗协、新嶍营、武定营、寻沾营兵丁共1144名裁汰。与此同时，清政府加强边疆地区兵力，由内地裁汰的绿营兵内拨230名驻扎顺云，拨530名驻扎腾越，拨600名驻扎龙陵营。乾隆四十年（1775年），移永顺镇驻腾越，改为腾越镇，由原1500名兵丁加上永顺镇裁拨1500名，共3000名驻腾越镇。龙陵协兵丁增加至1500名。将驻扎滇中地区楚姚协1500名绿营兵中拨700名移驻永昌，置永昌协，又裁拨云贵总督标兵400名、云南巡抚标兵80名、云南提督标兵280名、鹤丽镇标兵340名、昭通镇标兵200名，共2000名驻扎永昌协。楚姚协既移永昌，楚姚府城改设楚雄专营，由龙陵营旧设游击、守备、千总、把总移驻，以原楚姚协所余下的800名兵丁驻扎楚雄专营。滇南方面，乾隆四十二年（1777年），撤普安营，将景蒙营移徙之兵调还本营，在九龙江思茅城外厂地设营，以元江营属兵丁216名移驻该

---

① 秦树才：《清代云南绿营兵研究——以汛塘为中心》，云南教育出版社2004年版，第128—129页。

处，归思茅营游击，防守原普安营地区。至乾隆四十七年（1782年），云南绿营兵制度和分布调整基本结束，营制步入一个较为稳定的发展时期。①

乾隆三十五年（1770年）至四十八年（1783年），云南绿营兵总额大幅度下降，由雍正年间的48300名下降至37160名，下降幅度达23%。首先，总督、巡抚、提督标兵分别减少至1746名、613名、1700名，比雍正年间骤减57%。腹里地区各镇、协、营存兵8419名，占总数的34%；腹里欠发达地区存兵9542名，占总数的26%。相反，边疆地区绿营兵总数增加至41%。②若将广南营也归入边疆地区，那么此时开化镇绿营兵减少至2339名，但广南营由原来的800名增至942名，因此，滇东南边疆地区绿营兵数量并未减少。嘉庆元年（1796年）后，云南绿营兵继续裁减，开化镇、广南营也相继被裁减部分兵员。嘉庆二十四年（1819年），开化府新设安平厅，再次增强了开化府边境防守力量，此后便遭到西方列强入侵。因此，道光前期是滇东南汛塘设置的稳定时期。道光《云南通志·关哨汛塘》记载有开化府和广南府汛、塘、卡的详细设置。

据道光省志记载，三岔河以西至梨花江均布有汛塘。结合省志所配舆图和表格（见附录）内容来看，清朝已在滇东南最靠近边界地区派驻绿营兵并布满汛塘。开化府（包括文山县、安平厅）共设20汛、77塘、61卡，驻兵1239名。开化府沿边一线布有牛羊、马街、八寨、坝洒、新现共4汛，自东向西分别为普元塘③、马桑卡、关稿卡、者囊卡、普竜卡、洒扫卡、扣览卡、竜困卡、扣满卡、达甘卡、奎布卡、偏保卡、样色桥头卡、猺人寨卡、下藤桥卡、上藤桥卡、老虎跳卡、天生桥卡、韭菜坪卡、牛羊（坪）卡，除扣览卡设兵20名外，其余18卡，每卡设兵5名，共110名；火烧地房卡、湾子箐卡、

---

① 秦树才：《清代云南绿营兵研究——以汛塘为中心》，云南教育出版社2004年版，第133—134页。
② 秦树才：《清代云南绿营兵研究——以汛塘为中心》，云南教育出版社2004年版，第135—136页。
③ 普元塘在牛羊汛东250里，府东350里，由于距离较远，所以舆图上未反映出来，实际驻扎边境地带。

第五章　清代滇东南边疆形势的演变与军事防御体系的边疆管控　／　177

老妹箐口卡、番山卡、城子卡、木儿底卡、新卡、冷卡、法支革大卡、法支革小卡、多罗卡、齷齪卡、竜那卡、小天生桥卡、戛鸡卡、猛蟒卡，共16卡，每卡设兵5名，共80名；腊兔卡、大坝卡、南西卡、马式克卡、山腰卡、漫昏卡、扎瓜卡、漫峨卡，共9卡，每卡设兵5名，共45名；漫来卡、黄果卡、下田房卡、大湾子卡、白石头卡，共5卡，每卡设兵5名，共25名；南渣卡、南立卡、翁正铅卡、大石头卡、清水河卡，共5卡，每卡设兵5名，共25名；大多衣卡、蛮耗卡、上田房卡、补支卡、石头寨卡、萨乌迭卡、地洗白卡，共7卡，每卡设兵5名，共35名。① 据此统计，开化府沿边设有4汛，占开化府总数的20%，61个卡全部分布在沿边，有兵丁320名，占开化府分汛兵额总数的25.8%。

广南府沿边防守相对开化府较为松散，边界线不如开化府长，但仍可清晰辨识在中越边境线上布控的汛塘哨所。道光中期，广南府沿边虽不时受流民滋扰，但尚未发生大规模冲突，"近古亦无边事"，因此"谨图叙其大略，以见梗概云"②。边界汛、塘、卡分布也不如开化府密集。据道光《云南通志》记载，广南府沿边自西向东布有孟梅卡、南利卡、木瓯卡、篾那卡、篾弄卡，每卡设兵5名，共25名，系普梅汛管辖；郎海卡、麻菱卡，每卡设兵10名，加上麻莞塘，设兵6名，里贡塘，设兵3名，共29名，俱系者宾汛管辖。③ 据此，广南府沿边驻扎2汛、2塘、7卡，兵额54名，只占广南府分汛兵额总数的10.8%。共计62卡，只有7卡分布在与南部安南交界地带，其余多分布在东、北部与粤西、广西州接界处，可见广南府布防重心是在东部及北部地区。

三　临安开广道的军事管控作用

中法战争结束后，双方商讨在云南开埠通商，于1886年4月25日签订《越南边界通商章程》，规定在"保胜以上某处"，"中国在此

---

① 道光《云南通志》卷107《武备志三·边防下》，道光十五年刻本。
② 道光《云南通志》卷107《武备志三·边防下》，道光十五年刻本。
③ 道光《云南通志》卷107《武备志三·边防下》，道光十五年刻本。

设关通商",①并允许法国设立领事官。又于1887年6月27日签订《续议商务专条》,规定在蒙自、蛮耗开关,②蛮耗驻有法国官员。云南开埠通商以后,滇东南红河流域外务殷繁,迫切需要一个长期驻扎的对外交涉机构,以分担督抚任务。有缘于此,光绪十三年(1887年)七月设临安开广道,置道员弹压稽查,驻蒙自县,辖临安、开化、广南3府,兼管关税事务,直至清末。③民国18年(1929年)才废除。临安开广道早期"在巩固边疆,加强国防,捍卫国家主权方面,对于抵御法国的入侵具有重要作用"④。

清代"道"是一级行政区划。"国初定,各省设布政使,左右参政、参议曰守道,设安插使、副使、佥事曰巡道,有兼辖全省者,有分辖三四府州者,或兼兵备,或兼水利,或兼提学,或兼粮储盐法,各以职事设立,无定员。"⑤据此,清代的道有分守道、分巡道及兼具各种职能的专务道。守、巡道,一是源自该道本省性质,二是与其职掌有关系。清前期的道制调整,一个重要特征就是大量省裁守道,以留巡道,并借以稽察地方,巡历各地。至清后期各道是守是巡,在很大程度上是对旧制的沿袭。⑥ 道设道员总管,乾隆四十一年(1776年),规定"道员中有委署两司者,俱准照藩、臬一体具折奏事"⑦,使道员具备直接向皇帝上奏的权利。嘉庆四年(1799年),又谕"各省道员均著照藩、臬两司之例,准其密折封奏"⑧,这样分守道、分巡道及专职道的道员均可具折上奏,道员已具有与地方大员相同的权利。

---

① 王铁崖:《中外旧约章汇编》(第1册),生活·读书·新知三联书店1957年版,第477—478页。
② 王铁崖:《中外旧约章汇编》(第1册),生活·读书·新知三联书店1957年版,第515页。
③ 傅林祥等:《中国行政区划通史》(清代卷),复旦大学出版社2013年版,第552页。
④ 陈元惠:《从临安开广道的设立看云南的近代外交》,《学术探索》2004年第3期。
⑤ 嘉庆《大清会典事例》卷22《吏部九·官制·各省道员》,《近代中国史丛刊》(三编),文海出版社1997年影印本。
⑥ 周勇进:《清代道制研究》,博士学位论文,南开大学,2010年,第49页。
⑦ 《清高宗实录》卷1011,乾隆四十一年六月癸亥。
⑧ 《清仁宗实录》卷40,嘉庆四年三月戊辰。

第五章 清代滇东南边疆形势的演变与军事防御体系的边疆管控 / 179

云南的道定制于乾隆年间。十八年（1753年），全国罢各省守道兼布政使参政、参议衔，兼按察司副使佥事衔，定守、巡各道，秩正四品官。二十四年（1759年），云南迤东、迤西道均加水利衔，兼管各府州县的水利事务。至三十一年（1766年），对云南分巡道进行调整，迤东道原管辖十三府，由于事务繁杂，新增迤南道道员驻普洱府，管辖镇沅、元江、临安、永北四府，将云南府、武定府归盐法道管辖，迤东道员驻曲靖府寻甸州，管辖曲靖、广西、广南、开化、东川、昭通、澄江七府。① 即便分担了迤东道员的管理职能，但以一府之力管辖七府行政事务着实疲于应对，尤其偏远地区的开化、广南二府，遇事更是鞭长莫及。乾隆至嘉庆时期没有显著的反映，是因为此时中越边境相对安宁，并没有过多的事务需要处理。至越南沦为法属殖民地后，滇东南的地缘政治发生变化，形势有所变化。光绪十三年（1887年），云贵总督岑毓英上奏：

> 云南临安府属蒙自县系迤南道所辖，与迤东道所辖之开化、广南二府，均南与越南接界，现在蒙自既准法人设立领事开办通商，滇省亦应于该县设立关道，驻扎弹压稽查。惟查迤东道向驻寻甸州，迤南道向驻普洱府，该二道所辖府、厅、州、县汉夷杂处，均属地方紧要，未便移驻。臣等再四筹商，拟请添设巡道一员，将与越南接界之临安、开化、广南三府归其管辖，驻扎蒙自县，兼管关税事物，谓之临安开广道，以资控驭而专责成。②

云南开埠通商后，滇南外事日益繁杂，急需长驻地方的对外交涉机构，以协助地方督抚有效、有度地把握和完成中外交涉。中法战争爆发前，岑毓英多次力荐支援越南抗击法国侵略。战争全面爆发后，岑毓英亲自督兵抗战，打击法国侵略者，试图将其阻击于滇

---

① 道光《云南通志》卷117《秩官志二·官制题名九》，道光十五年刻本。
② （清）岑毓英：《请添设巡道驻扎蒙自兼管关税片》，《岑毓英集》，黄振南、白耀天标点，广西师范大学出版社2005年版，第396页。

东南门户之外。但清政府最终妥协投降，中法签订和约，断送了前线斗争的成果。和约签订后，越南沦为法国的殖民地，卧榻之前，列强酣睡，国防前沿危急。岑毓英敏锐地觉察到滇东南门户的潜在威胁，请求设临安开广道，在蒙自"设立领事开办通商"，在蛮耗"分设领事属员，与中国分设之税司互相稽查"①，总管辖临安、开化、广南三府事务。

光绪十三年（1887年）十月，清廷批准设立临安开广道，"新设临安开广道，定为重返品安要缺，并添设道库大使……行添设巡道，兼管关税一切事务"②。临安开广道所辖临安、开化、广南三府界连越南，汉夷杂处，法国人在红河一带通商，较其他各道为多。行政事务上，"三府仓库、钱粮、交代、词讼、缉捕等事，均责成该道查核，命、盗、杂犯及秋审案件，应向（迤）东、迤（南）二道核审转折，亦由该道核办"，机构设有"门子二名、快手十二名、皂隶十二名、民壮四十名、轿伞扇夫七名、铺兵二名，共七十五名……道库大使……设门子一名、皂隶四名、马夫一名，共六名"③。

外交事务上，负责关务，经理通商、税务和一切不关外交之外人事务。但鉴于临安开广道所辖地域军事地理位置的重要性，为"慎重边防起见"④，因此兼兵备道衔，临安镇、开化镇受其调遣，统领南防。⑤ 可见，临安开广道除外交事务外，还具有军事管控职能。清末新政后，全国陆续开始编练新军，云南还成立巡防队，负责守卫边疆安全。刘春霖任临安开广道员之时，"办理边防，迭次

---

① 《清德宗实录》卷243，光绪十三年五月丙寅。
② 《清德宗实录》卷248，光绪十三年十月壬子。
③ （清）岑毓英：《滇省新设巡道兼管关务遵查事宜折》，光绪十三年十月初八日，《云南史料丛刊》（第9卷），云南大学出版社2001年版，第669—670页。
④ 光绪《续云南通志稿》卷86《洋务志·通商》，光绪二十四年刻本，《中国边疆丛书》（第2辑），文海出版社1966年影印版。
⑤ 陈元惠：《从临安开广道的设立看云南的近代外交》，《学术探索》2004年第3期。

第五章 清代滇东南边疆形势的演变与军事防御体系的边疆管控 181

收降，编为南防军队，分驻广南、开化、临安边要"①，"南防各营暨开广边防诸军，以临安开广道兼办"②。临安开广道的设立对守卫滇东南边疆安全起到了至关重要的作用。光绪二十二年（1896年）十月，广南府游匪在滇粤边界富州一带劫掠，"道路梗塞，商旅梗足"，刘春霖将游匪编为营伍，共2400人，分为归义、靖义、安义、前忠四营。③ 光绪二十九年（1903年），秘密会社三点会，"大抵奉洪家，以兴明灭清为主"，有大头目四人，曾秀兰、钟五韶、关辅臣、严效平，小头目百余人，"打单拜台，诱胁入会"，"以能收徒党多少为阶级，以运销越南私盐为筹款法"。④ 三点会在滇东南影响力极大，"自河口起，南溪、坝洒、新街、王布田以及三猛土司，千有余里……抢掠商船一百二十余艘，货值二十余万；被害商民，尸无下落者不知凡几"⑤，其活动地带主要在红河沿岸地区。同时期个旧厂民周云祥发动起义，"众号万人"，与三点会联合，聚众蛮耗，已危及蒙自口岸。由于正值滇越铁路开办之初，红河往来运送材料，贺宗章调驻蒙自，任滇越铁路总局会办，兼理开广营务处，便指挥率领各营前往剿匪。法国也乘机以内乱、躲避瘴气为由，欲以大军驻扎蒙自，谋图占领个旧锡厂。对此贺宗章予以严厉驳斥："我蒙自非避瘴之地，贵军队岂避瘴之人？迭次来电，幸未辱命，今所言直欲启衅，敝惟守条约，他非所知，虽能力薄弱，然责任所在，无所逃命，业已下令戒严，如有外兵闯越界桥，勉励尽

---

① （清）贺宗章：《幻影谈》上卷《兵事·蛮河之役》，《云南史料丛刊》（第12卷），云南大学出版社2001年版，第94页。

② 《新纂云南通志》卷130《军制考四·军事机关、学校》，李春龙等点校，云南人民出版社2007年版，第457页。

③ 《广南县志》卷2《大事记》，《中国地方志集成》影印本，凤凰出版社2009年版，第97页。

④ （清）贺宗章：《幻影谈》上卷《兵事·蛮河之役》，《云南史料丛刊》（第12卷），云南大学出版社2001年版，第95页。"拜台"是游匪的一种礼节。初入其党者，必须经过此种手续，方认为合格匪党。其仪择吉日，选山场一，由引进者自山麓循序引上山巅，列棹一，上置一碗，立棹者发问云："光绪皇帝杀得否？"则应之曰："杀得。"此时，立棹者立将此碗应"杀得"之声而粉碎。拜毕，则互相呼为洪门弟兄云。

⑤ （清）贺宗章：《幻影谈》上卷《兵事·蛮河之役》，《云南史料丛刊》（第12卷），云南大学出版社2001年版，第95页。

所能捍御矣。"① 随之饬令河口防营，在山上安置炮台，时刻关注法军动态。半月后，法军无计可施，只能撤回东京海防。随后贺宗章继续领兵剿灭蛮耗地区匪徒，七月初，将临安收复，但周云祥余匪散处杂开化府边界，又调白金柱部两营跟踪追捕，但匪徒狡猾，"久未获"，继调魏景桐部两营，在各乡团的帮助下，历时半月将余党全部擒获，"全境肃清"。②

中法战争后，蒙自开埠成为通商口岸，滇越铁路通车以前，其地处交通要道，商贸繁盛，外来人员日渐增多，临安开广道在对外事务尤其与法国交涉方面发挥了积极作用。更重要的是，滇东南国防关系边疆的安危，临安开广道管辖临安、开化、广南三府，对抵御法国入侵及保卫西南边疆稳定起到了重要作用。

四 滇东南的边防认识与布防地理解析——以《滇省舆地图说》为例

《滇省舆地图说》是云南全省及各府、州的舆图及图说。据相关考证，其成书时间不会早于嘉庆二十三年（1818 年），③ 作者伯麟，字玉亭，满洲镶黄旗人，《清史稿》有传，④ 乾隆三十六年（1771年）中举，乾隆五十七年（1792 年）授盛京兵部侍郎，旋授陕西巡抚。嘉庆九年（1804 年），擢升云贵总督。嘉庆二十五年（1820年），召授兵部尚书，兼都统。伯麟任边圻凡十六年，对稳定云南边疆作出了诸多贡献。例如，嘉庆十六年（1811 年），平定耿马、南甸、猛猛三土司野夷。嘉庆十七年（1812 年），平定顺宁府南兴逆目张辅国。嘉庆二十二年（1817 年），平定临安府藤条江外高罗衣、高

---

① （清）贺宗章：《幻影谈》上卷《兵事·蛮河之役》，《云南史料丛刊》（第12卷），云南大学出版社 2001 年版，第 100 页。
② （清）贺宗章：《幻影谈》上卷《兵事·蛮河之役》，《云南史料丛刊》（第12卷），云南大学出版社 2001 年版，第 102 页。
③ 祁庆富、揣振宇：《关于〈滇省夷人图说、滇省舆地图说〉之考证》，《滇省夷人图说·滇省舆地图说》，揣振宇主编，中国社会科学出版社 2009 年版，第 10 页。
④ 《清史稿》卷 343《列传一百三十·伯麟》，中华书局 1977 年标点本，第 11135—11137 页。

借沙等逆夷。① 嘉庆二十三年（1818年），高罗衣之侄高老五窜江外为乱，扰乱郡城。伯麟"督师剿擒之"，"余党悉歼"，并增设藤条江内东、西两路要隘塘汛官兵。② 伯麟在滇期间，待士如子，廉洁爱民，士林尤感戴之。

清代历朝皇帝在诏令中都会涉及对边疆民族地区的认知，通常是民族、地理环境等方面，认知程度伴随对边疆民族地区的治理方略而不断深化。以云南为例，顺治十六年（1659年）清军平定云南后，便开启了治理云南的新局面。但随后吴三桂领兵造反，清廷一直忙于平定叛乱。康熙二十年（1681年）平叛后，清朝开始进入全面治理云南的时代。因此，平叛后首任云贵总督蔡毓荣的治滇方略和思想就显得尤为重要。《筹滇十疏》中，他提出"请蠲荒、制土人、靖逋逃、议理财、酌安插、收军器、议捐输、弭野盗、敦实政、举废坠"③ 共十条治理乱后云南的重要举措，对发展云南社会经济、强化封建统治秩序、军事上加强对云南的管控起到了重要作用。可以说，蔡毓荣是清初首位系统地以国家视角认识并治理云南的人，代表了清朝前期封疆大吏对云南的认知和清朝国家治理体系影响之下的边疆治理。雍正年间，深刻影响云南历史进程的是鄂尔泰所实施的改土归流，但其改流地区主要涉及滇东和滇西南，因此对云南整体的认识并不全面，而在高其倬主政期间，则特别关注了滇东南与越南的界务之争。从雍正八年（1739年）至乾隆十五年（1750年），张允随从云南布政使做起，后升任云贵总督继续关注事态进展。因此，此阶段治理云南着眼于经济方面，主要涉及矿业、荒政、宗教、改土归流善后及金沙江水道开修等方面。④

嘉庆时期国家行政权力大幅度向基层深入。美国学者罗威廉（William T. Rowe）认为，嘉庆皇帝及其朝廷多方面的积极行动，在

---

① 道光《云南通志》卷126《秩官志四·名宦上》，道光十五年刻本。
② 《清史稿》卷343《列传一百三十·伯麟》，中华书局1977年标点本，第11136—11137页。
③ （清）蔡毓荣：《筹滇十疏》，道光《云南通志》卷203《艺文志四·杂著七·疏三》，道光十五年刻本。
④ 王燕飞：《清代督抚张允随与云南社会》，云南大学出版社2005年版。

清帝国的历史上以及"中国"从中产生的历史中看有着长远的影响，这一时期在三个方面存在权威和主动权的整体转移：第一，从满人朝廷到汉人官僚；第二，从中央到区域和地方行政；第三，从地方官僚到政府外的精英。总之，其趋势是逐渐从中央大地方，再到地方基层社会的转移。① 在这种趋势下，云南民族关系总体比较稳定。嘉庆九年（1804年）伯麟上任云贵总督，在任十六年，至二十五年（1820年）离任，是任期相对较长的封疆大吏，对边疆地区有深刻认知。由于道光以后进入西方列强入侵并瓜分中国的时代，因此可以认为，伯麟总结了前任所有封疆大吏对云南治理的认识，达到对云南的认知高潮，其思想精髓便集中在《滇省舆地图说》中，这是在治理云南的成熟时期对滇省认知的高度性总结。

《滇省舆地图说》首篇为云南全省舆图及总图说，其余21种为各府及直隶州的舆图并图说，沿袭传统"左图右史"模式，以云南府、迤东道、迤西道、迤南道的地域顺序，分别为云南全省舆图并图说、云南府、武定直隶州、曲靖府、澄江府、广西直隶州、开化府、广南府、东川府、昭通府、大理府、丽江府、永昌府、顺宁府、楚雄府、永北直隶厅、蒙化直隶厅、景东直隶厅、普洱府、临安府、镇沅直隶厅、元江直隶州舆图并图说。每幅舆图均标识重要山脉、河流、湖泊、关隘及区域内的主要建置名称及区划的四至。图说内容包括历史沿革、建置、职官、地理方位、山川、湖泊、物产、险要、关隘、矿厂、防务、营制、民风、土司、夷人等，其中对边防要塞的记录尤为清晰。兹以开化府、广南府图说为例说明。

> 开化府，古红夷国。汉为句町国，边地壤接交州。唐属越巂郡。后南诏蒙氏据之，为强现、牙车、教化三部。宋为段氏据。后狄青征侬智高，寓人龙海基乡导有功，命领其地。元时三地隶临安宣慰司。明改强现三部为教化三部，与王弄部、安南郡并为长官司，隶临安府。
>
> 国初因之。康熙六年既平土贼王朔等，以教化、王弄、安南

---

① ［美］罗威廉：《乾嘉变革在清史上的重要性》，《清史研究》2012年第3期。

第五章　清代滇东南边疆形势的演变与军事防御体系的边疆管控

三长官司地置开化府。八年，裁广西府之维摩乡地分入焉。雍正八年置文山县，府隶迤东道。在省会东南七百三十里，东至越南边界五百三十里，西至临安府蒙自县界二百五十里，南至越南边界一百三十里，北至广西州之属丘北界一百六十里。知府领同知、教授、训导各一，同知分驻马白。附郭为文山县，知县领典史一。城北凤凰、六诏为郡镇山，旋折而西，曰西华山，横列三十六峰，联络如屏。西曰秀石、天洞，俱在八戛山之前。其东为东文山，水有济热河，浴之可解烟瘴，异龙潭在其西。诸流汇焉，引水灌田，民咸赖之。县属分八里，其村寨共一千七百二十有奇。金厂一，曰麻姑，知府理之。去城一百三十里，曰三板桥，设土经历一，其祖周应龙于康熙十二年从征吴逆有功，授职世袭，今九世矣。督训土练，是其专责，而夷人散处四境，亦非土司所能专辖。

营制则总兵一，中营游击一，左、右营都司二三，营守备三，千总、把总、外委四十八，守城、分防兵二千三百二十。

夷人有舍武、聂素、普剽、水摆夷、旱摆夷、阿系、孟乌、腊欲、山车、普岔、花土獠、腊歌、普列、阿戛、白猓喇、黑土獠、阿度、白猁鹅、交人、阿成、阿㑩。种类繁多，其俗略同。

此郡昔时夷多于汉，风气纯厖。今则流寓者众，渐习繁华，而诗书渐摩，风声日远。夷人列胶庠，称儒雅者往往而有。至于接壤越南，在在险要，虽外藩臣服恭顺，而防边之法，不可以少懈也。①

广南府，古徼外荒服地。宋皇祐间侬智高作乱，狄青征之，追至科岩，智高败死。其裔居此，曰特磨道。元至元间立广南西路宣抚司，领路城等五州，后并路城、上林、罗佐三州，别为来安路。广南惟领安宁、富州。明洪武间，改授广南土知府，裁安宁州入府，领州一。

国初开滇，侬鹏投诚，仍授土知府。十八年，设流官知府。

---

①　（清）伯麟：《滇省舆地图说·开化府图说》，中国社会科学出版社2009年影印本，第35—36页。

侬氏改授土同知职，其富州仍为土知州。康熙八年，裁广西府之维摩乡分入广南府，府隶迤东道，在省会东南八百五十里，东至粤西土田州界四百三十里，西至开化府界二百二十里，南至越南界五百二十里，北至粤西西隆州界二百里。知府领教授、训导、经历各一，经历分驻土富州。附郭为宝宁县，知县领典史一，旧无城郭。洪武间，树木为栅，周四里有奇，今易以砖石。其山则发脉于蒙自，目则山迤逦而南，过广西州之五嶂、邱北。东入府境为花架、袪丕诸山，土富州治在焉。北出阿纪得、红石岩，至平关陂为府治。莲花、牌头诸山，列为屏障。城南有宝月关，一人守险，万夫莫入。又南为西洋江，源出板郎、速部、木王三山，三流相合，东经富州，西北又东南入土田州界，注于右江。

营制则参将一，领守备一，千总、把总、外委十七，守城、分防兵八百六十七。

夷人则有侬人、沙人、僰夷、獛喇、土獠，或十余家、数十家为一寨，合一二十寨为一大寨。侬人之大寨名曰牛，其种有四十八牛，皆属于土同知。嘉庆二年，从剿黔苗，颇著劳绩。

府境民物蕃庶，川、楚、黔、粤贫民往来杂处，租山种植，久亦相安。夷性驯悍不一。自设官建学以来，夷人子弟亦知读书，有列庠序者矣。接壤越南，恭顺向化，界以河，不敢私入内地。边境尚称宁谧，而防范要不可疏云。①

以上可以看出，伯麟对开化府、广南府的认知，首言改土归流以前政区形态，次言清代改土归流以后行政区划的调整及建置、职官、四至，尤其注重对该属地区山川、河流、矿业的记述，又言该府绿营兵军事建制及种人分布，尾段则是全文的核心，不仅是对一府文教、经济变迁的认识，更重要的是对边防认识的高度总结，这也是身为总督主管地方军政而对边疆军事布防的重要认识，是其"边隅守土、贵稔夷顷"的结果。

---

① （清）伯麟：《滇省舆地图说·广南府图说》，中国社会科学出版社2009年影印本，第39—40页。

第六章 晚清边疆局势的变化与滇东南现代边防体系的建构

鸦片战争是近代中国的转折点。一方面，迫使中国进入了半殖民地半封建社会，阶级矛盾加深；另一方面，清政府也不断地进行调适来应对西方的冲击及缓和国内各种矛盾，相继有了洋务运动、戊戌变法、新政等影响近代中国历史进程的事件，使中国在夹缝中艰难前行。鸦片战争爆发后，云南社会矛盾加剧，爆发了全省回民起义，随后英法殖民者分别从滇西、滇东南蚕食中国领土，造成边疆危机。在此危急情形下，云南各族人民纷纷拿起武器，与英法殖民者斗争保卫领土主权，地方政府编练新军，建立了现代化的军事防御体系，捍卫了国家领土的完整。

第一节 晚清边疆局势的变化

一 道、咸、同变乱下的云南社会

嘉庆元年（1796年）爆发了川楚陕白莲教起义，并迅速遍及四川、陕西、河南、湖北边境地区。西南地区也受到波及。同年四月，云南查获滇东南开化府有教徒聚众结盟抢夺之事，巡抚江兰上奏：

> 风闻（文山县）阿鸡寨地方，有匪徒抢夺夷民钱米之事，当即会同营员驰往拿获伙贼喻谷定，系黔民陈金山邀约拦抢，并究出县民李克明与陈金山、黄榜金等一共十八人，有歃血订盟情事……查文山县地处极边，界连外域，陈金山始则怂恿结盟，复

纠伙肆抢，一日之内连劫二次，尤属目无法纪。

随后，据文山县知县史绍登查明后，得知事情的来龙去脉：

> 李克明籍隶文山，素性强横，夷民侧目，与说书度日之黔民陈金山、卖药营生之川民黄榜金素相交好。本年三月间，李克明挟该处富户轻视不与交往之嫌，起意结拜弟兄，彼此帮护，希图藉众欺凌，与陈金山、黄榜金相商，均力为怂恿。
>
> 次日，黄榜金即纠约喻谷定、高亦朋、李发科、苏起德、杨文杰、杨成奉、王得添、杨应宗、欧阳明、邹朝宗、马六生、黄体全、陈连、王正元、王小五，连李克明、陈金生、黄榜金一共十八人歃血订盟。因李克明起意为首，黄榜金纠约多人，不论年岁，即拜该二犯为兄，余俱依齿序列，焚香立誓而散。是月二十九日，陈金山起意抢夺过客，因李克明、王正元、王小五有事出门并未在家，遂纠同黄榜金等一共十五人，偕赴桥头地方，先后抢夺夷民王布金米两石，罗阿长钱七十文。内陈金山、黄榜金、喻谷定、高亦朋、李发科、苏起德、杨文杰，各持刀棍，余俱徒手，并未伤人。即经访问，将喻谷定拿获，究出结盟抢夺情事，各犯逃至临安、广南交界地方，经该县先后弋获，解省研审。据各供认前情。①

从案犯供述的作案形式看，是与白莲教直接关联。可见，教会的影响已经波及了边疆地区。随后清政府以剿办教匪，命各省征调额兵招募补充绿营。② 嘉庆二年为镇压开化府教匪叛乱，共调拨官弁兵丁1435 员，土练963 名，雇募乡勇4009 名。③ 直到嘉庆九年（1804

---

① （清）江兰：《奏为开化府匪徒聚众结盟抢夺全数拿获审办事》，嘉庆元年五月二十五日，中国第一历史档案馆藏，档案号：03－2340－042。
② 《清史稿》卷131《兵志二·绿营》，中华书局1977 年标点本，第3899 页。
③ （清）彭龄：《题为请销开化依匪滋事调拨兵练乡勇及安设台马赈恤难民支过银米数目事》，嘉庆五年九月二十二日，中国第一历史档案馆藏，档案号：02－01－07－08764－014。

年)肃清。这次农民起义不仅给予清王朝统治以沉重的打击,在镇压起义过程中,绿营兵中营务废弛、军事训练不正规、营员兵丁玩忽职守等诸多弊端也被充分暴露,使得清政府为此付出了沉痛的代价。因此,在平定白莲教起义后,嘉庆帝痛述兵弊:"绿营习气,废弛已甚。各省营员大者养尊处优,小者偷安徇利。当募补兵额之时,即不认真挑选,率以市井游惰之徒充数。及入伍以后,又不勤加训练,其所谓按期操演者,不过列营布阵,炫耀观瞻,循行故事而已,且有克扣额饷,以衙署杂色技艺服役之人支领虚粮,冒充兵目,而兵丁等亦因此心存怠玩,无所儆畏。"① 经历白莲教起义冲击,云南绿营兵开始大规模地裁废,导致流民散处,不能有效地控制,开化府地处极边,流民聚众滋扰,虽然没有形成大规模叛乱,但流民散处闹事是中期边疆态势的重要体现。

尽管嘉庆帝致力于绿营兵的整饬,但情况并未好转,全国各省营伍进一步衰落,使得云南"开化、广南等处界连交阯,均有流民盘剥局赌情事"②。为此,道光帝谕令各省总督强加训练,"各营伍将弁往往自耽安逸,竟不以操练为事,而该管上司又复不加察查……强者固不可日渐废弛,罢软者更不可不勤加操练。著饬知各省将军、督抚、提镇等,嗣后必应力返积习,加意训练,破除情面,举黜公平。于常操之外……务要实力而行,不可徒作空言,亦不可过于苛细,务期一日有一日之功,一兵有一兵之用。若不实心操练,仍视为泛常,经朕觉察,或随时看出,决不宽恕"③。于是各省各地开始整饬绿营。开化镇总兵苏法那也对本镇营伍进行严格的操练,在正常的操练以外,还加练各种习法:"一、六日加操炮兵演习刷刀;二、七日加操步兵打弩;三、八日加操马兵演习双手带刀;四、九日加操枪兵演习五梅花十连环,逢五日加操各官弁射步箭,逢十日加操各官弁射马箭。"④

---

① 《清仁宗实录》卷142,嘉庆十年四月己巳。
② 《清宣宗实录》卷19,道光元年六月丁亥。
③ 《清宣宗实录》卷25,道光元年十月辛丑。
④ (清)苏法那:《奏为准自操练兵丁技艺明白回奏事》,道光二年闰三月十九日,中国第一历史档案馆藏,档案号:04-01-18-0033-035。

但是，对绿营兵的整饬并不能改变其以防守为主要目的的建军思想和自乾隆后期以来清王朝的整体衰败腐朽。道光十九年（1839年），滇南有大量流民结众为匪，"临安等府州强劫杀伤之案叠出，现虽缉拏获犯，尚多闻风逃窜，盗伙往来，多在开化之大小石崖等处"，由于"开化镇府及文山县地方瘠苦，廉俸不敷缉捕"①，以致不能对其进行有效控制。鸦片战争爆发后，清政府疲于应付英国殖民主义者的挑衅，对边疆管控减弱，使得"临安、开化二府数月之内，抢劫数十案……被杀数十人"②，而广南府"野猫洞地方，聚有黑沙人滋扰，抗拒官兵，并在广西所属之西隆州各处散步揭帖，希图抢劫"③。此外，战争还导致巨额军费开支，财政收入却捉襟见肘，云南省岁修塘房、缉捕及办铜厂员的经费骤减，"滇省岁修塘房银四千六百两有奇暂行停发，开化等府缉捕经费八千五百两，办铜各厂员薪水银二千两有奇，俱减半扣发，解运京铜委员增给经费银一万三千两，酌减一成扣发"④。因此，云南省经费严重不足，捕务废弛，使得盗风日炽，严重影响地方治安，"广南府、永昌府、腾越厅及开化府属之文山县，临安府属之蒙自县、阿迷州、建水县、嶍峨县，广西州属之师宗县、邱北县为最甚"⑤，这些地区中，除师宗县是云南腹里靠内区域外，其余均为与缅甸、越南接壤的沿边一带。可见，越往边疆地区，清政府国家管控的能力越弱。

鸦片战争结束后，清政府与西方列强陆续签订了一系列不平等条约，加重了清政府的财政负担，为此只能加紧横征暴敛，增加税收一至三倍以上，兼之外国工业品大量倾销，使中国城乡手工业受到摧残，农民和手工业者纷纷破产。地主趁机兼并土地，加重剥削。民族矛盾的加剧激化了国内阶级矛盾，广大农民饥寒交迫，纷纷揭竿而起。咸丰元年（1851年）元月，洪秀全在广西金田村宣布起义，建号太平天国，率先发起了反对清朝封建统治和外国资本

---

① 《清宣宗实录》卷327，道光十九年十月庚辰。
② 《清宣宗实录》卷332，道光二十年三月乙未。
③ 《清宣宗实录》卷351，道光二十一年四月辛丑。
④ 《清宣宗实录》卷375，道光二十二年六月壬辰。
⑤ 《清宣宗实录》卷404，道光二十四年四月己亥。

主义侵略的农民起义战争。至同治三年（1864年）天京被湘军攻破后，起义之火方才平息。云南与广西接壤之处，起义军数量众多。七月，据云南地方官奏报，有"粤西贼匪窜入滇省广南府境"①，经弁兵、练勇的剿灭后，大部分起义军已被肃清，只有少量余军溃散而逃。云南众多少数民族在太平天国起义影响下，也纷纷揭竿起义反抗清朝封建统治。咸丰三年（1853年），"所在盗起，庆远、泗城、百色震动"②，进而向西影响到广南府普厅、剥隘。十月，粤西流民攻破郎恒，并一路影响当地各少数民族，在云南哀牢山区镇南州秀水塘村，爆发了彝族农民祀彩顺、祀彩云两兄弟领导的、数百名彝汉农民参加的反清起义，他们杀了汉族地主，抗击地主武装进攻，并一度围攻和占领了镇南州城。后转入山区，坚持武装斗争，起义军扩大至两千余人，也拉开了近代云南人民反抗斗争的序幕。咸丰四年（1854年），云南东川府回民马二花等杀死当地官员，并蔓延至寻甸等回族聚居区。次年，开化府又发生回民聚众抗粮之事。③ 咸丰五年（1855年）秋，哀牢山中段镇沅、墨江一带又爆发了哈尼族农民田四浪领导的反清起义，队伍达三千余人。咸丰六年（1856年）五月，由彝族农民李文学领导，在弥渡县瓦卢村爆发了更大规模的五千人参加的反清起义。云南各地少数民族起义的零星之火迅速汇聚成大规模的农民起义。

咸丰六年（1856年），云南爆发了反抗清朝封建统治的回民起义，起义之火遍及姚州、蒙化、新兴、建水、澄江等地，其中蒙化起义的杜文秀部于同年9月攻下大理，作为起义的中心。这场起义给云南全省造成了巨大灾难，"自杨林至平彝一带遍地皆匪；弥勒、邱北两县回匪复勾结侬匪，乘间窃发；澂江、临安两府，几无完区；海口未能获胜，姚州亦未收复，浪穹失守，大理被焚，开化亦有回侬滋扰"④。滇东南回民联合当地少数民族对开化府城形成围攻之势。同

---

① 《清文宗实录》卷37，咸丰元年七月癸巳。
② 民国《广南县志》卷2《大事记》，《中国地方志集成》影印本，凤凰出版社2009年版，第58页。
③ 《清文宗实录》卷168，咸丰五年五月丁亥。
④ 《清文宗实录》卷208，咸丰六年九月癸亥。

年九月，开化、田心、江那回民等围攻开化府城，凡八十余日。咸丰七年（1857年）十一月，邱北、开化地区回民进攻广南府城，后被广南府知府周守诚、参将察兴阿击破。咸丰八年（1858年）十月，开化回民复攻府城，被开化镇总兵庆勋、李荣灿击败溃散。咸丰九年（1859年）正月，开化回民王永升结合众少数民族攻打广南府城。咸丰十年（1860年）二月，江那里回民合众进攻开化府城，被知府李熙、总兵巴哈布击破。七月，巴哈布、李熙又领兵大破各起义军于江那里。九月，江那里回民复攻广南，知府李鸿畴、参将察兴阿督饬千总宗锦、把总邱顺将其击退。咸丰十一年（1861年）五月，开化回民马汶、张星结合马白、江那里、田心苗民复攻广南，署知府李鸿畴、署参将察兴阿抵御，但数战不利，民众遂扑府城，绅民登陴固守。八月，马汶、张星等党羽又围攻广南。八月中秋夜，起义军痛饮歌呼没有设防，知府李鸿畴侦得后，"尽简守城兵练，以黎明分门，并派出守备李国靖，把总李朝相、黄春芳直捣贼垒，诸生严启，兹弁员张子照劫贼粮台，贼不料，自相蹂践，后官军追北数十里，城围立解"①。

此次云南回民起义，是对清朝封建统治的又一沉重打击，战火燃及滇中省城、楚雄，迤西之大理、永昌，迤东之开化、广南，"几于流毒全省"②。清廷命督抚恒春、舒兴阿即刻前往查办，"恒春等既分兵前赴大理、开化等处，著即饬令带兵各员痛加剿洗，早复城池，不得专事姑息，致令蔓延益甚；舒兴阿既经在省，复有藩司桑春荣帮同办理，足资弹压；恒春著遵前旨，带兵出省，择要剿办，不可株守省城，坐误事机"③。咸丰帝谕云南地方官着力办理，主张以剿抚结合的方式力求早日解决云南回民起义："先将瞽不畏法之徒痛加剿办，声威所至，余众自必畏罪投诚。倘官军一到，即能悔悟捆献首逆者即予免罪，仍剀切晓谕，解散党与。总当除莠安良，先剿后抚，分别办

---

① 光绪《续云南通志稿》卷81《武备志·戎事·平定回乱略上》，光绪二十四年刻本，《中国边疆丛书》（第2辑），文海出版社1966年影印本。
② 《清文宗实录》卷215，咸丰六年十二月戊戌。
③ 《清文宗实录》卷217，咸丰七年正月己未。

理。既可折服汉回之心，亦不致久劳兵力。"①

随着太平天国起义失败，全国各地也相继平复，云南回民起义也陆续被肃清。同治年间以后，官兵开始全面巩固回民驻地。同治八年（1869年）三月，开化回民马世德集结开化、广南各地流民数千人，攻打竹园村，波及迤南地区，梁士伟率兵驰剿。六月，马世德又进攻十八寨，副将杨国发击破之。七月，杨国发剿平竹园村回夷驻地。②同治十年（1871年）三月，前开化府江那里地方"久为贼匪坚巢，后经署总兵麟志等军先将探南、脚侧竜二处攻克，断其掎角，又乘胜力拔汞那。又刘岳昭、岑敏英檄饬张保和等迅速将田心、茂克贼巢一律攻拔，滇省东南各属，已渐次底定"③。次年冬，清军又攻克大理府城，起义失败。后清军节节进攻，将腾越等迤西各起义军驻点次第肃平。同治十二年（1873年），"全省一律肃清"④。

19世纪50年代后期，在李文学、杜文秀起义的影响和号召下，云南全省几乎所有府、州、县都相继爆发了大小规模的反清起义，这些起义以各族农民为主体，最终汇合成了云南各族人民反对资本主义列强的入侵和反对清朝封建统治的人民大起义。⑤然而，虽然它为近代云南人民的爱国主义斗争树立了光辉的榜样，对云南以后历史的发展产生了重大影响，但却对云南基层社会造成不小的灾难，"郡县城池，大半被贼蹂躏，小民颠沛流离，深堪矜悯"⑥，加之"水火、饥馑、瘟疫、豺狼诸大劫"⑦，广大人民群众民不聊生。虽然清政府对战后的云南采取了各种蠲恤政策，各流亡民众，始渐归农，渐渐恢复了旧状，但直到民国中期，仍有"终不能恢复者，废井颓垣，今依然

---

① 《清文宗实录》卷201，咸丰六年六月辛丑。
② 光绪《续云南通志稿》卷82《武备志·戎事·平定回乱略下》，光绪二十四年刻本，《中国边疆丛书》（第2辑），文海出版社1966年版。
③ 《清穆宗实录》卷307，同治十年三月丙申。
④ 《清穆宗实录》卷354，同治十二年闰六月丙戌。
⑤ 谢本书：《近代云南人民爱国主义斗争的三次高涨》，《思想战线》1984年第1期。
⑥ 《清穆宗实录》卷354，同治十二年闰六月丙戌。
⑦ 解配文：《解时艰论》，民国《马关县志》卷8《艺文志》，何廷明、娄自昌校注，云南大学出版社2012年版，第246页。

卧榛莽也"①。可见在短期内，咸同云南农民起义对云南社会的创伤是难以恢复的。

二 法国殖民主义者对越南的侵略及对云南领土的觊觎

历史时期，云南与东南亚国家具有两千多年的贸易传统，形成了传统的贸易通道，在明清时期贸易往来更为密切，互补性日益加强，已渗透至各民族的日常生活之中，达到须臾不可或缺的程度。从19世纪开始，英法等殖民主义者在"云南神话"②的利益驱使下，开始入侵缅甸、老挝、越南等东南亚国家，为殖民主义者寻求商业市场、矿产和商业通道，他们曾一度认为中国西南，特别是云南是中国物产最丰富的地区，有着最广阔的市场，孕育着巨大的商机。欧洲各国相继经历了工业革命后，得到迅猛的发展，迫切需要大量矿产资源，法国资本主义将触角伸向印度支那半岛，意欲占领越南，其目的不仅在于将越南变成自己的殖民地，更在于把越南变成其扩大对中国侵略的基地，掠夺矿产资源。

乾隆五十二年（1787年），法国天主教会主教百多禄（Pierre Joseph Georges Pigneau）在致法王路易十六的奏议中称：

> 在目下印度政治势力的抗衡上，似大有利于英国人。如果认为恢复（双方势力的）均衡，不是一件容易的事，这看法也许是有道理的。按着我的意见，在交趾支那建立一个法国的殖民地是达到这个目的最稳妥、最有效的方法。实在说，如果考虑这个国家的出产和它的埠口位置，我们便不难看出，如果我们把这个国家占领，则无论平时战时，都可以获得最大的利益。

此外，百多禄还具体分析了占领越南能够给法国带来的五种利益，其最主要的就是能够利用越南与云南接壤的地理位置和丰富的矿

---

① 民国《广南县志》卷2《大事记》，《中国地方志集成》影印本，凤凰出版社2009年版，第85页。

② Warren B. Walsh, "Yunnan Myth", *The Far Eastern Quarterly*, Vol. 2, No. 3, 1993, pp. 272–285.

产资源进而对中国实施侵略,并阻止英国在远东势力的扩张,达到"一石二鸟"的目的。他指出:

> 伤害在印度的英国人的最稳妥的方法,就是摧毁它的商业或——这是无论怎样也要作的——削弱它的商业。(如果占领了交趾支那,)在和平的时候,因为我们地位较近中国,我们定然可以吸收很多它的商业。航程较印度短,运输费用较印度便宜,中国商人自然喜欢交趾支那的法国埠口,而不喜欢遥远加尔各答(Caloutta)和马德拉斯(Madras)埠口。在战争的时候,将更容易隔断中国和一切帝国的商务;我们海港的位置将使我们能够禁止任何船只出入中国的埠口。①

可以看出,法国占领越南的用意是要攫取在中国的最大利益,将其作为侵略中国的后方基地。

乾隆二十五年(1787年),安南封建割据政权阮福映为镇压西山起义,恢复其统治政权,向法方求援,双方签订《法越条约》。条约规定,法国出兵帮助阮福映夺取国家政权,越南相应割让昆仑岛及土伦港给法国,并给予法国贸易权。然而由于法国大革命的爆发,规定的条约未及履行,却成为日后法国入侵越南的借口。嘉庆二十二年(1817年),法王路易十八派遣使臣至越南,要求越方履行条约,被拒后,又于道光元年(1821年)再次派使臣前往,仍不果而还。在两次遣使未果的情况下,法国于道光二十七年(1847年)派遣黎峨(Charles Rigault De Genouilly)等率领战舰抵达土伦港,开炮击沉了几艘越南渔船。随后咸丰六年(1856年)威尔苏亚克率领"加地那"号战舰前往土伦港,加快了侵略越南的步伐。

咸丰八年(1858年),法国借口有本国和西班牙的传教士在越南被害,随后黎峨率14艘战舰和2000名士兵组成联合舰队进攻土伦港,正式拉开了武装侵略越南的帷幕。至咸丰十一年(1861年)春,

---

① 《1787年百多禄主教上路易十六的奏议》,张雁深译,《中法战争》(第1册),上海人民出版社1957年版,第363页。

法军已先后占领定祥、嘉定、边和三省。次年 6 月 5 日，法国与阮氏朝廷签订第一次《西贡条约》。条约规定：越南割让嘉定省、定祥省、边和省三省和昆仑岛给法国，而且承诺未经法国同意不得将其领土割让给其他国家；开放土伦、巴叻、广安三港和湄公河及其支流供法国通商；保证法国人贸易自由；允许基督教教士在越南境内自由传教；越南在 10 年内向法国和西班牙赔款 400 万法郎。南圻六省全部沦为法国的殖民地，法国在当地任命统督，《西贡条约》的签订，使得法国初步拥有了越南的内政与外交大权，且极大地限制了越南阮朝与清政府之间的联系。同治六年（1867 年），法国殖民主义者继续以武力侵占了永隆、和仙、安江三省。

与此同时，法军着手计划进一步侵占中、北圻以至吞并整个越南。早在同治四年（1865 年），法国组织了由安邺（Marie Joseph Francis Garnier）率领的调查团，由西贡出发，沿着湄公河北上，途经柬埔寨、缅甸，到达中国四川省。该调查团历时一年，证实澜沧江湄公河上游不具备通航条件，若要连通越南与中国的水陆交通，必须以红河水道为主。于是法国谋划尽早打通中国的路径。

同治九年（1870 年）法国探险家涂普义（Jean Dupuis）率领两艘战舰到达海防。同治十二年（1873 年）涂普义将武器沿着红河水道运输至云南，并带回了一些大锡和铜矿石，从事贩运活动，从中谋取了巨大的利益，并请战河内，刺激了法国的侵略欲望。随后安邺率领两艘战舰和 98 名士兵到达河内，发动突然袭击，攻占海阳、宁平、南平等地。但法国的侵略行径遭到越南军队和刘永福率领的黑旗军联合反击，使得法国侵占北圻的阴谋未能得逞。然而腐败的越南当朝唯恐国内人民的反抗活动会危及自身的统治，便竭力与法国求和。因此，同治十三年（1874 年）法越双方又签订了第二次《西贡条约》。条约规定：法国承认越南的独立，不再臣服于中国；越南正式承认法国对安江、河仙和永隆三省的割让；开放河内、海防、归仁和红河贸易，允许法国在这些城市设置领事馆，法国在红河有航行权；越南的税收、海关由法国专家组织；法国侨民在越南享有治外法权，法国人和其他外国人在越南发生诉讼，须由法国领事审理；法国"承认"越南"独立自主"，但越南皇帝必须遵循法国的外交指导。该条约使

第六章　晚清边疆局势的变化与滇东南现代边防体系的建构 / 197

得越南丧失了外交自主权，进一步加速了越南殖民地化的进程。

法国殖民主义者并不满足于此。第二次《西贡条约》签订后，法国部署人员到广西、云南进行渗透活动，修建教堂、勘探矿藏、搜集情报，欲从经济、文化方面进行渗透，积极准备在越南发动新的侵略战争。光绪八年（1882年），法国驻西贡总督率军北上，占领河内、南定。应越南政府请求，黑旗军首领刘永福率兵3000人，于河内西郊纸桥设伏，黑旗军浴血奋战，在越南军民配合下，毙伤法军200余人。值此紧要关头，越南政府再次向法国妥协投降，双方于1883年8月25日签订了第一次《顺化条约》，条约主要内容为：越南承认并接受法国的保护权，越南的外交事务，包括与中国的关系，由法国掌管；平顺省并入南圻法国直辖殖民地；法军永久占领横山山脉和顺安海口；法国派驻扎官驻北圻各省，监察越吏；广南岘港和富安春台开放为各国通商口岸。该条约的重要影响在于彻底结束了中越之间的宗藩关系，越南的政治、经济、司法等主权完全丧失殆尽。

总之，法国由占领南圻开始，进而向北推进，占领中圻、北圻，其欲侵占中国西南的野心也已昭然于世。时人评论："考法国之窥伺云南也，实始于逊清同治初年，时有法商奥塞氏及得张比氏折循红河潜游云南，探测山川地势，丰饶矿产，而归；同治十二年（1873年），又有法人杜沛者，自越南入云南考察形势，收买铜锡；光绪二十一年（1895年）法国里昂之中国调查会派员至云南调查矿务物产；翌年，大矿物学家勒格里率领学生游云南，著《云南矿产考》一书；又翌年（二十三年），越南商务副大臣白罗宜，偕巨商白兰至滇，贿洋务局总办兴禄及矿务督办唐炯，要求采矿权；而后法国窥伺滇省之本怀见矣。"① 云南是中国与法英东方殖民地最接近的地区，法国最希望进入云南或打通从殖民地缅甸、越南经云南进入中国内地的通道，进而实现殖民主义的全球战略。

咸丰八年（1858年）法国发动侵略越南战争，并分别于同治元年（1862年）、同治十三年（1874年）与越南两次签订《西贡条

---

① 华企云：《云南问题》，《中国边疆文库·西南边疆卷一》，黑龙江教育出版社2013年版，第386页。

约》，不仅攫取了越南大量主权，将其置于法国"保护"之下，中越边境越发混乱。自河内被法军攻破后，有匪徒黄宗英等乘机攻袭太原、山西等处，"云南开（化）、广（南）、临安辖境与越南所属宣光等处接壤，恐有外匪阑入，勾结该处回夷滋事"①，清政府对流匪及游民的措施是"实力堵剿，毋令窜入内地。其投首之匪，尤应详查，如实系真心悔罪，自拔来归，即饬令交界地方官妥为收抚，不准携带军器……并饬各本籍地方官严加管束，毋令滋生事端，如有流落难民迁回内地者，亦当妥为安插"②。可见，自从越南被法军占领后，清政府加强了中越边境云南段防御。但法国占领越南的最终目的是要叩开中国西南的大门，为此常沿红河一带以水路方式偷偷进入云南，因而"开化边界之河口、新街，亦有洋人带税收跟丁前来"③。国家对边疆的管控能力不足，滇东南地区时常有匪徒滋事。光绪元年（1875年），越南逆匪黄崇英贼党窜开化、大窝，④ 此地隶属开化府安平厅管辖，后虽经岑毓英等剿灭，但仍"窜突靡常"。光绪三年（1877年），广南府属那鸡寨匪首王喜纠结党羽肆意扰乱地方社会秩序，经地方文武督率团练拿获要犯以后，余匪散遁。⑤ 光绪七年（1881年），广南府又有土棍王泽宽胁迫各寨夷民，分踞红石岩、旧莫寨各处修建营垒，抗拒官兵。后经刘长佑带兵前往剿办，毙匪多名，但逆首王泽宽仍在逃。⑥ 因此，地缘政治的改变对滇东南地区基层社会影响很大，洋人可以毫无限制地自由出入境，流民常扰乱地方社会秩序，给清政府治理带来很大的压力。与此同时，法国殖民主义者将殖民的触角继续伸向云南腹里地区。

两次法越战争结束后⑦，自同治十二年（1873年）起，法国继续向越南北境扩张。光绪八年（1882年），又挑起了第三次法越战争，

---

① 《清穆宗实录》卷363，同治十三年二月丙申。
② 《清穆宗实录》卷366，同治十三年五月壬寅。
③ 《清穆宗实录》卷366，同治十三年五月辛酉。
④ 《清德宗实录》卷13，光绪元年七月癸卯。
⑤ 《清德宗实录》卷50，光绪三年十月壬寅。
⑥ 《清德宗实录》卷131，光绪七年六月己未。
⑦ 第一次自咸丰八年始，以同治元年第一次《西贡条约》的签订为终；第二次自同治十年始，以同治十三年第二次《西贡条约》的签订为终。

频繁在中越边境地带活动，实以占领越南北境而通商云南，最终侵占中国领土。光绪七年（1881年）十月，法国占领越南西贡一带，以"捕盗为名添置兵船，并欲由红江通商云南，计殊叵测"①。云贵总督刘长佑探得对方图谋，上疏："边省者，中国之门户，外藩者，中国之藩篱。藩篱陷则门户危，门户危则堂室震。"② 随后法国下议院增加二百五十万法郎越南水师经费，经理东京海湾水师。清政府出于保护藩属国意愿，同时为了保卫西南大门不失，开始着手应对。一方面，总理衙门会同李鸿章、左宗棠、刘坤一、张树声、刘长佑、庆裕、杜瑞联商议，曾纪泽与法国外交部辩诘；另一方面，加强边界防御，饬提督黄桂兰以严防积匪为名，"加派勇队驻扎以张声势"，严密防范，以期慎固边疆。③ 清廷命每年由四川拨给练军二十万，命刘长佑等增军备边，"期于固疆围而杜衅端"④。面对法国的挑衅，清政府严令云南督抚守边，并调拨饷银充实军队，严禁其借通商名义进入云南边境。

光绪八年（1882年）二月十四日，法国兵船由西贡驶至海防，声称要攻取东京，发动第三次侵略越南的战争。内阁学士兼礼部侍郎同时也是主战派的周德润，先后三次向清廷进谏，力主向法国宣战，力保藩封，并向光绪帝陈奏称："法与中国，势不两立，有不可和者五，宜用兵者七。"具体如下：

> 大凡御寇者，御之室中不如御之门外。今越以全境归法，则马白关外，我不能暂驻一营，镇南关外我不能进扎一步。卧榻之侧，虎狼同寝。我之防彼，日引月长；彼之袭我，朝发夕至。其不可和者一。
>
> 自来讳言兵者，每以踞地争城为大患，而以通商传教为无伤。若法之于越，始以和饵之，终以兵慑之，有堕其术中而不觉者。倘以待越南者待中国，窃恐通商于滇，今日之蛮耗、蒙自即

---

① 《清德宗实录》卷138，光绪七年十月甲戌。
② 《清史稿》卷527《属国二·越南》，中华书局1977年标点本，第14648页。
③ 《清德宗实录》卷140，光绪七年十二月辛未。
④ 《清德宗实录》卷144，光绪八年三月己亥。

异日之西贡也。传教于粤，今日之太平、南宁，即他日之河内也。其不可和者二。

凡沿海诸省，未尝不立码头，设领事，然他夷远隔重洋，即悬军深入，亦我逸而彼劳，法夷全吞越土，苟瞰我邻邦，且反客而为主。其不可和者三。

中国招刘永福，虽谓救越，实以捍边；刘永福之出保胜，虽谓扶越，实卫中国。今一旦穷蹙而去，法必向中国索之。不与则藉纳叛为词，与之则令豪杰解体。其不可和者四。

且我兵既退之后，法以跳乐制越人，两圻土兵，必有为其号召者；以重金购壮士，黑旗旧部，必有为其招募者。以越人扰吾边，中国反受属国之害；以华人攻内地，匪党反为乡导之师。其不可和者五。

窃谓目前大计，莫县于正属国之名也。责越人之疑贰，册封之事可暂停；毁新约之条规，要挟之词不足据。将兴灭继绝之义，宣布于天下，使海岛诸夷直我而曲彼，则声罪致讨，不患无词。其宜用兵者一。

莫要于收忠义之心也，乘新丧而用武，越君之降非本心；用苛政致以虐民，越臣之服非得已。积怨深仇，惟延颈以望中国之救耳。倘整我六师，檄其反正，南北圻之义士，必将倒戈以杀强敌。其宜用兵者二。

闻开化以南，其山多瘴，秋暮而瘴始轻；红江以北，其水多毒，冬来而毒始解。如法人趁此天时，长驱深入，全滇势必震惊，故不如先发以制之。其宜用兵者三。

且法人之胜，亦未足恃也，外有英、德之窥伺，国似实而实虚；内有议院之参商，兵虽进而易退。古未有强邻觊觎，将相不和，而能成功于外者。诚合全力以逐之，其虚骄之师，必胆寒而遁归巢穴。其宜用兵者四。

河内据北圻之形势，三面临江，刘团由怀德陆路一面攻之，所以日久无功，如令彭玉麟督师钦、廉海口，遴派得力将弁，以轮船扼驻海防，以绝西贡之接济，并分兵船薄富良江，以截江面之应援，则河城克期必下。其宜用兵者五。

北宁为广西门户，常以劲旅镇之；山西为云南门户，当以精锐控之。北宁距河内一百十里，山西距河内八十里，我兵相机来夹攻，法将四面受敌，势必弃城而窜。其宜用兵者六。

重赏之下，必有勇夫。闻外间助刘团，有每月五百金、千金之说，何足以集大功？屡奉旨指拨重币，原以济一时权宜之计用，疆臣何愦愦乎？苟厚其资，使募水师而购利器，则越将为我前驱，勇气自当百倍。其宜用兵者七。①

周德润非常熟悉边情，因而被任命在总理衙门行走。从奏章中看出，周德润能够做到审时度势，全面分析中法双方的敌我矛盾，反对与法国妥协乞和，提出作战方略，建议清廷当机立断，采取军事手段抗法。针对云南地区，他认为滇东南开化府及滇南红河流域地区是法国殖民者虎视眈眈之地，若法国趁瘴气消弭之时长驱直入，则中国西南门户尽失，即"今日之蛮耗、蒙自即异日之西贡"。用兵方面，周德润也认识到应有效地团结一切抗击外国殖民主义者之力量，将刘永福所率黑旗军招致麾下与正规军一同抗击法国的入侵，捍卫领土完整，即"刘永福虽谓救越，实以捍边；刘永福之出保胜，虽谓扶越，实卫中国"。并进而规划了由云南进攻越南的路线："由滇至越，陆路甚远，虽不必如前督臣富纲设立台站，亦当酌置驿寨，以仿步步为营之法。可否敕下云贵总督岑毓英拣带大队，亲驻开化，通盘筹划，转饬唐炯督率周万顺各部，由蒙自循洮江右岸，往据三岐江要口；饬总兵蔡标等统领各军，由马白关抵安边，驰驻宣光镇。两军自为掎角，以扼北圻之咽喉，则河内不战而自危矣。"② 可见周德润具有相当敏锐的军事战略眼光。对此光绪帝也认为周言合理：

越南孱弱已甚，如果法人意在并吞，该国万难自全，论藩属

---

① 《清史列传》卷58《新办大臣传二·周德润》，中华书局1987年校点本，第4586—4588页。
② 《清史列传》卷58《新办大臣传二·周德润》，中华书局1987年校点本，第4589—4590页。

之义，中国即应派兵救援，而在我既鞭长莫及，在彼又弱不能支撑度情形，势难筹议及此。惟越南北圻各省多与滇粤毗连，若法尽占北圻，则藩篱全撤后患将无穷期，强弱安危，关系綦重，何可坐失事机致成不可收拾之局……法国意在由富良江通商云南保胜一带，实为扼要之地，防务尤为紧要。①

可见，清政府已意识到问题的严重性。二月中旬，法军攻破东京，边防告急，清廷却仅派少量正规军在边关驻扎声援，只求保境，不与法国决裂。"富良江上游保胜一带，防务最为紧要。所有筹防各军即当选派将领，统带进发，扼要分布，遥为保胜声援。"② 清政府的原则是既不与法国正面决裂，又要保护藩属国越南，因而只得在暗中以剿匪名义出兵保护越南，"令滇粤防军守于城外，仍以剿办土匪为名藉图进步"③，又以"纳楼土族普应昌败窜红木冲箐等处，越南土匪朱二、韦三等分投滋扰，陆之平匪党由大原水岩一带向西南山硐逃窜，亟应分派官军实力剿办。刘长佑等现已抽调练军，为移缓就急之计，即著饬令道员沈寿榕带兵出境，与广西官军联络声势，以剿办土匪为名，保护越南即所以屏蔽吾圉"④。正是清政府在处理法国殖民主义侵略上的保守态度，使得中方在中法战争后期始终处于被动局面，最终导致战争失败。

三 岑毓英入越抗法及中法战争后"黑旗军"游勇在边境地带活动

法国侵略者步步紧逼，迫使清政府对法宣战，中法战争全面爆发。光绪八年（1882年）十一月，岑毓英加强滇越边境防守，"拟将开化、广南、蒙自边地分为三路：以开化镇总兵蔡标同记名提督吴永安，督带黔军及练军四营分守开、广二路；以唐炯所部记名提督周万顺，督带安定二营，并练军二营，分守蒙自一路，各专责成，其余各

---

① 《清德宗实录》卷144，光绪八年三月辛亥。
② 《清德宗实录》卷145，光绪八年四月己巳。
③ 《清德宗实录》卷145，光绪八年四月己巳。
④ 《清德宗实录》卷146，光绪八年五月丁亥。

营练军汰弱留强,分驻省城,及各要隘养精蓄锐,与边军轮流更换,以期持久不懈"①。光绪九年(1883年)三月,法军逐步向越南北部推进,已攻占南定,士气正盛,对滇越边防构成威胁,于是边境派大员带兵驻扎。岑毓英、杜瑞联饬令唐炯统率防军,择要扼守,酌量添拨兵丁,以滇、粤两省互相联络,布置兵力,"力保越南北圻"②。但是,由于战略失误,加之法军战斗力强,不久南定即告失守,"该国局势愈危,滇省边防尤为吃紧"③,此时唐炯迅速前往开化府边界,督军进扎,相机备御,又命张永清等挑带练军,前往兴化、山西一带驻扎,"派出各员实力防守,毋稍疏虞"④。

岑毓英身为云贵总督对滇越边界极力防守、尽职尽责,但迫于李鸿章等保守派妥协退让的压力,清政府在越南战场仍不能扭转战局。五月,法军为越南所败,李鸿章电称,中国宜添兵增势,但命"不能与之正面冲突",令岑毓英、杜瑞联督同唐炯,"就近选募边民之能耐炎瘴者迅速成营,与现有队伍择要扼扎,若法之援兵到后,切不可与之挑战,惟当深沟高垒,掘断来路,严密堵守"⑤。

与此同时,黑旗军受到越南政府的邀请,同越南军民一同抗击法国殖民者。六月,黑旗军同越军一起进攻河内,连战连捷。此前曾聚众滋事的广南团首王泽宽也主动请求随营效力,以赎前愆。⑥清政府正规军按兵不动,"联络刘永福一军严密防守,以固门户",并告诫法国:"如侵及我军驻扎之地,不能坐视……倘法人不顾名义仍欲逞兵,则开衅即在意中。"⑦但随着战争形势发展,十月,黑旗军已退守山西,急需兵援。岑毓英亲领二十营,出关前往山西奔赴敌阵择地驻扎。但光绪帝却命岑毓英"总以保守北圻,力固滇粤门户为重要"⑧,暗指其勿与法军正面对抗。

---

① 《清德宗实录》卷154,光绪八年十一月丙戌。
② 《清德宗实录》卷162,光绪九年三月乙未。
③ 《清德宗实录》卷162,光绪九年四月己未。
④ 《清德宗实录》卷162,光绪九年四月甲戌。
⑤ 《清德宗实录》卷163,光绪九年五月庚子。
⑥ 《清德宗实录》卷164,光绪九年六月辛亥。
⑦ 《清德宗实录》卷172,光绪九年十月戊辰。
⑧ 《清德宗实录》卷172,光绪九年十月丙子。

光绪九年（1883年）十一月，越南统治集团内部分裂，嗣王被戕害，法国乘机添兵镇乱。清廷一面命岑毓英前往越南国内宣布威德，削平祸乱，令其择贤继位①，一面激励黑旗军统营进扎②。到光绪十年正月，岑毓英抵达保胜，欲前往兴化一带驻扎。清政府将徐延旭部各营及后路调防诸军，统归岑毓英调度。③

二月，岑毓英行抵兴化等处，"布置防守，并联络粤军，激励刘团相机办理"④。但由于唐炯的消极防守，山西、北宁、太原相继沦陷，唐炯被革职交刑部治罪。这样兴化军务告急，且城小临江，存粮缺乏。若法军进犯，势难防守。光绪帝命岑毓英督饬在防各军，"扼要驻守，力保边疆门户"⑤。

四月，岑毓英开始整备部队，再图进取，"命潘鼎新驰赴粤西重加整顿，叠谕沿海疆臣妥筹战守，又特召鲍超、刘铭传等来京听候调派"⑥。但此时，清政府接法国水师总兵福禄诺信函，称愿从中调解并自愿停战保全和局。实际上，自中法战争爆发以来，清军在越南北部接连失败，云南战线的失利也影响到广西段，军心涣散，全线瓦解。接到停战请求，出于保境息民的考虑，清廷无疑是求之不得。经过一番思量，清廷认为"与外人交涉之事，必先通盘筹画，坚持定见……如有非理要求，则必严行拒绝，万不可稍有游移"，议定坚持两条原则：第一，不许法人至云南内地通商；第二，不得索偿兵费。

十七日，李鸿章与法代表在天津谈判，签订《简明条款》。清政府同意对法越"所有已定与未定各条约，均置不理"，同意将驻守北圻的各防营"即行调回边界"，"许以毗连越南北圻之边界，所有法、越与内地货物听凭运销"。同时，法国"情愿不向中国索偿赔费"⑦。

---

① 《清德宗实录》卷174，光绪九年十一月己亥。
② 《清德宗实录》卷174，光绪九年十一月壬寅。
③ 《清德宗实录》卷177，光绪十年正月壬辰。
④ 《清德宗实录》卷178，光绪十年二月庚午。
⑤ 《清德宗实录》卷181，光绪十年四月乙巳。
⑥ 《清德宗实录》卷181，光绪十年四月庚戌。
⑦ 王铁崖：《中外旧约章汇编》（第1册），生活·读书·新知三联书店1957年版，第455页。

条约签订后，战争停止。但条约并未明确越南为清朝藩属国，仅于第四款内称法国"决不插入伤碍中国威望体面字样"，光绪帝认为这是法国"究系隐约其词，并未将属藩一层切实说明，殊未惬心"，命大臣"将来条目中越南册贡，照旧办理务须注明越南既为属邦"①。至此，中法战争第一阶段结束。

但至闰五月初二，法军在广西谅山北黎地区以巡防为名，开炮打死清朝兵弁，还击后互有杀伤，双方死伤近百人。法国以此为借口要求清政府赔偿军费，蓄意扩大战争。二十四日，清政府照会法使，应照约撤军。但六月十五日，法军占据台北基隆山炮台，又在福州马江攻击中国船舰。于是，清政府于七月初三日正式对法宣战，"各路统兵大臣暨各该督抚，整军经武，备御有年，沿海各口，如有法国兵轮驶入，著即督率防军，合力攻击悉数驱除，其陆路各军，有应行进兵之处，亦即迅速前进"②，此为中法战争第二阶段，主战场为中国东南沿海地区，但越南北部陆战也在持续。岑毓英虽已遵照条约于兴化撤军，但仍加紧添兵防备，驻扎开化府马白关，"扼扎严防，认真训练"③，随时接济刘永福黑旗军。

九月，越南北部战场，岑毓英率兵进取，势如破竹，加之黑旗军英勇善战，将法军逼退至宣光。十二月，广西钦廉战线告急，法军侵占镇南关，占领谅山一带，会办云南军务鲍超带步兵二十一营，由开化府出关至保乐，会同岑毓英部共同出关协防。④ 光绪十一年（1885年）正月，两江总督彭玉麟急调冯子材率十营回援，取得了镇南关大捷。虽然越北战场基本被清军控制，但清军伤亡惨重，而法军控制了澎湖地区。因此，清政府派代表李鸿章与法国公使于光绪十一年（1885年）四月二十七日在天津签订了《越南条约》，即《中法新约》，十一月二十八日在北京交换批准，至此中法战争结束。

战争结束后，双方商酌撤军事宜，根据第九款约定，法军"立即

---

① 《清德宗实录》卷182，光绪十年四月癸亥。
② 《清德宗实录》卷189，光绪十年七月戊申。
③ 《清德宗实录》卷187，光绪十年六月癸未。
④ 《清德宗实录》卷200，光绪十年十二月戊子；《清德宗实录》卷202，光绪十一年正月丙寅。

奉命退出基隆,并除去在海面搜查等事",并且"画押后一个月内,发兵必当从台湾、澎湖全行退尽"①。而中方也陆续从越南撤师回境。五月,岑毓英命在越清军七万人,撤抵二万三千余人至开化府、临安府边界,②而黑旗军,经两广总督张之洞的奏请,于五月二十四日陆续撤回广西边界。③随之大部分被裁撤,他们"啸聚滇越边界,蹂躏村邑",散兵进入越南为匪,无藏身之地,便渐渐窜入滇、桂边境滋事,"初犹买卖如常,照市直给,久而无食,渐以劫夺商旅为生"④。据史料记载:

> 游匪,当时谓之游勇,意谓游荡之兵勇也。其名起于中法之役,祸亦起于中法之役。中法和议既成,各路停战,所余兵勇遣散归农。滇督岑毓英欲遗法人以无穷之祸,愿归农者资给遣散,无家可归及有家而不愿归者,给械入越为匪,其时入者甚众。时与法人为难,殊法人治匪有法,不数年全数驱逐出境,乃窜伏滇、桂、黔边地。为日既久,其祸几不可收拾。此乃游匪之真实起源。⑤

根据笔者掌握的资料,后人记述游勇的来源虽然大同小异,但均认为是战后岑毓英未将裁撤营勇妥善安置,将这些武装力量遣散归农,甚至"给械入越为匪"。中法战争结束后,岑毓英在滇东南边境地区布置大量军队据守。《清史稿》记载:

> (光绪)十一年,岑毓英因滇省入越南之路,以白马关为要,法兰西人通商之路,以蒙自县为冲,沿边千里,处处错壤,留防

---

① 王铁崖:《中外旧约章汇编》(第1册),生活·读书·新知三联书店1957年版,第468页。
② 《清德宗实录》卷208,光绪十一年五月甲子。
③ 《清德宗实录》卷210,光绪十一年六月乙未。
④ 民国《马关县志》卷5《兵略志·游勇扰边之原因》,何廷明、娄自昌校注,云南大学出版社2012年版,第154页。
⑤ 民国《广南县志》卷2《大事记》,《中国地方志集成》影印本,凤凰出版社2009年版,第96—97页。

第六章 晚清边疆局势的变化与滇东南现代边防体系的建构 / 207

之兵一万六千人，编为三十营，以白马关隶开化镇总兵，蒙自隶临元镇总兵，每年瘴消之际，亲赴边陲，简阅营伍。个旧锡厂，规制宏大，厂丁数万人，汉、夷杂处，且通三猛、蛮耗各路，乃增设同知一员，移临元之都司营兵驻防个旧，调原驻开化游击移守白马关，以右营都司分防古林，移右营守备驻长冈岭，以临元游击驻蒙自县，右营都司分防水田，右营守备分防嵩田，为因地制宜之计。①

据此分析，战后滇越边境游勇渐增，与岑毓英的遣散政策可能有一定的关系。中法议和后，云南马白关、广西镇南关为滇桂入越边要处所，使该地区"越南游匪为患，关内亦多伏莽"②。值得注意的是，有流寓越南的难民数千人，奔投入关。③ 这些难民"就抚反复，滋扰边境"④，是边境地区不安稳因素之一，加上时值滇东南地区遭遇天灾，"自光绪十一年后，每岁交立秋节，则发生鼠疫，至霜降节止，岁以为常，尤以二十六、七、八年为甚"，因此造成"死者累累，夜无行人，甚有全家死亡，无一人幸免。其时不知预防，听命于天而已，死亡数在万人以上"⑤。难民增多及天灾使得死亡人数增多，难民既无安身之所，又无饱腹之食，便只能散为游勇，以四处抢劫为生，"游勇时出滋扰，烧杀抢掠，边民苦之"⑥。云贵总督王文韶多次派兵剿办，但终究无法得以根除。

为何会有如此多的越南难民奔投入关呢？据当时开化府安平厅马世麟称："卑厅所属原只逢春、东安、永平三里，迨光绪十二年经钦差周、宫保岑勘定，仍复从前旧界，直至大赌咒河，安抚黄树皮、猛

---

① 《清史稿》卷137《兵志八·边防》，中华书局1977年标点本，第4063页。
② 《清德宗实录》卷211，光绪十一年七月辛丑。
③ 《清德宗实录》卷270，光绪十五年五月戊申。
④ 《清德宗实录》卷285，光绪十六年五月丁酉。
⑤ 民国《广南县志》卷2《大事记》，《中国地方志集成》影印本，凤凰出版社2009年版，第116页。
⑥ （清）贺宗章：《幻影谈》上卷《兵事·蛮河之役》，《云南史料丛刊》（第12卷），云南大学出版社2001年版，第94页。

岣、南山等处"①,"周围四百六十余里户五千五百余,丁口二万二千余,挑选壮丁二千六百余,取名归仁里"②。即在方圆四百六十华里之地,新设归仁里,内有居民22700口,已久为越南之地。据称:"归仁里初附版图,人多顽梗,不识法度,不知纪律。前以游匪麋集,虽经各大宪派营剿击,然崔苻未靖,滋蔓复生,是以年来命盗案情层见叠出。"③ 此为开化府边界情形。

广南府西南边境为三蓬地,被越南保乐州土司侵占。据考证,中法会勘中越分界时,三蓬人民集众要求归中国,抗法情绪激昂,由于三蓬原是中国版图,被越南保乐州侵占,长期争议未决。是时三蓬人民提出要求归还中国,但因法国强权侵略,而清政府颟顸,周德润与法员交涉时提出收回三蓬,遭到拒绝,兴禄与法员划界时三蓬人民要求归中国,又被摒弃,致使三蓬沦为法国殖民地。④ 此为广南府边界情形。因此,开化府归仁里为新设里甲,长期未归附版籍,人民处于化外之地。直到光绪二十四年(1898年),新增归仁里初附版图征解粮银三百九十两,方才开始缴纳赋税,⑤ 但游匪麋集。广南府三蓬人民未得以纳入清朝版图,感情因素交织在一起,使得该地区成为流民汇聚之乐土、盗寇之渊薮。

综上,道光以后,国内阶级矛盾与民族矛盾日益激烈,面对西方列强的坚船利炮,腐朽的清政府在殖民主义者面前显得苍软无力,一系列不平等条约的签订使得中国主权丧失,沦为半殖民地半封建性质的国家,更激化了国内矛盾。在这种背景下,云南各民族爆发了反抗清朝封建统治的农民起义,加之法国殖民主义侵略,使清政府对边疆地区的管控进一步减弱,因而清政府迫切需要采取措施来挽救危急的

---

① (清)黄诚沅:《滇南界务陈牍》,《云南史料丛刊》(第10卷),云南大学出版社2001年版,第4页。
② (清)黄诚沅:《滇南界务陈牍》,《云南史料丛刊》(第10卷),云南大学出版社2001年版,第15页。
③ (清)唐世凯:《清光绪二十八年(1902)安平士绅呈请移衙》,民国《马关县志》卷10《杂类志·公牍》,何廷明、娄自昌校注,云南大学出版社2012年版,第337页。
④ 方国瑜:《中国西南历史地理考释》,中华书局1987年版,第1308页。
⑤ 民国《马关县志》卷3《食货志·田赋》,何廷明、娄自昌校注,云南大学出版社2012年版,第86页。

社会状况。

第二节　滇东南边防现代化的演进

一　河口、麻栗坡对汛督办的军事协调功能

光绪二十三年（1897年），清朝与法国互设对汛。自广东东兴与法越芒街起，经广西沿边一带至云南临安那发止，此为一案；自临安那发以西，历元江、他郎、宁洱至思茅，又为一案。①滇东南以临安开广道为正督办，下设副督办二员：一驻河口，辖龙膊、那发、新店、老卡五汛；一驻麻栗坡，辖茅坪、天保、攀枝花、董干、田蓬五汛。最西为那发汛，最东为田蓬汛。大致相当于今文山壮族苗族自治州与越南的国界线，长约438公里。②正督办驻蒙自县城，由督抚委临安开广道关道管理，河口、麻栗坡两副督办俱听节制。

河口汛，有副督办一员，隶属安平厅，为滇界尽处，法国于对河保胜设汛。龙膊汛，隶属文山县，为中法分界，法国亦在龙膊设汛。那发汛，隶属临安府建水县，在南那河与金子河相汇处，即今勐拉河与藤条河交汇处，法国隔河设汛，为漫念贡，道路纷歧，总名漫令，亦曰漫令汛。新店汛，隶安平厅，路通巴龙、猛康、南寨，法国于土马设汛相对。老卡汛，隶属安平厅，与方山相近，石壁险要，道路纷歧，法国于巴龙设汛。

麻栗坡汛，亦有副督办一员，隶属安平厅，附近设茅坪汛，道路纷歧。天保汛，亦名偏保，在清水河东岸，西岸为船头寨，南出为法属河阳，法国于清水河寨设汛。攀枝花汛，隶属安平厅，为河阳关坝大道，法国于崖脚寨设汛。董干汛，隶属安平厅。董奔要道各卡防营，法国于普捧设汛。田蓬汛，在普梅河东，为广南府地，法国于上蓬设汛。

河口与麻栗坡两副督办各有营房一所，所辖十对汛亦有汛防一

---

① 光绪《续云南通志稿》卷74《武备志·边防·对汛》，光绪二十四年刻本，《中国边疆丛书》（第2辑），文海出版社1966年影印本。
② 《文山壮族苗族自治州志》（第1卷），云南人民出版社2000年版，第90页。

所。兵员方面，副督办各带练勇一营，每汛各设汛弁一员、数识一员，管理30名汛兵。河口地势险要，不仅为南出咽喉，而且是国防外交要冲。民族成分繁多，有十四种之多，"两粤人约占什之六七，安南人约占什之三，余当地滇人。人民嗜赌与鸦片，多成为癖"①。麻栗坡汛区斜长五百余里，均与越南接壤，为南防重镇。由此可见，河口、麻栗坡地处国防前沿，是边疆重镇，民族成分复杂，少数民族及外来人口占多数，是国家管控的重要地区。清时中越两国关卡要隘间有涉外事务，所以设有边关卡隘，设官驻守疆土，如马白关即为边关要塞，原为开化镇中营防守，下设守备一员，千总汛官一员，向东至天生桥，有把总汛官一员，芭蕉岭卡设把总汛官一员，交趾城卡设把总一员，扣览卡、茅山卡各有把总一员，大卡设把总一员。除马白关外，由天生桥至大卡，均归麻栗坡左营都司管辖。光绪二十八年（1902年），裁撤千、把汛官，凡沿边各卡一律归督办对汛完全负责遵守。②

据记载，各汛长均为军官出身，挂少校或中校衔。翻译员，挂上尉或少校衔。还有巡缉队，队长挂上尉或少校衔。汛区内的涉外事务，只由委员和翻译出面交涉，其他人员无权参加。巡缉队则专门负责定期巡视汛区内的国境线，若缉获走私犯，送交海关处理，其他案件送交地方政法机关处理；如遇两国边境纠纷，作出专题向对汛委员报告，由委员与越方对汛交涉。如交涉无果，或涉及几个汛区的问题，则报由督办与越方法国督办交涉。③ 由此，除具有对外交涉的作用外，从督办到对汛，再到翻译官的军官身份，对汛区管辖都是以军事管控为主。

二 中法滇越勘界与部分边疆国土的收复

中法战争后双方议定，"限六个月期内，应由中、法两国各派官

---

① 甘汝棠：《云南河口边情一瞥》，《中国边疆文库·西南边疆卷二》（下册），黑龙江教育出版社2013年版，第635页。
② 《民国新编麻栗坡特别区地志资料》，《中国地方志集成》影印民国36年钞本，凤凰出版社2009年版，第175—176页。
③ 黄德荣：《边防对汛督办见闻》，《文山壮族苗族自治州文史资料选辑》（第4辑），1985年。

员，亲赴中国与北圻交界处所，会同勘定界限。倘若于界限难于辨认之处，即于其地设立标记，以明界限之所在。若因立标处所，或因北圻现在之界，稍有改正，以期两国公同有益，如彼此意见不合，应各请示于本国"①。光绪十一年（1885年）七月，清政府派熟悉边情的内阁学士周德润为勘界大臣前往云南，与岑毓英及张凯嵩一道办理勘界事宜，②还有吏部主事唐景崧、江苏试用道叶廷眷一同随行。

相较雍正年间，此次勘界清政府更加谨慎。光绪帝命周德润："凡我旧疆固应剖析详明，即约内所云或现在之界稍有改正，亦不得略涉迁就。"③又言"此事关系重大，必应慎之于始。各处所绘地图详略不一，法使所携难保不互有异同。目前分界，自应以《会典》及《通志》所载图说为主，仍须履勘地势，详加斟酌"④。岑毓英也表示："臣等自当按照《会典》及《通志》所载图说，并相度形势，设法辩论，断不敢略涉迁就，分寸让人，以副朝廷保重边疆之至意。"⑤ 雍正中越勘界，雍正帝以安南为藩属国，累世恭顺，将勘出铅厂山下四十里之地赐予安南，以马白汛之南小赌咒河为界。但岑毓英认为马白关为入越要路，汛地临边，离小赌咒河不过数里，地面平敞，四路通达，无险可扼。由马白关直出越南界数十里之都竜、新街，地势险峻。该地为徼外要隘，本在大赌咒河内，是云南旧境，失于明季。因此，岑毓英拟请开导法使，极力建议将具有重要战略地位的都竜、新街等地收回，仍以大赌咒河为界，"以固疆围而资扼守"⑥。清政府认为，岑毓英开导法使，令其退还北圻数省，于河内、海阳地面设埠通商，诚恐未能办到，"拟于寄谕中令周德润、邓承修

---

① 王铁崖：《中外旧约章汇编》（第1册），生活·读书·新知三联书店1957年版，第467页。
② 《清德宗实录》卷212，光绪十一年七月丙辰。
③ 《清德宗实录》卷212，光绪十一年七月丙辰。
④ 《清德宗实录》卷217，光绪十一年十月丁卯。
⑤ 《滇督岑毓英等奏商办滇边界务情形折》，光绪十一年十二月初四日，《云南史料丛刊》（第10卷），云南大学出版社2001年版，第451页。
⑥ 《请仍以大赌咒河画分滇越界限片》，光绪十一年九月二十二日，《岑毓英集》，黄振南、白耀天标点，广西民族出版社2005年版，第349页。

与法使晤谈时,姑持此论以为抵制"①。

十一月二十六日,周德润率同叶廷眷、记名海关道户部郎中张其浚、户部主事李庆云、兵部主事关广槐等抵达开化府,起程出关踏勘马白关、都竜、南丹、古林箐一带,沿南溪河到河口汛、保胜、蛮耗等处;由于岑毓英在开化府督操防营,派其弟岑毓宝、安平厅同知凌应梧等随同前往履勘。十二月初八日,周德润等一行踏勘完毕,返回开化府。随后,将勘界情形作了详细汇报:

> 臣等查马白关外约二里许即小赌咒河,有雍正六年碑记。河北属滇,地势平衍,无险可凭。河南属越,层峦迭嶂,峭峻异常;如敌人登高俯视,凡关外营屯皆飞弹可击。翻山而南,以都竜为最险。从马白至都竜有三路:右路至都竜、箐门、南宴;中路至都竜、漫美、黄树皮、南翁;左路至都竜、箐口、南翁河、船头河、纤绳;度其隘口,有仅容一人行者。都竜为三路喉嗌,扼守都竜,则万夫皆阻。考《通志》舆图内刊载开化南二百四十里至交阯赌咒河为界,不得指马白汛外之小沟为赌咒河也。自开化府起,丈南丹、都竜等处应在界内。交阯领地结文亦云马白汛外四十里俱系本地,本国蒙恩赏赐等语。值越南颠覆之余,岂能为我守险?昔受之天朝者,今还之天朝,在中国只收还旧界,与另行改正不同。持论既有根,迎机不妨善导,或当就我范围。至古林箐一带,深林丛竹,高坡绵亘,数十里回还起伏,上为马白关声援,下为河口汛策应,实中路至要区。惟沿南溪河到河口汛水道,漂石击舟,顺流如驶。河口对岸即越之保胜,中隔南溪小河,河面约宽数十丈,相距不及一里,两界之间,别无隙地。在昔为辅车相依,在今为卧榻之侧,设埠一条,似应于议商务之时会商改正,以在保胜之下为宜。倘事机可以转圆,于河口较有防范。②

---

① 《清德宗实录》卷221,光绪十一年十二月庚午。
② 《会办中越勘界事宜周德润等奏折》,光绪十一年十二月十六日,《中法战争》(第7册),新知识出版社1955年版,第34—35页。

周德润奏折中提出的建议成为后来中法勘界时中方边界谈判的指导思想。光绪帝回复:"先勘原界,以后酌度情形,再议改正。"①

中国与越南两国山水相连,许多民族跨境而居。历史上两国有着特殊的宗藩关系。中越边界线形成以前的历史,可以追溯至秦汉时期,当时越南尚属中国封建王朝统治下的郡县,其地尽入中原王朝的版图。因此,两国虽有传统上的习惯线,但长期以来并没有明确的划分。中法战争后,法国已完全控制了越南的内政、外交,阮朝成为法国的傀儡,清政府承认了越南沦为法国殖民地的现实,② 自此中越宗藩关系打破,地缘政治发生变化,越南已不再是清朝的藩属国,变为法属殖民地,清朝在滇东南边界外面对的也不再是接受朝贡和册封的国家,而是觊觎打开中国西南门户的法国侵略者,这在清朝政府的观念里由传统时期的天下一体转变为内外有别,因此,光绪帝才会说:"此次既与法国勘定中越边界,中外之限自此而分。"③ 因此,勘界时理应做到寸土必争、守土有责,光绪帝也谕令周德润"多争一分,即多得一分至利益"④。

次年六月二十一日至七月初二日,中法议定先勘保胜上游一、二段,并拟定解决全局办法共八条:第一,中、法两国勘界大臣等说明:所应勘之界,俱是现在之界。第二,勘现界后或有改正之处,两国勘界大臣公同相酌,如彼此意见不合,各自请旨商办。第三,续开勘云、越交界,中国大臣等意欲一律勘完,所以照会法国请旨。第四,各大臣等商议,先由老街到龙膊河及龙膊河邻近地方后回老街,再勘老街邻近地方。第五,勘老街至龙膊河之界,中、法绘图各官从红河南岸归一路同走,中国绘图官归法国保护,自老街起至龙膊河止,两国勘界大臣等各走云、越边界。第六,红河自北河岸之老鳌至南岸之龙膊河,以河中为界。第七,云、越交界遇有以河为界,均以河中为界。如有全河现在归中国者,仍归中国;全河现在归越南

---

① 《清德宗实录》卷223,光绪十二年正月癸卯。
② 孙宏年:《清代中越关系研究(1644—1885)》,黑龙江教育出版社2014年版,第55—56页。
③ 《清德宗实录》卷212,光绪十一年七月丙辰。
④ 《清德宗实录》卷217,光绪十一年十月丙子。

界者，仍归越南。第八，勘界时随处开节略图说，均由两国大臣画押。①

然而七月二十一日，六艘法船行至红河南岸者兰（猛烘河）地方，即中国田房之对岸时，突然遭越南匪党袭击，杀死法兵11名，兵官2名，焚船1艘。②法使狄隆以此为借口不愿前往勘察，执意要重定会勘日期，"商请就图定界"。实际上，中法双方各自展示的地图存在着较大分歧，后经双方屡次会晤，达成协定：第一，先于彼此图上比较现界；第二，交界处所注明中法文字；第三，界限各段意见相合、不相合与改正之处分别清楚；第四，意见相合界限拟立节略绘图；第五，彼此意见不合之处，边界梗阻，将来勘定；第六，改正处所商酌。③根据协定，九月二十二日，中法大臣在保胜老街签署《滇越边界勘界节略》，将滇越边界划分为五段：

第一段：自龙膊河入红河处所起，至云南新店外与北圻孟康之狗头寨外交界处止，陆路之界较少。沿河之地，以河中为界。

第二段：自牛羊河江入大河之处起，至北圻高马白以下止，彼此意见不合，俟将来沿边安静后，另行会勘划界。马白处仍以小赌咒河为界。曼冲、董钮两寨归还中国。

第三段：自云南三文冲、北圻高马白相对处起，至云南烂泥沟、北圻龙古寨之间止，双方意见出入不大。因绿水河卡在河之西，地势平衍，无险可凭，经反复会商以后，定线于河之东岸处。

第四段：自云南烂泥沟、北圻龙古寨相对之间起，至云南凉水井、北圻蔑邦相对之间止，以普梅河河中为界。河北之苗塘子、龙潭、龙薄、沙人寨划入滇界。

---

① 《勘界大臣周德润致总署报与法使议定勘界办法电》，光绪十二年七月二十八日，《云南史料丛刊》（第10卷），云南大学出版社2001年版，第462页。

② 《勘界大臣周德润致总署法派员会勘龙膊舟行被劫退电》，光绪十二年八月初八日，《云南史料丛刊》（第10卷），云南大学出版社2001年版，第464页。

③ 《周德润岑毓英致总署与法使会议界务俟奉旨允准再行画押电》，光绪十二年八月二十日，《云南史料丛刊》（第10卷），云南大学出版社2001年版，第465页。

第六章　晚清边疆局势的变化与滇东南现代边防体系的建构 / 215

第五段：自龙脯河入红河处所起（以上红河全归云南），至云南之瑶人寨、北圻之龙兰街止，彼此意见不合，各请示于本国，待将来再勘定。①

其中，双方争议最大又未能定夺的是第二段和第五段，焦点集中在第二段上。关于第二段，中方经实地勘察，依据志书典籍进行对比后，向法方提出恢复清初被越南占领、后由雍正帝"赏赐"给越南的大赌咒河以北地区，滇越间应以大赌咒河为界，而不以马白关外数十里之小赌咒河为界。岑毓英也在先前奏折中说得非常明确。② 嗣后岑毓英、周德润一直要求恢复清初以前以大赌咒河为界的滇越边界。随后双方会谈中，中方就此提出以大赌咒河为界，但遭法方拒绝："德润与唐景崧等，因指大赌咒河、都竜各地系滇省旧界，应归改正。反复辩论，该使坚持不允，且指猛梭土司为越南之地。"③ 就在条约签订前夕，九月十六日，周德润等照会狄隆，要求恢复原界："照得滇越现在之界，中法勘界大臣等业经会同办认，惟查第二段界图，由马白关、小赌咒河现界，南至横黄树皮青门前之赌咒河，东至船头下之清水河，西至山门硐前之陆地，系云南原界，应行商明贵大臣改正，划入云南界内。"④ 但随后法方回复："查此节本大臣无权断定，应即抄录贵大臣来文并图，转报本国办理，可也。"⑤ 总之，双方争论异常激烈，虽反复辩论，舌敝唇焦，几同凿枘之不入。后周德润等以开化、广南、临安等府志书示之。狄隆理屈词穷不敢自出其图，然仍以地面稍大，碍难骤办为借口，拒绝了中方改正以大赌咒河为界的

---

① 王铁崖：《中外旧约章汇编》（第1册），生活·读书·新知三联书店1957年版，第498—502页。
② 《请仍以大赌咒河画分滇越界限片》，光绪十一年九月二十二日，《岑毓英集》，黄振南、白耀天标点，广西民族出版社2005年版，第349页。
③ 光绪《续云南通志稿》卷85《洋务志》，光绪二十四年刻本，文海出版社1966年影印本。
④ 《勘界大臣等致法使狄隆照会》，光绪十二年九月十六日，《中外旧约章汇编》（第1册），生活·读书·新知三联书店1957年版，第502页。
⑤ 《法使狄隆复勘界大臣照会》，光绪十二年九月十六日，《中外旧约章汇编》（第1册），生活·读书·新知三联书店1957年版，第502页。

要求。①

关于第五段，十月十六日，岑毓英提到期间与法方会谈的经过：

> 自龙膊河西南沿黑江至木戛，彼此之图无大异，而界限悬殊。狄隆谓猛梭即丰收总，猛赖即莱州署，并拦马渡等处，均应归入北圻。屡引《通志》《会典》《临安府志》以折之。该使谓书原可信，但近今四五十年，业经属越，凭据甚多，彼此碍难迁就。拟照节略第五条，各请示于本国。其曰将来如何勘定者，从缓办理之词，何时勘定者，不能拟定年月之词。臣等查，乾隆四十六年，安南王黎维祁以猛梭、猛赖、猛喇、猛丁、猛蚌、猛弄六猛，为彼之昭晋、广陵、莱州等七州，请申划边界。五十七年，阮光平又申前议。嘉庆十年，阮福映令兴化镇目印传各猛。道光七年，越南意图占据六猛，阮元等奏明，照会阮福晈令遵旧规等因。盖各猛距滇较远，其附越南甚近，历年勾结，间有为越役属者，然照旧纳课。咸丰、同治以来，滇省扰乱，各猛停征。臣毓英前年督兵出关，先后将各掌寨钱粮征纳，均村有册结为凭。今法人坚执猛梭、猛赖等处为越地，非日后另行会勘，不足以服其心。②

因此，第五段上，滇南临安府之猛梭、猛赖与越南之间的地区便作为未定界而搁置。而当时周德润、岑毓英等主要致力于如何收回滇东南都竜、南丹等问题上，而忽视了临安府南部六猛地区的问题。

光绪十三年（1887年）五月初六日，双方就滇越边界作进一步会谈后，签订了《续议界务专条》。其中就第二、第五段作了修正，并原则上规定此二段的划界，具体如下：

> 滇、越边界第二段，从小赌咒河南岸狗头寨，照图上甲字

---

① 龙永行：《中越界务会谈及滇越段勘定》，《中国边疆史地研究报告》1991年第3—4期。

② 《奏为遵旨校图定界分别办完折》，光绪十二年十月十六日，转引自龙永行《中越界务会谈及滇越段勘定》，《中国边疆史地研究报告》1991年第3—4期。

第六章　晚清边疆局势的变化与滇东南现代边防体系的建构 / 217

起，由狗头寨自西直抵东，计五十余里，北边聚义社（即聚姜社）、聚美社、姜肥社（即义肥社）归中国，南边有朋社归越南；至图上乙字处，从乙字至丙字，亦由西抵东，中、越边界路经二河，其二河并归一河，入大赌咒河，又名黑河。从丙字往东南约十五里，至丁字以北之南丹地方，全归中国；从丁字往东北，至猛峒下村，即图上戊字处，按图上所划，从丁字至戊字界线，其南至南灯河、漫美、猛峒上村、猛峒山、猛峒中村、猛峒下村全归越南，其北全归中国。从猛峒下村戊字起，经清水河入大河之处，即图上己字，以河中为界。从己字至庚字，以大河中为界；河西之船头归中国，河东之偏马寨归越南。从庚字往北至辛字，经老隘坎至白石崖（老隘坎、白石崖），中、越各有一半；白石崖、老隘坎以东归越南，以西归中国。

滇、越边界第五段，自龙膊寨，云南、越南边界，经龙膊河，到清水河入龙膊河之处为止，此处图上甲字；由此界自东北往西南，至绵水湾入赛江河之处为止，即图上乙字；按现划界，则清水河、绵水湾河归中国。自乙字由东直抵西，遇藤条江在大树脚以南为止。此段界线以南归越南，以北归中国。①

根据条款，清朝收回了小赌咒河以南的部分土地，其中就包括了都竜、猛蚌，而猛峒山及猛峒上、中、下村则全被划给了越南。至于为何要如此划界，与光绪帝的主观意愿有很大关系，他曾发上谕："滇省界务，周德润与法使狄隆会勘时意见未合，归入请示者两段。此次定议，经总理衙门与周德润按图面商，据称猛梭、猛赖一段，荒远瘴疠，弃之不足惜，岑毓英所见相同。至我所必争者，南丹山以北，马白关以南，其中山川险峻，田畴沃美，如能划归中国，既可固我疆圉，亦可兼收地利。当经总理各国事务王大臣与法使恭思当反复辩论，将猛梭、猛赖一段准归越界，其南丹山以北，西至狗头寨，东至清水河一带地方，均归中国管辖，约计收回各地段，不下方四百余

---

① 王铁崖：《中外旧约章汇编》（第1册），生活·读书·新知三联书店1957年版，第513—514页。

里。此事煞费唇舌，始克就我范围，所有各该处界址，应照约按图，由地方官会同驻越之法员申画清楚，设立界牌。"①可见，《续议界务专条》内所规定的划界尊重了光绪帝的意见，以猛梭、猛赖"荒远瘴疠"为由，建议将其丢弃。

《续议界务专条》生效后，中法双方并没有立即勘界立石，法国虽占领了越南，但北圻大部分地区仍在越南人民手中，越南的爱国者联合游勇、苗族首领项从周等人民武装力量在黄树皮、漫美、猛峒等英勇抵抗法国侵略者，项从周率领的少数民族武装力量还得到清政府的支持，"以功加从周千总衔"，支持其办团练，"每月由县署支给从周团练饷银三百大元，以作练团之资"②。虽然这些武装力量延缓了法国殖民者侵略的脚步，但数年以后，法国还是基本镇压了越南义军和民间武装力量，实际控制了北圻。

由于双方没有立石，以致争执再起。光绪二十年（1894年）四月二十三日，临安开广道尹汤寿铭发现，第二段界图内，若按照先前约定，猛峒上、中、下三村应归中国；第五段内因河道方向便宜，再加上原图本有错误，以致图上红线不足为凭，遂与法使西威仪面谈。但西威仪竟无理地提出："慢美及猛峒三村，从前总署允归越南，现照红线，均在中国界内，请将该地剖分一半如何？"随后还称："滇越第五段界内，由甲字起至黑江，地势、水道不符，应改正。界外之猛拨（猛梭）与第二段界内之猛峒，可以互换。"令人诧异的是，清政府竟同意了法国这一无理要求，"拟将猛蚌并归越南，猛峒换归中国，入股无关碍，即可照办，以期早结等因。查猛蚌归越，即按图中所志黄线划分，与我边防形势尚无大碍"③。光绪二十一年（1895年）五月二十八日，双方在北京签订《续议界务专条附章》，对滇越边界作如下修改：

---

① 《清德宗实录》卷243，光绪十三年五月丙寅。
② 民国《马关县志》卷5《兵略志·绿营兵制》，何廷明、娄自昌校注，云南大学出版社2012年版，第143页。
③ 《新纂云南通志》卷164《外交考一》，牛鸿斌等点校，云南人民出版社2007年版，第553页。

第六章　晚清边疆局势的变化与滇东南现代边防体系的建构 / 219

滇越边界，第二段自丁字处起至戊字处止，界线改绘如下：界线自丁字处起，向东北至漫美止，又自漫美向东至清水河之南纳止，漫美归越南，猛峒上村、猛峒山、猛峒中村、猛峒下村各地归中国。

滇越边界，第五段自龙膊寨起至黑江止，界线改绘如下：自龙膊寨，云南、越南第五段界线溯龙膊河至红崖河入龙膊河之处，即图上甲字处为止。自甲字处，向西北偏北，顺分水岭至平河发源处。又顺平河、木起河至木起河注打保河之处，又顺打保河至打保河注南拱河之处，又顺南拱河至南拱河注南那河之处止。又界线溯八宝河至八宝河与广思河合流之处，又溯广思河，即顺分水岭以至南辣（腊）比与南辣（腊）河相注之处，又顺南辣（腊）河至南辣（腊）河注黑江之处，又从黑江中心至南马河（即南纳河）为止。

滇越边界，自黑江与南马河相注之处至湄江止，绘定如下：自南马河注黑江之处界线，顺南马河至河源处止，又向西南，又向西，顺分水岭至南杆河、南乌江两水发源处。又自南乌江发源处，界线顺南乌江与南辣（腊）河并各支河中间之分水岭，其西边之漫乃、倚邦、易武、六大茶山等处归中国，其东边之孟乌、乌得、化邦哈当贺联盟猛地各处归越南。又界线以南北向、东南向至南峨河发源处，又顺分水岭以西北偏西向，绕南峨河即注南腊河南岸诸水发源之山，以至南腊河注湄江，在于猛拿西北之处而止。其猛莽、孟润之地归中国。至八盐泉（一名坝发寨）之地，仍归越南。①

从条约中明确看出，猛峒山及猛峒上、中、下三村归中国，猛赖、猛梭、猛蚌被划归了越南。第三款又约定，孟乌、乌得等地也被划给了越南。然而在先前《滇越边界勘界节略》和《续议界务专条》中并没有与孟乌、乌得划界的问题。随着对越南北圻和老挝的占领，

---

① 王铁崖：《中外旧约章汇编》（第1册），生活·读书·新知三联书店1957年版，第624—625页。

法国得寸进尺，并利用甲午中日战争中国战败之际，以俄、德、法三国干涉还辽，进而向清政府邀功，要求割让孟乌、乌得。腐朽的清政府屈从于西方列强的压力，被迫同意了法国的无理要求："法既因调停和局，坚求利益，自不得不勉从其请，以示酬达之意，因于界务、商务二者权衡利害，于界务予以通融，于商务严其限制，允将孟乌、乌得两地让与法国，以敦睦谊。"①孟乌、乌得土民闻知后表示极大的愤慨和伤心，"闻法员起意侵占，遮道悲泣哀求内附，揆之地势人情，均无让与法管之理"②。光绪二十一年（1895年）七月十九日，两乌之地永远割归法国管理，两地"夷民男妇老幼哭声震天"③，表达了边疆少数民族对法国殖民侵略者的愤慨和对清政府卖国行为的强烈抗议。

光绪二十二年（1896年）九月十九日，中法两国官员在保胜河口，商定设立中越第一、第二、第三、第四段界碑，"所有两国会同官员查此四段边界，仍照前中、法界务章程定后。或界线遇有以河中为界者，勿容立碑。但以河为界之河能通船者，两国往返、两边皆可通行。倘若后来此河有水大小、深浅、沙石崩培成洲者，均以河中水深船舟可行之处为界。又界线经陆道者，仍以分水岭为界。界线或遇在高山险隘不好立碑之外，或在侧边，或在路边，亦可立碑，或就山石，当两国委员刻有字样、号数，亦准为碑"④。随后，中方刘春霖、彭继志、王钟海、邓大治、柯树勋、张贵祚等会同法国五花官本义德及边界各道防营官员等，在保胜签订《滇越界约》，这是双方确定的最后边界条约。具体为：自龙膊河至戈索为第一段，立界碑二十二号；自戈索至高马白为第二段，立界碑十九号；自高马白至瑶人寨为第三段，立界碑二十四号。以上共界碑六十五号。还有自龙膊寨至黑江与南纳河相注之处，立界碑四号，为第五段。由黑江至湄江（澜沧

---

① 《总署奏中法续议界约商约专条请旨派员画押折》，《云南史料丛刊》（第10卷），云南大学出版社2001年版，第483页。

② （清）黄诚沅：《蜗寄庐随笔》，《云南史料丛刊》（第10卷），云南大学出版社2001年版，第71页。

③ （清）黄诚沅：《蜗寄庐随笔》，《云南史料丛刊》（第10卷），云南大学出版社2001年版，第77页。

④ 黄国安等：《近代中越关系史资料选编》，广西人民出版社1988年版，第583页。

江）止，为第六段，立界碑二十四号。①

晚清滇越界务的谈判与勘定，自光绪十一年（1885年）起至二十三年（1897年）止，历时达十二年，从《滇越边界勘界节略》至《续议界务专条》，再到《续议界务专条附章》，至最后《滇越界约》的签订，相较雍正年间的中越界务之争，经历了更加艰难曲折的过程，既有激烈的斗争，也有清政府的妥协退让之处。这次界务之争的结果，是清朝收复了开化府旧壤之南丹、猛峒，只是应当收复的一小部分，而临安府失去猛梭、猛赖、猛蚌一大片土地。两相比较，收回的地面很小，失去的地面很大。②然而勘界过程中，代表中方谈判的官员，如周德润、岑毓英等，能够以国家利益为重，坚持原则，据理力争，表现出了守土有责的强烈责任心和民族气节。其次，遇有分歧之处，清政府也能以大局利益为出发点。例如，光绪十二年（1886年）十月，周德润与法使狄隆交涉开化府边界时，狄隆称"地面稍大，碍难骤办，各自请示本国政府，以待决定"。对此，光绪帝愤怒称道："西例最重全权，凡全权所不允者，后此断难改议，'请示'二字，不过空言。倘罢议各归之后，彼竟于请示未定之界驻兵筑台，又将何以处之？总之大臣谋国，当深思远虑，通筹全局，若广发难端。不能收束，力求见好，贻患将来。现在开勘伊始，业已大致可睹，若再不思通变，则龃龉讵有了期耶？"③针对日后勘定无异的地界，命大臣"一经分定，一律校图画线"。再者，光绪十三年（1887年）五月，总理衙门会商周德润后，认为"南丹山以北，马白关以南，其中山川险峻，田畴沃美，如能划归中国，既可固我疆圉，亦可兼收地利"，此地为"我所必争者"④。

通过雍正、光绪两次界务之争可以看出清政府勘界思想的改变。第一，从"天朝岂与小邦争利"向"固我疆圉，兼收地利"的转变。第二，从"小溪为界，其何伤乎"向"一经分定，校图画线"的转

---

① 王铁崖：《中外旧约章汇编》（第1册），生活·读书·新知三联书店1957年版，第716—721页。根据原条约整理而来。
② 方国瑜：《中国西南历史地理考释》，中华书局1987年版，第1304页。
③ 《清德宗实录》卷238，光绪十三年正月癸卯。
④ 《清德宗实录》卷243，光绪十三年五月丙寅。

变。造成转变的原因,首先,是中越宗藩关系的打破,使清政府面对的不再是称臣纳贡的藩属国,而是要侵占中国领土的法国殖民主义者,一定要做到内外分明;其次,自鸦片战争以后,中国屡遭西方列强的冲击,签订了一系列不平等条约,清朝被迫纳入西方近代条约体系下的国际秩序中来,因此在分疆划界的过程中再也不能像传统时期那样粗略,而是更加精确地反映到地图上来。

三 清末新政下滇东南新式边防军的建置

光绪二十六年(1900年),庚子事变爆发,八国联军入侵首都北京,慈禧太后下令和谈,被迫接受八国联军提出的《辛丑条约》,举国上下打击甚大。此外,由于义和团农民起义盲目排外,也间接地造成了列强的大举入侵。清政府及其军队,已无法应付当时的政治局势,腐朽落伍的绿营兵早已无法适应西方现代化火器时代的战术思维,财政上也早已严重亏空,这使清朝统治者感到自己的统治地位已经开始动摇。加上列强不断给清廷施加压力,迫使清政府革新。因此,维护封建统治成为统治者首要解决的难题。于是,次年慈禧太后宣布实行"新政"。

清末新政是清朝末年的一场政治、经济、军事、文化等的体制改革运动,也是中国现代化的重大事件之一,内容涉及军事、商业、教育、政治、法律等内容。其中军事上,在全国逐渐将绿营兵裁汰,编练"新军",清政府对此投入巨大财力。本书在第四章中论及,绿营兵以防守为主要目的的建军思想和乾隆后期清王朝的整体衰败腐朽,是绿营兵走向衰亡的重要原因。道光以后,绿营兵对边疆的军事管控能力进一步减弱。道光二年(1822年),云南开化、广南各府流民聚集过多;文山县河口地方,购买私铅,其地距交趾甚近,未便听其,纷纷私贩;迤东、迤西普遍种植罂粟花,有"采其英以作鸦片者";还有极边烟瘴军犯,亟须严加管束。① 不仅普通民众吸食鸦片成风,甚至"文武衙门、幕友、官亲、武弁、兵丁亦食此烟"②,使军队战

---

① 《清宣宗实录》卷46,道光二年十二月戊申。
② 《清宣宗实录》卷54,道光三年七月戊寅。

斗力大幅度下降，边疆军事管控能力减弱，该地区成为流民滋事的乐土，边疆频频告急。道光九年（1829年），有四川南部县人陶月三曾在贵州镇安州贸易，遇民人李添成，因与其交好，李告知能用符水治病，用一碗清水焚烧檀香，画符念咒，吃水之人即有神附体，自能舞弄拳棒。后至开化地方传习邪教，"因闻云南开化山地宽广，四川人流寓者多，即带同妻子至开化安平厅落水硐地方种地度日……因垦种田地卖尽家贫，起意将此前学符水传徒交结，藉此敛钱"①。道光十年（1830年），开化府"多川、黔等省流民，杂处其间，易滋事端，控驭防范最为紧要。虽临安亦系近边，但开化近年情形较临安更为繁要"②，开化府成为沿边一带最紧要之区。经过地方官员的治理，"编排保甲，屡获要犯，使匪徒无所潜踪。闾阎安谧，随时化导边氓，兴利除弊，士民爱戴，舆论翕然"③，开化、广南、临安一带，"边界俱甚静谧"，"年丰民安，各种夷人均为乐业"④。但是鸦片战争爆发之际，临安、开化"数月之内，抢劫多至数十案，被杀多至十数人"，这些地区幅员辽阔，汉少夷多，"盗贼之风本甚他处，而侬夷犬羊性成顽梗之俗，几难挽整"⑤。体现了绿营兵对边疆军事管控能力的不足，导致流民、贼匪叛服无常。

清廷在面对英、法等西方列强的战斗中，绿营兵暴露出武器装备落后、能力低下、军纪不整等严重问题。光绪二十三年（1897年），云贵总督崧藩等上奏，绿营兵防营"缺额积弊太深……平时既少操练，军械复欠整齐，缺额甚多，擅离汛地"。光绪二十七年（1901年），刘坤一、张之洞请求裁汰绿营兵："绿营官皆选补，兵皆土

---

① （清）阮元：《奏为拿获画符传习邪教陶月三等各犯遵旨讯明拟办事》，道光九年五月二十六日，中国第一历史档案馆藏，档案号：04-01-01-0713-013。
② （清）阮元：《奏请以鹤凌阿调补云南开化镇总兵事》，道光十年二月十二日，中国第一历史档案馆藏，档案号：04-01-16-0136-013。
③ （清）伊里布：《奏为遵旨查看拣发滇省委署开化边要府缺刘肇绅实属有用之材据实复奏事》，道光十年五月初十日，中国第一历史档案馆藏，档案号：04-01-12-0414-101。
④ （清）阮元：《奏为查阅云南开化等处营伍情形事》，道光十二年十月二十二日，中国第一历史档案馆藏，档案号：04-01-18-0039-097。
⑤ （清）颜伯焘：《奏为遵旨查明临安开化二府被盗贼滋扰抢劫各案事》，道光二十年五月二十七日，中国第一历史档案馆藏，档案号：04-01-01-0797-047。

著……况绿营将弁，熏染官习，官弁且不易教，况于兵乎！层层积弊，已入膏肓，既甚骄顽，又极疲弱，本难练成可用之兵，自非裁汰不可。"① 如果说两次鸦片战争和中法战争尚不足以使清政府意识到问题的严重性的话，那么甲午中日战争中方的惨败则彻底惊醒了中国上下，因此八国联军侵华后，清廷决心彻底裁汰绿营兵。一种制度的消亡必然是另一种更加适应时代发展的制度取而代之。在清廷镇压太平天国起义期间，在正规军队无法抵御的情况下，以曾国藩训练并率领的湘军成了战场上的主角，是镇压太平天国起义的功臣。湘军是以团练为基础，加上兵勇、夫役、工匠等编成的，有陆军13营6500人，水师10营5000人，共17000人，兵随将转，兵为将有，全军只服从曾国藩一人。在鸦片战争时，林则徐在广东三江各乡镇组织乡勇和民团进行抵抗英国海军，取得了成功。清政府看到地方武装的重要性，"须藉民力以辅之，宜急行团练"②，开始将团练收编为正式军队。随后制定了营制饷章，与绿营兵相同，"其绿营制兵，分布列郡汛地，练军则屯聚于通都重镇，简器械，勤训练，以散为整，重在屯防要地，其用亦与防军同，故练军亦防军也"③。可见清廷有意加强发展团练武装力量来守御边疆地区。

然而，团练终究是由地方武装力量改编而来，军队成分多为农民、工匠及小手工业者等，没有经历严格的军事训练，不具备很好的军事素养，虽然能够发挥一时的作用，但始终只是正规军的补充力量。尤其是在甲午中日战争时，湘军、淮军、防军、练军相继腐败不堪用。因而，清廷借新政之机，下令习洋枪，学西法，完全使用西式的军制、训练和装备，并聘请德国人作为教习，开始编练新式陆军，成为一支有战斗力的正规军。光绪二十九年（1903年），清政府在北京设立总理练兵处，以庆亲王奕劻为总理大臣，袁世凯为会办大臣，铁良为帮办大臣，开始编练全国军队。次年光绪帝发上谕："现在时事多艰，练兵实为急务……所有京外练兵事宜，一切营制、饷章、操

---

① 《清史稿》卷131《兵志二·绿营》，中华书局1977年标点本，第3903页。
② 《清史稿》卷131《兵志二·绿营》，中华书局1977年标点本，第3903页。
③ 《清史稿》卷132《兵志三·防军·陆军》，中华书局1977年标点本，第3930页。

第六章　晚清边疆局势的变化与滇东南现代边防体系的建构 / 225

法、军械应如何整齐划一，及各省绿营官缺兵额应如何裁并之处，著练兵处王大臣，会同兵部悉心统筹，妥议具奏。"① 随后，练兵处颁布《陆军营制饷章》规定新军兵制，常备军为每镇12512人，由步、马、炮、辎重等兵种构成。镇下设协，协下设标，标下设营，营下设队，队下设排，排下设棚，分别由协统、标统、管带、队官、排长和正、副目率领。步兵的建制按全国规定，为每镇2协，每协2标，每标3营，每营4队，每队3排，每排4棚。②

为进一步统一军制，清政府原计划在全国编练36个镇。但至辛亥革命爆发时，只练成26个镇，几乎一省一镇。云南地处边徼，需厚集兵势，计划五年之内编练两镇。光绪三十一年（1905年），云贵总督丁振铎奉令成立云南新军督练处，创设绥靖新军步队三营、绥靖新军炮队一营，云南驻军第一次启用了"新军"的名号。次年，丁振铎又奏准添设新军步队二营，连前共步队五营、炮队一营，共六营，设协统一员统辖，以柳旭充任，并设参谋处、教练处、执法处，分掌军令、军政各事宜。光绪三十三年（1907年）云贵总督锡良奏准，在编练新军的基础上添编步队一营、辎重队一营，共成步队六营、炮队一营、辎重队一营，将云南新军改为陆军混成协，下设协统一员，以陈宧充任。③ 宣统元年（1909年）二月，云南陆军一镇编练完成，按全国陆军编制序列，为陆军第19镇，隶属于督练公所，镇下设陆军步队第三十七、三十八协，第三十七协统辖第73、74标，第三十八协统辖第75、76标，其中第75标驻临安（建水），第76标驻大理，其余驻省城。每标辖步队三营，共计十二营。步队之外，又有炮队三营、马队二营、工程队一营、辎重队一营，还设有机关枪营、警察队及军乐队。第19镇官兵共10977人，装备有德国克虏伯最新式步枪8000支，山炮54门，重机枪50挺。④ 重九起义后，云南

---

① 《清德宗实录》卷529，光绪三十年四月甲子。
② 《清朝续文献通考》卷204《兵考三·兵制》，《万有文库》本。
③ 《新纂云南通志》卷130《军制考四·新军》，李春龙等点校，云南人民出版社2007年版，第445页。
④ 潘先林、张黎波：《天南电光——辛亥革命在云南》，云南人民出版社2011年版，第66—67页。

军政府对新军进行改编,"易镇之名为师,协为旅,标为联,营为大队,队为中队,排为小队。凡步、炮、骑、辎重弹药、机关枪、卫生、军乐,各联队兵数之配置,悉如旧制"①。全镇武装辎械,颇称划一。兵役采用募兵制,以各属男丁年在二十至二十五岁者,募编入伍,为陆军常备军。三年期满,退为续备军。

晚清新军是清政府为应对西方现代化武器装备的冲击做出的改变,云南也在编练新军的历程中拉开了边疆军事近代化的序幕。新军作为清朝最后也是最新的一种军制,原本是清政府为加强陆军力量,维护清朝统治而设立的机器。然而具有讽刺意味的是,由于清朝政治的腐败,这支原本被清政府用来加强统治的新军,却成为了辛亥革命中推翻其封建统治的主力军,单靠一支新式军队终究无法挽救穷途末路的帝国。

四 蛮(耗)河(口)联防及对红河水运的护卫

滇南蛮耗至河口,在近代滇越铁路通车以前既是重要的水陆运输货物的通道,也是云南对外交通的通道之一。这条道路"由省城向东南,经呈贡、晋宁、江川、宁州、通海、蒙自、蛮耗,经红河水运,由蛮耗直达海防,通海既近,驿程亦短。蛮耗在蒙自城南七八公里,合一三五华里,日程二日。蛮耗至河口,水程百余公里,有二百华里左右。由蛮耗至海防,需时七八日至半月,由海防逆流至蛮耗,需时约一月"②。可见,在蛮耗利用红河水道的运输,具有相当优势,是当时海防经红河水道至蒙自关最为便捷的通道。从蛮耗下水,仅七八天至半个月就能抵达海防,这是云南对外交通道路中,直达海港最近的路线。③ 晚清《越南边界通商章程》《续议商务专条》等条约的签订,使蒙自、蛮耗开埠通商,蒙自为正关,蛮耗为分关。随后《续议商务专条附章》对开埠通商作了修订:"两国议定,法越与中国通商

---

① 周钟岳等:《云南光复纪要》,云南人民出版社2011年版,第67页。
② 《新纂云南通志》卷56《交通考一》,李春龙等点校,云南人民出版社2007年版,第14页。
③ 陆韧:《云南对外交通史》,云南人民出版社、云南大学出版社2011年版,第293页。

处所，广西则开龙州，云南则开蒙自，至蒙自往保胜之水道允开通商之一处，现议非在蛮耗，而改在河口，法国任在河口驻有蒙自领事官属下一员，中国亦有海关一员在彼驻扎。"① 这样，蒙自成为正式海关，河口设立分关，而蛮耗则设卡。

蒙自开关后，云南向外出口最大宗的货物是锡矿，这些锡矿从个旧几乎都是靠着人背马驮运至蛮耗，在蛮耗码头用大型船只沿红河水道，水运至河口出口。光绪二十六年（1900年）时任法国驻云南蒙自领事方苏雅（Auguste Francois）从蒙自至昆明的途中看到："这里，不时有马帮经过，马是矮种的小马，背上的皮铜厂被所驮的重物磨破，由一些赤贫的马夫驱赶着……从峡谷处，可往上攀登，但十分吃力。到顶后，又可看到另一个平坝，同样的荒芜，同样满是灰尘扑扑，看到的还是废墟，遇到的还是马帮。"② 可见，云南出口的货物大多是由马帮负责运输至蛮耗码头，再由红河水道运输出境。其实，红河水道在滇越铁路通车以前，是云南进出口货物最便利的通商路线，蛮耗段以下由于水道宽阔，"至蛮耗渐深阔"③，"自蛮耗下至河口，出越南，能通千斛舟，流甚急，水涨时，日下千里"④，因而蛮河段具备全年通航的能力，"海防至省会，经过旅程如下：海防至河内，汽船运一日；河内至老街，舢板运十二日；老街至蛮耗，舢板运七日；蛮耗至蒙自，牲口运三日；蒙自至云南府，牲口运九日。共计四十日。当时蒙自、蛮耗间原有康庄大道，可见该路线以往之繁荣，盖不但运输时间可以减短，而且越南之通过税最多不过从价百分之五。商品只须在蒙自关一次缴纳进口税，即可在省内通行无阻达四川之边境，故实为最便利之通

---

① 王铁崖：《中外旧约章汇编》（第1册），生活·读书·新知三联书店1957年版，第622页。
② [法] 奥古斯特·弗朗索瓦：《晚清纪事——一个法国外交官的手记（1886—1904）》，罗顺江、胡宗荣译，云南美术出版社2001年版，第224页。
③ （清）贺宗章：《幻影谈》上卷《兵事·蛮河之役》，《云南史料丛刊》（第12卷），云南大学出版社2001年版，第97页。
④ （清）贺宗章：《幻影谈》上卷《兵事·蛮河之役》，《云南史料丛刊》（第12卷），云南大学出版社2001年版，第135页。

商路线"①。云南进出口货物途径均由此路,货物大都在此汇聚,"一箱箱的烟草、茶叶,接二连三地从上游冲下来,一捆捆的棉花也顺着河流往大海冲去"②。因此,在蛮耗设码头运输是红河水道上的最佳选择。

但是,红河水道的航运条件也有不足之处,如逆流航行就十分困难,需要至少两倍于顺流航行的时间,且红河的水量有限,并不具备大型汽船通航条件,"在红河的红水上泛舟:越往上游走,河流越狭窄,山坡的断层更加剧了这种状况"③,因此只能以舢板等小船通航。事实上,滇越铁路未通车以前,蛮耗的交通运输地位就已经开始下降了,"当清末季,滇越铁道未通车时,对外交通厥惟此河是赖,蛮耗、新街等地,均称为繁盛埠头。但因江小水急,只能载运帆船,汽船不能行驶。迨至滇越铁道通车,货运转移车上,于是全流航业顿呈萧条,蛮耗之盛亦转移于河口也。现在虽有帆船数只,不过供沿河一带运输山货及沙、盐、水油而已"④。笔者曾于 2015 年 11 月前往个旧市蔓耗镇(旧蛮耗)进行实地考察,虽然已是 11 月份的天气,但此时的蔓耗镇仍是异常炎热,红河两岸的植被茂盛,恰如当年方苏雅在手记中所提到的:"我凝视沿途原始森林的奇景,我看到一片片由藤本植物组成的茂密植物群,像台布一样,把整个大地完全覆盖了起来……从树上,分不清任何形状,时不时地会从水流或草丛中冒出一个宛若沉船残骸般的巨石。那些被野火烧过的植物,干瘪枯萎,像盖在地面上的一张张的大网,罩在整个山头的一张张巨型怪异的蜘蛛网——上面是望不到尽头的干枯树木,而下面则是烈火之后的炎

---

① 《新纂云南通志》卷 144《商业考二》,牛洪斌等点校,云南人民出版社 2007 年版,第 108 页。

② [法]奥古斯特·弗朗索瓦:《晚清纪事——一个法国外交官的手记(1886—1904)》,罗顺江、胡宗荣译,云南美术出版社 2001 年版,第 222 页。

③ [法]奥古斯特·弗朗索瓦:《晚清纪事——一个法国外交官的手记(1886—1904)》,罗顺江、胡宗荣译,云南美术出版社 2001 年版,第 219 页。

④ 《新纂云南通志》卷 57《交通考二》,李春龙等点校,云南人民出版社 2007 年版,第 31 页。

热。"① 而昔日繁忙的码头如今已是一片荒地,但仍可以想象在晚清时期各地货物在此堆积等待上船的情境,目测河宽二十余米,水深不过数米,流速缓慢,只允许竹筏、皮艇等小型船只通过。溯红河水运耗时费力,特别是河口至蛮耗间的180里巷道,大小滩达百余处,大滩有莲花滩、新滩、乌龟滩等十余处,极难航行,故自古以来的滇越交通运输,往往只有从河口以下才利用水运。②

蒙自开关后,大量的进出口货物每年往来于红河水运之上。据记载,光绪十六年(1890年)的出口货物,"土货以估价而论,则比进口洋货犹多,其大宗为锡,已报出口者有二万二千余担,估价三十九万七千余两,即占通共出口土货价值之八成五",进口货物"即广东货由香港东京运来者,按照条例约可作为洋货,准其请领运入内地税单。本年内此货进口者约值十六万九千余两,其大宗系广东烟丝五千九百余担,估价十三万三千余两,即占广东共来之货价十分之八。又有上等纸百余担,估价七千九百余两;荔枝干二百余担,估价五千余两;平纸一百八十余担,估价四千余两"③。但是,由于锡矿的开采和红河地区商贸繁盛,加之该地区地理环境复杂,少数民族众多,"有壮、傣、苗、彝、怒、白、独龙、景颇、蒙古族等等"④,吸引了各种势力的聚集,导致矛盾交织,争斗激烈,严重影响着边疆安定。

中法战争后黑旗军游勇与"三点会"结合,盘踞在蛮河地区。游勇"时出滋扰,烧杀抢掠,边民苦之;甚至攻城戕官,与防军秘密勾结,上下纵容;又因瘴地他军难至,换防维艰,敷衍着二三十载"⑤。随后,清政府以滇、黔、桂三省联合剿匪,游勇在三省剿匪之下窜往蛮河,又改名"三点会"。所谓"三点会",即民间的秘密结社,他

---

① [法]奥古斯特·弗朗索瓦:《晚清纪事——一个法国外交官的手记(1886—1904)》,罗顺江、胡宗荣译,云南美术出版社2001年版,第219页。
② 陆韧:《云南对外交通史》,云南人民出版社、云南大学出版社2011年版,第294页。
③ 《中国旧海关史料》(第16册),京华出版社2001年版,第229页。
④ [法]奥古斯特·弗朗索瓦:《晚清纪事——一个法国外交官的手记(1886—1904)》,罗顺江、胡宗荣译,云南美术出版社2001年版,第219页。
⑤ (清)贺宗章:《幻影谈》上卷《兵事·蛮河之役》,《云南史料丛刊》(第12卷),云南大学出版社2001年版,第94页。

们信奉洪家,以兴明灭清为主,以能收徒党多少为阶级,以运销越南私盐为筹款法,"暇则酣饮,聚赌如常"①。其头目严效平,为南宁附生,十五岁入学,后加入黑旗军,又散为游勇。② 三点会自河口起,南溪、坝洒、新街、蛮耗、王布田以及三猛土司,"千有余里,汉土团汛、官民、商贩,不入其会者,祸立至。自二十八年起,抢掠商船一百二十余艘,价值二十余万;被害商民,尸无下落者不知几凡"③。此外,个旧周云祥起义失败后,有部分起义者流落至蛮河地区,加入三点会,"众号万人,与点匪联合"④。光绪二十九年（1903年）,云贵总督丁振铎上奏称:

开化府属河口地方,近毗越南,烟瘴极重,居民无多。自中法和议定后,裁撤营练,散勇之耐瘴者,就居其间久之,遂成村聚,五方杂处,良莠不齐,奸民最易混迹。虽有防营分扎,只能力顾封汛,而沿河数百里,山箐丛杂,防布难周。匪首曾秀兰等久匿越南之夫厂、左州等处,设赌敛财,纠合党类,外人利其身税,任听聚伏,时而乘间潜入内地,暗结匪徒。近更藉三点会名目勾引愚众。所谓三点会者,会总姓洪名明,三点即隐寓其姓也。

由河口至蛮耗,沿河两岸以及猛喇、王布田等寨,汉夷绅庶,率为诱胁。臣到任以后,逼胁入会,即抢掳烧杀,所过村寨,勒索银米,蛮河上下劫夺商船,漫棍、箐水冲寨各处蹂躏尤甚。⑤

---

① （清）贺宗章:《幻影谈》上卷《兵事·蛮河之役》,《云南史料丛刊》（第12卷）,云南大学出版社2001年版,第95页。
② （清）贺宗章:《幻影谈》上卷《兵事·蛮河之役》,《云南史料丛刊》（第12卷）,云南大学出版社2001年版,第101页。
③ （清）贺宗章:《幻影谈》上卷《兵事·蛮河之役》,《云南史料丛刊》（第12卷）,云南大学出版社2001年版,第95页。
④ （清）贺宗章:《幻影谈》上卷《兵事·蛮河之役》,《云南史料丛刊》（第12卷）,云南大学出版社2001年版,第96页。
⑤ （清）丁振铎:《奏为云南开化府属河口蛮耗等处有三点会匪滋事饬派兵团剿办擒渠释胁情形事》,光绪二十九年六月十六日,中国第一历史档案馆藏,档案号:04-01-30-0404-005。

第六章 晚清边疆局势的变化与滇东南现代边防体系的建构 / 231

正是由于红河蛮耗以下盗匪猖獗，杀人越货，为害航运和商贸，因而清政府不得不派重兵对蛮河地区进行军事镇守和军队护航。然而滇越边境地区烟瘴毒烈，该如何募兵是首先要解决的问题。从当地招募团练土民，既皆耐瘴之人，又有保身家之念，寓兵于农，实属便利。但是，匪徒踪迹无常，团练也仅能捍卫乡里，"非有策应游击之并不足以操胜算"。此时新练陆军便派上用场，云贵总督锡良"调拨新练陆军一营驻扎蒙自，居中策应，并查照巡防队牵制"①。

光绪二十九年（1903 年），贺宗章以开化知府署文山县任奉命前往蛮河地区军事镇守，他创设水师一营，以大号民船十余艘改造为炮船，并新制坐船三号，各安炮位。又由上江、猛帮各土司调来小划船五十只，招募水勇三百名。② 军事训练上，贺宗章在白马创设随营陆军小学校，轮调各营副哨、弁勇目入校学习，分学、术两科，三月毕业，以张宗靖、王宜癯为主任教员，经费由各营分派，开办头班。又将开化府白金柱旧部从严整饬，择其甚者，撤换管带数人，帮带哨弁数人。毕业员弁，责成改练陆军新操，限两月观验，严定赏罚，及期巡阅，壁垒一新。光绪三十三年（1907 年），云南创办陆军讲武堂，贺宗章命每营饬送四人，六月一班。后贺宗章以营伍繁重，势难兼顾民事，辞开化府缺，电请委员专任边防及随营学校。三班毕业回防，操练整齐，军纪严肃，外人亦极称之。③ 表明旧式的团练已不足以保卫边疆的稳定，现代化的新式军队已逐渐稳扎在滇东南蛮河地区。

---

① （清）锡良：《奏为乱党窜伏边外饬开化等府保卫队及新添民团并调拨新练陆军等上下梭巡稽诘匪类事》，光绪三十四年五月初一日，中国第一历史档案馆藏，档案号：03-6041-098。

② （清）贺宗章：《幻影谈》上卷《兵事·蛮河之役》，《云南史料丛刊》（第12卷），云南大学出版社 2001 年版，第 99 页。

③ （清）贺宗章：《幻影谈》上卷《兵事·开广边防之役》，《云南史料丛刊》（第12卷），云南大学出版社 2001 年版，第 112 页。

第三节　云南现代南防军事体系的建立

一　南防军事体系的组织结构

清末新政军队改革中，出现了一种新旧混杂的军队，即巡防队，主要由防营、土勇改编而来。光绪三十一年（1905年），练兵处奏："各省防营名目错杂纷歧，拟令改正，统名为巡防队。"随后又将"各省续备军应一律改为巡防队"①。光绪三十三年（1907年），陆军部奏定巡防队营制，具体如下：

> 各路统辖之制，其营制按该省各路编列号数，再按每路各营编列号数。统领官一员，督率各营操防及稽察，该管各防情形，筹划调度等事；帮统官一员，帮同统领督率操防及稽察该管各防情形，筹划调度等事，事简者可以缓设；书记官一员，经理本路往来各项文牍；会计官一员，经理本路各营饷项；执事官一员，管理本路各营庶务；司书生二名，专司缮写文牍；马弁二名；护兵十四名；伙夫二名。
>
> 步队一营之制，每营三哨，分为左、中、右，每哨八棚，每棚正兵九名。管带官一员，有管理全营事务之责任；哨官三员，每哨一员，有管理一哨之责任；哨长三员，每哨一员，有帮同哨官管理一哨及其庶务之责任；什长二十四名，每棚一名，正兵二百一十六名，每棚九名；书记长一员，经理一营往来文牍；司书生五名，专司缮写文牍；鼓号目一名，鼓号兵六名；护目一名，护兵十六名，管带用四名，哨官、哨长各用二名；伙夫二十四名，每棚一名。以上官弁、兵夫共三百零一员（名）。
>
> 马队一营之制，每营三哨，分为左、中、右，每哨四棚，每棚正兵九名。管带官一员，有管理全营事务之责任；哨官三员，每哨一员，有管理一哨之责任；哨长三员，每哨一员，有帮同哨官管理一哨及其庶务之责任；什长十二名，每棚一名，正兵一百

---

① 《清朝续文献通考》卷222《兵考二十一·巡防队》，《万有文库》本。

零八名,每棚九名;书记长一员,经理一营往来文牍;司书生五名,专司缮写文牍;鼓号目一名,鼓号兵六名;护目一名,兵十六名,管带用四名,哨官、哨长各用二名;伙夫十二名,每棚一名;马夫十二名,每棚一名;马一百三十五匹,管带、帮带、正副哨官、什长、正兵、鼓号目兵、护目兵各一匹。以上官弁兵夫共一百八十九员(名),马一百三十五匹。①

由此可知,巡防队是各省旧有各军除已遵章改编新军者外,以防军、练军及杂项部队改为巡防队,按各省地势情形,一省分为若干路,路下设若干营,分驻于水陆通衢及险要之处。每路设统领、帮统、书记官、会计官、执事官各一员,以及司书生、马弁、护兵等。营分步队、马队。步队一营分左、中、右3哨,每哨8棚,设营管带官1员,哨官、哨长各3员(均每哨各1员),什长24员(每棚1员),书记长1员、司书生5名,正兵216名,以及鼓手、号手、护兵等。马队一营亦分为3哨,每哨4棚,设管带官1员,哨官、哨长各3名,什长12名,正兵108名,书记长1员。唯全国各处改建巡防队的时间、营数不一,每营人数亦有不合定制者,且将弁多出身行伍,巡防队与新军成为两个不同的军事体系。

云南巡防队建制紧随全国步伐。光绪三十二年(1906年)四月,云南防营遵章改为巡防队。但鉴于云南地处边疆,次年十一月,云贵总督锡良上奏称:

(云南)地居边要,素号瘠贫,论防地则至极纷歧,故营少不敷分布;论款项则异常支绌,故饷优不易筹维。历年以来,营制饷章,屡经更易。当其改编之际,就兵就饷,简陋相仍,有以勇营改为巡防者,有以团营改为巡防者,有以防营改为新军而仍事巡防者,庞杂纠纷,漫无秩序。其巡防铁路者,因人类之杂,兵格之低,服装之垢敝,纪律之废弛,久已贻误中外,军政之

---

① 《清朝续文献通考》卷222《兵考二十一·巡防队》,《万有文库》本。

坏，几至无可措手。①

可见，云南在改编巡防队后，巡防队戍守边疆的成效并不理想。云南为西南之隅，界连缅、越，袤延二千余里，此形势之所在，宜当制严。加之此时广西边匪未尽根除，各类隐患时虞窃发，不可一处无兵。因而锡良再次将全省巡防队进行整编，以达"固边陲"之目的。锡良以防军二十七营，铁路巡防十一营，土勇一营，凡三十九营，次第改编新军，以全省防军每营二百五十人为定额，分南防、西防、普防、江防、铁路巡防为五路，凡四十七营。②五路中，"以南防为最要，防营亦以南路为最多，计南防巡防队共十七营"③，体现了晚清时期滇南防御的紧迫性和重要性。南防十七营中，有三营驻扎临安（建水县），归临元镇统辖；六营驻扎开化，归开化镇统辖；八营驻扎广南、蒙自等处，归南防营务处统辖。可见，滇东南沿边地区是南防的重要防守地带，区域包括清代开化府、广南府及临安府南部，大致相当于今云南文山州及红河州的开远、建水、蒙自、个旧、屏边，面积 43000 余平方公里，共 438 余公里边防线，与越南、老挝接壤。

此外，针对各巡防队饷章适当予以增加，对各防营舍饬令次第动工修建。"现既认真整饬，自应酌加薪饷，俾资饱腾。第兵饷加易而减难。查滇省防营于正饷之外，原有津贴名目，拟将正勇月饷一律加为三两六钱，员弁、什长、火夫较前亦稍有增加。其驻扎边界及铁路者，食用奇昂，倍于内地，拟再分别酌加津贴，以示体恤。""至各路防营向无营舍，沿边对汛，半多倾折，其驻防铁路边地者，居住草棚，不堪栖止。现饬南防营务处、临安开广道魏景桐，先将各处对汛兵房，赶紧修理。其南防勘定应修之十营，亦择要陆续举办。西防则于腾越先建二营，铁路则于上段先建三营，次第动工，限于年内告

---

① （清）锡良：《改编滇省防营厘定章制以固边陲而肃戎政折》，光绪三十三年十一月初十日，《近代中国史料丛刊续编》（第 11 辑），文海出版社 1974 年影印本，第 729—730 页。
② 《清史稿》卷 132《兵志三·防军·陆军》，中华书局 1977 年标点本，第 3942 页。
③ 《清朝续文献通考》卷 222《兵考二十一·巡防队》，《万有文库》本。

第六章　晚清边疆局势的变化与滇东南现代边防体系的建构　/　235

竣，以便更番驻扎，切实训练。"①

总之，南防在建立之初共设十七营，若按每营250人为定额，则共有兵4250人。宣统元年后，云南各防营仍有增添，迄辛亥革命时，总数达到24442人，占全省陆军三分之二以上。②而南防镇守兵员已超过防营总人数的20%。武器装备方面，据民国元年（1912年）云南军政府对南防调查，蒙河国民军第十二营"除有一百杆曼丽双枪外，皆系九响毛瑟"，第八营"所用兵器皆系九响毛瑟"，第九营"训练所用兵器、服装等与第八营无异"，河口模范中队"所用兵器皆系日本三十年式之步枪"；开广国民军第五营、第八营、第六营"所用兵器皆系九响毛瑟"。③可见，新编陆军凭借西洋的军事武器和操练，成为了一支具有现代化军事实力的军队，但巡防队装备丝毫不落后于新军，是保卫边疆民族地区领土完整的主力，而其中南防是各防营中的防卫重区。

二　南防体系的边防布局

南防巡防队组建以后，其营舍驻扎于建水、蒙自、开化、广南等处。民国元年（1912年），云南军都督府委派林开武为云南南防边防统领，驻文山，统领边防驻军，另设3名分统分驻河口、麻栗坡、广南。民国4年（1915年），南防边防统领撤销。④滇东、滇南地区除有南防外，还有开广边防，"南防各营暨开广边防诸军，以临安开广道兼办"⑤。光绪二十九年（1903年），滇越铁路云南段开工，筑路所需建筑物资和人员均从法属越南经红河水道运入云南，致使红河运量激增，形成双向超负荷运输局面。因此，红河航运成为各种势力争

---

①（清）锡良：《改编滇省防营厘定章制以固边陲而肃戎政折》，光绪三十三年十一月初十日，《近代中国史料丛刊续编》（第11辑），文海出版社1974年影印本，第731页。

②《新纂云南通志》卷129《军制考三·防营》，李春龙等点校，云南人民出版社2007年版，第419页。

③《云南南防调查报告》，中国国家图书馆藏钞本。

④《文山壮族苗族自治州志》（第4卷），云南人民出版社2000年版，第300—301页。

⑤《新纂云南通志》卷130《军制考四·军事机关、学校》，李春龙等点校，云南人民出版社2007年版，第457页。

夺的重点。法国殖民主义者对红河地区虎视眈眈，并在河口对岸保胜驻扎军队，每每以稽查盗匪为借口企图越界侵扰云南。

为阻止法国殖民者的入侵，贺宗章以所招团勇，新编开、临团练三营，委柯绩臣为中营管带，驻新街，前营委黄体良驻坝洒，后营委龙裕光驻蛮耗，龙在蒙自，暂委帮带黄秉钧代理，兼管水师。法国通过河口对汛副督办黄河源照会，称："滇越铁路开办伊始，各工程师分段勘估，待款甚急，所需各工物料，势难停运，今已定期二十五日开帮，贵国军队不任保护，法国即自派军队护送。"① 时值个旧周云祥等作乱，由蒙自至省城的电线已断，交通断绝，无法转请院示，后魏荫柏复电给黄河源称，两院已经奏予全权。因此贺宗章与黄河源、柯绩臣商议后，认为事关开帮虽小，但国防事大，遂一面回电法国称："我军担任保护，准其开帮，惟法国军队不得违约越界。"② 一面加强边防，委柯绩臣率领团勇三百名，分别驻扎坝洒、新街，并责令所经过的沿河村寨，各处乡团照应，但由于坝洒防营骆家信、新街防营韦勋臣向来与点匪有勾结，贺宗章"恐其故意发生交涉"，因此才有了上述的布防。但是，法国并不满足，翌日又以"保胜烟瘴过盛，所部军队，死亡过多"为由请求暂行至蒙自避瘴，贺宗章接到电报后，认为法国表面以至蒙自避瘴为由，实则"进兵谋占个旧锡厂"，严厉拒绝："我蒙自非避瘴之地，贵军队岂避瘴之人？迭次来电，幸未辱命，今所言直欲启衅，敝处惟守条约，他所非知，虽能力薄弱，然责任所在，无所逃命，业已下令戒严，如有外兵闯入界桥，勉尽所能捍御矣。"③ 随后加紧防御，饬令于河口安置炮台，并亲自带兵驻扎河口达半月之久，静观法国动态。法军见再无机会，也就作罢。

滇南红河地区由于特殊的地理区位，既是云南面对帝国主义侵扰的门户，又是新思想和新社会革命冲击的前沿。光绪三十四年（1908

---

① （清）贺宗章：《幻影谈》上卷《兵事·蛮河之役》，《云南史料丛刊》（第12卷），云南大学出版社2001年版，第99页。

② （清）贺宗章：《幻影谈》上卷《兵事·蛮河之役》，《云南史料丛刊》（第12卷），云南大学出版社2001年版，第99页。

③ （清）贺宗章：《幻影谈》上卷《兵事·蛮河之役》，《云南史料丛刊》（第12卷），云南大学出版社2001年版，第100页。

年），由于边防兵力单弱，孙中山等革命党人在河口发动起义，"河口、南溪、坝洒等处相继不守"①，使云南政治由此与全国紧密联系起来。先是，革命党人在广东钦州失败，后攻克镇南关，不能守，乃改图云南。黄明堂为总指挥，命王和顺、关仁甫、何有才、黎国英等直趋河口大营，围攻三昼夜后，河口陷落，副督办王镇邦战死。革命军乘胜分三路进兵，一趋阿白；一出蛮耗；一破南溪，进攻古林箐。出蛮耗之革命军中，遇柯树勋部队以诈降之法，死伤数十人，败走退回。是时，"警耗所至，草木皆兵，而古林箐、大吉厂、桥头街、木厂街一带尤当其冲，居民惊慌逃匿，遍地悲声"②。云贵总督锡良统兵出省，驻扎通海秀山，委任白金柱部统领边防军二十营分头应付。革命军不敌，放弃河口。但白金柱收复河口后，未数日即染病，回至开化镇衙内遂殂。边防统领职务，委以王正雅接任，整顿防务，办理善后，统领大营设于马白关，以谋长远之计。于是呈准锡良建筑营垒，开办随营学堂，陶铸人才，委王暨英为正教官。除由各营选派官弁入学外，又收录地方优秀青年，一体肄习。开办二年，卒业二班，王秉钧、左进思、李选廷、王汝为等咸出于其中。随后，王正雅回籍，统领职交开化府贺宗章代理，将大营移于开化府。

可以看出，辛亥革命爆发之前，滇南红河流域在边疆危机中萌动着各种社会矛盾，20世纪初大锡出口运输的需要促使了滇越铁路的修筑，驱动红河地区率先从交通开始进行了现代化转型。滇南红河地区虽处于开放前沿，却遭遇法帝国主义觊觎、侵扰和资源掠夺，边疆危机日益加深。因此，丰富的矿产资源和便利的交通条件，吸引着各种势力交会、碰撞和争斗，社会矛盾激化，政治变革与社会变迁必然在这里率先展开，成为孙中山领导的革命党人发动边疆革命的突破重点和云南现代化变迁的前沿区域。

滇东南边防的重要性不言而喻，不仅需要抵御法国殖民主义者的入侵，而且还要护卫滇越铁路及红河水道沿岸的安全。因此，民国元

---

① 《清德宗实录》卷591，光绪三十四年五月乙酉。
② 民国《马关县志》卷5《兵略志·军事绪言》，何廷明、娄自昌校注，云南大学出版社2012年版，第155页。

年（1912年）云南军政府对南防进行调查时，对南防兵营屯驻点进行了如下总结：

一、开化府附近应驻协司令部、步队标本部（机关枪六挺，编成之一队）；步兵一营（屯大兴寺）；马队一中队（附于协司令部内）；山炮队一营（少一队），工程一营（少一队），以上二营，屯西较场；辎重一中队（西较场）；军医院一所（城内）。

理由：开化左邻广南，右倚临安，位置于马白、麻栗坡之后方，为侬人侵入冲要地带，向来对敌作战，适为大军集中之地，是对内对外均属紧要耳。且物资征收较易，便于军队之给养，道路四方交集，便于军队之运动。故开化附近较他处为重要，非屯驻以上之兵力不足以捍卫南防。但查开化府城附近，除西教场外，无适当之营舍地。西教场之地势干燥，饮用水（山泉水）良好方便，最适于营舍地。惟地面不大，不敷以上兵力之要求，故不及不于南门外大兴寺之西南端约三百米达之处，周择一营舍地。此处无属适宜，惟有坟墓二十余，缘须与人民交涉撤移，方可建筑营房。闻开化南方约二十里之处有枯木，本原最适于练兵，此次为时所迫，未曾调查。

二、蒙自宜驻标工部（附机关枪一中队，六杆）；步队一营；马队一大排（排长以下共四十骑）；山炮队一中队；工程队一中队。

理由：蒙自既为铁路经过之地，且有南溪河可以利用，作为后方之连续，况供敌人扰之则处达省城，既近尤是以断我开广与省城及他为属之连续。特以山势险阻，军队不便运动，故刺断敌人之侵入地区，以马白、开化一带为第一，而以蒙、河一带为第二，是蒙自一带不可无重兵，且处地给养、卫生、参演均属良好，故宜屯重兵。特以河口为蒙自之门户，临安则建有营房，故谨屯，此必要之部队。至为部队之营房，以日期迫保，未暇调查。

三、河口宜屯步兵一营，营本部屯驻河口（附马队一小排）；第一、第二中队驻河口；第三中队驻坝西；第四中队驻古林箐。

理由：河口乃滇省第一门户，特以形成突角，三面受敌，守之非易。但就地势之补助，凡我界内地势之比高甚大，可以瞰制敌地，攻无实不易。况我若以重兵扰之，则处由此地带侵入，固不可及，即由马白方面侵入，无不及不顾虑。前此方面之军队，由铁路线进攻河内，而必以重兵屯河口方面可以牵制处野战军。职此之故，宜屯步兵一营于河口平原，时则监视铁道路战，时则牵制处野战军，且河口制现有营房多，而且良处，营房后面均有林木，于住济上亦甚有利。但所宜注意者，坝西乃河口右翼汛点，古林箐乃河口左翼要点，若此二地不守，则四面受敌，不能特是欲守，河口必失守。此二要点，故此二点各屯一中队。

四、临安宜屯驻步兵一营（附马兵一小排）。

理由：临安在首，本重要地点，故有重要镇驻守。特今地形、兵器均与前异，紧要之程度不为蒙自，但以警察未设，且前已有营房，而为经济及对内起见，宜屯驻步兵一营。

五、马白宜屯步兵一营（附马队一小排）。

理由：马白乃开化之门户，且为诸道交汇点，前可策应诸对汛，后可掩护。开化是以为南天之要点，况给养、掺练、卫生均属有利。故此地以屯步兵一营。

六、富州宜驻步兵一营，营本部（附马队一小排）及第一、第二中队驻富州；第三中队驻天开井关；第四中队驻剥隘。

理由：富州位于广南之中心，南出田蓬以至越南，东至剥隘、天井关以至广西北，出宝宁以至贵州。对外既属紧要地点，而对内尤为繁难，若无兵以守之，则不惟良民不能安其业。东道亦收阻塞，宜以一中队驻天井关，以一中队驻剥隘，以安东疆而靖内乱。

七、广南府宜设保护队一营。

理由：广南府在富州之北面，方与对外无甚关系，但其地方乃滇、桂、黔三省交界之地，游匪多匿端于此，且土民时出抢掠，非有兵以驻之不可。但此兵力计之以南防一协之兵力，决不能不分布于此。惟于教育普及、警察完备、交通发达之后，印行裁撤。此营兵力约须三百人。

八、增加对汛兵力。

理由：沿越境一带，苗匪甚多，且内制甚不完备，加以缉私、禁烟等事务繁多。现在对汛之外，计自那发以至田蓬，共有国民军十三营，尚不足以镇摄，若骤然裁去，则边境之隐患正尔。若以新军驻之，则军队又无各许之多于此。惟有改良对汛，增加兵力至一中队属两副督以办之，指挥裨益，兼理外交、民事、警戒，其制与新军同一，其官长尽挑良好之军官，则平时不辱国体，战时可以编入野战军。

附南防混成协之编制：旅司令部一；步军团二（各附机关枪六杆）；队一中队及一独立大排、四独立小排（此项编制内所未见）；山炮队一营；工程队一营；辎重队一营；军医院二所。

混成协外之兵力：保卫队一营三万名；副督办直隶两中队及八对汛共十中队。①

以上南防兵营屯驻系来源于《云南南防调查报告》，此本为钞本，因而文本中存在多处添字、漏字、错字、别字，以致影响了文本阅读，为保持文本的原始面貌，在摘录时均未作改动，但可推测出原文意图。这也是目前找到的最早反映南防军事驻防体系最完整的史料，时间为民国元年（1912年），距南防建制后仅隔三年时间，这期间南防驻兵并无大的改变。到民国后期，南防建制已有较大的改变，"南防巡防队，十营，共设管带十员，督操官兼中哨官十员，前、后、左、右哨哨官共四十员，副哨官共五十员，什长、队兵共三千五百名"②，最大变化是兵额数已大幅度削减。《新纂云南通志》中详细列举了南防十营、南防开广、沿边十九营、南防铁路上段五营、南防铁路下段八营的营数、营制、饷章、驻扎处所，③但其记载已是民国晚期的情况，并不能代表南防建制初期情形。据《云南南防调查报告》

---

① 《云南南防调查报告》，中国国家图书馆藏钞本。
② 《新纂云南通志》卷129《军制考三·防营》，李春龙等点校，云南人民出版社2007年版，第419页。
③ 《新纂云南通志》卷129《军制考三·防营》，李春龙等点校，云南人民出版社2007年版，第421—424页。

文本记载，南防在开化、蒙自、河口、临安（建水）、马白、富州、广南均驻扎有步队及马队，甚至还有机械化的山炮队和机关枪队，以及运输军械、粮草、被服等物质的辎重队。从驻屯地点来说，由南防建制初期的临安、开化、广南、蒙自四处增加至七处，兵员额数也有增加。总体而言，南防防线自西向东已形成了较为完善的防线。军队装备从旧式的大刀、长矛向现代化的机关枪转变，建制虽然保留了旧有的马兵、步兵，但却有了诸如山炮队、工程队、军医院等具有现代化性质的建制。

三 民国初年对滇东南的"南防调查"

南防布局形成后，对抵御法人侵略、稳定边疆社会及维护国家统一起了至关重要的作用。辛亥革命后仅半年时间（1912年4月），云南军政府在蔡锷的领导下实施了对南防的调查，这是辛亥革命后全国范围内的第一次边防调查，也是迄今尚未被学界所关注的一次边防调查。

重九起义后，云南军政府组建，蔡锷被推举为云南军政府都督，掌理全省军民政务。云南军政府下设参谋部、军务部、军政部。其中参谋部主管军事上的一切谋划，以殷承瓛为总长，"凡关于计划出战、作战、调遣、谍查、测地各事宜均属之"①，以"谋戡定西南防"为主要目标，参谋部下分设七部，曰作战、谍查、编制、兵站、辎重弹药、炮兵材料、测地。② 因此，云南军政府下属参谋部的主要任务是对云南的西防与南防进行勘察。

蔡锷早年追随梁启超学习，深受维新思想熏陶，后入日本陆军学校进行军事学习。光绪三十一年（1905年）其在广西担任新军总参谋官兼总教练官时，便对边疆考察十分重视，亲手创办了广西测绘学堂，自任堂长。次年又成立兵备处，兼任兵备处会办，悉心考察和研究边境防务，并特别关注桂越边境形势，为此撰写了《越

---

① 《饬各属云南军都督府成立三部文》，《蔡锷集》，湖南人民出版社2008年版，第320页。

② 周钟岳等：《云南光复纪要》，云南人民出版社2011年版，第26页。

南重塞图说》和《桂边要塞图说》，惜已散佚。光绪三十三年（1907年）蔡锷考察了广西沿边地区的山川地势及风土人情，并亲手草绘略图。宣统元年（1909年）为建设广西全省军路，蔡锷派随营学堂学生分头勘测路线。① 在广西任职期间，他先后担任过广西陆军小学总办、兵备处总办、广西新军常备军第一标标统、龙州讲武堂总办、广西混成协协统、学兵营营长、广西干部学堂总办等职务，十分注重对边疆的考察及地图测绘，丰富的任职经历不仅让蔡锷成为了一位具有革命思想的新军将领，更重要的是他对边疆有了深刻的认识。

宣统三年（1911年）三月，经云贵总督李经羲奏调，蔡锷赴昆明任职。七月，他就任云南新军第十九镇第37协协统，开始在云南的任职生涯。此时南防军营时常发生兵乱，新上任的蔡锷决心要根除此弊："事机至此，深可悲痛……惟首恶不除，不独无以谢外人，而杜借口，尤不足以解陆、防各军之愤怒，而安反侧，更无以对我普天之同胞。"② 民国元年（1912年），蔡锷在致孙中山及各省都督的电文中，称云南"恐土豪浸起割据之思，边境又有孤立之势，于国家统一障碍实多"③，反映了政体转变时期边疆地区的混乱局面，南防兵营也时常发生兵乱，宣统三年（1911年）一月，"有第十九营马使克三哨之变。所部三哨，以其有嗜好不服，一夕携枪变逃，闯过越界"④。此时蔡锷已升任军政府都督，面对法国殖民者的挑衅及南防军营的叛乱，部臣不敢抗拒，边吏又不敢争辩，他感到这是"西南之祸烈也"⑤。由此可见，蔡锷怀有深刻的国家情怀及边疆危机意识，同时带有保国安民的思考。从云南新军协统到军政府都督，在如此短

---

① 谢本书：《蔡锷大传》，广西师范大学出版社2013年版，第40—41页。
② 《谕蒙自将士文》，1911年12月，《蔡锷集》，湖南人民出版社2008年版，第359页。
③ 《致孙中山及各省都督电》，1912年1月19日，《蔡锷集》，湖南人民出版社2008年版，第396页。
④ （清）贺宗章：《幻影谈》上卷《兵事·开广边防之役》，《云南史料丛刊》（第12卷），云南大学出版社2001年版，第112页。
⑤ 周钟岳等：《云南光复纪要》，云南人民出版社2011年版，第13页。

的时间内蔡锷还不足以对南防有充分的认识。① 四月二十九日，蔡锷在致李鸿祥的电文中，闻南防各营"习气甚深，难期振作。现虽选练模范队，以资整顿，成效仍难以大著"，并希望对南防有清晰的了解，派员对南防进行调查，称"现已派员详查妥议办法矣"②。后蔡锷又于九月一日至十四日亲自巡视南防，原因是"南防各重要问题毫未处理，故不得不亲自一行"③，前往临安（建水）、个旧、蒙自、阿迷（开远）进行视察，以示对南防的重视。据此，在国家政体转变的关键时期，南防各兵营却由于兵乱而无兵可守，在云南军政府都督蔡锷领导下，参谋部总长殷承瓛派人具体实施了南防调查。

关于此次南防调查的详细情形已无法得知，但幸好调查人员在调查结束后留下了第一手调查记录——《云南南防调查报告》，对具体调查过程有清晰的记载。《云南南防调查报告》现藏于中国国家图书馆，为手钞本，共计约三万字，既未注明调查时间也未署调查人员的名字。因而首先要对该文本进行一番考证。

报告中提及，蒙河国民军第八营"系去年（阴历辛亥年）九月初旬新募成军"，第六营"系辛亥年九月始成军"。④ 按：重九起义后，云南军政府即将边防军改编为国民军，全省共计三十余营，服制饷章均与昆明省城国民军一致。⑤ 又，阴历辛亥年即1911年，可以推得该报告的调查时间应为1912年。又，在《附录》中有"调查部队之编制"一栏，得知主要调查员有3人，但未署具体人员的姓名。鉴于滇东南边疆民族地区地理环境的复杂性，云南军政府还派有卫兵5人随行保护。由于道路崎岖难行，军政府还为调查员配备了马夫3人、乘马2匹、驮马1匹。在"行进实施一览表"以表格的形式列明

---

① 云南新军第19镇第37协驻扎昆明省城，可能蔡锷在任协统期间从未踏勘至滇东南地区。

② 《致李鸿祥电》，1912年4月29日，《蔡锷集》，湖南人民出版社2008年版，第592页。

③ 《与〈天南日报〉记者谈话》，1912年8月底，《蔡锷集》，湖南人民出版社2008年版，第725页。

④ 《云南南防调查报告》第二章《调查事项·沿途国民军之概况》，中国国家图书馆藏钞本。

⑤ 周钟岳等：《云南光复纪要》，云南人民出版社2011年版，第69页。

详细的调查日程，调查人员于阴历二月二十七，午前七时，自昆明起程，迄四月十九，午前六时十分，由阿迷（开远）返回昆明，期间还曾过境到越南一次。以上时间为旧历，若对应新历为4月14日至6月4日。据此，南防调查的具体时间应为新历1912年4月14日至6月4日，历时52天，而报告整理成文的时间应在返回昆明以后。

1912年4月14日调查人员自昆明起程，乘坐火车到达阿迷。次日由阿迷乘火车到碧色寨车站下车，在车站雇马匹将人员及物品运送至蒙自县城，并在此休整一天，翌日开始正式调查。按：光绪十三年（1887年），清政府与法国签订《续议商务专条》协定，云南蒙自、蛮耗开辟为商埠，允许法国在蒙自设立领事。① 宣统元年（1909年）4月15日，滇越铁路通车至碧色寨，蒙自关在碧色寨设立了办事处。

1912年4月17日调查人员从蒙自县城起程开始调查，途经阿三寨、窑头、蛮耗、达基河口、河口，4月24日到达南溪（今河口县南溪镇），以乘马、浮船及步行为主，主要对红河水运及滇越铁路防线进行侦察。按：蛮耗自光绪十三年（1887年）开辟为商埠以来即为蒙自分关，既是红河水运最重要的渡口，又是越南保胜至云南蒙自水道的必经之地。因此商船往来十分频繁。光绪二十一年（1895年），《续议商务专条附章》约定，将蛮耗分关改设在河口。② 河口是滇越铁路及红河水运的交汇口，同时也是对汛督办特别区驻地。但自滇越铁路通车以来，红河水运逐渐为滇越铁路所替代，铁路承担了更多的运输任务。因此调查人员重点侦察了蛮耗、河口附近的地形及河口驻军营房的位置、构筑，军队配备的教练、兵器等。此段防线主要控厄滇越铁路及红河水运。本书称其为西段防线。

1912年4月25日调查人员由南溪出发，途经中寨、新店、木厂、仁和、马白、都竜、坡脚、麻栗坡、马安山、官告，于5月11日达到董干（今麻栗坡县董干镇）。此段防线主要集中在开化府沿边一线，有百余公里的边界线。本书称其为中段防线。其中木厂、仁和、

---

① 王铁崖：《中外旧约章汇编》（第1册），生活·读书·新知三联书店1957年版，第515页。

② 王铁崖：《中外旧约章汇编》（第1册），生活·读书·新知三联书店1957年版，第621页。

马白（关）、麻栗坡不仅是抵御法国殖民者入侵的重要关口，还是重要的战略资源供给地及矿业资源富聚地，同时麻栗坡也是对汛督办特别区驻地。调查人员重点对上述各点进行了侦察，对营房军队、地形、交通、住民等均进行了记录。

1912年5月12日调查人员从董干出发，途经普棒、同文、田蓬、木央、李大、富州、响水、西洋、杉木桥、广南府、板郎、阿基得、阿基、江那，于27日达到开化（今文山市）。此段防线地处云南、广西、越南交界地带。本书称其为东段防线。此区域内社会矛盾非常复杂，有大量的游勇、土匪在此集聚滋事，尤以广西入滇要喉富州为多。田蓬设有对汛公署，与法越上蓬汛相对。阿基得为南防人烟较多之地，清绿营兵曾在此设汛，为广南府"西路咽喉。西方有警，阿地在所必争"①。在东段防线调查期间，调查人员还曾过境到达法属越南的普棒、同文，并在法国军营吃饭夜宿。由于27日适逢大雨，调查人员只在开化西校场侦察了营房的位置。次日又勘测开化附近的地形，并在旅舍整理此行调查的日记。30日调查人员一行返回蒙自驻地，6月3日在蒙自骑马到达碧色寨车站，6月4日乘火车返回昆明。

民国元年（1912年）的南防调查，调查人员行走路程约1485公里，以乘马、步行为主，遇有水路以乘船行进。调查区域涉及滇越铁路与红河水运线及开化府、广南府地区，大致相当于今文山州及红河州的开远、建水、蒙自、个旧、屏边县，面积43000余平方公里，中越边境线438余公里，重点调查南防各驻兵点的兵营情况。此外，调查人员对各地的气候、交通、通信、基层社会等也有详细记录。

《云南南防调查报告》共分四个章节进行归纳。

第一章《例言》，是调查人员对此行南防调查的总体规划，指出南防各兵力驻点之配备以新军混成协而定，可见南防是新军编制。其次，所有调查有关事项，均为战略作战上的概言。

第二章《调查事项》是调查的核心，共九项：兵营驻屯地点之选定、集中地点之选定、集中掩护阵地之选定、集中地前进方向及第一

---

① 民国《广南县志》卷4《形势》，《中国地方志集成》影印本，凤凰出版社2009年版，第287页。

次作战目标之选定、集中地前方之联络、道路侦察、河川侦察、沿途国民军之概况、沿途统计侦察。

第三章《调查之意见现申》，是调查人员对查看到的问题提出建议，共十项：改良对汛、改编民军、整顿设政、现时土匪办法、速测南防军用地图、军事统一、调查各民军中未毕业主复入学生①、实边策、调查户口及私枪、重修界碑。按：《例言》载，"凡侦查所关事项，不过于战略上而概言之"。可见，该报告并不是对具体战术的思考，而是与战略布局有关。但从第二、第三章的标题及内容来看，调查人员针对南防兵力驻点有明确的指导性意见，逐条列明理由，并针对调查中遇到的问题给出意见，说明已形成了对策性报告。

第四章《附录》，有行进实施一览表，调查部队之编制、给养，调查住费。

通观全文，该报告内容存在多处错字、别字、添字、漏字现象，语句有多处不通，标题在目录与正文上有出入。据此推断，该报告可能是调查人员在行程结束后，根据调查日记初步整理后上报云南军政府的稿件。此外，报告内容涉及诸多现代军事理论及技能，因此调查人员可能具备极高的军事素养。

云南南防的西、中、东三段防线，每段防线均有不同的防御任务及对象。其中以中段防线最长，防御任务最重。但总体来说，南防主要为抵御法国殖民者的入侵，其次为防堵安南难民、游勇等流民骚乱滋事。为此调查人员从以下几个核心方面展开详细调查：

第一，云南南防军队的驻屯及建置装备、集中地、掩护阵地、作战阵地、防御阵地。此项调查内容为书中第二章前五节的内容，占全书内容的18%。基于南防军队驻防的思考，调查人员给出具体的驻军点共11个，自西向东依次为临安府、蒙自、河口、坝洒、古林箐、开化府、马白（关）、广南府、富州、天井关、剥隘，并针对每个点讲明了原因。例如，针对马白（关）驻防，称其"乃开化之门户，且为诸道交汇点，前可策应诸对汛，后可掩护。开化是以为南天之要点，况给养、

---

① 疑该标题中有漏字。

掺练、卫生均属有利"①。建制装备具体为：临安府为步兵一营、马兵一小排；蒙自为标本部（附机关枪一中队，六杆）、步队一营、马队一大排（排长以下共四十骑）、山炮队一中队、工程队一中队；河口为步兵营本部（附马队一小队）及第一、第二中队，坝洒为第三中队，古林箐为第四中队；开化府为协司令部、步队标本部（机关枪六挺）屯大兴寺、步兵一营（屯大兴寺）、马队一中队（附于协司令部内）、山炮队一营、工程一营、辎重一中队、军医院一所；马白关为步兵一营（附马队一小排）；广南府为保护队一营；富州为步兵一营营本部及第一、第二中队，天井关为第三中队，剥隘为第四中队。②

据此，南防西段的建制为一标，配步兵二营、马兵三排、山炮一队、工程一队，机关枪一队，装备机关枪六挺；中段防线军队建制为一标一协，配步兵二营、山炮队一营、工程队一营、马兵一队一排、辎重一队、军医院一所，装备机关枪六挺；东段防线军队建制为步兵一营、保护队一营。可见，其重点防线是西段与中段，装备有现代化军事装备机关枪。中段防线与法属越南接壤，有近400公里边防线，与法国殖民者正面相接，因此建制装备较西段防线更多，还有运输军械、粮草、被服等物质的辎重队。因此，中段防线应是防御重地。而东段防线以平息匪乱、游勇滋事为主，建制装备相对比较薄弱。总体而言，南防防线自西向东已形成了较完备的防线。军队的装备从旧式的大刀、长矛向现代化的机关枪转变，建制虽然保留旧有的马兵、步兵，但却有了诸如山炮队、工程队、军医院等具有现代化性质的建制。

南防军队集中点，即军队集结地，调查人员认为选择在开化府附近为适宜，并从敌情关系、地形关系、集中前后道路关系、物资征集及输送关系等方面进行了说明。

掩护阵地是军队在攻防时防守的重要阵地。调查人员认为选马白（关）最为适宜。若遭遇与法军作战时，则可以主力部队由马白、都竜出境，后续部队由麻栗坡出天保为作战阵地。此外，军队的防御阵

---

① 《云南南防调查报告》第二章《兵营屯驻地点之选定》，中国国家图书馆藏钞本。
② 《云南南防调查报告》第二章《兵营屯驻地点之选定》，中国国家图书馆藏钞本。

地，调查人员认为南防地势"皆属天然险要"，但综合各种条件，以"都竜附近最为适宜"。

第二，南防区域道路交通的侦察。交通对敌我双方交战之时有重要利害关系，对战略运输及补给有重要意义，关乎战争的胜败。交通也是调查人员重点侦察的对象，占全书内容的18%。调查人员将南防区域分为13个路段进行具体记述，每一路段首记里距，报告中称之为"道长"；第二项为路幅；第三项为倾斜，即坡度；第四项为路况，调查人员特别关注了该地雨天时军队的通行能力，为的是军队能够全天候作战的需要；第五项，调查人员判断了该地区作战时交通上的敌我优劣；第六项为所经居民点及就地取材的补给情况。兹以蒙自至蛮耗的道路为例：

> 蒙自至蛮耗，道长约七十启罗米达①。路幅最窄部约一米达②，马、步单行均可通过，炮车则不能。此路之倾斜最大者惟宁头至蛮耗一段，有一分之一；其次为水田附近及普打梯附近，亦有二分之一。由蒙自至阿三寨，尽碎石筑城，雨天亦无妨碍；由阿三寨至蛮耗一段，土路多而石头路少，雨天进行困难。此地敌人大部队不能通过，沿途无河川之阻碍，有山谷泉水及水井。住民地惟新安有三万余户集团房屋，其余为响水河、阿三寨、水田、窑头等处，不过十余户而已。故军队之宿营、给养不便。

第三，统计侦察。此项调查是调查人员对于重要的军事地点的侦察，占全书内容的23%。调查人员共侦察了22个军事点：蛮耗、河口、木厂、仁和、马白、都竜、麻栗坡、董干、普棒、同文、田蓬、木央、里大、富州、响水、西洋、杉木桥、板郎、阿基得、河基、江那、开化，基本分布在滇东南沿边一线。调查内容包括里距、居民状况、粮食供应、气候、交通、通信、教育、经济状况、语言。兹以蛮耗为例：

---

① 启罗米达，即音译 kilometer，公里。
② 米达，即音译 meter，米。

蛮耗，属蒙自县，在县城南方约一百二十里，距河口二百二十里。在民百余户，家屋矮而小，多以竹草构筑。此地粮食多由蒙自输来，存储甚多。天气甚热，瘴毒甚大，多痧症及泥鳅症。上至蒙自有陆路可通红河。惟有电报局一所，连终蒙河。教育程度甚低，仅街市东侧武庙内有蒙学一堂，学生不过十余人。其地在民，广人多而土人少。广人概业商，土人概业农。官话可以通行。

气候、便利的交通及通信对战局有重要影响。滇东南地区多瘴气，环境恶劣，法国殖民者也难以由此方向入侵。地理环境多为喀斯特地貌，路面崎岖难行，路幅较窄，倾斜较大，作战人员难以在此区域常驻，土匪、游勇更易于在该区域滋生。在边疆地区，国家非常重视信息的上传下达。因此，在以上地区均设有邮政局、电报局以保证信息能够及时传达。

第四，调查意见。针对调查过程中遇到的问题，调查人员提出了改良建议共十条，分别为改良对汛、改编民军、整顿设政、土匪处置、测绘军用地图、实边策略、重修界碑、事权统一、加强军事教育及清查户口私枪，占全书内容的15%，涉及政治、军事、经济、教育及边民管理等方面。其中，调查人员认为重点应对各属对汛进行改良，称"南防各对汛腐败庸愚，部下兵卒到处闲游，形同无赖，越境苗民时相逾界抢夺边境，边民交化不开，常思蠢动，而法国普棒、同文、田蓬等对汛皆系军事学堂出身"[①]，改良对汛已迫在眉睫。

民国19年（1930年），有国人甘汝棠对河口考察后留下了详细的考察日记。其中不仅对河口对汛所属新店、桥头、老卡、坝洒、那发的边情进行了考察，而且也参观了法国各对汛公署，进行比较，称我对汛公署多已倾毁，"仅残破巍峨碉楼一座，而无健兵巡守者，实堪危惧"，有些甚至"既无军营，又无碉楼"，部下军人形

[①] 《云南南防调查报告》第三章《调查之意见现申》，中国国家图书馆藏钞本。

同虚设,"毫无边防者";法汛署建筑"庄严整齐",外有电网,内"有兵防,有课堂,有花圃,有餐室,有弹子房","俨然一陆军营外交署"。甘汝棠还称赞法人办事敏捷干练,重视边防,于正规军外择干练亲法土人训练之,"能力纪律,几与正式军队相等"①。日记的最后,甘汝棠提出了六条改进河口边防的建议:充实边防军事设置、改革边地政治、推行边地教育、测绘边地详图、整顿边地交通修筑出海铁道、调查边疆实行殖边。② 该六条建议竟与南防报告之调查意见极其相似。民国22年(1933年),叶桐奉云南省政府的命令勘划河口、麻栗坡二对汛区域时,亦进行了考察,称麻栗坡对汛之建筑"日形倾覆",虽然政府有心整顿,但"财力有限,以云充实,则恐一时所难办到"③。可见在后二十年时间内,云南对汛的状况并未得到根本改善。

第五,蒙河、开广国民军的情况及其兵营。此项内容占全书内容的6%。由于此行调查时间紧迫,并未对南防所有营舍进行调查,仅调查了蒙河国民军辖第八、第九、第十二营,开广国民军辖第五、第六、第八、第十一营,共计七营。

调查人员详细记录了各营驻点、营房、建制、装备、给养、操练、军纪。例如,"蒙河国民军第十二营驻于蛮耗之武庙,内兵舍极窄狭。该营系五哨编成,所用兵器除有一百杆曼利双枪外,皆系九响毛瑟。服装系旧式号衣,包巾、弹袋甚不整齐。给养发给各棚伙食,就地购买。官长学术甚浅,兵之操练课皆未见诸施行"。余下结果皆与其类似,除装备较先进外,兵营驻地"甚暴露",教官"萎靡不振",学术"水平低",训练"恐难进步",甚至蒙河国民军第八营兵士竟有至"街市赌博者"。由此可见,南防虽然布防较重,除武器装备已达到较为先进的水平,兵员素质较差,整体战斗

---

① 甘汝棠:《云南河口边情一瞥》,《中国边疆研究文库·西南边疆卷二》(下册),黑龙江教育出版社2013年版,第651—663页。

② 甘汝棠:《云南河口边情一瞥》,《中国边疆研究文库·西南边疆卷二》(下册),黑龙江教育出版社2013年版,第670—671页。

③ 叶桐:《河口麻栗坡两特别区概况》,《中国边疆研究文库·西南边疆卷二》(下册),黑龙江教育出版社2013年版,第689页。

力低下。

第六，附录。附录中列有此行调查的行进实施一览表，记有每日出发、到达的时间和地点，行走的路程及备注信息。此外还有调查人员的组成、给养、调查经费的数额及其详细来源。

民国元年云南军政府南防调查对晚清云南历史进程有着重要意义，具体来说有以下几点：

第一，在国家政体变革的关键时期，稳定了云南边疆并巩固了国防。重九起义后，云南省城虽得以光复，但滇东南局势尚混乱不堪。在云南军政府刚刚组建后的最紧迫时刻，1912年4月蔡锷启动了对南防调查，9月1日又亲自巡视南防。因此，经过南防调查及南巡，使蔡锷加深了对云南边疆的认识，为稳定云南边疆做出思考，实施了对南防的调查，使法国殖民者无法乘混乱之机而入，土匪游民得到了有效控制，在政体转变时期稳住了云南边疆，也捍卫了国防大门。

第二，对云南近代化国防体系建设具有重要的指导作用。清代绿营兵作为传统边防制度体系的代表，云南建制大约是在乾隆四十七年以后进入了稳定的发展时期[①]，到嘉庆二十五年（1820年），是清朝对云南边疆控制最完善的时期。伯麟在任云贵总督期间，对滇东南边防建制有清晰的记载：临安府，"营制则总兵一，领游击一、都司二、守备三，千总、把总、外委四十五，守城分防兵一千五百八十六"[②]；开化府，"营制则总兵一，中营游击一，左、右营都司二三，营守备三，千总、把总、外委四十八，守城分防兵二千三百二十"[③]；广南府，"营制则参将一，领守备一，千总、把总、外委十七，守城分防兵八百六十七"[④]。可以看出，传统滇东南区域是总兵、游击、都司等绿营兵式建制下的边防。但伯麟从封疆大吏的角度，仍认为

---

① 秦树才：《清代云南绿营兵研究——以汛塘为中心》，云南教育出版社2004年版，第45页。
② （清）伯麟：《滇省舆地图说·临安府图说》，中国社会科学出版社2009年影印本。
③ （清）伯麟：《滇省舆地图说·开化府图说》，中国社会科学出版社2009年影印本，第36页。
④ （清）伯麟：《滇省舆地图说·广南府图说》，中国社会科学出版社2009年影印本，第40页。

"接壤越南，在在险要，虽外藩臣服恭顺，而防边之法，不可以少懈也"。步入近代，云南边疆在西方殖民主义者的冲击下，以传统冷兵器为主的绿营兵已无法应对西方火器时代的现代化军队。云南借助编练新军，开启了军事近代化的大门，滇东南也从传统绿营兵建制下的总兵、游击、都司、千总、把总、外委等转变为步兵、马兵、炮兵、工程队、机关枪队等现代化军事建制下的南防，有效遏制了法国殖民主义者蚕食云南边疆的野心，稳定了云南边疆。此次南防调查有力地推动了云南边疆军事近代化的进程，是军事近代化在边疆地区的代表。

第三，为民国中期云南南防建制的规整发挥了重要作用，甚至为国家制订边防计划提供了重要指导。民国中期，云南南防共分南防十营、南防开广十一营、沿边十九营、南防铁路上段五营、南防铁路下段八营，营制、饷章划分明确，驻兵点由民国元年的十一处增加到了百余处①，相比民初有了更加规整的建制，军事训练更有素，军队战斗力得到本质提升，滇东南防线更加稳固。此外，1913年蔡锷制订西南《五省边防计划》时，制定对法作战方针的思想多是来源于《云南南防调查报告》。例如，报告中有针对南防军掩护阵地的选定，有"当于开化附近集中时，掩护阵地以马白最为适宜"②。而《五省边防计划》中有"开化据红河支流上游……为我联合军一部分之集中地。其附近之麻栗坡、马白……适于我联合军之集中掩护地"③。又，关于运输兵力及物资，报告中有"红河之航程，上至蛮板，下至河口，无论何时，帆船皆可来往航行……若侵入敌境时，可以利用为后方联络输送物资"④。《五省边防计划》中有"红河上流至蒙自、蛮

---

① 《新纂云南通志》卷129《军制考三·防营》，李春龙等点校，云南人民出版社2007年版，第421—424页。
② 《云南南防调查报告》第二章《调查事项·集中掩护阵地之选定》，中国国家图书馆藏钞本。
③ 蔡锷：《五省军事联合计划草案》，《蔡锷集》，湖南人民出版社2008年版，第870页。
④ 《云南南防调查报告》第二章《调查事项·河川侦查》，中国国家图书馆藏钞本。

耗、开化之船头，即可通舟楫，加以铁道既通，输送尤易"①。

第四，更加清晰地认识云南边疆民族地区的复杂性。《云南南防调查报告》中除军事调查以外，还对滇东南的气候、教育、民族、语言、经济情况做了较为深入的调查，对国家政体转变时期边疆民族地区基层社会的认识更进一步。

---

① 蔡锷:《五省军事联合计划草案》，《蔡锷集》，湖南人民出版社2008年版，第870页。

第七章　国家治理向基层社会的推进

　　行政区划是国家对地方行政管理的代表，而行政管理是国家治理的具体表现形式。因此，国家治理通过对地方分层级划分不等幅员的行政区域来实施和实现，其核心是掌土、治民和安邦定国。最终国家治理要落实到最基层的行政区划来实施。中国历史上存在时间最长、最稳定的基层政权——县级政区正是中华帝国实现国家治理的基本行政单位，县是国家清丈土地和编户齐民的行政管理对象，即"掌土"与"治民"的基层政区。县级政区及行政长官代表国家负责地方治理、开发与文教建设。因此，县级政区的建设及治理是国家治理和行政管理深入基层的标志。

　　然而国家对地方治理并不止于县级政区。县级政区以上是国家按照一定的地域结构和人员构成将疆土划分成层级分明的各种区域，并通过委派职官进行管理，而县以下的区划则基本缺少直接委派的职官，亦缺少制度性安排，故显得凌乱而随意，各种组织兼而并存，层级亦较为混乱。在边疆民族地区，由于地理环境的复杂性及民族构成的多样性等原因，如果仅仅将研究视角停留在县级政区而不继续向下探讨，往往达不到高屋建瓴的效果。清代的开化府与广南府，虽有县级政区的设置，但并不能因此认为国家治理已完全深入基层地区。此外，赋税也是行政区划掌土治民的核心功能之一。改土归流后，国家治理就是要逐渐实行内地的赋税制度，地方志的编纂也是国家治理的重要方面，只有改土归流民族地区才会有地方志的编纂，其重要内容就是按照国家一体化的制度来记录国家治理中的赋税具体内容及贯彻情况，也是建立在基层社会组织基础上来实施的。因而，里甲等基础组织就是国家治理的重要组织了。这是理解府、州、县、里甲基础关系的重要方面。事实上，开化府与广南府的基层行政管理更多的是通过里甲、乡约及少数民族特有的社会结构等形成了严密的基层控制网络。本章将通过对县级政区以下基层社会的研究探讨清代滇东南基层社会的治理。

第一节 掌土治民：滇东南地区与内地一体化

一 治民：政区健全区的户籍管理

据天启《滇志·赋役志》载临安府南部各长官司辖地赋税情况：

> 纳楼茶甸长官司，秋粮一百九十九石九斗六升五合。王弄山长官，秋粮六百八十六石六斗八升五合。落恐甸长官司，秋粮二十石三斗七合四勺。亏容甸长官司，秋粮九十八石二斗八升。教化三部长官司，秋粮二百三十一石。溪处甸长官司，秋粮四百二十四石二斗。左能寨长官司，五十五石二斗。思陀甸长官司，秋粮四十一石一斗。纳更山巡检司，秋粮三十石。以上各长官司秋粮俱折色，每石四钱，系临安府正官带征。①

可以看出，临安府南部各长官司征粮从几十石至上百石不等，而"各长官司秋粮俱折色，每石四钱，系临安府正官带征"是关键，一则说明在长官司并没有国家流官和兵员的派驻，因为不需要在当地直接征收粮食以供给当地官兵粮食的需要，一则说明长官司折色是由临安府官员代收，这是一种认粮纳赋，即土司头目象征性地向国家上缴少量的粮食，作为称臣的象征，而并不是对所辖的每个土民都进行征税。因此，明代长官司所辖地区"系夷地，并未编丁"②。

广南府，洪武十五年（1382年）一月，"革故元广南西路宣抚

---

① 天启《滇志》卷6《赋役志》，古永继校点，云南教育出版社1991年版，第225—226页。
② 道光《开化府志》卷4《田赋·户口》，娄自昌、李君明点注，兰州大学出版社2004年版，第75页。

司，置广南府，以土酋侬郎金为同知"①。富州自同年十一月起隶属广南府，为土州，设有沈氏土知县。②可见，明代广南府为土府，下领富州为土州。然而，天启《滇志》中有广南府户、口数记载："广南府，户四百四十，口七千四百八十六。富州，户四百四十，口八千六百十一。"③但是此条记载明显有问题，广南府的户数怎么会与富州的相同？甚至富州的口数竟比广南府的还多。这其中的原因就在于广南府与富州"系夷方，原无实籍人户，编审、额编、柴薪等项俱系土官通把于夷寨征解"④，"向止夷民，不过蛮獠沙侬耳"⑤。明代广南府均为少数民族聚居区，国家并没有流官派驻，也没有掌握广南府的户籍，仅以当地土官上报的户籍数来记录。

清朝入关后，即在全国编查户口，"世祖入关，有编置户口牌甲之令"⑥，编审户口的原则是："凡腹民计宜丁口，边民计以户。盖番、回、黎、苗、瑶、夷人等，久经向化，皆按丁口编入民数。至土司所属番、夷人等，但报明寨数、族数，不计户者不与其数。"⑦由此，清代户口统计较前更为规范，将腹里与边疆地区的属民，不分汉夷，均纳入国家编户齐民当中，仅将明确为土司管辖的地区不纳入户口统计。顺治十六年（1659年），清军平定云南。然而不久遭遇三藩之乱，清军忙于平定三藩战争，"数十年来兵燹频仍，乱贼躁蹸，稽民数者按籍寥寥"⑧。康熙二十年（1681年）后，才是清朝全面治理云南的开始。在这以前，云南并没有系统完整的户口统计。兹将康熙

---

① 《明太祖实录》卷150，洪武十五年十一月甲戌。
② 郭红、靳润成：《中国行政区划通史》（明代卷），复旦大学出版社2007年版，第200页。
③ 天启《滇志》卷6《赋役志》，古永继校点，云南教育出版社1991年版，第243页。
④ 天启《滇志》卷6《赋役志》，古永继校点，云南教育出版社1991年版，第243页。
⑤ 道光《广南府志》卷2《民户·村寨》，杨磊等点校本，兰州大学出版社2004年版，第79页。
⑥ 《清史稿》卷120《食货志一·户口》，中华书局1977年标点本，第3481页。
⑦ 《清史稿》卷120《食货志一·户口》，中华书局1977年标点本，第3480页。
⑧ 康熙《云南通志》卷9《户口》，《中国地方志集成》影印康熙三十年刻本，凤凰出版社2009年版，第208页。

《云南通志》、雍正《云南通志》、乾隆《大清一统志》、嘉庆《重修一统志》中有关开化府、广南府户口记载如表7所示：

表7　　　　　　　　清代开化、广南府人口统计表

	开化府	广南府	起止年限
康熙《云南通志》	分原额附临安府，奉文改归，人丁25丁	设居彝方原未编审人丁	1659—1691年
雍正《云南通志》	分编审额定附近阿迷、蒙自归入民丁25丁。俱系夷户，并未编丁。盛世滋丁106丁	俱系夷户并未编丁	1723—1735年
乾隆《大清一统志》	原额军民39570丁，滋生不加赋，共98647丁	皆系蛮户尚未编丁	1764—1784年
嘉庆《重修一统志》	人丁无原额，今滋生男妇大小共259216名口，计55923户	蛮民杂处未经编丁	1812—1820年

资料来源：1. 康熙《云南通志》，《中国地方志集成》影印康熙三十年刻本，凤凰出版社2009年版。

2. 雍正《云南通志》，《四库全书》史部，商务印书馆1985年影印版，第569册。

3. 乾隆《大清一统志》，《四库全书》史部，商务印书馆1985年影印版，第483册。

4. 嘉庆《重修一统志》，《四部丛刊》续编史部。

从表7可看出，开化府在康熙、雍正时期均未编审户口，仅在开化府与阿迷、蒙自接壤处，即蒙自与开化府王弄里、安南里接壤处，编审出临安府所属25丁。自康熙五十年（1711年）起，全国"盛世滋丁，永不加赋"。雍正在这25丁基础上滋生出106丁。从乾隆二十九年（1764年）至四十九年（1784年），开化府共有98647丁。而据道光《云南通志》记载，开化府在乾隆二十九年有土著民12648户，37310口；其中四十二年（1777年），将民、屯各列一册，因而以后开化府"全系民丁"，没有军户的记载；至四十九年开化府有土著民32804户，民丁143665口。[①] 而乾隆《大清一统志》中记载仍

---

① 道光《云南通志》卷56《食货志一·户口下·开化府》，道光十五年刻本。

有军民数，可见其统计应是乾隆四十二年以前的数据。而道光志的记载，直到嘉庆二十五年（1820年）时，开化府有40186户，182685口，远不及嘉庆《重修一统志》中的259216口。可见，乾隆志、嘉庆志与道光志中有关开化府户口数的记载互相抵牾。但道光《开化府志》与道光志的数据是吻合的，"乾隆三十年至六十年，历嘉庆二十五年（1820年），实在土著人民四万一千零八十六（41086）户，共计大小人丁十八万二千六百八十五（182685）丁。安平厅分管三里土著人民一万五千五百七十一（15571）户，共计大小人丁七万二千六百九十四（72694）丁。文山县分管五里土著人民二万四千六百一十五（24615）户，共计大小人丁十万九千九百九十一（109991）丁"①。相较全国总志，地方性的通志和方志记载则对地方事务记载更为明晰，且道光志是"明、清滇省志今存者十，此为最善之本"②。综上，笔者更加认同道光志及道光《开化府志》对开化府户口的记载。至道光六年（1826年），开化府安平厅"新增一千四百（1400）户，大小人丁六千一百三十九（6139）丁"③，十年（1830年），开化府有"实在土著民户四万一千一百四十二（41142）户，男妇大小人丁二十万五千七百零二（205702）丁"④。然而奇怪的是，从嘉庆二十五年（1820年）至道光十年（1830年），开化府的人口不增反减，从259216口减少至205702口，而安平厅由15571户增加1400户，人口却由72694口骤减至6139口，在没有较大动乱期间出现了人口的负增长。

据开化知府魏襄、广南知府施道生奏称：

> 开化所辖安平、文山，广南所辖宝宁等属，因多旷地，川、楚、黔、粤男妇流民迁居垦种，以资生计，其来已久。自道光三

---

① 道光《开化府志》卷4《田赋·户口》，娄自昌、李君明点注，兰州大学出版社2004年版，第75—76页。
② 方国瑜：《清修云南省志诸书概说》，《思想战线》1981年第6期。
③ 民国《马关县志》卷1《地理志·人口统计》，何廷明、娄自昌校注，云南大学出版社2012年版，第28页。
④ 道光《云南通志》卷56《食货志一·户口下·开化府》，道光十五年刻本。

年清查，除客户艺业生理，挟资贸易之人，由客长约束，其余耕种流民，多有家室，即归各里乡约附入保甲编查，内有佃种佣工者，即由地主稽管，于地主户内开造，所种之地因荒熟不常，多系杂粮，遽难报科。该管流民等众寡不齐，开化所属安平、文山等处，现计客户、流民共计二万四千余户，广南所属宝宁、土富州等处，现计客户、流民共计二万二千余户。①

由此可见，道光十年（1830年）开化府人口减少的原因是漏记了已编入保甲的客户与流民。对此，曹树基计算得出，道光十年开化府应有63143户，若以每户5口计算，则有31.6万人，以千分之六的年增长率回溯，则嘉庆二十五年开化府的人口为29.8万。② 咸丰六年（1856年），云南省爆发了杜文秀领导的各少数民族起义，"全滇乱作，人民流离，户口损折不可胜计"③，因而光绪十年（1884年）统计开化府"实在土著民户五万六千九百四十三（56943），男妇大小十八万六千零一十三（186013）丁"④，开化府人口减少了几近一半。

广南府的情况与开化府相比较为单一，现有史料均记载由于广南府为夷户，并未编丁，甚至道光志记载亦同。光绪《续云南通志稿》似照抄前志，内在"旧志俱系夷户，并未编丁"⑤，也就是说，从顺治十六年直到清朝末年，广南府均未编审户口。然而事实果真如此吗？据道光《广南府志》记载：

---

① 道光《威远厅志》卷3《户口》，《中国地方志集成》影印道光十七年刻本，凤凰出版社2009年版，第94页。
② 曹树基：《清代中期的云南人口——以嘉庆二十五年户口数据为中心》，《历史地理》（第17辑），上海人民出版社2001年版。
③ 民国《马关县志》卷1《地理志·人口统计》，何廷明、娄自昌校注本，云南大学出版社2012年版，第28页。
④ 光绪《续云南通志稿》卷35《食货志·户口》，光绪二十四年刻本，《中国边疆丛书》（第2辑），文海出版社1966年影印本。
⑤ 光绪《续云南通志稿》卷35《食货志·户口》，光绪二十四年刻本，《中国边疆丛书》（第2辑），文海出版社1966年影印本。

康熙五十八年三月十八日奉恩诏，此后遇编审之期，俱据康熙五十年丁册定为常额，续生人丁，永不加赋。乾隆九年，奉行设保甲，稽察匪类，着五门四乡各兵目，将村寨烟户编为十家保甲。乾隆四十年，编造保甲、烟户清册，计三千五百五十五甲，三万四千九百九十七户。道光元年，编造保甲，四千五百余甲。然遗漏甚多，且流民忽来忽去，讫无定数；万山之中，假手胥吏编查，更难深信。①

可见，广南府早在康熙年间便奉诏开始编审户口。乾隆四十年（1775 年），广南府有 34997 户，但由于流民增多，往来无常，给地方官员的编审工作带来极大困难，使得在编纂省志和总志时，数据未来得及上报，导致总志和通志中没有广南府户口的记载。据前引资料，道光三年（1823 年）广南府有客户、流民共计二万二千余户，则道光元年（1821 年）广南府的户数当为 45000 户左右。乾隆四十年（1775 年）对移民进行登记以前，广南府对当地所属夷民从未进行过任何形式的人口统计，而乾隆四十年（1775 年）的保甲调查，不仅有汉人，还有少数民族，因而才会将村寨烟户编为十家保甲。若将二万二千余户客户、流民全部以汉族人口来计算，则广南府的户数可以达到 65476 户，人口有约 32.7 万人，这个数字与开化府相当。而富州在光绪二十六年（1900 年）改流后，同样进行了人口统计："查自前清光绪末叶至宣统年间，户口一万三千六百四十四（13644）户，男三万一千一百七十三（31173）丁，女二万八千七百六十九（28769）口。"② 即改流以后富州编审出了 13644 户，59942 口。

综上所述，康熙五十二年（1713 年）后，以康熙五十年的人丁登记就被当作征收丁银的永久性根据。然而，由于任何达到 60 周岁的男子都必须由其家庭、亲属或者同里同甲中的其他人予以替代才能

---

① 道光《广南府志》卷 2《民户·村寨》，杨磊等点校，兰州大学出版社 2004 年版，第 79 页。

② 民国《富州县志》卷 6《民政·户口》，杨磊、农应忠点辑，云南大学出版社 2007 年版，第 19 页。

维持康熙五十年的丁银额定标准,所以仍需每五年进行一次编审。从康熙五十五年(1716年)至雍正七年(1729年)在全国范围内大多数省份被并入土地税以后,这种五年一度的编审工作就显得不是太重要了。滇东南地区由于地理环境的复杂性及少数民族众多,虽然在清初改流以后并没有立即进行户籍统计,而是历经一段时间的调适以后地方官员才对所辖区域内的户口编审,然而由于客户与流民的原因,使得保留下来的统计数据经常出现前后矛盾的现象,但是这并不影响国家的行政权力落实到对人口管理上,实现了真正的"治民"。

二 掌土:正式政区的土地清丈

清丈土地是国家对地方行政管理的重要标志之一。在古代,国家对内地的正式州县地区均进行土地清丈,核心是要掌控该地区的赋税权。然而在边疆少数民族地区,国家多以土司作为"代理人"管理该地区的土民,因而不会进行土地清丈,进而也就没有掌控土司辖区的赋税权。当国家对边疆少数民族地区进行改土归流以后,为全面掌有辖区内的赋税权,一定会进行清丈土地的工作,使行政权力进入该辖区。

开化府旧地在明时属临安府教化、王弄、安南三长官司,并没有固定的纳粮数目,天启《滇志》载:"王弄山长官司,秋粮六百八十六石六斗八升五合,起运本府库……教化三部长官司,秋粮二百三十一石,起运本府库。"① 随后又有"纳粮九百余石"② 的记载,仍是一种土司地区的认粮纳赋,不能认为是国家权力下征收的赋税。

康熙四年(1665年),吴三桂领兵平定各土酋的叛乱后改土归流,次年,康熙帝下诏"免迤东被贼州县新荒钱粮"③。为避免当地土酋再次叛乱,需在此驻守兵弁,"特设重镇,以资弹压,约一镇月

---

① 天启《滇志》卷6《赋役志》,古永继校点,云南教育出版社1991年版,第225页。
② 道光《开化府志》卷4《田赋》,娄自昌、李君明点注,兰州大学出版社2004年版,第69页。
③ 康熙《云南通志》卷3《沿革大事考》,《中国地方志集成》影印康熙三十年刻本,凤凰出版社2009年版,第95页。

米岁需一万二千八百石有奇"①，要在当地征收粮食以供军饷，康熙七年（1668年），开化府始清丈土地，"委署临安知府曹得爵堪丈，额田七百五十九顷三十五亩六分零，不照民田科，则每亩一斗六升三合，共科正耗米一万二千八百石四斗五升三合零，载入《全书》"②。此次清丈是"将临安府阿迷州、蒙自县，广西府属师宗州、维摩州附入本府入额并清丈"③，并编入《云南赋役全书》中，使得各州县征收地丁钱粮，能够以其为依据。但这并不意味着地方政府向民户所征钱粮以《赋役全书》为限。各种名目的加征加派一直存在。同时，各州县也往往因为年成的歉收而减征，也有因豁免拖欠的钱粮而蠲免。州县征收钱粮时有增减，因而还需编造实征册。事实上，开化府田地每亩征米一斗六升三合，在云南全省中已属重科，"查通省民粮，惟河阳县上则田，每亩征米八升一合零，为滇省最重粮额矣，今开化比河阳又加一倍。昔年未设府以前，在蒙自等州县，每亩不过二三升，及改府之后骤加如许。同是此项田地，不过改州隶府，何致今昔悬殊，彝民苦累"，因而石琳议将"开化府钱粮除人丁、条编、差发、课程、商税等银照旧征收外，其原额田酌量改照河阳县之例，共征本米六千二百一十三石八斗一升二合一勺九抄，每石仍带耗三升"④，即开化府照河阳县之例，上则田每亩科八升一合。但由于随后云南赋役全书停止了编纂，并未施行。

康熙二十一年（1682年），面对平叛后千疮百孔的云南社会，总督范承勋奏请二十一年至二十七年逋欠屯粮分年带征，康熙帝念"滇民遭吴逆困苦，悉行蠲免"。随后三十三年（1694年）、四十三年（1704年），诏免通省地丁钱粮，四十九年（1710年），诏免云南通

---

① 道光《开化府志》卷4《田赋》，娄自昌、李君明点注，兰州大学出版社2004年版，第69页。

② （清）石琳：《进呈编辑全书疏》，康熙《云南通志》卷29《艺文三》，《中国地方志集成》影印康熙三十年刻本，凤凰出版社2009年版，第193页。

③ 道光《开化府志》卷4《田赋》，娄自昌、李君明点注，兰州大学出版社2004年版，第70页。

④ （清）石琳：《进呈编辑全书疏》，康熙《云南通志》卷29《艺文三》，《中国地方志集成》影印康熙三十年刻本，凤凰出版社2009年版，第193—194页。

省五十年分地丁钱粮并历年逋欠,① 将五十年（1711年）、五十一年（1712年）地丁钱粮，一概蠲免。② 这是云南通省的情况，开化府在康熙二十八年（1689年）时，兵丁家口每年给米四千三百石，"后经裁革，往往拨运广南，其费数倍"，故知府张仲信上请改为全折，即将税粮全部折合为银钞征收。但开化府屯扎大量军队，若全以本色征收，军队粮饷均需从外地运来，成本太高。无奈次年又将开化府征收"改为半本半折"。康熙三十五年（1696年），知府柯邓枚奏请，巡抚石文晟提减，开化府"额粮四千一百六十石"，以后按此数征收。③ 条编银方面，即明代实行一条鞭法以后各项赋役所折银两，为三百二十一两六钱一分三厘八毫八丝三忽九微二织九渺，此项为临安府阿迷州、蒙自县、师宗州、维摩州并入。差发银，及土司投诚后，授官锡土，令其自耕而食，所纳钱粮名为差发，较民地粮甚轻，共银六百五十两七钱二分一厘二毫一丝四忽一微三织五尘，此项为额征临安府阿迷州蒙自县归入。课程银一十二两，为蒙自县归入马街。此外，新设商税课银三百两征收。以上共征银一千三百七两八分九厘九丝八忽五织五尘九渺，加上人丁银六两八钱二分，共计银一千三百一十三两九钱九厘九丝八忽五织五尘九渺。④ 康熙开化府设立以来，屡被殊恩，减赋粮、均徭役、免商税、重赏恤，也逐渐从战乱后得以休养生息。

雍正年间，伴随着改土归流的进行，地方官员也在全省清丈出大量的欺隐田土。据云贵总督鄂尔泰奏报称：

> 臣自到任后即遵旨同行各属劝民开垦荒田荒地，清丈欺隐田土，分别升科输赋，并抵屯军丁银。因清丈一事未便于民，而地方各官遂藉以诿卸。臣再四思维，若不清查，必多隐匿，若概丈量，必致滋扰。故行文各属，遍示乡村，以隐匿田地，则遭到衙

---

① 雍正《云南通志》卷10《田赋》，《四库全书》史部，商务印书馆1985年影印版，第569册，第275页。
② 《清圣祖实录》卷251，康熙五十一年十月癸丑。
③ 道光《开化府志》卷4《田赋》，娄自昌、李君明点注，兰州大学出版社2004年版，第69页。
④ 康熙《云南通志》卷10《田赋》，《中国地方志集成》影印康熙三十年刻本，凤凰出版社2009年版，第246页。

蚩蠹里役之科派，无敢声言，受豪绅劣衿之需索，有难伸诉其实能养家入己者复无几，且一经官府查出，应追历年所收籽粒，田土入官，更应治罪。若果能遵示首报，准宽已往，给照输粮，永为子孙长久之业。

据各属陆续申详首报，开垦欺隐并清丈出田土为数甚多。据陆凉、平彝、阿迷、蒙自、蒙化、保山、大姚、广西、宁州等府州县申报，民间自首欺隐荒熟田地共二十四万二千一亩五分零；昆明、易门、元谋、永昌、楚雄、定远、宜良、石屏、通海、嶍峨、邓川、蒙化、保山、开化、丽江、安宁、晋宁、南宁、弥勒、宁州、新平、元江、云龙、永昌、永平等府州县申报，劝民开垦，荒熟民屯田地共九万二千三百二十三亩零；蒙自、浪穹、宾川、镇沅、景东等府州县申报，清丈新增影射荒熟民屯田地共八万八百七十七亩四分零。以上三项通共田地四十一万五千二百二亩零。①

雍正六年全省田土清丈，虽涉及开化府，但具体数字档案中未明确记载。雍正八年（1730年），开化府新设附郭文山县，"一切粮银俱拨赴县上纳，听粮储道拨运报销"②。雍正十年（1732年），清出开化府成熟民田七百六十八顷四十七亩七分三厘四毫三忽二微九织二尘三渺九漠，相比康熙年间新增九顷一十二亩一分九毫三忽二微九织二尘三渺九漠。实征秋粮本色八千三百九十七石八斗五升八合一勺一抄二撮六粒四颗一粟，已比前有大幅度下降。实征条编银，三百三十六两六毫九钱五丝九忽八微六织三渺五漠，比前有微幅度的上调。差发银则与前相同。新增户口食盐银二十二两七钱五分四厘。以上雍正开化府（含文山县）共额征银一千一十两七分六厘一毫七丝三忽九微九织五尘三渺五漠，额

---

① （清）鄂尔泰：《奏报各属清丈自首开垦田地亩数折》，雍正六年五月二十一日，《雍正朝汉文朱批奏折汇编》（第12册），江苏古籍出版社1990年版，第525—526页。
② 道光《开化府志》卷4《田赋》，娄自昌、李君明点注，兰州大学出版社2004年版，第70页。

征秋粮八钱三百九十七石八斗五升八合一勺一抄二撮六粒四颗一粟。①康熙五十一年（1712年），清政府规定以康熙五十年人丁数作为征收丁税的固定数，以后"滋生人丁，永不加赋"，废除新生人口的人头税。雍正元年（1723年）开始普遍推行"摊丁入亩"，把固定下来的丁税平均摊入田赋中，征收统一的地丁银，不再以人为对象征收丁税，因此雍正时期便不再有人丁税的记载。

乾隆时期，开化府清丈出田地七百九十四顷九十亩八分六厘，共征银一千三十五两八分五厘，夏税秋粮共八千四百一十三石四斗八合二勺。②嘉庆二十五年（1820年），新设安平厅分管东安、永平、逢春三里，成为一级行政区划，内有"原额田一百九十九顷七十六亩二分九厘五毫。实征秋粮米共二千一百七十九石一斗六升七合。实征条公等款共银一千八百十四两八钱六分三厘八毫"，文山县实征秋粮六千六百五十八石三斗一升九合九勺。③至1820年底，开化府共清出田地八百一十二顷六十八亩八分有奇，额征地丁、正杂银六百二十四两七钱六分四厘，米八千四百二十一石九斗七升六合七勺。④据《云南赋役全书》，道光七年（1827年），开化府有成熟民田八百一十三顷八分，实征正耗秋粮八千四百二十二石一斗三升，实征条丁等银共三百八十一两九钱，内条编银三百七十五两八分二厘，阿迷、蒙自二州县归入民丁银六两八钱二分。实征临安府并阿迷、蒙自二州县归入差发银六百五十两七钱二分。此外，地方政府还征收公件、耗羡银共六千二百五十三两六钱二分四厘，其中公件银五千五百二两一钱八分一厘，火耗银四十三两七钱三分九厘，粮羡银七百七两七钱四厘，⑤均起解布政司库，作为地方政府经费开支。值得注意的是，耗羡在前是

---

① 雍正《云南通志》卷10《田赋·开化府》，《四库全书》史部，商务印书馆1985年影印版，第569册，第305页。
② 乾隆《大清一统志》卷374《开化府·田赋》，《四库全书》史部，商务印书馆1985年影印版，第483册，第57页。
③ 道光《开化府志》卷4《田赋·条银》，娄自昌、李君明点注，兰州大学出版社2004年版，第72页。
④ 嘉庆《重修一统志》卷488《开化府·田赋》，《四部丛刊》续编史部。
⑤ 道光《云南通志》卷60《食货志二·田赋四·开化府》，道光十五年刻本。

作为陋规收取,并由州县官留作各种办公费用和私人花销。① 雍正二年(1724年)后在全国施行耗羡归公,由国家统一定额,归公后统一分配,一部分以增加地方官的收入,一部分留作办公经费,余下上缴国库,同时各省文职官员于俸银之外,增给养廉银,各省根据情况,每两地丁银明加火耗数分至一钱不等。然而边疆少数民族地区,由于政令上传下达需要较长时间,直到道光七年,赋役全书中才有相关耗羡征收记载,一方面是由于赋役全书每 10 年修订一次。但实际上,常常几十年也得不到修订,② 另一方面原因可能是地方官在火耗之外又暗中加派,不敢明文记载。

  道光志的田赋记载止于道光七年。咸丰以后,云南战乱,各署册籍毁佚无证。光绪帝曾谕令各省督抚饬地方官清查,始于同治十三年,至光绪二十一年止。同治十三年(1874年),开化府实征夏税秋粮六千四百一十二石四斗三合五勺。自光绪五年(1879年)清查起至十年(1884年),陆续升科垦种秋粮九百九十四石二斗四升八合六勺六抄,暂荒三百三十二石九斗二升三合一勺,永荒水冲石埋以前一百八石二斗三升六合九勺六抄。实征条丁公耗等银四千九百八十七两八钱三分一厘八毫,垦荒七百七十四两一钱七分八厘四毫,暂荒二百五十七两六钱六分三厘七毫,永荒八百五十九两二钱七分五厘一毫。随后开化府又清丈田地后得成熟田六百八十一顷一百零六亩,荒芜田一百三十二顷零八亩。征税方面,光绪二十一年(1895年),文山县应征秋米八成五分,安平厅九成五分,开化府属共应征秋米共七钱七百三十九石五斗七升五合二勺四抄。条公银,文山县征八成五分,安平厅九成五分,开化府属共征条公等银六千一百一两五钱一分。③ 此外,地方政府还要征收各种杂税:开化府,实征牲税银一百二两七钱六分,遇闰加银八两八钱二分。文山县,实征户口食盐,共银一十五

---

  ① 瞿同祖:《清代地方政府》(修订译本),范忠信等译,法律出版社 2011 年版,第 207 页。
  ② 瞿同祖:《清代地方政府》(修订译本),范忠信等译,法律出版社 2011 年版,第 204 页。
  ③ 光绪《续云南通志稿》卷 37《食货志·田赋》,光绪二十四年刻本,《中国边疆丛书》(第 2 辑),文海出版社 1966 年影印本。

两八钱六分,内临安府归入户口食盐银四两八钱六分八厘,蒙自县归入户口食盐银一十两九钱九分二厘。安平厅,实征户口食盐,共银六两八钱九分四厘,内临安府归入户口食盐银二两一钱一分六厘,蒙自县归入户口食盐银四两七钱七分八厘。还有马白关商税所收银两在当年底汇解布政司库。①

广南在明洪武十五年(1382年)设府后,以土司侬氏、沈氏授世职管理广南府及富州。其田赋,"官民田土,一百九十一顷五十四亩六分。秋粮,额征一千五石六斗一升六合零,俱存留本府。差发,银一百八十九两三钱五分";富州,"差发银三百八两三钱"。② 明代的广南府,"其地多侬人",而富州"亦皆侬人",③ 说明广南府少数民族居多,因而只清查了汉族官民的土地并对其征税,对少数民族征收徭役赋税银或交换性的征调,即差发银。因此,广南府在明代是"原系彝方,田地免丈照纳"④,"田地未经丈量,实数若干茫无依据"⑤。事实上,广南府土司管辖,多为夷地,国家并未编丁丈量,赋额较诸他县其数甚少,私有田地占田亩的大部分,有田无粮,"故全县赋额不足二千石"⑥。

清承明制,仍以土司管理广南府。康熙二年(1663年),题侬鹏为土同知。康熙八年(1669年),裁广西府之维摩州,以其维摩乡之地分入广南府。⑦ 随之入额彝(夷)地,得田地六十五顷八亩四分五厘二毫四丝四忽五微四织三尘七渺五漠。额内尚有荒芜地,夏季征税

---

① 光绪《续云南通志稿》卷54《食货志·杂税》,光绪二十四年刻本,《中国边疆丛书》(第2辑),文海出版社1966年影印本。
② 天启《滇志》卷6《赋役志》,古永继校点,云南教育出版社1991年版,第225页。
③ 景泰《云南图经志书》卷3《广南府》,刘景毛点校,云南民族出版社2002年版,第190—193页。
④ 康熙《云南通志》卷10《田赋》,《中国地方志集成》影印康熙三十年刻本,凤凰出版社2009年版,第245页。
⑤ 民国《广南县志》卷8《财政志·田亩》,《中国地方志集成》影印民国23年钞本,凤凰出版社2009年版,第612页。
⑥ 民国《广南县志》卷8《财政志·赋额》,《中国地方志集成》影印民国23年钞本,凤凰出版社2009年版,第615页。
⑦ 道光《广南府志》卷1《建置·沿革》,杨磊等点校,兰州大学出版社2004年版,第44页。

麦一石八斗，秋季征税粮米一千四百六十三石七升六合一勺三抄八撮八圭，实征地亩银一百六十七两一钱一分七厘四毫六丝四忽五微四织二尘七渺二漠。各项杂税方面，差发，折色米七百一十八石；商税银，一两七钱三分六厘，商税门摊酒课杂项，麻布五百六十九段，每段易银一钱，共五十六两九钱。又，剥隘为滇铜粤盐互易通道，新设广南府剥隘商税一道，原无定额，遇有商贾经过，照货抽收汇解。以上各项共计额征银二百二十五两七钱五分三厘四毫六丝四忽五微四织二尘七渺二漠。①

雍正十年（1732年），新增夷地三顷七十六亩八分七厘六丝五忽三微三织三尘三渺三漠，共清出成熟夷地六十一顷二十八亩四分四厘六毫四丝六忽五微四织三尘七渺五漠，相比康熙三十年有所减少，原因是有"成熟免丈夷田"。赋税方面，实征夏税、秋粮、地亩银均与康熙志所记相同。② 前曾论及，雍正六年（1728年）广南府各土目，先后弹黜，府土同知、富州土知州以"各愿增岁二三千石，并捐建府、州城垣"，因而有新增参革土知州沈肇乾，输纳无耗秋粮米一千五百一十四石三升三合六勺三抄二撮五圭三粒二颗二粟。此外，还有新增抚幼严氏，输纳无耗秋粮米二百九十六石七斗二升七合五勺时抄七撮六圭六粒七颗八粟。以上广南府供额征银一百六十七两一钱一分七厘四毫六丝四忽五微四织二尘七渺二漠，额征夏税秋粮麦米三千九百九十三石六斗三升七合三勺一抄九撮。③

乾隆元年（1736年）广南府添设附郭宝宁县，随之将"广南府实征钱粮拨归乾隆元年新设附郭之宝宁县管理"④，表明广南府钱粮征收归属县级正式政区，土同知虽与宝宁县同城，但不具征纳税的职能。县级政区设置后，国家将赋税征收权利随之下移。因而，乾隆《大清一统志》记载广南府有民田六十一顷四十二亩二分九厘，额征

---

① 康熙《云南通志》卷10《田赋》，《中国地方志集成》影印康熙三十年刻本，凤凰出版社2009年版，第245—246页。
② （清）鄂尔泰：《奏报广南府富州土司土目投见归诚情形折》，雍正八年正月十三日，《雍正朝汉文朱批奏折汇编》（第17册），江苏古籍出版社1990年版，第701—703页。
③ 雍正《云南通志》卷10《田赋·广南府》，《四库全书》史部，商务印书馆1985年影印版，第569册，第302页。
④ 《清高宗实录》卷78，乾隆三年十月乙酉。

地丁银一百六十六两三钱五分六厘,夏税、秋粮二千一百六十九石四斗二升七合,①比康熙志记载均有所减少。嘉庆末年,广南府没有经历大的行政区划调整,虽在乾隆三十五年朝廷议改直隶厅,但最终未果。因此,嘉庆志中广南府田赋的记载与乾隆志相同。②道光志仍引赋役全书记载,道光七年(1827年),广南府有成熟民田六十一顷四十二亩二分,内成熟地三顷九十二亩,成熟田五十七顷五十亩二分八厘,免丈夷田,照纳秋粮。征夏税、秋粮共一千四百五十八石二斗,内夏税麦一石八斗,秋粮米一千四百五十六石四斗一合。实征地亩银一百六十六两三钱五分零。此项除夏税、秋粮较前有所减少外,余与前同。差发方面,实征差发折色米七百一十一石一斗九升零,广西土田州拨归土富州额外差发折色米二升零。此外,据案册,广南府实征公件、耗羡银共一千二百六两一钱七厘。内公件银一千一十九两七钱八分五厘,火耗银三两四钱九分三厘,粮羡银一百八十二两八钱二分九厘,俱照例起解布政司库。③

同治十三年(1874年),清廷平定云南各少数民族起义后,广南府实征夏税秋粮米一千五百六十一石九斗四升二合一勺。自光绪五年(1879年)中法战争爆发起,至光绪十年(1884年)止,陆续升科垦种,秋粮米六百一十四石七斗八升七勺,暂荒三十七石八斗一升一合二勺,永荒七十石八斗二升七合七勺。实在成熟田六十顷十一亩二分八厘六毫,荒芜田一顷一亩零。此外,实征公耗银八百零五两一钱八分九厘四毫,垦荒银二百八十七两四钱八分一厘四毫,永荒一百六十三两三钱四分三厘四毫。光绪二十一年(1895年),统计广南府应征秋米九成,宝宁县照额府属。共征税秋米二千二百四十七石五斗五升五勺。广南府征银八成,宝宁县照额府属。共征条公等银一千一百一十二两八钱八厘。④杂税方面,原额实征商税银一两七钱三分六厘,

---

① 乾隆《大清一统志》卷373《广南府·田赋》,《四库全书》史部,商务印书馆1985年影印版,第483册,第53页。
② 嘉庆《重修一统志》卷482《广南府·田赋》,《四部丛刊》续编史部。
③ 道光《云南通志》卷59《食货志二·田赋三·广南府》,道光十五年刻本。
④ 《续云南通志稿》卷36《食货志·田赋》,光绪二十四年刻本,《中国边疆丛书》(第2辑),文海出版社1966年影印本。

商税杂项麻布五百六十九段，每段易银一钱，计银五十六两九钱。共银五十八两六钱三分六厘，归公税余银四百四十八两八分六厘五毫，遇闰加银五十七两二钱二分五毫。附征剥隘商税无定额，按季汇解布政司库。①

以上所列广南府田地亩数，自清康熙三十年至光绪十年，全府田地最多不过六十余顷。较之清代其余府州之一万余顷（大理府）、五千余顷（澄江府）相差数十倍。原因在于改土归流初，土司之势力尚存，流官不过备位，又从未丈量，田地实有若干，不但流官不知，即使土司亦未必明知。及至征收田赋，由土司任意分配呈报流官，当时流官之十里未及夷名，即据土司之数以为科，则年复一年，遂以广南府田地之亩数止六十余顷，而实不足据以确数也。

此外，广南府田地有所谓私田。私田不纳粮，与粮田异，其数多粮田数倍。其来源大约起于改土归流时，当时土司以某田为粮田，则世世代代纳粮，非然者即谓之私田。直至清末，仍是粮田与私田并称。又，土司特有的少数民族固有制度，所属有布苏、布斗等职，不给薪俸，概分封土地，给以田亩，甚至拉狗有田②、折松毛有田③，大小职务无一不有田。兵亦给以兵田，为世代常备兵，有事时调入行阵，无事归耕于农，共旗十五，每旗兵五十名，共兵七百五十名。每兵给田一份，即可养活一夫一妻二子，共兵田七百五十份，再加以布苏、布斗等田，实不下田数千分。

民国初年，"众议以旗丁已多年不调，与其养无用之兵，不如收归公有办理教育。当时估计兵目、布斗等田，其数实可惊人，乃呈经政府核准作为教育经费，而土司素无册籍，田数若干，土司茫然不晓。经多次之清查，约得田二百余分，年约收穀三千余挑，其余年深代远私相买卖者有之，伪造契约作为私产者有之，清获之数不过十之一二。至于土司私产亦在无粮之列，其有转卖与民间者即为私田之一部分。综合兵目、布斗等公田及土司私产，民间之私田，实居田亩之

---

① 《续云南通志稿》卷54《食货志·杂税》，光绪二十四年刻本，《中国边疆丛书》（第2辑），文海出版社1966年影印本。
② 土司头人在出猎时雇用给其牵猎狗的人，方言谓之妈透。
③ 每到新年时，折松毛送至土司署的人。

大部分，其余升科纳粮者，田地中之最小部分耳"①。由此可见，清代土司占有田地数量之多。

综上所述，清代国家通过对开化、广南二府派驻流官的形式，对土地进行清丈，为成功施政，有效开发边疆，还在所辖区域内进行户口的编审和赋税的征收，实现"掌土"与"治民"的功效，然而由于边疆少数民族地区的特殊性，还保留有一定数量的土司田地，部分人口及赋税是国家所不能掌控的，但滇东南与内地一体化进程已经凸显，国家治理向少数民族基层社会的推进态势已经具备。

第二节 滇东南基层管理组织的建构及管理特点

一 移植与模拟：内地基层社会管理组织在滇东南地区的建构

清代滇东南是移民聚居区。据估算，至嘉庆、道光年间，开化府移民人口数量为12万，占开化府总人口的58.3%；广南府移民人口数量为11万，占广南府总人口的58.3%。② 汉族移民对滇东南山区的开发垦殖，促进了边疆地区社会发展，使该区域由夷多汉少逐渐变为汉多夷少，经过辛勤开垦，由移民所构成的基层社会也初步稳定下来，清政府就乡村社会采用什么样的治理模式，是亟待解决的问题。总体来看，基本上实行移植与模拟政策，即把内地的基层社会治理政策移植到该区域，同时适当保留少数民族特有的管理机构作为过渡，目的是不断消融与内地之间的差异，以求二者日趋统一，以此维护西南边疆地区的安全与稳定。

里甲制是"为保证国家赋役的正常征发而实施的一种职役组织，主要实行于明朝和清朝前期"，在全国普遍推行始于洪武十四年（1381年）。③ 其渊源最早可以追溯到唐朝中期以前的乡官制度。中唐以后，地方行政体制由郡县两级制发展为州郡县三级制。因此，县级地方官员

---

① 民国《广南县志》卷8《财政志·田亩》，《中国地方志集成》影印民国23年钞本，凤凰出版社2009年版，第615页。
② 曹树基：《中国移民史》（第6卷），福建人民出版社1997年版，第169页。
③ 徐茂明：《江南士绅与江南社会（1368—1911）》，商务印书馆2004年版，第105—106页。

就成为当时社会最基层的"父母官",这样就使最初的乡官制度至明朝洪武年间时,逐渐演变为由百姓轮流充任的职役制度,也即里甲制。

里甲制度最早推行于江南地区的湖州府和苏州府。洪武二年(1369年),苏州府创立了类似里甲制度的乡村社会组织,"苏州吴江县有530里,平均每里151.6户;宣德八年535里,每里148.8户;天顺六年549里,每里124.5户;成化二十二年564里,每里128.4户。这样看来,一般认为洪武二年在吴江县实施的里甲制,可能是和过去认为洪武十四年以后施行的里甲制具有相同的编制原则的,因此可以说洪武二年的里甲制已经具备了明代里甲制的标准形式"①。《永乐大典》也记载了明代湖州府类似里甲组织的情况:"黄册、里长、甲首,洪武三年为始。编制小黄册,每百家画为一图,内摊丁力田粮近上者十名为里长,余十名为甲首,每岁轮流。里长一名,管甲首十名;甲首一名,管人户九名,催办税粮,以十年为一周。"② 至洪武十四年(1381年),江南地区的里甲制得到不断修订和完善后,于全国范围内推行,其户数最初以十进制的标准进行编制的。"命天下郡县编赋役黄册,其法以一百一十户为里。一里之中,推丁粮多者十人为之长,余百户为十甲,甲凡十人。岁役里长一人,甲首十人,管摄一里之事。城中曰坊,近城曰厢,乡都曰里。凡十年一周,先后则以丁粮多寡为次。每里编为一册,册之首总为一图。其里中鳏寡孤独不任役者,则带管于百一十户之外,而列于图后,名曰畸零。"③

里甲制于江南地区推行和实施之初,里长、甲首大多是由里甲编制内的乡民推选而产生的,被编为官府"正役",给予备案和签发委任书,任期一般为十年。其主要职责是催征钱粮、维护社会秩序、负责地方治安、编制黄册、调节民间纠纷、教化乡民、劝督农桑和传播农业技术等,以此减轻地方官府行政管理的压力。但至明朝末年,随着土地兼并和私有商品经济的发展,里甲制度的弊端也日益显露,并逐渐成为乡村社会经济发展的桎梏。甚者里长和甲首的职能多是处理

---

① [日]鹤见尚弘:《中国明清社会经济研究》,第6页,转引自范金民、夏维中《苏州地区社会经济史》(明清卷),南京大学出版社1993年版,第8—9页。
② 《永乐大典》卷2277《湖州府三》,中华书局1986年影印本,第886页。
③ 《明太祖实录》卷135,洪武十四年正月丙辰。

一些在乡民中处于出力不讨好境地的事务,因此很多地区出现里长、甲首无人任职的情况,也由以前的选举制变换为轮换制。明清更替,里甲制在乡村社会中得以沿用,也是基层社会的主要管理制度。但是清代里甲制度"从一开始就没有摆脱旧有的各种矛盾。造成这些矛盾的最根本的原因是社会经济的发展繁荣所带来的土地买卖活动和人口流动,以及里甲组织难以克服的种种舞弊现象"①。这也直接影响了清朝封建政权对基层的统治,迫使清政府变革,因此才有了后来的"盛世滋丁,永不加赋"和"摊丁入亩"一系列关于赋役制度改革的措施,使得清时期从里甲制向保甲制演变,这也为清朝保甲制的施行打下了基础。

里甲制度在云南具体施行的时间,较早记载见于嘉靖四年(1525年)布政使黄衷奏言:"云南地远而多盗,幸捕获具狱,则必拘例转详,停候经岁,往往廋死未获,显戮不足,以为奸究之惩,其捕盗官军又多用赂买闲弃役,逃匿有司,按治罪止立功罚俸,或决杖而已,罚轻人无所畏,非所以明法纪而弭寇盗也。乞更定。其至便都察院议覆,云南地果远,自今所捕盗会讯情真,奏闻得旨,许,即依律处决,不俟转详,其哨堡官军及里甲诸人有赂免或弃役者,官调边卫守御,旗军人等枷号一月,发沿边哨守。诏从之。"② 成书于天启四年的《滇志》中,在"疆域条"下,每府均有编里数量的记载,其中临安府:

> 附郭州建水,编里八……蒙自,编里十五……石屏,编里八……新平,编里四……阿迷,编里十二。二百五十里其长官司为王弄山,三百五十里为教化三部,西南一百四十里为亏容甸,一百五十里为溪处甸,一百八十里为纳楼茶甸,二百里为落恐甸,二百三十里为左能寨,二百五十里为思陀甸……河西,编里四……嶍峨,编里七……通海,编里二……宁(州),编里

---

① 孙海泉:《论清代从里甲到保甲的演变》,《中国史研究》1994年第2期。
② 《明世宗实录》卷50,嘉靖四年四月己亥。

七……新化，编里十四①，广南府，编里四……富州，编里四。②

可以看出，明代临安府正式政区均有编制里甲，而在土司所管辖的地区均不编里甲，即国家并没有对土司辖区进行正式赋税的征收。里甲制在明代的发展较为完善，直到清代。开化府在改流以后即设开化、安南、王弄、永平、东安、乐农、江那、逢春共八里。在云、贵、川交界区的四大彝族土府改流地区，国家主要在基层设立里制。如大定府设仁育等六里，水城厅设有永顺等十里，平远州设有向化等六里。云南镇雄在改流后，设致和等十里。毕节县下有六里，彝族集居地区设有平定、长乐二里。有清一代，全国州县一直实行里甲制度，里甲作为基层社会组织，已成为一种较为稳定的地方基层行政制度。③

云南的保甲制度最早于康熙朝提出，然而并未实施。雍正再次在云南推行保甲制度，因地制宜，在一些州县试行，取得一定成效。乾隆时期，又进一步对保甲制度进行完善。直至清末，云南的保甲制度再也没有发生过较大的变动。④ 世祖入关时，便有"编置户口牌甲之令"，然而战争未停，保甲制度不曾推行。顺治十六年（1659年），清军进入云南，至康熙元年（1662年），平定南明政权，但随后吴三桂控制云南长达20余年之久，康熙二十年（1681年）平定"三藩之乱"后始治理云南。次年，蔡毓荣调任云贵总督，面对吴三桂余党和潜逃到云南的八旗兵丁及各少数民族，责令"各村寨头人互相讥察，更行各有司编立保甲，按户挨查，虽在穷谷深山，亦无不入牌甲之烟户，烟户既清，奸

---

① 天启《滇志》卷1《地理志·疆域》，古永继校点，云南教育出版社1991年版，第65页。

② 天启《滇志》卷1《地理志·疆域》，古永继校点，云南教育出版社1991年版，第67页。

③ 方慧：《元明清时期国家与边疆民族地区基层社会的互动关系研究——以法律变迁为中心的考察》，中国社会科学出版社2012年版，第248页。

④ 马亚辉：《清代云南的保甲制度》，《西南边疆民族研究》（第11辑），云南大学出版社2013年版。

究无容身之地矣"①。康熙年间云南保甲制度主要为"靖逋逃"而设，目的是要迅速恢复云南战乱后的社会秩序，且云南夷汉杂居，多为土司辖地，这些地区"既无保甲可以稽查，更无塘汛为之盘诘，此辈蹊径渐熟，气类渐亲，则土司诚今日之逋逃薮也"②，也为了能对土司辖区进行有效的控制。

为加强对云南社会秩序的管理，雍正元年（1723年），命全国各地设立保甲，稽察营兵胥役，查拿刀棍。雍正二年（1724年）十二月，巡抚杨名时奉谕上疏言：

> 设立保甲一事，臣于府州县各官进见时，宣播皇上弭盗安民德意，令其编立门牌，十家为甲，十甲为保，互相稽察，切戒其扰累小民，随宜措置。云南多彝猓，村寨零星散居，难以十家百家为限，只可就近联络互查，总以简易便民为主。今编行有成局者已报有十余州县，昆明县、安宁州、晋宁州、通海县、和曲州、罗平州、太和县、赵州、浪穹县、永平县、弥勒州、永北府、蒙化府。此外俱在试行。③

在已编保甲州县中均为云南腹里地区，而沿边地区"俱在试行"，说明当地少数民族势力仍过于强大，内地基层组织在沿边地区试行有困难。雍正三年（1725年）正月，总督高其倬接清世宗密谕，命其在云南编设保甲，也奏报设立保甲的情况，称："元江、新平二处讨保之野贼虽已剿除，然彼地猓民染于故习，恐暗纠合人众出外妄为。臣令元江、新平将各村寨仿保甲之意编开人户口数，令地方官于九、十、十一、十二等月不时巡查，如外出之人多，即是讨保，务行根究

---

① （清）蔡毓荣：《筹滇十疏·靖逋逃》，道光《云南通志》卷203《艺文志四·杂著七·疏三》，道光十五年刻本。
② （清）蔡毓荣：《筹滇十疏·靖逋逃》，道光《云南通志》卷203《艺文志四·杂著七·疏三》，道光十五年刻本。
③ （清）杨名时：《奏奉密谕等敬谨遵行折》，雍正二年十一月十五日，《宫中档雍正朝奏折》（第3辑），故宫博物院1978年影印本，第467页。

以杜奸宄。"① 可以看出，雍正初始，云南保甲制度在正式州县经济相对发达的城镇中推行。雍正四年（1726 年）鄂尔泰上奏，因对"土司之考成不严，则命盗之案卷日积，大凡杀人劫财者，皆系苗课，虽一经报闻，随即缉捕，而潜匿寨中，已莫可窥探"，流官对其束手无策，继云："所以清盗之源者，莫善于保甲之法。"因此，鄂尔泰与总督杨名时、巡抚何世瑾商议，拟立设置保甲规条，将其推行云贵两省。云南的保甲制度在康熙时期开始推行，雍正时择腹里十余个经济较发达的州县试行，但随后保甲制度在云南尤其是边地土司辖地依然流于形式。根据保甲之法，"旧时以十户为率，云贵土苗杂处，户多畸零，保甲之不行，多主此议"。为加强对云南社会的治理，清廷根据云贵两省的具体情况，对保甲制度进行改造与变通，规定："除生苗外，无论民彝，凡自三户起，皆可编为一甲，其不及三户者，令迁附近地方，毋许独住，则逐村清理，逐户稽查，责在乡保、甲长，一遇有事，罚先及之，一家被盗，一村干连。乡保、甲长不能觉察，左邻右舍不能救护，各皆酌拟，无所逃罪。此法一行，则盗贼来时，合村百姓鸣锣呐喊，互相守望，互相救护，即有凶狠之盗不可敌当，而看其来踪，尾其去路，尽在跟寻访缉，应亦无所逃。"② 至雍正五年（1727 年）正月，云南保甲制度已开始推行到除生苗以外的所有地区，国家对云南社会的治理力度日益增强，已深入土司辖地，也为其推行改土归流打下一定基础。鄂尔泰称："保甲之法已行，则乡保、头人自应稽查地方，邻右自应首告，使皆各有责成，违者并坐。"③

总之，雍正时期云南推行的保甲制度与内地迥然不同。内地多为汉人聚居，保甲制度为"十户为一甲，十甲为一保"的方式，而云南跬步皆山，夷多汉少，零散杂居，加之土司势力过大，无法严格地将内地保甲制度照搬至云南。雍正帝能够认识到云南地理环

---

① （清）高其倬：《奏奉密谕分别遵行折》，雍正三年正月二十六日，《宫中档雍正朝奏折》（第 3 辑），故宫博物院 1978 年影印本，第 766 页。
② （清）鄂尔泰：《奏陈宜重流官职守严土司考成以靖边地管见折》，雍正四年八月初六日，《雍正朝汉文朱批奏折汇编》（第 7 册），江苏古籍出版社 1989 年版，第 851—852 页。
③ （清）鄂尔泰：《奏覆候补通判管旃所陈严禁汉奸等五事折》，雍正五年正月二十五日，《雍正朝汉文朱批奏折汇编》（第 8 册），江苏古籍出版社 1989 年版，第 926 页。

境、人文等方面的复杂性与特殊性，因地制宜，对保甲制度作出调整：以三户编为一甲，不及三户者，令其迁到附近地方编入保甲，从而保证了国家对云南地方的严密控制。为确保在推行过程中不出现问题，先择昆明等经济较为发达的州县试行，行之有效以后，再令沿边州县次第效仿实行，体现了国家对云南谨慎的态度及认识与治理的逐渐深入。

为深入治理方针，乾隆十七年（1752 年），开化镇总兵张凌霄上奏建议在滇东南边地设立保甲：

> 查外匪入内，必潜踪夷寨，内夷外出，必素有形迹，则保甲之法实为辑匪弭奸之要务。从前因夷地荒僻，言语不通，行之未遍，奴才亦已禀咨督抚，商同地方文员，现在实力举行，简明出示，令通事人等番译晓谕，如有与外匪往来及容留在寨隐匿不报者，均按法究治，又制备游巡旗牌，差委员弁于演变各隘循环稽查，遇有沙匪汉奸在我内地，即盘实解报，讯有勾结情弊者，详咨督抚定拟发落，若止寻常因事入口者，即惩责逐出，如此固不必出境追求，亦不以轻罪姑息，似亦宽严并用，因时制宜之道。盖边地之衅端不可启，中外之防亦不可忽。①

这是清代首次地方官员提出在滇东南地区设立保甲制度以保卫安全之议。乾隆十九年（1754 年），提督吕瀚巡查迤东道各富州营伍时提到：“景东、普洱、镇沅、威远、元江等府属蛮夷种类蕃多；临安、开化、广南三府界连交趾，土著沙瑶侬苗俱极众盛；昭通、镇雄、东川一路猓夷环居，内有久服流官编为里甲者，有仍属当地土司管束者。”② 昭通、镇雄、东川为雍正改流之区，说明乾隆年间已取得了成效，虽有部分地区仍为土司管辖，但也有"久服流官编为里甲"之区。此外，虽然云南少数民族众多，然而自清廷治理以

---

① （清）张凌霄：《奏为敬陈边界情形事折》，乾隆十七年五月二十四日，《宫中档乾隆朝奏折》（第 3 辑），"国立"故宫博物院 1982 年版，第 162 页。

② （清）吕瀚：《奏陈边营夷地并年景情形事折》，乾隆十九年十二月十六日，《宫中档乾隆朝奏折》（第 10 辑），"国立"故宫博物院 1983 年版，第 316 页。

来,"数十年来沐浴圣化,及为恭顺,或耕或牧,熙熙暭暭,颇有太古风气",正因其"性愚而直",汉族移民中狡黠者,"每每从而欺之,伊等俯首贴服,不敢与较","衙役乡保,更当留心,严禁滋扰"。①

鉴于以上状况,乾隆二十二年(1757年),清廷更定保甲之法,共立十五条:

> 直省所属每户岁给门牌,牌长、甲长三年更代,保长一年更代。凡甲内有盗窃、邪教、赌博、赌具、窝逃、奸拐、私铸、私销、私盐、踩曲、贩卖硝磺,并私立名色敛财聚会等事,及面生可疑之徒,责令专司查报。户口迁移登耗,随时报明,门牌内改换填给。
>
> 绅衿之家,与齐民一体编列。
>
> 旗民杂处村庄,一体编列。旗人、民人有犯,地方官会同理事同知办理,至各省驻防营内商民贸易居住,及官兵雇用人役,均另编牌册,报明理事厅查核。
>
> 边外蒙古地方种地民人,设立牌头总甲及十家长等。如有偷窃为匪,及隐匿逃人者,责令查报。
>
> 凡客民在内地贸易,或置有产业者,与土著一律顺编。
>
> 盐场井灶,另编排甲,所雇工人,随灶户填注。
>
> 矿厂丁户,厂员督率厂商、课长及峒长、炉头等编查。各处煤窑雇主,将雇佣工人等册报地方查核。
>
> 各省山居棚民,按户编册,地主并保甲结报。广东寮民,每寮给牌,互相保结。
>
> 沿海等省商渔船只,取具澳甲族邻保结,报官给照。商船将船主、舵工、水手年貌籍贯并填照内,出洋时,取具各船互结,至汛口照验放行。渔船止填船主年貌籍贯。其内洋采捕小艇,责令澳甲稽查。至内河船只,于船尾设立粉牌,责令埠头查察。其

---

① (清)郭一裕:《奏陈滇省地方情形折》,乾隆二十年十月初三日,"国立"故宫博物院:《宫中档乾隆朝奏折》(第12辑),"国立"故宫博物院1983年版,第590页。

渔船网户、水次搭棚趁食之民，均归就近保甲管束。

苗人寄籍内地，久经编入民甲者，照民人一例编查。其余各处各处苗、瑶，千百户及头人、峒长等稽查约束。

云南有夷、民错处者，一体编入保甲。其依山傍水自成村落者，令管事头目造册稽查。

川省客民，同土著一例编查。

甘肃番子土民，责成土司查察。系地方官管辖者，令所管头目编查，地方官给牌册报。其四川改土归流各番寨，令乡约甲长等稽查，均听抚夷掌堡管束。

寺观僧道，令僧纲、道纪按季册报。其各省回民，令礼拜寺掌教稽查。

外来流丐，保正督率丐头稽查，少壮者递回原籍安插，其余归入栖流等所管束。①

此次更定，对云南影响较大的是一则对有夷、汉交错居住地方，一体编入保甲。其依山傍水自成村落者，令管事头目造册稽查；一则对于寺观的僧道，令僧纲、道纪按季册报。其各省回民，令礼拜寺掌教稽查；一则对于外来流丐，命保正督率丐头稽查，少壮者则解回原籍安插，其余归放栖流等所管束。这实际上是国家不再以民族成分来区别对待，而是将汉族与少数民族都当作国家的臣属民众，这从道光元年（1821年）一次汉夷田土争端案中可以看出端倪：

汉民典买夷地，定以初二、三限令夷人收赎，如逾期不赎，将原地断归汉民执业。兹据御史张圣愉奏，原议固属持平，但汉民重利盘剥夷民，折准田地，夷民穷苦，设不能依限取赎，夷地竟成汉业，必又积怨成仇，请将不能依限取赎之地亩，或割半均分，或给还十分之三，仍严禁嗣后汉典夷地，如违加等治罪等语。

汉人夷人，同系编氓，此次田土构衅，惩创之后，总当秉公

---

① 《清史稿》卷120《食货志一·户口》，中华书局1977年标点本，第3481—3482页。

定议，使之两得其平，著交史致光、韩克均详查核办。如该御史所奏事属可行，即酌议章程，奏明饬遵，如有窒碍难行之处，亦不可迁就其说，务使汉夷俱各心服，不启争端，方为久安之策。①

此次田土纷争起于汉民典卖夷人土地，命夷人限期赎回，但有夷民多无钱赎回，此田地便被汉民占有。御史张圣愉认为，为避免汉夷积怨成仇，可将未能限期赎取土地，或对半分，或给夷民十分之三，以期汉夷双方俱心悦诚服。道光帝也认为此行得当，并命日后禁止汉民典卖夷人土地。但随后道光帝认为，此法办理对汉人又未免有失允当：

> 时值夷民甫经滋事，惩创之后，其逞残图占之心，不可不加遏抑，议令分限取赎，限满不赎，断归汉民。系为因时制宜起见，现已出示晓谕，自不便朝令夕更。著照史致光所议，俟限满不能取赎，应断归汉民执业时，再行奏明，将原议量为变通。查明系盘剥折准有据者，无论杜卖典押，核计汉民所出本息，将应得田土分予执业，余田给还土司与夷民耕种。其系平价交易者，除杜卖无庸议外，典押之田，令该管流土各官公同勘估，核计汉民原典价银，将应得田土分予执业，余田给还土司与夷民耕种。固不可使汉民剥削夷民，亦不可使夷民以焚掠为得计，长其构乱之心，总使两得其平，方能日久相安。至此后汉民典押夷地，必当严行查禁，毋使仍蹈故习。

道光帝认为，汉民占有少数民族土地不可一概将其还予，若是汉人出钱购买之部分土地，应当给予执业，余田还给夷民耕种。总之，清政府的处理原则是"不可使汉民剥削夷民，亦不可使夷民以焚掠为得计"②，使两方均相安无事。此外，光绪八年（1882年），法国殖民主义者妄图敲开滇东南国门，边疆危机加重之时，地方政府还委任

---

① 《清宣宗实录》卷19，道光元年六月丁亥。
② 《清宣宗实录》卷22，道光元年八月辛卯。

少数民族士绅办理"夷民保甲","委回绅前鹤丽镇总兵马忠办理临安开化等处回民保甲,又委夷绅纪名总兵赵发等经理各夷寨保甲,并分带防军择要驻守,以免奸宄勾结滋事"①,将少数民族与汉人一同编入保甲,也有效抵御了外敌入侵,加速了民族之间的融合。

保甲制度作为一种地域性的自卫组织,是行政管理在基层社会的延伸,承载着封建时代国家治理基层社会的重要职能,是清朝重要的基层行政组织。瞿同祖先生认为,保甲制度背后的深层理念是:每个人的行动难以逃过邻里乡亲之耳目;若将林立居民组织起来,官方掌握所有民户登记资料,则陌生人及违法者必定难以在守法居民中隐藏。保甲首领的基本任务在于监督社区的居民,并随时将各类家庭中的任何违法行动(赌博、邪教、私盐、私铸钱、窝藏盗贼逃犯)报告给官府,并监视可疑之陌生人。此外,保甲还执行着地方治安巡防之功能。保甲正是一个使政府能够把自己的控制力扩展到最基层单位以填补权力真空的设置。② 清代滇东南是一个移民大量进入的区域,将汉夷一同编入保甲,"每年由地方官抽查一次,并各属流民一律编入保甲"③。光绪二十七年(1901 年),时值滇、桂边境匪患,虽经朝廷剿捕,然而"兵来匪去,匪去兵来,终未尝与匪相逢",随后广南府编联保甲,因而"内奸可去,外奸乃可除"。④ 正式出于国家对基层社会治理的需要,及内地与边疆一体化管理,国家将内地基层社会组织在边疆民族地区进行移植与模拟,进而打破汉夷界线,将所有属民纳入国家行政管理体制中。

二 滇东南里甲、保甲组织的建立与地理分野

康熙初吴三桂领兵平定王弄王朔、教化张长寿、枯木龙元庆、八寨李成林、牛羊侬得功及维摩沈应麟、沈兆麟等土酋叛乱后,置开化

---

① 《清德宗实录》卷154,光绪八年十一月丙戌。
② 瞿同祖:《清代地方政府》(修订译本),范忠信等译,法律出版社2011年版,第237—238页。
③ 《清宣宗实录》卷311,道光十八年六月己丑。
④ 民国《广南县志》卷2《大事记》,《中国地方志集成》影印本,凤凰出版社2009年版,第104页。

府专治，并在教化、王弄、安南三长官司地暨牛羊、新现、八寨、枯木、维摩、陆竜等处编为八里，改教化司为开化里，安南司为安南里，王弄司为王弄里，牛羊土司为东安里，陆竜、新现为乐农里，维摩为江那里，枯木司为逢春里，标志改流后里甲制度的建立。乾隆《开化府志》对每里所辖村寨的名称，及村寨种人类别均有详细记载。① 根据统计，开化府八里共辖村寨1181个，其中开化里120个，永平里108个，安南里135个，王弄里201个，东安里159个，乐农里202个，逢春里85个，江那里171个。纯汉族居住的村寨有25个，占总数的2.1%；汉夷杂居的村寨有104个，占总数的8.8%；余为各少数民族聚居村寨，多为壮、彝、傣族支系。东安、永平、逢春三里临近中越边境区，仅有1个汉人村寨和5个汉夷杂居的村寨，可见越靠近边界，少数民族成分越多。因此，边疆少数民地区的里甲制度与内地存在着巨大差异，不符合"以一百一十户为一里"规制，若仅以一里长来负责百余个村寨的人口统计及征收钱粮，而不依靠其他的管理体制，难以想象国家如何来维护边疆民族地区的稳定。

依据《中国历史地图集》，并参照20世纪80年代云南省编撰各县地名志，开化府八里每个村寨，大致可以确定每个里所对应的今地范围：开化里为文山市开化镇、攀枝花区、追栗区及平坝区、喜古区的一部分，乐农里为德厚区、红甸区、马塘区及喜古区、坝心区的一部分，王弄里为老回龙区、小街区、新街区及屏边县的一部分，逢春里为乐诗冲区及蒙自市老寨的一部分，江那里为砚山县，永平里为马关县的浪桥乡、大栗树乡、八寨乡、木厂镇、蔑厂镇、古林箐乡，东安里为西畴县、麻栗坡县结合的部分地区。

为便于说明，现将乾隆《开化府志》所载里甲之下各村寨种人，具体如下：

特打寨：土獠；水车寨：土獠；和尚庄：土獠；新平坝：土

---

① 道光《开化府志》卷3《里甲》，娄自昌、李君明点注，兰州大学出版社2004年版，第52—67页。"里甲附"中记载有共九里，多出新现里，但同书"建置"中前记载已将新现与陆竜合为乐农里，前后有矛盾之处。本书仍以"建置"中所记八里为准，将新现里合并在乐农里计算。

獠；旧平坝寨：土獠；迷那白：土獠；老保黑：土獠；阿欲寨：土獠；长者寨：土獠；高末二寨：土獠；暮底寨：土獠、獏喇；下暮底寨：土獠；汤董寨：土獠；呀呼寨：汉人、土獠；矣补得寨：獏喇；柯麻栗：獏喇；戛谷寨：獏喇、土獠；那勒科：汉人、獏喇；马厂寨：土獠、獏喇；小石洞寨：土獠；合掌箐：土獠、猓猡；多不克：獏喇；石牛角：土獠、獏喇；响水桥寨：土獠；小禾木寨：汉人、土獠；大禾木寨：土獠；卡那迭：土獠；西得冲寨：土獠；里补戛：土獠；新里补：土獠；大里补：土獠；扯柯勒：摆依；布都寨：摆依；马郎寨：侬人；务兔冲：獏喇；牙普舍：獏喇；打梯寨：獏喇；土锅寨：獏喇；马理寨：獏喇；法都寨：獏喇；落水硐：獏喇；水尾寨：侬人；柯迭寨：獏喇；恩生寨：猓猡；沙老寨：汉人、獏喇；阿得寨：汉人、獏喇；平坝寨：獏喇；得白寨：獏喇；所得革：獏喇；所季克：獏喇；鲁咱寨：獏喇；接莺坡：獏喇；杜茂寨：侬人；木碗寨：獏喇；戛几科：獏喇；长冲寨：侬人；禾木革：侬人；牛皮打：獏喇；莪保舍：侬人；禾木舍：猓猡；者迫寨：猓猡；西华山：汉人；热水寨：土獠；热水塘：回子、土獠；法古寨：土獠；卧打溪：土獠、猓猡；新街：汉人；布苏寨：土獠；摆依寨：摆依；猓猡寨：猓猡；下板枝花：土獠；上板枝花：汉人、土獠；灰土寨：土獠；气星寨：土獠；侧白仰：獏喇；暮底河上中下三寨：侬人；洒吾柯：獏喇；舍科白：獏喇；所世期寨：獏喇；矣革勒寨：獏喇；牙舍矣寨：獏喇；者黑冲寨：侬人；红戛戛寨：侬人；所那迭寨：猓猡；姑娘寨：僰子、猓猡；果者迭寨：獏喇；果那冲寨：獏喇；裸务迭寨：獏喇；矣把冲寨：獏喇、土獠；矣勒冲寨：侬人；耻期寨：汉人、侬人；恨迭寨：侬人、獏喇；者迭寨：侬人、獏喇；白木舍寨：獏喇；兔处科寨：獏喇；者安寨：侬人、獏喇；二拨寨：猓猡；三颗树寨：猓猡；木黑克寨：獏喇；阿止得克寨：土獠；大教化寨：猓猡；黑腻克寨：猓猡；旧兔冲寨：汉人、土獠；新兔冲寨：猓猡；横水塘寨：猓猡；石将军寨：猓猡；太安桥寨：汉人；卧柯寨：土獠；高登寨：土獠；石灰窑寨：汉人、土獠；小马厂寨：土獠；小矣古寨：土獠；大矣古寨：侬人、土獠；大母都黑寨：土獠；新母都黑寨：土獠；旧母都黑寨：土獠；召五期寨：摆依、侬人；旧著乌舍寨：獽喇；新著乌舍寨：獽喇；哇白冲寨：獽喇；高枧槽寨：侬人、土獠；龙潭寨：侬人。①

以上共计120个村寨，将这些地名与各县地名志进行对照后，很多地名已不复存在。因此，仅根据能够古今对照的地名与地名志相比对，明显看出边疆民族地区的里甲制度，清廷并未严格按照内地"一百一十户为一里"规制，体现了边疆民族地区的特殊性。此外，120个村寨中有汉人（包括汉夷杂居）居住的村寨仅有12个，占总数的10%，说明清代中前期滇东南边疆地区仍以少数民族成分居多。在开化府余下七里中，各里所辖的村寨数目在数十至上百各不等，但由于正文篇幅所限，不能一一罗列，为读者方便检索，本书亦将所有八里村寨民族情况附后。

综上所述，少数民族与汉人一同编入里甲，说明清代在最边远的边疆少数民族地区无论汉夷，都纳入国家治理体系中来，进行统计人口与征收赋税工作。此外，根据各民族分布点的不同，可以看出各民族对云南开发程度的区别。云南高原的特点是多山，与平原地带相比农业发展水平差异很大，山区闭塞落后，平原坝子却得到深度的开发。但整个西南区平原坝子十分有限，仅占全区面积的4.9%，②自古居民征服自然，开发生产，主要在河谷平川地区，农业开发表现出缓慢的进程，因此长期表现稳定的状态，这种状况直到元代后才有所改变，其主要原因是元代的军屯。元代云南军屯主要分布在交通道路干线上，以今昆明、大理两地为核心，形成东西向排列，并向南沿元江一线至交趾。明代云南遍置卫所，卫所周围就是屯田的主要地点，其分布与元代基本一致。然而元明对云南农业的开发力度却不同，元代参与屯田开发除作为统治阶层的蒙古族以外，还有大量的爨、僰

---

① 道光《开化府志》卷3《山川·里甲附》，娄自昌、李君明点注，兰州大学出版社2004年版，第52—53页。

② 韩茂莉：《中国历史农业地理》，北京大学出版社2012年版，第1021页。

人；而从明朝初年即有大量汉族移民进入云南从事屯戍，充入卫所之中，改变云南"夷多汉少"局面的同时，也在空间上改变了民族的分布结构，汉人进入推动了其他民族向山区的迁移，进而促使云南山区的开发。至清代，新作物的引种加速了云南山区的开发进程。早期以种植荞麦为主，兼种其他豆麦类，但高寒山区，广种薄收。到16世纪，玉米和马铃薯从中国沿海地区传入内地，种植渐广。17世纪后期玉米和马铃薯在云南已有种植，到18世纪初期，开始广泛地传播种植。玉米和马铃薯在山区的种植和传播对大量开发山地和固定山区居民起到了重要作用，因为其对土地的适应性强，适于温度较低的气候及高原或高山地区，海拔三千公尺之地亦可种植，农作投付的劳动力较少而产量高，可达种子的五十倍至一百倍，营养成分丰富，宜作为主要粮食，用途广，作为主食或副食品以外，可作饲料、造粉、酿酒。① 可以说，明代移民的进入及清代新作物的引种对云南山区的开发起了至关重要的作用。

　　以上对分析清代开化府各里村寨的民族分布也有重要影响。民国以前，滇东南民间流传谚语："汉人占市头，农人占水头，瑶人占箐头，贵州人占山头。"② 是清代滇东南民族分布的真实写照。那么这种格局是如何形成的呢？外省移民大规模涌入从事开垦活动以前，该地区的河谷坝区一直为壮族支系及少量傣族所占据，聚落形态较为单一。根据里甲分布，开化府居民以壮族为多，其次为彝族，再结合地形图来看，这些民族大部分居住在河谷地区，其生产生活方式也多离不开水，侬人，"男女勤耕织，惯挑棉锦"；白土獠，"重农力穑，卜居近水，以便耕作"；黑土獠，"喜种水田"；水摆夷，"居多傍水，喜浴。男渡船，女佣工户口"。③ 而彝族多喜居住山区，成为山区开发的主力军；黑倮㑩，"多种旱地。居茅舍，中堂作火炉，男女围绕而卧"；黑母鸡，"种荞为食"；白母鸡，"种

---

① 方国瑜：《中国西南历史地理考释》，中华书局1984年版，第1226—1227页。
② 民国《广南县志》卷5《农政志·垦殖》，《中国地方志集成》影印民国23年钞本，凤凰出版社2009年版，第415页。
③ 道光《开化府志》卷9《风俗·种人》，娄自昌、李君明点注，兰州大学出版社2004年版，第244—245页。

旱稻、杂粮、棉花等物"；黑仆拉，"刀耕火种，数易其土以养地力"；白仆拉，"多住山坡，种荞麦、杂粮、火麻之类"；阿系，"耕种之余，牧羊为业"；喇鸡，"居深山，火耨刀耕"。① 此时汉人只是各土著族群中很少的一部分，与各少数民族杂居，他们"山脚为田，山腰为寨，民夷结屋而居。或十余家，或数十家为一寨，二三十寨为一大寨，汉夷杂处"。② 乾隆末年后，陆续有外省移民进入从事垦殖活动，"开化、广南二府在滇省东南，与黔、粤等省较近，向有川、黔、楚、粤流民"③"向因山多旷土，邻省贫民，往往迁居垦种"④，再加上玉米和马铃薯的广泛种植，使得更多的人从事山区垦殖。移民当中，以汉人为最多，前文述及，乾隆年间开化府纯汉族居住的村寨有25个，占总数的2.1%。至民国年间，仅马关县见于记载的595个村寨中，有汉人居住的村寨就有268个，约占总数的45%。⑤

汉民进入以前，壮族等少数民族濒河流而居，沿河垦为农田，山岭将无水之地尽弃。待川、楚、粤等外省汉人到来之时，河滨之区已无插足余地，"商则麇集于市场，农则散于山岭间"，垦新地以自殖，伐木开径，渐渐成为村落。从民国《马关县志》所记地名看，有许多汉族移民的痕迹。例如，大汛坡头、新卡、芹菜塘、洗古塘等，这类以汛、塘、卡来命名的汉族聚居点表明这些村寨很可能是由绿营兵驻防的汛、塘、卡发展而来的；仁和街、八寨街、都竜街、枯木街等街市则可能是汉族云集于此经商，从事商业贸易活动而逐渐发展成为汉族聚居地的；有些具有少数民族特色的地名如革母寨、倮者迭寨，曾经是纯少数民族聚居的村寨，到民国时期也成为汉夷杂居的村寨；湖广寨等汉族村寨则表明汉族移民的来源地；唐家坡、老张坡、管家

---

① 道光《开化府志》卷9《风俗·种人》，娄自昌、李君明点注，兰州大学出版社2004年版，第246—247页。
② 道光《广南府志》卷1《广南府舆地图说》，杨磊等点校，兰州大学出版社2004年版，第19页。
③ 道光《威远厅志》卷3《户口》，《中国地方志集成》影印道光十七年刻本，凤凰出版社2009年版，第94页。
④ 《清宣宗实录》卷311，道光十八年六月己丑。
⑤ 民国《马关县志》卷1《地理志·马关县各区乡村镇表》，何廷明、娄自昌校注，云南大学出版社2012年版，第14—25页。

箐、莫家箐等汉族村寨以唐、张等汉族姓氏来冠名，又以坡、箐来命名，说明汉族是在半山区及山区拓殖并在此定居。

汉人垦山为地，初择肥沃之区，日久人口繁滋，继续向贫瘠之地开垦，山间略为平坦的地方若能引山水以灌田之地，则垦为农田。嘉、道以降，又有黔省农民大量进入，但垦殖之山地已为汉人所占据，所遗者只有地瘠水枯之区，尚可容纳多数人口，而黔农无安身之所，只得向干瘠之山，"辟草莱以立村落，斩荆棘以垦新地"①，自成系统，不相错杂。由于贵州人是相对较晚到来的移民，"多住高岗地带，以种地为业"②，因此有贵州移民"占山头"之说。苗族迁入的来源，据20世纪50年代民族调查，一则说是从贵州迁入的，一则说是从广西迁来的，当苗族迁入文山地区时，该地早已有壮、汉等民族居住了。③ 说明苗族迁入时间当与贵州人迁移的时间大致相同，晚于汉族，大部分聚居在文山地区。迁移的原因大致说来有三种：一为有一年天下大乱，贵州苗民受到封建统治者的镇压而被迫逃到云南来的；二为他们的耕地、房屋被强占后，为了生计而搬到云南来的；三为听到过云南文山的人回去讲，开化山多地广，土地肥沃，好讨生活，因而跟随搬迁来云南的。调查人员认为文山地区苗族的搬迁与张广泗在贵州镇压苗族人民的时间大体相符。④ 成为云南全省苗族最集中的地方，因而苗族也是占山头，多居住在高寒山区，食物以红薯、荞麦、大豆等杂粮为主，据此推断迁移的贵州人中可能大部分是苗族。

瑶族迁入云南的时间或说在清中叶，但唐宋之间当已来往于滇黔

---

① 民国《广南县志》卷5《农政志·垦殖》，《中国地方志集成》影印民国23年钞本，凤凰出版社2009年版，第413—415页。
② 《民国新编麻栗坡特别区地志资料》，《中国地方志集成》影印民国36年钞本，凤凰出版社2009年版，第140页。
③ 郑镇峰整理：《文山州苗族风俗习惯初步调查》，《云南少数民族社会历史调查资料汇编》（一），民族出版社2009年版，第156页。
④ 颜恩泉：《马关县金厂区苗族社会调查》，《云南少数民族社会历史调查资料汇编》（五），民族出版社2009年版，第40页。

之间。至于清代入滇瑶民益多，散布在沿边山林。① 滇东南瑶族多分布在广南府，以今富宁县为多，依靠珠江水系的自然地理条件，瑶族多生活在山林多、水多的地方，主要农作物是水稻，除水田以外，旱地种杂粮，作为补充主食，但受条件所限，难以精耕细作。② 因此，瑶族主要分布在"箐头"，即有水的地方。

中法战争后，双方共同勘划中越边界，光绪十二年（1886年），清政府将开化府南部收回的村寨编为归仁里，分为八甲，周四百六十余里，户五千五百有余，丁口二万二千七百，并在都竜、新街设团防总局，已在该地区设立里甲。③ 但限于史料记载，我们并不清楚归仁里具体包括哪些地区。幸运的是，笔者于2015年11月11日在马关县都龙镇考察期间，在一户黄姓村民家里偶然发现了《归仁里傣族黄氏家谱》。据访问得知，该村黄氏是乾隆时期都竜土目黄文桐后代。黄文桐实为壮族，但新中国成立以后的少数民族大调查中，由于某些原因却被识别为傣族。《清实录》载："宣光一路，有土目黄文桐等跟同官兵进剿，乌大经彻兵之后，该土目等现在何处，此时既已彻兵，该土目及厂民等来投与否，原可置之不论。但朕欲知该处情形，是以询及，并着孙士毅、富纲等各行查明，迅速据实覆奏。"④ 清代正史中，称黄文桐多以"逆目"出现，但安南曾封黄文桐为"护国将军"，可见黄文桐常游走于清廷与安南之间，反映了边疆民族地区土司的摇摆性。该族谱中详细记载了归仁里八甲的名称及其所对应的地区：聚隆社（甲）——今都龙一带；聚成社（甲）——今茅坪金厂一带；聚和社（甲）——今夹寒箐一带；聚仁社（甲）——今黄树皮一带；聚义社（甲）——今箐门一带；聚美社（甲）——今曼美一带；平夷甲——今南温河一带；奋武甲——今勐洞保良街一带。行政机构方面：（1）设团总一名、副总二名。团总总管八甲所有行

---

① 黄惠焜：《瑶族简介》，《云南苗族瑶族社会历史调查》，民族出版社2009年版，第64页。

② 金少萍：《富宁县团堡蓝靛瑶经济、文化综合调查》，《云南少数民族社会历史调查资料汇编》（五），民族出版社2009年版，第115页。

③ 方国瑜：《中国西南历史地理考释》，中华书局1984年版，第1303页。

④ 《清高宗实录》卷1321，乾隆五十四年正月乙酉。

政事务，团总分管如政务、财农和武装……全总受开化府直属，在团总领导下综理各设地方行政事务，组织和动用武装力量维护地方和戍边并独立行使一些外事工作；（2）甲（社）设团长一名，副团二名，负责本团内地方行政事务；（3）团以下设村，村内设正、副村长三名，负责本村行政事务。① 可见，归仁里受团总直接管辖，而团总又受开化府知府领导，负责保卫各村寨安全和财政赋税的征收，基本具备了内地基层社会的行政管理体制。

广南府里甲、保甲分布情况由于史料遗缺，无法如开化府这样翔实解析，但结合既有史料，可以推断：广南府在明代即设里甲，但未言哪几个。至清雍正二年（1724年），云南巡抚杨名时奏议在各府州县设立保甲，相继在昆明县、安宁州、晋宁州、通海县、和屈州、罗平州、太和县、赵州、浪穹县、永平县、弥勒州、永北府、蒙化府设立了保甲制度，均为腹里经济较为发达的地区，而边疆欠发达地区则是"俱在试行"。② 光绪二十七年（1901年），广南府编联保甲，原因是"自有匪患以来，滇、桂边境蹂躏几遍。虽经迭奉朝旨严责剿捕，而主兵者玩愒成性。惟恐匪之肃清，杜其功名之路。故每张大其事以欺上矇下，兵来匪去，匪去兵来，终未尝与匪相逢，玩视日久，匪势渐不可收拾。桂省苏元春欲诿卸其责，电至滇督略谓游匪之不能剿清由。土匪阴与勾结，若严重保甲，则内奸可去，外奸乃可除"③。此外，广南府农业开发情况与开化府类似。据民国《广南县志》记载，"汉人经营工商业者较多，故经营农业者少"，"凡属夷人无不以农业为本业，世代相传"，"各种夷人以侬人最占多数，几于人人皆从事农业"，④ 可以看出汉人经营工商业的人数较多，从事农业的人数很少，而在各少数民族中，他们仍以农业为主，从事农业开发占比例最大的仍是壮族，说明壮族是开发山区从事农业垦殖的主力。

---

① 黄氏：《归仁里傣族黄氏家谱》，马关县都龙镇。
② （清）杨名时：《奏奉密谕等敬谨遵行折》，雍正二年十一月十五日，《宫中档雍正朝奏折》（第3辑），"国立"故宫博物院1978年影印本，第467页。
③ 民国《广南县志》卷2《大事记》，《中国地方志集成》影印民国23年钞本，凤凰出版社2009年版，第104页。
④ 民国《广南县志》卷5《农政志·农民调查统计表》，《中国地方志集成》影印民国23年钞本，凤凰出版社2009年版，第426—428页。

综上所述，清政府将滇东南边疆少数民族地区基层社会不分夷汉，一律纳入里甲体制中管理，汉族移民和新作物的引种加速了山区的开发进程，形成"汉人占市头，农人占水头，瑶人占箐头，贵州人（苗族）占山头"的立体分布格局，反映了土著与移民的到来对滇东南区域开发的特点，各族群对滇东南开发的过程中逐渐有了各自的区域，汉族与各少数民族一起共同开发了边疆地区，形成"你中有我，我中有你"的局面，共同促进国家治理向基层社会的推进。

三　民族社会结构与国家基层组织结合的边疆治理

清代西南地区基层社会除里甲、保甲等行政组织外，还适当保留了具有民族传统特色的组织，其基层社会组织形成了以血缘为主的氏族组织或以地缘为主的村寨组织形式。

西南少数民族地区，彝族社会地区是以血缘为纽带建立起来的社会组织结构。据记载："其（安氏）而于其国……其他有十二则溪。则溪，盖子旗之转，其制犹唐之州，宋之军。则溪之下，有四十八目。又其下，有百二十骂衣，千二百夜所。盖犹中国之乡里甲也。"① 彝族的基层社会实行则溪制度。则溪，彝语也称"楚西"，即家支制度。家支在彝语中没有与之相对应的词，始见于清初的历史文献，其意义是指"以父系血缘为纽带的家族联合体"②。早期彝族的家支是一种原始的血缘组织，它经历了从母系制度到父系制度的发展过程。每个家庭都有固定的地域范围，内以支来聚居，家与家之间以山脉、河流、树林等作为界标。家族内各支并无明显的地域界线，彼此之间可在各自地域内自由迁徙。家支的事务由头人和议事会来处理。头人分"德古"、"苏易"两种。"德古"彝语意为善于辞令的人，"苏易"为替大家办事的人。后者地位较低，但不受德古管束。两者都不是选举或任命产生，以阅历深、见识广、办事公正、深孚众望者自然成为德古，能公正调解纠纷取信于人者

---

① 转引自方慧《元明清时期国家与边疆民族地区基层社会的互动关系研究——以法律变迁为中心的考察》，中国社会科学出版社2012年版，第253页。

② 孙自强：《家支问题浅见数点》，四川省民族研究学会、四川省民族研究所编《四川彝族家支问题（论文集）》，1985年，第2页。

自然成为苏易。其职位非世袭，在调解纠纷中若有一二次偏袒不公，就会自然失职。在经济上成员对头人无负担，头人只在调解重大纠纷时索取赔偿金的十分之一作为报酬。家支议事会一般分为"吉尔吉铁"和"蒙格"两种。头人之间商议问题或解决内部纠纷的小型会议称为"吉尔吉铁"。这种会议可随时随地召开。全家支的大会称为"蒙格"，一般只在家支成员被杀害、家支土地被侵占等重大问题时才召开，议题是议决是否要打冤家等有关家支存亡的重大问题。会议讨论问题依原始民主的传统进行，决议大家自觉遵守。①

由于彝族社会组织是以血缘为基础建立的，血缘的贵贱等级观念决定了内部等级森严的社会结构，也决定了组织的职能。黑彝家支的内部职能就是维护奴隶制的生产关系，维护奴隶主的神圣地位，保护其特权与人身不受任何侵犯。当地彝谚说："鸡蛋一般大，黑彝一样大。"还说："最不行的黑彝头上也没有主子。"即黑彝之间无统属关系和黑彝为最高主子，黑彝即使贫穷，也仍是黑彝，不能沦为被统治阶级的人，白彝即使经济上富有了，也不能升格为黑彝，即"牛再有气力，也跳不上坎子；娃子再有财势，也爬不到主子头上去"②，这就是森严的等级界限。此外，还要保障奴隶主的财产不受侵犯，白彝若偷盗黑彝的财产，要原物赔偿。若赔偿不起，主子又不代赔，那么偷盗者就要被降级为失主的"呷西"。如果偷盗的是贵重东西，如金银、枪支、马匹等物，若是阿加或呷西，则要处死；若是白彝，则要加倍赔偿，无力偿还者就降级为阿加或呷西。偷盗的阿加或呷西，除要原价赔偿以外，还会遭毒打、出卖甚至处死。再者，保障奴隶主在经济上的剥削利益。彝族社会已产生了奴隶制生产关系下的租佃关系和高利贷等经济剥削形式。由于没有统一的政权机构，黑彝家支"吉尔吉铁"和"蒙格"就是实际上的司法和执法机关。任何一个黑彝家庭都可以是执法者和行刑者。凡有违反少数民族习惯法的重大案件

---

① 张德元：《凉山彝族家支制度论要》，《贵州民族研究》2003年第4期。
② 严汝娴、刘尧汉：《宁蒗彝族自治县沙力坪乡彝族社会经济典型调查》，《云南小凉山彝族社会历史调查》，民族出版社2009年版，第67页。

发生，如娃子杀死主人、黑彝女子与娃子通奸等，都会由"蒙格"裁决，一般案件则由"吉尔吉铁"处理。白彝家支包括白彝和阿加等级的一些成员，也有自己的头人"苏易"，白彝家支头人举行的议会也叫"吉尔吉铁"，主要承担调解内部纠纷，组织生产生活等互帮互助的职能。

除以血缘为基础而建立起来的基层社会组织外，有的地区已开始突破血缘关系，建立以地缘关系为纽带的社会组织，其多数是以村寨为单位建立的。壮族是滇东南的主要少数民族，通常由若干家族组成一个村寨，例如广南县拉朵寨即包含何、李、黄、韦、罗等六个家族。村寨大小不一，少者二三十户，多者百余户（如小广南寨）。清时期各村寨都有寨老制的残余，每个寨都有几个年长有威望的老人主持一些寨子内的公益事务，如婚丧嫁娶等事务即由老人来分配礼物，遇纠纷就请老人来调解。每寨内都修建有一座小房子，叫作"老人厅"，作为老人们商量事务、排解纠纷的场所。逢年过节，老人们便聚集在"老人厅"内制定一些公约，如偷了别人的东西如何处罚、强奸妇女如何来处罚等。全寨人都必须遵守这些公约。在广南一带凡上了五六十岁的人就可充当寨老，不用选举，也没有规定谁是主席。①这种寨老制后来逐渐被政治制度取代。土司之下还设有"布疏""布斗""马排"等头目管理壮族人民，"乡约保正，约束汉人；该管布斗，约束夷人……夷性多狂悍贪鄙。汉人则柔恶险诈，凡因事愤，争先投该管、乡约等理论，再赴土司呈诉，不平，然后赴府县申理。地方官严约土司听断廉平，民夷自然畏服"②。这样原有的寨老职权即被削弱。

滇东南瑶族社会普遍实行保甲制度，但仍保留若干传统的社会组织。清代开化府乐农里的部分地区，即今屏边、河口地区的瑶族有所谓"目老制度"。"目老"是村寨里的公众领袖或者宗教头人，是由村民民主选举产生的。其以六户之村设一目老，不足六户者，数村共

---

① 颜思久、郑镇峰：《文山州壮族风俗习惯初步调查》，《云南少数民族社会历史调查资料汇编》（一），民族出版社2009年版，第156页。

② 道光《广南府志》卷1《广南府舆地图说》，杨磊等点校，兰州大学出版社2004年版，第19页。

设目老。职责为主持村内的宗教活动，领导劳动生产，调解民事纠纷，执行传统法律，率民抵御外侮，等等。一般由寨老、寨主、当龙师三人组成"龙头目老"，均由村寨中德高望重之人担任。目老制度自古以来就有，实为原始部落或村社制度的遗留，保甲制度也未能被取代。此外，瑶族还有"石牌制度"，是村民为维持社会秩序，调解诉讼纠纷，保卫地方的安全，将所订立的公约刻在石牌上，称为"石牌律"，推举老人主事，称为"石牌头"，群众则称为"石牌丁"。所有订立的公约必须人人遵守。实质上是一种原始习惯法的演变。村民既立公约，即泐诸石牌，以垂永久。起初数家或者一村立一公约石牌，继之数村联合立一公约石牌，因此又有小石牌、大石牌、总石牌之称。石牌所立的公约，必须要绝对的遵守。① 目老制度与石牌制度的存在，重要原因之一就是为了保卫地方的安全。滇东南瑶族长期为刀耕火种的农业生产方式，即"辟山林为耕地之后，即以耕牛犁之，再议小锄修整土壤，然后种植。施肥方法，普通皆集树枝树叶于田中，纵火焚之而已。若此法无效，则认土地之力已竭，当使土地有长期之休息"②。这种轮种法，在一块土地上栽植一年后，必须休息一年或两年，因此，滇东南地区瑶族生产方式为"自耕而食，少入城市……多处深山……所居之处，不四五年即迁"③，需不断迁徙以寻求更适宜耕种的土地。刀耕火种是云南山地农业开发的普遍方式，一直延续到20世纪50年代。④ 这种生产方式的产量极低，且单位面积可容纳的人口数量极其有限，再加上频繁迁徙，导致瑶族形成了大分散、小聚居的格局，既没有形成政治、经济、文化的中心，也没有建立自己的民族政权。因此，为维护本民族的生产生活秩序和社会治安，排解各种纠纷，本民族特有的自治性社会组织就有了存在的必要性和空间，目老和石牌制度也就应运而生，其维护少数民族基层社会

---

① 黄惠焜：《瑶族简介》，《云南苗族瑶族社会历史调查》，民族出版社2009年版，第64页。
② 《云南边地问题研究》，《中国边疆研究文库·初编·西南边疆卷二》（上册），黑龙江教育出版社2013年版，第163页。
③ 道光《广南府志》卷2《风俗·种人》，杨磊等点校，兰州大学出版社2004年版，第75页。
④ 韩茂莉：《中国历史农业地理》，北京大学出版社2012年版，第1028页。

的治安，保护社会生产和瑶民的生命财产安全，调整和解决社会矛盾纠纷。

结合本章分析，归纳出如下结论：清代中央政府在对边疆少数民族基层社会的组织方式的改革应存在两种方式：（1）将内地基层社会的组织制度"移植"与"模拟"至边疆少数民族地区；（2）改变边疆少数民族固有的制度为内地相应基层社会组织的功能。首先，国家将内地基层社会的组织制度"移植"与"模拟"至边疆少数民族地区就是直接把内地实行的里甲、保甲等基层社会组织制度向边疆少数民族地区推行，大量地推行内地的基层社会组织，使边疆少数民族地区的基层社会得到结构性的变革，有清一代均在云南各地不断地施行，其中汉族移民和对云南山区的开发则加速了推行的力度。其次，当内地的基层社会组织在边疆地区不能够很好地适应之时，国家一方面适当保留各少数民族基层社会组织结构，承认其存在的合法性，但更重要的是对少数民族的固有制度在形式上进行适当的改革后并赋予其新的功能，以达到与内地基层社会组织一样的职能，目的仍是达到边疆与内地一体化。清初对临安府南部所辖长官司地的改土归流即鲜明体现了这一特征，开化府所辖八里的划分原则，就是按照原各土酋所管辖的区域，将其改为国家管控下的里甲制度，成为中央政府在这些地区设置的基层社会组织。因此，改土归流的实质就是要打破少数民族固有的血缘结构，转变为地缘结构的政治过程。这也是国家治理体系在边疆少数民族地区的体现。

第八章 国家治理能力的体现
——滇东南边疆民族地区的社会经济发展

国家治理体系是指管理国家的制度体系，包括经济、政治、文化、社会等各领域体制机制、法律法规安排，也就是一整套紧密相连、相互协调的国家制度。国家治理能力，就是运用国家制度来管理国家事务和社会事务、管理经济和文化事业的能力，也就是制度执行力。国家治理体系和治理能力是一个有机整体，相辅相成。有了好的国家治理体系才能提高治理能力，提高国家治理能力才能充分发挥国家治理体系的效能。清代对滇东南边疆民族地区实行改土归流，并对少数民族基层社会实行一系列制度性措施以后，一般会以推进经济、文化、教育等方式体现国家治理的执行力。本章将从这几个方面来具体分析。

第一节 国家招垦政策指导下的山区开发

一 清代云南农业生产的发展

由于云南众多少数民族的聚居，农业生产历史十分悠久，但因诸多因素的限制，清代以前，生产力发展水平较内地有不小的差距。清统一全国后，对云南进行积极的经营，随着内地先进技术进一步的传入和大量汉族人口移居西南边疆地区，使云南的农业生产有了明显进步。

首先是耕地面积的扩大。清代云南农业的开发，突出特点是土地进一步开垦。明末清初由于西南战事频繁，给农业生产造成很大的破坏，许多农田荒芜。清政府十分重视西南边疆的农田开垦工作。顺治九年（1652年），清军平定贵州、云南之前，有官员上奏："湖南、四川、两广初定，地方荒土极多……凡遇降寇流民，择其强壮者为兵。其余老弱悉令屯田。湖南、川、广驻防官兵，亦择其强壮者讲武，其余老弱给予荒弃空地耕种，但不许侵占有主熟田。"① 很快得到清廷批准。顺治十八年（1661年），云南平定后，总督赵廷臣奏："滇、黔田土荒芜，当亟开垦。将有主荒田令本主开垦，无主荒田招民垦种，俱三年起科，该州、县给以印票，永为己业。"② 也得到康熙帝准许。随后巡抚袁懋功又言："投降人等，皆无籍亡命之徒，应令所到地方，准其入籍，酌量安置，随编保甲，严查出入，或有无主田亩，听其开垦，照例起科。"③ 在汉族移民和当地少数民族的共同努力下，云南土地得以更大规模地开垦和利用。康熙二年（1663年），全省开垦田地1200余顷。④ 第二年又开垦2459顷。⑤ 随着生产的发展，边疆与内地联系加强，云南田地开垦从交通沿线向边疆扩展。到边疆地区垦殖得到清政府鼓励，至昭通、东川、元江、普洱四府内开荒的流民，因为"新辟夷疆，人稀土旷"，由政府借给支银两。乾隆二年（1737年），还有10860余银两尚未还纳，由此可见，到这些地方垦荒的流民数目非常可观，后来这些未还银两也"悉行豁免"。⑥ 乾隆二十年（1755年），巡抚郭一裕称："滇省居民夷多汉少，所谓汉人者，多系江西、湖南、川、陕等省流寓之人，相传数代便成土著，而挟资往来贸易者，名为客民。"⑦ 说明有大量外省移民来滇从事垦殖活动。普洱府曾被称为"外则抵莽缅之背肩，内则为滇省之门户"⑧，在汉族到来

---

① 《清世祖实录》卷67，顺治九年八月戊午。
② 《清圣祖实录》卷1，顺治十八年二月乙未。
③ 《清圣祖实录》卷2，顺治十八年三月辛酉。
④ 《清圣祖实录》卷12，康熙三年五月甲申。
⑤ 《清圣祖实录》卷15，康熙四年四月壬午。
⑥ 《清高宗实录》卷54，乾隆二年十月丁酉。
⑦ （清）郭一裕：《奏陈滇省地方情形折》，乾隆二十年十月初三日，《宫中档乾隆朝奏折》（第12辑），"国立"故宫博物院1983年影印本，第590页。
⑧ 道光《普洱府志》卷4《疆域·形势》，咸丰元年刻本。

之后,"或开垦田土,或通商贸易",通过和当地少数民族共同辛勤的劳动,当地已是"风俗人情居然中土,而其朴素醇良似犹过之"①。据道光年间统计,普洱府已有成熟夷田一千七百六十顷七十一亩八分三厘零。②

其次是水利工程的兴修。随着耕地面积的扩大,水利工程地位日益凸显。在山多田少的云南,农作物要有好的收成,在很大程度上要靠水利灌溉。鄂尔泰曾上奏要求添设水利专员,"通省有水利之处,凡同知、通判、州同、州判、经历、吏目、县丞、典史等官,请加水利职衔,以资分办"③,因而得以批准。乾隆帝曾说:"水利所关农功綦重。云南跬步皆山,不通舟楫,田号雷鸣,民无积蓄,一遇荒歉,米价腾贵,较他省过数倍,是水利一事,尤不可不亟讲也。"④清代云南水利工程遍布全省各地。道光以前,多次修浚昆明海口,使"膏腴田地渐次涸出",又计划在附近盘龙江、金汁、银汁、宝象、海源、马料、明通、马溺、白沙等河上建闸筑坝,以进一步解决昆明的水利问题。⑤乾隆八年(1743年),巡抚张允随上奏:"安宁州界内,有无水荒瘠田地一万三千余亩,若于高处筑坝开渠,引水灌溉,即可尽变膏腴。今勘得西界施家庄,南界多衣者耳木村,北界古浪河、松坪、下沟、九龙潭口,共应建石坝六座,请即借项起建,于乾隆八年起,分限二年催收还项,其余各处渠坝一并兴修。"⑥乾隆十年(1745年),东川府属那姑汛汉族和少数民族要求于披戛河筑坝引水,开钻山洞放注,这样可将当地七八千亩荒地变为水田。朝廷命布政使借给库银一千两,责成东川府加紧开筑。⑦乾隆三十三年(1768年),巡抚明德奏:"昆阳州之平定乡六街子等村,有田二千余亩,向资龙泉灌溉。近日淤塞,另

---

① 道光《普洱府志》卷前《梁星源叙》,咸丰元年刻本。
② (清)刘慰三:《滇南志略》卷3《普洱府》,《云南史料丛刊》(第13卷),云南大学出版社2001年版,第196页。
③ 《清世宗实录》卷117,雍正十年四月辛丑。
④ 《清高宗实录》卷40,乾隆二年四月癸亥。
⑤ 《清世宗实录》卷117,雍正十年四月辛丑。
⑥ 《清高宗实录》卷202,乾隆八年十月丁巳。
⑦ 《清高宗实录》卷237,乾隆十年三月壬寅。

于旧坝下老母标地方，涌出流泉，宜另筑坝开沟，以资汲引。请借项兴修，按照得水田亩，分作三年征还。"① 以上请求均很快批准。乾隆四十七年（1782年），大理府邓川境内弥苴河，上通浪穹，下注洱海，中分东、西两湖。由于河高湖低，每逢夏秋暴雨，河水渲泄不及，回流入湖，附近粮田俱被淹没。后由当地绅士倡议捐款，将东湖尾入河之处筑坝堵塞，另开子河引东湖之水，直趋洱海。又从青不洞至天洞山筑长堤一道，并建立石闸，使河归堤内，水由闸出。这样，历年被淹没的粮田一万一千二百余亩全行涸出。② 澄江府抚仙湖下游有清水河一道，地势较低，迤东有浑水河一道，地势较高。在浑水河上建有牛舌石坝，以御浑水入清水河。乾隆四十六年（1781年），因溪流湍急，冲倒石坝20余丈，使浑水流入清水，两条河皆因沙石填塞，不能渲泄湖水，以致湖水逆流为害。后组织人力在牛舌坝东象鼻山脚，凿通40余丈，另开子河泄浑水。又将牛舌坝基移进10余丈，重改石坝。工程完工后，由于河身改直，水势顺下，抚仙湖再无逆流泛滥之患。工程得到当地各族人民支持，出钱出力，使工程"极其坚固"，后云南省又令当地机构于每年冬天水干之时，发动民夫，通力合作，将河身堤坝量修一次。这两个工程得到乾隆帝的嘉奖。③ 同年，浚挖了金汁、银汁、宝象、海源、马料五河日渐壅塞的河道，次年又组织人力对盘龙江"挑挖深通，并培堤、砌闸、筑坝。分段定限报竣"④。

除上述几个腹里水利工程外，边疆地区也不例外。例如，永昌府，"水利以东河、子河、龙王塘、诸葛堰为大。东河东、西两堰，雨涨易溢，知府费金吾于打鱼洞开子河七百八十丈，循田流入大河。龙王塘、九龙渠，明洪武间度田分水，为四十一号，三坝二沟，溉田一万二千六十亩。诸葛堰：大堰，分水口三，灌田数千亩；中堰，源出九龙池三十六好水并沙河水，蓄积为堰，分水口三，灌田数千亩；下堰，分水口二，灌田千余亩。余如莲花、纪广

---

① 《清高宗实录》卷815，乾隆三十三年七月乙卯。
② 《清高宗实录》卷1150，乾隆四十七年二月己巳。
③ 《清高宗实录》卷1167，乾隆四十七年十月癸巳。
④ 《清高宗实录》卷1175，乾隆四十八年二月辛卯。

等七坝，沙河、石花等三堰，随时修筑，俱饶灌溉"①。腾越厅侍郎坝，"在城西北五里，明侍郎杨宁征麓川寓此，筑之，民食其利，故名。余如野猪坡、鹅笼、缅箐、干峨海、海尾等五坝，俱利灌溉"②。南部普洱府宁洱县，"水利有普济渠，在城北三十里，与各沟、塘同具灌溉。掌乃潭堤，在城南五里，潭近河，居民筑堤蓄水，渡以木枧，溉田二百余亩。余则小河村、西城等六沟，俱饶灌溉利"③。元江直隶州，"东沟在城东，有五：曰漫林、曰呼遮、曰河湾、曰三家、曰大茶庵；南沟在城南，有十四：曰万喇、曰都峨、曰万钟、曰们岛、曰小燕、曰都郎、曰上干磨、曰下干磨、曰纳整、曰者戛、曰龙潭、曰阿萨、曰南洒、曰深沟；西沟在城西，有八；北沟在城北，有二；西北沟在城西，有五。双渠沟在城东，仲夷渠在城西；皆随地引灌，为田亩利"④。新平县水利则"有渠、有坝、有堰、有塘、有堤、有坎、有圩、有水龙，因地制宜，俱为田亩利"⑤。总之，清代云南水利工程，较明代有较大推进，尤其重在边疆地区。

再次是内地先进生产技术在云南的推广。清代西南地区少数民族除使用筒车、桔槔、龙骨水车等灌溉工具外，还会利用水力带动水礁、水磨等工具进行粮食加工，临沧佤族群众从李定国的士兵那里学会了使用铁三角煮饭、铁犁耕地。⑥ 先进的生产工具，自然提高了劳动效率。大多数少数民族已从粗放农业向内地精耕细作的农业生产发展，懂得了按照当地气候变化来安排一年的农活，在实践中也摸索出了根据不同的土壤施用不同种类肥料，把人畜的粪便、草木灰、油

---

① （清）刘慰三：《滇南志略》卷4《永昌府》，《云南史料丛刊》（第13卷），云南大学出版社2001年版，第217页。
② （清）刘慰三：《滇南志略》卷4《永昌府·腾越厅》，《云南史料丛刊》（第13卷），云南大学出版社2001年版，第222页。
③ （清）刘慰三：《滇南志略》卷3《普洱府·宁洱县》，《云南史料丛刊》（第13卷），云南大学出版社2001年版，第199页。
④ （清）刘慰三：《滇南志略》卷6《元江直隶州》，《云南史料丛刊》（第13卷），云南大学出版社2001年版，第323页。
⑤ （清）刘慰三：《滇南志略》卷6《元江直隶州·新平县》，《云南史料丛刊》（第13卷），云南大学出版社2001年版，第328页。
⑥ 段世林、赵明生：《李定国对开发阿佤山的贡献》，《思想战线》1991年第5期。

枯、绿肥、石灰、塘泥等施用在不同性质的土壤中，有效地提高了土壤肥力，并以不同的土质来栽种差异化农作物，获得好收成。由于云南田地有限，清代以前广大山区大多种荞麦、高粱、旱谷等农作物，产量不高。清中期开始大面积种植玉米和马铃薯，对解决山区人民的口粮问题起了很大作用。这两种作物适于在低温和贫瘠的山区种植，产量较高，营养丰富，宜做主粮。因此，其传入云南后，对边疆民族经济的发展是一个很大的推动。

综上，清代云南农业的发展取得较大成就，使云南经济实力有大幅度提升。然而其农业生产发展水平也是不平衡的，居住在不同高度的民族，社会发展与农业生产有很大的不同，较之内地，仍有不小差距。

二 外省移民的涌入与滇东南山区的开发

清代以前滇东南以蛮烟瘴雨之地著称。道光《广南府志》引"初辑郡志"："风土节令，各郡略同，惟广南列于烟瘴之地，则以寒暑不常、山水异性故也。近城数十里犹易调摄，若飯朝、剥隘、板蚌等地，尤闷热。春夏有青草瘴，秋深有黄茅瘴，直至霜降后乃消。"① 开化府沿河且地势较低的边境地区，瘴疠更为严重，"沿越界各处有烟瘴，春末渐发，夏秋大盛，秋末渐减，至冬季则无"②。瘴疠在滇东南区域盛行，无疑让内地人从心理上更加畏惧，由于是喀斯特地貌区，受限于自然条件，国家行政权力无力深入，仍为土司辖地，外来移民较少，社会经济发展滞后，"民多夷种，土地薄瘠，火耨刀耕，灾襛水旱，力于人者半，凭于神亦半"③。因此，生产生活方式十分落后。

清朝初年，中央加强对各边疆少数民族地区的管控力度。为巩固中央政权，蔡毓荣曾提出要"量地设防，从长布置，务使无事分扼要

---

① 道光《广南府志》卷1《星野·气候》，杨磊等点校，兰州大学出版社2004年版，第23页。
② 民国《马关县查报地志资料清册》第12《气候》，民国12年钞本。
③ （清）汤大宾：《重修开化城隍庙碑记》，道光《开化府志》卷10《艺文·记序》，娄自昌、李君明点注，兰州大学出版社2004年版，第324页。

害，有事掎角相援，然后可经久而无患"①，这一方针得到清廷批准，遂于顺治十六年（1659年）起，开始在全省布防绿营兵，尤其是明代尚未纳入军事管控范围的偏远、高寒、险要之区，如丽江府、永昌府、顺宁府、普洱府、元江府、开化府、广南府各处，大都明时不设卫所，此外在沿边一线还广设汛、塘、关、哨、卡。由于绿营兵多为内地招募而来的汉族士兵，因此伴随着汛、塘的布置，必定有大量内地汉族移民来滇从事屯田垦种。雍正年间开始在云南部分地区实行改土归流。雍正八年（1730年），革广南富州土知州，并移驻皈朝，同年设文山县为附郭县，置流官知县、同知、通判、经历。乾隆三十年（1765年），广南府富州"添设流官，名曰'广南府分防普厅塘经历'"②。嘉庆十七年（1812年），总督伯麟奏称："近年以来，又有黔省苗民因开化境内地广土沃，纷纷迁居，开垦数万余户之多。"③嘉庆二十五年（1820年），开化府设安平厅分管东安、永平、逢春三里，其余五里仍归文山县管理。至此，滇东南主要的行政区划基本定型，打破了少数民族土酋的壁垒，为移民进入打开了通道。道光年间是外省移民大量涌入的时期，开化、广南所有新居人户，主要为汛、塘兵丁及内地人民远走谋生者。至道光十年（1830年），开化府已有土著民户四万一千一百四十三户，当是土著与落户流民合计，客户已占过半之数。④然而，由于大量从贵州迁入的苗民散居在沿边的烟瘴之区，来去无定，这些移民依边夷之例，并未编入保甲。据相关统计，道光年间开化府流民人数达12万左右，而广南府流民也有11万之多。⑤至道光中期以后，已是"流民垦种渐众"⑥。

---

① （清）蔡毓荣：《酌定全滇营制疏》，康熙《云南通志》卷29《艺文三》，《中国地方志集成》影印康熙三十年刻本，凤凰出版社2009年版，第153页。
② 民国《富州县志》第1《沿革》，杨磊、农应忠点辑，云南大学出版社2007年版，第3页。
③ （清）伯麟：《奏请仍准以卢峋升补开化府知府事》，嘉庆十八年二月二十五日，中国第一历史档案馆藏，档案号：04-01-12-0301-040。
④ 方国瑜：《中国西南历史地理考释》，中华书局1984年版，第1232—1233页。
⑤ 刘灵坪：《清代滇东南地区移民开发与聚落发展初探》，《明清以来云贵高原的环境与社会》，东方出版中心2010年版，第235页。
⑥ 《清宣宗实录》卷290，道光十六年十月戊午。

会馆是反映易地移民在迁居地的象征。明清时期的会馆是易籍人士在客地设立的一种社会组织，它适应了社会的变迁而产生，又不断地改变着自己的形态，在对内实行有效整合的同时，又不断谋求与外部世界的整合。① 清末民初广南县城内就分布有广西会馆、三楚会馆、川黔会馆、江西会馆、两湖会馆、岭南会馆②，此类会馆以功能划分属移民会馆，反映人口流动的来源地，多是通过乡土神庙和戏台进行节庆、祀神、出演地方戏剧等活动来汇聚众人并教育众人，因而这些会馆既是一种经济性组织，也是一种社会性组织。

移民到来以后即对滇东南山区进行开发垦殖。其地域大致为开化府城及东安里北部、江那里、王弄里、安南里、乐农里、新现里及广南府宝宁县。移民到来以前，少数民族已在当地从事部分垦殖活动，"在二三百年前，汉人之至广南者甚稀，其时分布于四境者附郭及。西乡多农人，南乡多猓猡，北乡多沙人。其人滨河流而居，沿河垦为农田，山岭将无水之地尽弃之不顾"③。前文述及，汉、苗大规模迁入滇东南以前，平坝区域壮、傣支系族群，利用河谷区肥沃的土壤和便利的灌溉条件，主要从事水稻作物农业；而部分彝族支系主要聚居在山区、半山区，生产方式较落后，多以"种荞为食"，兼有"旱稻、杂粮、棉花等物"④，"烧畲陌种苦甜荞"⑤，广种而薄收；瑶族更是以刀耕火种的方式进行生产，喜居深山，从事采集或狩猎，"性犷悍，自谓盘瓠之后。自耕而食，少入城市。男女皆知书。多处深山，喜猎，善搏虎豹"⑥。

雍正以后，由于汛、塘、关、哨、卡等军事机构的设置，逐渐有

---

① 王日根：《明清时代会馆的演进》，《历史研究》1994年第4期。
② 民国《广南县志》卷4《寺庙》，《中国地方志集成》影印民国23年钞本，凤凰出版社2009年版，第307页。
③ 民国《广南县志》卷5《农政志·垦殖》，《中国地方志集成》影印民国23年钞本，凤凰出版社2009年版，第414页。
④ 道光《开化府志》卷9《风俗·种人》，娄自昌、李君明点注，兰州大学出版社2004年版，第245页。
⑤ （清）高其倬：《闻山畔夷歌》，道光《开化府志》卷10《艺文·诗歌》，娄自昌、李君明点校，兰州大学出版社2004年版，第351页。
⑥ 道光《开化府志》卷9《风俗·种人》，娄自昌、李君明点注，兰州大学出版社2004年版，第246页。

了外来移民，"川、楚、粤、赣之汉人来者渐多，其时滨之区已无插足余地。商则麇集于市场，农则散于山岭间，垦新地以自殖，伐木开径，渐成村落"①，内地移民更多携带家眷一同前来，"楚、蜀、黔、粤之民，携挈妻孥，风餐露宿而来，视瘴乡如乐土"②，逐渐安定下来形成聚居村落。由于适宜农耕的河谷平坝地区早已被当地壮、傣民族垦殖经营，因此汉族移民只能选择山岭之间开垦新地，种植玉米、马铃薯等以资生计，并不断地从半山区向深山区推进，"汉人垦山为地，初只选择肥沃之区，日久人口繁滋，由沃以及，于瘠入山，愈深开辟愈广。山间略为平坦之地可以引山水以灌田者，则垦之为田"③。至嘉庆、道光时期，又有贵州大量苗民涌入，他们"无统属联络，所幸边境土旷人稀，得自由于山中垦辟，筑土结茅以居，一生不入城市，各率子女自耕自食，所种包谷、红薯、荞子有余"④。这时滇东南地区已无安身之所，只能向更加枯瘠的高寒山区挺进，"辟草莱以立村落，斩荆棘以垦新地"，只要是稍有生产价值的土地，即种植蜀黍及豆类，因此，所有人中以"贵州人为最艰苦"⑤。

粮食作物方面，滇东南田少地多，主食以玉米为多，兼有少量稻谷，"全县人民约有三分之二食包谷，三分之一食米。各乡人民多数以包谷为粮，若包谷丰收，虽禾谷歉收，不至成灾"⑥。此外，还有少量种植小麦，仅广南阿记得一带少量种植，该地倚临西洋江边，有丰富的灌溉条件。经济作物方面，有蓝靛、三七、草果等在文山、西畴一带普遍种植，是伴随着山区开发而开始的。民国年间，西畴县三

---

① 民国《广南县志》卷5《农政志·垦殖》，《中国地方志集成》影印民国23年钞本，凤凰出版社2009年版，第414页。
② 道光《广南府志》卷2《民户·村寨》，杨磊等点校本，兰州大学出版社2004年版，第79页。
③ 民国《广南县志》卷5《农政志·垦殖》，《中国地方志集成》影印民国23年钞本，凤凰出版社2009年版，第414页。
④ （清）贺宗章：《幻影谈》下卷《杂记》，《云南史料丛刊》（第12卷），云南大学出版社2001年版，第134页。
⑤ 民国《广南县志》卷5《农政志·垦殖》，《中国地方志集成》影印民国23年钞本，凤凰出版社2009年版，第414—415页。
⑥ 民国《广南县志》卷5《农政志·农时》，《中国地方志集成》影印民国23年钞本，凤凰出版社2009年版，第322页。

七的年产量达四万余斤,草果的年产量达十万余斤,此外还有作为药用的金钗石斛的年产量足有五千余斤。①

清代二百余年中,云南人口增长,充实了劳动力,农作物新品种广泛传播,布置汛、塘、关、哨遍于深山僻壤。由此三种因素,推动开发经济,随之居民分布稠密与扩大,尤其在山区与边区,改变地理上的面貌,为前所未有者。此三种因素中,起决定因素的是人力。② 正是得益于勤劳的各族人民,滇东南由从前的瘴疠之乡变为如今的乐土,"汉农一岁勤劳种稻之外,兼种豆麦、包谷","夷农则每岁只种稻一次",③ 滇东南边疆民族社会在汉族与少数民族的共同努力下,基层社会面貌发生很大的改观。

第二节 清代"开边禁内"政策下的滇东南国家矿产资源开发

一 滇东南矿产资源的分布格局及矿产资源开发

矿产资源自古以来就是国家掌控的重要经济资源和军事战略资源。一方面,关系到国计民生和国防军事安全,国家对其控制是出于维护统治和实现发展的需要;另一方面,国家倚仗这类资源可以获取巨额利益,用以维持国家机器的正常运转和社会的长治久安。清代是中国矿业发展史上的重要时期,主要矿种的产量增长了数十倍,"一百年的增长率大大超过了此前的二千年"④,其中以铜、铅矿为大。清代国家矿产资源开发的主导思想是"开边禁内",即鼓励开发边疆地区矿产资源,禁止内地矿产资源的开发。这种思想的形成与当时主要矿产资源的分布有密切关系,内地经过了几千年的开发,在当时的技术条件下,可供采炼的铜、铅矿藏接近枯竭,而边疆地区铜、铅矿

---

① 民国《西畴县地志·天产·植物表》,民国13年钞本。
② 方国瑜:《中国西南历史地理考释》,中华书局1984年版,第1233—1234页。
③ 民国《广南县志》卷5《农政志·农时》,《中国地方志集成》影印民国23年钞本,凤凰出版社2009年版,第329页。
④ 中国人民大学清史研究所、中国人民大学档案系中国政治制度史教研室:《清代的矿业》序言,中华书局1983年版。

藏尚未开发,"开边禁内"思想与当时矿产资源的分布状况基本一致。就清代社会经济发展的区域性差异而言,内地经济发展水平较高,人口压力大,而边疆地区地广人稀,还有大量的矿产和土地等资源尚待开发,"开边禁内"的思想与鼓励广大内地贫民移民边疆、开发边疆的政策有内在一致性。此外,明清以来,随着近代主权国家观念的兴起,边疆和边界问题愈加受到中央政府的重视,边疆开发成为国家的重要政务之一。"开边禁内"思想为边疆地区的矿产开发提供了依据,是清代国家边疆观的一种表现。①

滇东南沿边地带为开化府安平厅、广南府土富州,该区东邻广西,南界安南,为交通要冲,在开化府南部与安南交界一带及广南府南部地区,有丰富的金、银、铜、硝等矿产资源。该地地处边境且矿产资源丰富,加之珠江水系便利的运输条件,这一区域的移民开发是以从事边走贸易的商人和前来打矿的流民为主。康熙年间,经地方督抚提请开采的矿厂如表 8 所示:

表 8　　　　　　　清初滇东南各矿厂开采简况

矿厂	开采时间	年抽课银（金）
锡板等金厂	康熙四十六年	三十四两,遇闰加金二两四钱
石羊银厂	康熙四十四年	二万二千三百九十三两三钱二分,遇闰加银二十九两
黄龙银厂	康熙四十六年	二百八十七两二钱,遇闰加银二十二两六钱六分六厘
马腊底银厂	康熙六十年	七百六两八钱六分,遇闰不加
者囊铜厂	康熙四十四年	无定额

资料来源：雍正《云南通志》卷 11《课程·厂课》,《四库全书》史部,商务印书馆 1985 年影印版,第 569 册,第 369 页。

开化府马腊底银厂原属小厂,后因矿洞被淹,又于旧厂旁新开一矿洞。雍正十年（1732 年）十一月,"各处厂民闻声踵至,欢呼

---

① 马琦:《国家资源:清代滇铜黔铅开发研究》,人民出版社 2013 年版,第 65—66 页。

开采，炉火日旺，收获日丰"，自同年十二月至次年五月底，半年之内共收课银九千四百余两，采获矿砂甚多，实称旺盛。① 广南府与广西州接界，"由粤西水路至粤东，可以直达福建。闽省所需铜，应于附近广西之开化府者囊厂铜内拨给，交广西收贮税所。俟办员到日领运回闽，仍分作两年，每年十万斤，方得从容"②。此外，开化府最大金厂——麻姑金厂，"乾隆十五年开采，每年额征课金十两一分，遇闰加征九钱一分"③。至乾隆三十年有部分矿洞已开采殆尽，"塘户张百福等领办金床，因开采年久，金沙挖尽，自乾隆二十五年起，至二十七年止，陆续脱逃招项，无人缺额，课金系历任各员捐赔"④，最后清政府将塘户张百福等原领承办八床开除，其余七床仍令该抚转饬照旧征收，岁底新正之月减半抽解，于奏销册内分晰造报。⑤ 由于滇东南矿业开采旺盛，在清代中期已有部分矿厂采空封闭，其中雍正五年封闭了黄龙银厂，乾隆五十七年，"封闭云南开化府属三家银矿"⑥，嘉庆十六年封闭了马腊底银厂⑦，道光年间，又将者囊铜厂封闭⑧。

该地区还蕴藏有大量的硝矿资源，硝是做火药的重要来源之一，也是国家重要的军事战略资源，尤其是开化府沿边地区，有出产硝矿地点见表9：

---

① （清）张允随：《奏明开化府马腊底银厂开采旺盛折》，雍正十一年六月三十日，《雍正朝汉文朱批奏折汇编》（第24册），江苏古籍出版社1991年版，第757页。
② 《清高宗实录》卷119，乾隆五年六月戊戌。
③ 道光《云南通志》卷73《食货志八·矿场一·金厂·麻姑厂》，道光十五年刻本。
④ （清）常钧：《题为滇省开化府属麻姑金厂塘户张百福承办金床实系金沙挖尺请开除金课事》，乾隆三十年二月十九日，中国第一历史档案馆藏，档案号：02-01-04-15767-002。
⑤ （清）傅恒：《题为遵旨会议滇省开化府属麻姑金厂塘户张百福等领办金床八张开除金课以免赔案事》，乾隆三十年四月二十五日，中国第一历史档案馆藏，档案号：02-01-04-15767-016。
⑥ 《清高宗实录》卷1413，乾隆五十七年九月乙卯。
⑦ 道光《云南通志》卷73《食货志八·矿场一·银厂·黄龙厂》，道光十五年刻本。
⑧ 道光《云南通志》卷75《食货志八·矿场二·铜厂下·者囊厂》，道光十五年刻本。

表9　　　　　　　　　　清代滇东南硝矿产量简表

矿厂	地点	年产量	拨付情况
八梅厂	宝宁县	一万三千斤	拨交广南营一千四百四十五斤十二两八分 省局一万一千五百五十四斤三两九钱二分
羊皮寨厂	文山县	三千五百斤	拨交开化镇一千六百四十四斤一两四钱八分 省局一千八百五十五斤十四两五钱二分
东安逢春里厂	东安里逢春里	三千五百斤	拨交开化镇一千六百四十四斤一两四钱八分 省局一千八百五十五斤十四两五钱二分
戛勒葫芦孔半边寺厂	邱北县	八千斤	全数交省局
科麻寨厂	文山县	一千斤	拨交开化镇四百一十一斤 省局五百八十九斤

资料来源：道光《云南通志》卷74《食货志八·矿场二·硝磺厂》，道光十五年刻本。

可以看出，滇东南开采的硝矿，年产量共29000斤，然而只有很少一部分存留开化镇，仅占总数的17.7%，余下的硝矿都被运往省局，作为国家军事战略资源储备，战时期间更加凸显。乾隆朝中缅冲突期间，滇西矿产停止开采。但出于国家财政需要，"鼓铸钱文，关系民间日用，未便因军需紧急而视铜筋为末务。若不即为熟筹妥办，则采办之员势必守候耽延，致各省钱局不能接铸流通，所系非浅"，因而令各铜厂总办道员随时筹划，以裕泉流，继续开采，"即或牛马稍缺，亦当设法通融，或米炭短少价昂，并不妨奏明暂增定值。小民见有利可趋，自必踊跃从事。一切断不至于掣肘，俟大功告成之后，仍可按照旧定章程。如此则筹饷办铜。原可两不相碍"①。由此可见，

---

① 《清高宗实录》卷804，乾隆三十三年二月乙丑。

矿产资源作为国家经济和军事战略资源的重要意义。

二 矿产资源的开发与矿业移民

滇东南丰富的矿产资源使得内地大量民众前往开矿。清代中期以后，滇东南边疆地区成为了内地各省商贾往来贸易之地，"江西、湖南、川、陕等省流寓之人，相传数代便成土著，而挟资往来贸易者，名为客民"①。与广西相邻的皈朝、剥隘两镇是壮族聚集地，其中剥隘是滇东南矿业等资源及商品水陆运输的重要港口，"有湖北、广东、陕西、江西等省委员办运滇铜，并滇省委员运赴粤东铜斤先后共六起，均已全数运竣，由宝宁县地方陆续出境"②，商贾往来如织。乾隆三十年（1765年），"近来人烟稠密，瘴气全消"③。剥隘聚集着来自广东、广西、江西、江苏、河南、山东等十三省的商人。先后建起了粤东、广西、江西三个会馆。④ 河口地区在光绪二十一年（1895年）开放为通商口岸后，加之随后滇越铁路的通车使其成为对外贸易的重要口岸，商品交易频繁。至光绪末年，仅安平厅就有马白街、仁和街、木厂街、别格街、西十街、麻栗坡街、锡板街、牛羊街、古林箐街、南西街、八寨街十一个街市，远多于开化府文山县的街市数量，足见开化府沿边一带的商业发展程度之高。⑤ 麻栗坡地区还有建于嘉庆、道光时期的川黔会馆、江西会馆、湖南会馆及五省会馆。⑥ 由此可见，清中期以来外省移民商人云集于此的盛况。

---

① （清）郭一裕：《奏陈滇省地方情形折》，乾隆二十年十月初三日，《宫中档乾隆朝奏折》（第12辑），"国立"故宫博物院1983年影印本，第590页。

② （清）鄂宁：《奏报办运铜斤各数及出境各日期折》，乾隆三十二年十二月二十二日，《宫中档乾隆朝奏折》（第29辑），"国立"故宫博物院1984年影印本，第161页。

③ 《清高宗实录》卷744，乾隆三十年九月甲戌。

④ 李彦萍：《明清时期云南壮汉民族文化的交流方式》，《云南民族大学学报》（哲学社会科学版）2005年第5期。

⑤ 刘灵坪：《清代滇东南地区移民开发与聚落发展初探》，《明清以来云贵高原的环境与社会》，东方出版中心2010年版，第241页。

⑥ 《民国新编麻栗坡特别区地志资料》中卷《坛庙寺观》，《中国地方志集成》影印民国36年钞本，凤凰出版社2009年版，第178—181页。

滇东南移民除大量从事垦殖活动外，还有部分移民从事开矿活动，"不但本省民人多赖开矿谋生，即江西、湖广、川、陕、贵各省民人，亦俱来滇开采；至外夷地方，亦皆产有矿铜，夷人不谙架罩煎练"①。平定"三藩之乱"后，蔡毓荣奏请开矿，很快获批。康熙二十三年（1684 年），为进一步鼓励商民开采铜铅，又取消矿税。此后，云南矿产开采一直在继续，成为"矿禁"中的例外。② 康熙五十六年（1717 年），巡抚甘国壁再次奏请开矿："滇省矿厂广关系国课，奴才分檄各属令民访查开采，督臣蒋陈锡莅任，又复遍行晓谕，共图裕课。"③ 自是，滇省各产矿地纷纷广开矿洞。锡板等金厂、石羊银厂、黄龙银厂、马腊底银厂及者囊铜厂均开采于康熙年间。清中期以后，随着国家对矿产需求量的增大，云南沿边地区的矿产资源得到大量的开采。而自鸦片战争后，清政府遭遇财政危机，加之战争频繁，进一步增加了对矿产资源的需求，光绪帝即谕："云南素产五金，乃天地自然之利。该省铜政久经废弛，本应整顿规复，以资鼓铸，而利民用。此外金银铅铁各矿，亦复不少，均为外人觊觎，自宜早筹开采，以广中土之利源，即以杜他族之窥伺，实为裕国筹边之计。"④ 次年又令："云南素产五金，乃天地自然之利，铜政关系钱法，运京鼓铸，具有成规。此外，金银铅锡各矿均应官为开采，以裕利源。"⑤ 由此可见清廷对云南矿产资源开发的重视。开化府安平厅与安南交界处金、银、铜等矿产的开采旺盛一时。根据史料记载，清代马白地区有各类大小矿厂共 25 个，⑥ 其中大部分已是"旧采今停"，可能是盛于清代中期而衰落于清末。矿厂周围都已发展为村寨聚落，再结合县志中村镇记载，统计出在已知民族种类的 18

---

① （清）张允随：《张允随奏稿》，乾隆十一年五月初九日，《云南史料丛刊》（第 8 卷），云南大学出版社 2001 年版，第 683 页。
② 马琦：《清代皇帝矿产资源观与矿政演变：以铜铅矿为例》，《文山学院学报》2015 年第 2 期。
③ （清）甘国壁：《奏陈商民申报开采银矿折》，康熙五十六年五月初二日，《宫中档康熙朝奏折》（第 7 辑），"国立"故宫博物院 1976 年影印本，第 53 页。
④ 《清德宗实录》卷 166，光绪九年七月戊子。
⑤ 《清德宗实录》卷 183，光绪十年五月乙亥。
⑥ 民国《马关县志》卷 10《物产志三·矿产》，何廷明、娄自昌校注，云南大学出版社 2012 年版，第 323—324 页。

个矿产地中,汉人居住的聚落占71%。① 在矿厂矿工方面,《都竜铜厂记》中提及:"清嘉道时代,产矿甚旺,矿工达数千人,居民成市,庙宇辉煌。"② 铜厂街亦是"清道咸之际最盛,矿工达数千人"③。乾隆六十年(1795年),云南矿工数量为"每厂砂丁不下千计"④,各矿厂规模大小不一,因此矿工数量也多寡不均。若保守估计按平均每厂1500名矿工计算,则清代马关19个废弃矿厂中约有矿工18500人,加之随矿工家眷人口及从事商业、运输业等人员,则清代开化府马白关一带因矿业发展而迁入的移民数量可能不低于五万人。方国瑜先生也提到:"清代云南矿业很盛,各省矿工趋之若鹜,不待多说,而可注意的是,沿边地区的矿产也大量开发了。"这些矿工即便是清末各矿厂在硐老山空之时,这些砂丁仍聚集不散,"有落籍在附近村寨,已融合于当地土著"⑤。时至今日,滇东南仍有"老厂""金厂""铁厂"等"厂"字地名,均为清代出矿之地。

总之,滇东南丰富的矿产资源及清政府"开边禁内"鼓励到边疆地区开采政策的支持,清代中期以后沿边一带的矿产资源得到大量的开采。伴随着矿产的开发,湖广、江西、四川、陕西、贵州等各省民众出于各种原因前往滇东南地区开矿并定居,成为该地区汉族移民的主体力量之一。在清末矿业衰败以后,这些矿民既已定居,只得另觅生计,逐渐融合于土著之中。矿业移民投入矿山的开采,推动了滇东南地区矿业及商业、运输业的发展,推动了山区的开发及经济繁荣。

三 清末矿业衰败及矿业游民问题的处置

道光以后,清廷陆续遭遇西方殖民主义国家的割地赔款,面临巨大

---

① 民国《马关县志》卷1《地理志·云南马关县各区乡村镇表》,何廷明、娄自昌校注,云南大学出版社2012年版,第14—27页。
② 左进思:《都竜铜厂记》,民国《马关县志》卷10《杂类志八》,何廷明、娄自昌校注,云南大学出版社2012年版,第335页。
③ 民国《马关县志》卷10《物产志三·矿产》,何廷明、娄自昌校注,云南大学出版社2012年版,第323页。
④ 《清高宗实录》卷1470,乾隆六十年二月辛酉。
⑤ 方国瑜:《简述在清代的汉族移民》,《云南史料丛刊》(第11卷),云南大学出版社2001年版,第680页。

财政危机,道光、咸丰、同治三位皇帝均面临着财政压力,故而倡导矿产开发,尤其是金银矿,以便筹集赔款,但受全国形势和战乱影响,矿业开发亦无太大作为。光绪朝虽国内局势稳定,但仍有外患,财政压力如故,但矿产开发具备安定的环境。光绪八年(1882年),两江总督左宗棠奏言北洋筹办防务,制造船炮,需大量煤铁资源,因而"云南开、广两府,贵州青溪,皆先后开采"①。甲午战后,清廷上下都将矿务当为筹措赔款的首选。至光绪二十二年(1896年),又"诏开办各省金银矿厂。而铜、锡、铅、锑、石油、硫磺、雄黄等矿,亦接种而起。铜则云南迤东汤丹、茂麓……迤西回龙、得宝正厂八,子厂九。楚雄永北及云武所属万宝、双龙,又永安、顺宁、临安、开化、曲靖各厂,均招商承采"②。值得注意的是,晚清矿产资源开发由金、银、铜、铅逐渐转向煤铁矿的开采,而清末新政也将开发的重点导向煤铁矿。光绪二十八年(1902年),外务部改定矿章,凡华洋商人均可承办矿务,于是有法国人弥乐石于当年勘办全滇矿务,遭到滇督及外务部拒绝,但"仍获澄江、临安、开化、云南、楚雄、元江、永北等府、厅、州矿权",随后又有英国商人立乐索求广南、曲靖、大理、顺宁、普洱、永昌七府的采矿权。③

随着外国商人来中国开矿的增多,一时举国上下均以保全矿产为言,但国家管控力量薄弱,亦有不少矿产游民乘机作乱。个旧蕴藏丰富的锡矿,"自余至滇,先后二十有余年,惟睹个旧锡矿独旺"④。西方在工业革命以后,对锡的需求量大增,随着英法殖民者对云南的入侵,个旧大锡的价格随之走高,在个旧的厂商达数十家之多,有砂丁十数万,此时蒙自设为通商口岸,法国设有领事馆,各种医院、教堂林立,正值滇越铁路开办初期,各种建筑材料通过水路运输,国外人员往来频繁。宣统二年(1910年),滇越铁路云南段通车后,个旧大锡由蛮耗运至香港,"价值高时,能岁入一千余万"⑤。在滇南矿产如

---

① 《清史稿》卷124《食货志五·矿政》,中华书局1977年标点本,第3667页。
② 《清史稿》卷124《食货志五·矿政》,中华书局1977年标点本,第3668—3669页。
③ 《清史稿》卷124《食货志五·矿政》,中华书局1977年标点本,第3671页。
④ (清)贺宗章:《幻影谈》下卷《事杂记》,《云南史料丛刊》(第12卷),云南大学出版社2001年版,第143页。
⑤ (清)贺宗章:《幻影谈》下卷《事杂记》,《云南史料丛刊》(第12卷),云南大学出版社2001年版,第143页。

此旺盛之时，这里也是各种流民匪徒集聚之地，"五方杂处，匪徒聚赌滋事，号称难治。厂户最富者十数起，争尖夺碛，甚至利用诸匪械斗，草菅人命，官不能究"①，影响最大者，当数光绪二十九年（1903 年）建水周云祥率领的个旧矿工起义。

周云祥，云南临安（建水县）人，在 15 岁时即到个旧锡矿当砂丁，"性慷慨，好施予，故亡命多归之。因纠党数百，横行临郡"②。总督丁振铎称其"夙假孝义之名，以欺世惑人，即绅富亦多信从之者"③。当时个旧大锡开采日益兴盛，来自全国各地寄希望开矿发财的移民，往往拉帮结派，平日以赌博度日，时常发生械斗事件。此时，有勇有谋、讲究义气的周云祥，通过自己的努力逐渐获得了工友们的信任。他依靠"朱恒泰"商号建水巨商朱氏的资助，势力和影响逐渐扩大。据传周云祥在建水县西庄做团练教头时，一日沈氏家族在出殡时，哭丧的家眷遭到临元镇清兵嘲笑，周云祥路见不平，将清兵痛殴之。随后总兵马柱饬督带马美堂及中营陆鸣皋准备缉拿周云祥，后逃至家中躲避数日后，周破门而出，手持九响枪击伤数人，清军遂被吓退。④ 后来周云祥跑到个旧谋划起义，造谶伪之说，"谓西庄常见异气"，自称"有十八年大运，堪为地方保障"⑤，结果各乡民及矿工趋之若鹜、奉若神明。再加上法国殖民者的侵略，"常虞外人侵占，辄起谣言"⑥。滇越铁路的开修，洋员工匠往来如织，"愚民无识，谣啄纷腾，群焉思逞"⑦。

---

① （清）贺宗章：《幻影谈》上卷《兵事·蛮河之役》，《云南史料丛刊》（第 12 卷），云南大学出版社 2001 年版，第 96 页。

② 赵甲南：《纪周云祥之乱》，《云南工人运动史资料汇编》，云南人民出版社 1989 年版，第 163 页。

③ 《署云贵总督丁振铎等奏收复临安石屏府州城池请奖折》，光绪三十年五月十六日，《辛亥革命前十年间民变档案史料》（下册），中华书局 1985 年版，第 675 页。

④ 张若谷：《周云祥起义始末记》，《红河州文史资料选辑》（第 1 辑）。

⑤ 《署云贵总督丁振铎等奏收复临安石屏府州城池请奖折》，光绪三十年五月十六日，《新改个名前十年间民变档案史料》（下册），中华书局 1985 年版，第 675 页。

⑥ 《云南巡抚林绍年关于周云祥起义的奏报》，光绪二十九年五月，《云南工人运动史资料汇编》，云南人民出版社 1989 年版，第 149 页。

⑦ 《署云贵总督丁振铎等奏收复临安石屏府州城池请奖折》，光绪三十年五月十六日，《辛亥革命前十年间民变档案史料》（下册），中华书局 1985 年版，第 675 页。

为进一步扩大势力，周云祥与河口秘密会社"三点会"联合，计划于光绪二十九年（1903年）三月十九日发动起义。"三点会"派人购买武器，积储粮草，并商约驻蒙自附近的清军骆家信、韦勋臣、黄凤图三个管带造反。但由于临安开广道尹魏景桐及时赶回蒙自，而三点会"所购枪械亦未到齐，乃改期五月十三日"①。魏景桐在得其情况以后，迅速饬令将其拿办。四月十八日，蒙自知县孙家祥与管带麦贵安领兵进抵个旧，准备缉拿周云祥一伙。周云祥在侦得情况后，率领众人在花扎口设伏。清兵大溃，麦贵安丧命，而孙家祥得以侥幸逃脱，随后继续率众攻打个旧城，个旧同知闻讯仓皇逃脱，最终衙署被占领。

周云祥起义旗帜是"仇洋""拒洋"，并联合工人"拒修铁路"②，把个旧矿工的切身利益与民族主义联系在一起，因而得到基层群众的广泛认同和响应。丁振铎称："各厂硐砂丁常数万人，良莠不齐，一文周逆阻洋占厂之谣，群思蠢动，加以外来闲亡，遂致为彼啸聚，众又逾万。"③ 最后，周云祥兵分两路，一路以张耀攻打蒙自，将东门外新建成的税务司及帮办公馆等洋楼十二座全部焚毁，④ 自己亲自率领大部队于四月二十一日攻取建水。随即又分兵进取周边各地，由郭景义率领一部攻占曲江、通海，王显忠率领一部攻打石屏。此外，河口"三点会"一众人本可以与周云祥部形成呼应之势，然而在发动起义之前，清政府已命贺宗章领兵前往镇压。

此番起义，既是继义和团后的一次大规模反清排洋事件，也是西南边疆地区爆发的一次矿民举义，其规模之大，"当是时也，省城人心惶惑"，"风声所至，不逞之徒到处响应，麇集益多，省城大震，各属鼎沸"，由于暴动触及了在滇法国人的利益，因此法国方面表示

---

① （清）贺宗章：《幻影谈》上卷《兵事·蛮河之役》，《云南史料丛刊》（第12卷），云南大学出版社2001年版，第96页。

② 《署云贵总督丁振铎等奏周云祥聚众攻陷临安派兵堵剿折》，光绪二十九年五月初四日，《辛亥革命前十年间民变档案史料》（下册），中华书局1985年版，第655—657页。

③ 《署云贵总督丁振铎等奏收复临安石屏府州城池请奖折》，光绪三十年五月十六日，《辛亥革命前十年间民变档案史料》（下册），中华书局1985年版，第675页。

④ 《云南工人运动史资料汇编》，云南人民出版社1989年版，第160页。

要从越南出兵入滇助剿。①

面对滇南矿业游民起义，地方迅速做出反应。督抚一面上奏请求支援，一面继续派兵进剿。慈禧太后鉴于义和团运动先例，对洋人百般迁就，于是向丁振铎下令："赶紧扑灭。捕拿首要。务获惩办。并将路工及洋员人等。切实保护。毋稍疏虞。"②又命魏光焘带领兵员，由西贡海道驰往会剿。③随后，又令江南、湖北、四川各省拨给云南枪械和军饷，以助剿办。④清廷从各处调集"兵勇计用至五十余营，团丁又万余众"⑤，由云南按察使刘春霖统领，从通海、蒙自两路攻建水。六月初，刘春霖军进取石屏后即围攻临安城。由于清军肆意焚劫，沿途烧杀抢掠，附近人民多避入临安城内。眼见武力攻坚一时难以奏效，乃变计诡言招抚，并出告示恐吓："若不及早受抚，城乡内外，剿洗四十里，玉石俱焚，鸡犬不留。"⑥

面对清军恐吓，民众人心惶惶。村民都相信，若果真如告示中所言，则临安城将面临着空前灾难。但周云祥在占领临安后，严格约束部众，并没有发生扰民害民等事。当时官员奏报称："周云祥踞城月余，于官绅商民及衙署仓库均无所损。"⑦据史料记载："周云祥之反，出于救死，本无大志。又以临安为其故里，颇能约束其党，无烧、杀、淫、掠等事，故临父老至今怜之，谓为革命党者，妄矣。"⑧但官兵前来镇压，烧杀抢掠，无恶不作。御史徐士佳忍无可忍，挺身而出，曰："官军淫掠焚烧之惨，残忍酷虐所不忍言。如曲江坝一带村寨林立，人民殷富，自官兵过后，则一片焦土，鸡犬无声。又兵至

---

① 《署云贵总督丁振铎等奏收复临安石屏府州城池请奖折》，光绪三十年五月十六日，《辛亥革命前十年间民变档案史料》（下册），中华书局1985年版，第675—676页。
② 《清德宗实录》卷514，光绪二十九年四月丁未。
③ 《清德宗实录》卷514，光绪二十九年四月壬子。
④ 《清德宗实录》卷516，光绪二十九年五月乙亥。
⑤ 《署云贵总督丁振铎等奏收复临安石屏府州城池请奖折》，光绪三十年五月十六日，《辛亥革命前十年间民变档案史料》（下册），中华书局1985年版，第677页。
⑥ 张若谷：《周云祥起义始末记》，《红河州文史资料选辑》（第1辑）。
⑦ 《御史徐士佳奏云南临安之役官军焚掠大员失察徇隐片》，光绪三十一年八月初五日，《辛亥革命前十年间民变档案史料》（下册），中华书局1985年版，第689页。
⑧ 《新纂云南通志》卷6《大事记六》，李春龙等点校，云南人民出版社2007年版，第132页。

临安城下，无暇攻城，专事焚掠。兵官如史侑、陈受益、王尔栋焚掠东门一带，马柱焚掠西门外一带，白金柱焚掠南门外一带。白金柱本云南回籍，夙恨汉人，马柱本与临安人有隙，故二人所至之处，尤老幼不遗，荡洗净尽。有距城四十里之缅甸街，为商货骈阗之地，屹然巨镇，自官兵一过，人民房屋尽付劫灰。匪特该匪周云祥所不为，即古来剧寇亦无此惨毒。计被害生灵何止万人，损失财产亦何止百万哉！"①

万般无奈下，周云祥及其部下产生动摇。周云祥本人也不愿因自己给临安人民带来灭顶之灾。就在其犹豫不决时，其妹婿邓广云首先向清军投诚，被赐予五品顶戴。周云祥在其母熊氏的劝说下，最终决定投诚。他派人去向刘春霖提出投诚的条件：任命自己为临元镇总兵。刘春霖表面答允，却暗中准备乘机将周云祥除掉。六月二十七日，周云祥在母亲及六名部署陪同下赴刘春霖大营中。刘春霖"一见喜甚，既夸其勇，又怜其冤，抚慰备至"②。入夜以后，刘春霖设宴款待，席间伏出杀手，将周云祥等人杀害。

晚清周云祥领导的起义，有学者评价为"其表现了滇南地区的工人、农民，甚至地主、资本家对清政府勾结法人、出卖国人利益的不满，这是一种自发的民族主义精神，也有传统的敬爱乡土的情结"③。本书赞同这一观点，从中也看出当边疆民族地区矿业游民爆发变乱之时，清政府能够迅速地做出反应，在边疆民族地区动乱之际凸显了清代的国家治理能力。

第三节　国家治理下文化教育与公共事业的发展

一　开化府官学体系的建立与发展

自古以来中国就重视教育，它是教化民众、宣扬国家思想的重要手段，对国家治理具有深刻的影响。中国古代官学教育是指中央朝廷

---

① 《御史徐士佳奏云南临安之役官军焚掠大员失察徇隐片》，光绪三十一年八月初五日，《辛亥革命前十年间民变档案史料》（下册），中华书局1985年版，第689页。
② 张若谷：《周云祥起义始末记》，《红河州文史资料选辑》（第1辑）。
③ 范德伟、王丽云：《周云祥与革命党》，《中国国家博物馆馆刊》2013年第8期。

以地方行政区划为基准，地方官府直接创办和管辖的旨在培养各种统治人才的学校教育体系，分为中央官学教育和地方官学教育。简而言之，官学就是由地方各级官府所创办的府、州、县等学校教育。边疆少数民族的文化教育发展程度不及内地，历代统治者都比较重视对其教育教化。清朝是历代中央王朝对南方民族地区统治最深入的一个朝代，一方面是因为清朝统治势力的强大，另一方面则是由于清朝总结了历代中央王朝治理南方民族的经验教训，采取了一些比较适合南方民族地区的统治政策，较好地处理了与南方民族之间的关系，使其统治得以深入。其中一项重要措施就是重视发展边疆地区的文化教育事业，即在南方民族地区采取"文教为先"的政策，这一政策的实施，收到了稳定和巩固对南方民族统治的效果。① 地方官学是中央以培养人才、教化人心为目的，按不同的行政级别在地方上设立国家教育机构，经费由地方来承担，教官由中央任命。地方官学的设置不仅是一地社会经济发展的体现，更是国家意志在地方的传播。

　　清军平定云南以前，清朝便初步制定了一些与其相关的文教措施。顺治二年（1645 年），题差乡试考官，云南、贵州四月初十日。② 顺治八年（1651 年）题准：广西、云南正考官，差户、兵、刑、工四部司官各二员。广西、云南副考官，贵州正、副考官，差行人二员，中书评事各一员。③ 顺治十六年（1659 年）平定云南，二月即谕礼部："云贵新经内附，地方绥辑需人，见在候选各员尚不足用，应预为甄取，以备任使。著于今秋再行会试，尔部即通传谕遵行。"④ 康熙初始就对云南教育颇为重视，对云南文教的振兴起了至关重要的基础性作用。康熙元年（1662 年）题准：贵州、云南贡生，暂免廷试。云南咨行该府，就

---

① 胡绍华：《清朝对南方民族地区的文教政策》，《西南民族大学学报》（人文社科版）2006 年第 6 期。
② 光绪《钦定大清会典事例》卷 333《礼部四十四·贡举·乡会考官》，《续修四库全书》，上海古籍出版社 2002 年影印本，第 803 册，第 303 页。
③ 光绪《钦定大清会典事例》卷 333《礼部四十四·贡举·乡会考官》，《续修四库全书》，上海古籍出版社 2002 年影印本，第 803 册，第 304 页。
④ 《清世祖实录》卷 123，顺治十六年二月庚午。

近考试。将试卷封送吏部，校阅定衔序选。① 但吴三桂专权，使得对云南教育的振兴中断。平定"三藩之乱"后，云南教育才得以全面发展。蔡毓荣随即上奏请求举行乡试："准以明年癸亥八月特行乡试，仍照顺治十八年补庚子科之例，暂行广额。滇省今日之急务也。"②

开化府地区在明万历四十三年（1615年），长官司龙上登赴京城受职承袭土职之时，遍访名宿，学问大增，归梓后开始教授乡人，因而文化日有起色。③ 但由于该地区明时仍为临安府南部长官司管辖地，国家并未设学，而龙上登教授土民也仅是出于个人的兴趣，并没有在制度上形成系统的教化，并且元明时期对边疆各民族教育的重点主要放在土司上层，目的是培养忠顺土司，而忽略了对普通少数民族子弟的教育，使中央的统治搁浅在局部和上层集团，不能渗透到边疆各族下层民众之中。④ 因此，清代以前不管是官学还是私学，都没有深入到少数民族基层中。

康熙初年开化府改流设府后，同年于府城之东设立府学，"是年，置云南开化府，设府学教授一人"⑤，标志着开化府官学的正式设立。雍正十二年（1734年）、乾隆十一年（1746年）、二十一年（1756年）、二十二年（1757年）累修，入学额数二十名。⑥ 雍正八年（1730年），开化府增设附郭文山县，设立文山县学，"入学额数附府学内"⑦。此外，清前期开化府及文山县还设有各类书院：开阳书院，在府城西门外，康熙三十三年（1694年）建，后隔年累修，时间同开化府学；文山书院，在府城西，雍正八年设县后置，乾隆四十六年

---

① 光绪《钦定大清会典事例》卷385《礼部九十六·学校·岁贡事宜》，《续修四库全书》，上海古籍出版社2002年影印本，第804册，第154页。
② （清）蔡毓荣：《请补行乡试疏》，康熙《云南通志》卷29《艺文三》，《中国地方志集成》影印康熙三十年刻本，凤凰出版社2009年版，第152页。
③ 民国《马关县志》卷4《文教志·文化之起因》，何廷明、娄自昌校注，云南大学出版社2012年版，第94页。
④ 于晓燕：《清代云南官办民助初等教育"义学"探析》，《云南民族大学学报》（哲学社会科学版）2007年第3期。
⑤ 道光《云南通志》卷117《秩官志二·官制题名九·文职官制》，道光十五年刻本。
⑥ 乾隆《大清一统志》卷374《开化府·学校》，《四库全书》史部，商务印书馆1985年影印版，第483册，第57页。
⑦ 嘉庆《重修一统志》卷488《开化府·学校》，《四部丛刊》续编史部。

(1781年）改名开文书院。① 书院虽不隶属于官学体系，它是一种高于蒙学程度，不列入国家学制的教育机构。书院之制始于唐代，最初的目的是图书的收藏与保管。但随着时代的发展，到南宋时期，书院的性质也发生了变化。一些士子远离家乡，跟随著名的学者在书院中学习或听他们讲学。士子参与知识和社会网络的建立，以便贡献于理学的普及和士人社会一体化，书院不但成为教育中心，而且是社会与知识分子活动的中心。至清康雍乾时期，天下州县莫不将书院当作养士之所。因此，古代的书院打破了学在官府的狭隘局面，进而开创了私家讲学的全新气象。② 但在边疆少数民族地区的书院仍作为官学的辅助，承担了教化子民的义务，曾任文山县知县的徐本迁写道："古之教者，家有塾，党有庠，州有序，国有学，七年小成，九年大成，夫然后可以化民成俗，近者悦服而远者怀之。邑初设，余首肩其任，循名责成，捐资百五十两，置义馆六椽，学田一所。"③ 此外，还有建于枯木朝阳寺的古木书院，"清康熙初，合逢春全里人民捐建，置寺庄，产业甚多"，畴阳书院，为明末季大年入蒙自县学归梓后所建，"其地客民，楚籍为多，捐资买置庄产，田租百有余石"④。可见，开化府城及所辖八里的书院是在地方官主导下捐资建立的，作为教化土民的机构。后期开化府书院的功能性质逐渐转变，嘉庆四年（1799年），开化府江那里的江那书院，不再是地方官主导设立，而是"里人公建，并置馆金膏火田产"⑤，更可能是养士之所用。

明清时期，每一州、府、县治所所在地都建有孔庙或文庙。文庙是府、州、县地方官学与祭祀孔子的庙宇的结合，既是供奉孔子灵位和祭祀孔子的神圣场所，又是当地推广儒家教育文化的中心，因此文庙是一种公共性的儒家文化象征符号。云南的文庙除承载教育和祭孔

---

① 嘉庆《重修一统志》卷488《开化府·学校》，《四部丛刊》续编史部。
② 陈宝良：《中国的社与会》（增订本），中国人民大学出版社2011年版，第335—338页。
③ （清）徐本迁：《修建文山书院记》，雍正《云南通志》卷29《艺文八》，《四库全书》史部，商务印书馆1985年影印版，第570册，第521页。
④ 民国《马关县志》卷4《文教志·八里书院共同之由来》，何廷明、娄自昌校注，云南大学出版社2012年版，第95页。
⑤ 道光《云南通志》卷86《学校志三·书院义学·开化府》，道光十五年刻本。

功能外,还是中央王朝推行"王道"的政治象征。① 开化府文庙设置也是伴随改土归流开始的,"本朝定鼎,初设儒学,知府刘䜣创建大殿三楹",康熙二十二年(1683年),奉旨重修。康熙二十七年(1688年),知府张仲信增建两庑,诸祠一。② 康熙三十二年(1693年),知府沈宁建启圣祠、明宦乡贤祠。康熙三十三年(1694年),知府李锡凿泮池。康熙五十二年(1713年),训导李春盛重修大成殿。康熙六十一年(1722年),知府吴文炎建棂星坊及两庑。雍正十二年(1734年),知府宫尔劝、知县曹国弼重修建魁星阁及泮池、牌坊,置牌位祭器。文山县文庙附于府文庙内。③ 修建文庙虽是地方官政绩考核的重要指标之一,但也促进了当地文化教育的发展。

开化府自改流后官学体系的设立,使得"学校蔚兴,人才繁盛"④,文化风气相较改流以前有了很大改观,"惟文教日辟,竟有淹雅之士,而夷人亦列胶庠矣"⑤。据史料统计,从顺治元年至康熙三十年,开化府人没有一人中进士,中举者仅有一人。⑥ 此时据开化府改流后仅二十余年,学校各方面建立还未完善。到了雍正年间,开化府人中举人者共有 14 人,⑦ 比康熙时期文教稍有兴盛。乾、嘉、道时期,开化人又有 13 人中举,⑧ 其中两人还考中了进士。⑨ 可以看出,

---

① 廖国强:《文庙与云南文化》,《云南社会科学》2006 年第 2 期。
② 康熙《云南通志》卷 16《学校》,《中国地方志集成》影印康熙三十年刻本,凤凰出版社 2009 年版,第 394 页。
③ 雍正《云南通志》卷 7《学校》,《四库全书》史部,商务印书馆 1985 年影印版,第 569 册,第 224 页。
④ (清)王继文:《请设开化廪增疏》,康熙《云南通志》卷 29《艺文三》,《中国地方志集成》影印康熙三十年刻本,凤凰出版社 2009 年版,第 180 页。
⑤ 道光《云南志钞》卷 1《地理志·开化府》,杜允中注,刘景毛点校,《云南文献》1995 年第 2 期,第 61 页。
⑥ 康熙《云南通志》卷 17《选举》,《中国地方志集成》影印康熙三十年刻本,凤凰出版社 2009 年版,第 465 页。
⑦ 雍正《云南通志》卷 20《选举·举人》,《四库全书》史部,商务印书馆 1985 年影印版,第 570 册,第 69—83 页。
⑧ 道光《云南通志》卷 141《选举志三·举人四》,道光十五年刻本;道光《云南通志》卷 142《选举志三·举人五》,道光十五年刻本。
⑨ 道光《云南通志》卷 137《选举志二·进士》,道光十五年刻本;光绪《续云南通志稿》卷 103《选举志·文进士表》,光绪二十四年刻本;《中国边疆丛书》(第 2 辑),文海出版社 1966 年影印本。

国家官学体系下，开化府地区科举考试已逐渐深入至该地区。

咸同云南兵乱，官学机构及书院遭到焚毁，滇东南文教事业亦有不同程度的衰落。开阳书院，"自咸丰六年逆回叛乱，新街书院废弛，人民流离播迁"；古木书院，"丙辰兵燹，寺及书院毁于戎，遂废"；畴阳书院，"经丙辰地方兵燹，废弛"。① 此外，清政府对开化府学额也进行了调整，"减开平（化）府学六名，拨二名归安平并添设二名，丁未安平厅学额四名；拨四名归文山并添设四名，丁未文山县学额八名"②。

清末书院改学堂，是中国教育史上有重要影响的学制改革。除少数独具特色的书院外，绝大多数变成了科举的附庸，已远非育才之所，反而助长恶习，损德毁行，丧失了兴学育才的作用。③ 最早提出改革建议的是早期改良主义者郑观应，他在《盛世危言》中提到："中国自州、县、省会、京师各有学宫书院，莫若仍其制而扩充之，仿照泰西程式，稍为变通。文武各分大、中、小三等，设于各州、县者为小学，设于各府、省会者为中学，设于京师者为大学。"然而，由于《盛世危言》直到光绪二十年（1894 年）才得以刊行，因此他的言论在很长一段时间内并未在社会上产生实际影响。甲午战后，这个主张再次被提出。光绪二十一年（1895 年），顺天府府尹胡燏棻在《变法自强疏》中提出了"设学堂以储人才"的建议，他认为西方各国人才辈出，其大本大源，在于广设各类学堂，学习各种实用知识。而反观中国，各省虽也设立书院义塾，但于八股试帖词赋经义之外，以无讲求，明知其无用，又沿袭不改，"人才消耗，实由于此"。进而建议："拟特旨通饬各直省督抚，务必破除成见，设法变更，弃章句小儒之习，习经济匡世之才，应先举省会书院，归并裁改，创立各项学堂……数年之后，民智渐开，然后由省而府而县，递为推广，将

---

① 民国《马关县志》卷 4《文教志·八里书院共同之由来》，何廷明、娄自昌校注，云南大学出版社 2012 年版，第 95 页。
② 《清德宗实录》卷 90，光绪五年三月乙丑。
③ 王炳照：《中国古代书院》，商务印书馆 1998 年版，第 193 页。

大小各书院，一律裁改，开设各项学堂。"① 次年（1896年），刑部左侍郎李端棻也提出了类似建议："各省及府州县率有书院，岁调生徒入院肄业，聘师讲授，意美法良。惟奉行既久，积习日深，多课帖括，难育异才。今可令每省每县各改其一院，增广功课，变通章程，以为学堂。书院旧有公款，其有不足，始拨官款补之。因旧增广，则事顺而易行；就近分筹，则需少而易集。"② 二人的建议虽引起清廷的重视，但朝廷认为"裁改书院一事，关系人才之消长，学术之纯疵，不可不熟筹审议"③。光绪二十四年（1898年）康有为再次提出："我各直省及府州县，咸有书院，多者十数所，少者一二所，其民间亦有公立书院、义学、社学、学塾，皆有师生，皆有经费。惜所课皆八股试帖之业，所延多庸陋之师，或拥席不讲，坐受修脯者……莫若因省府州县乡邑，公私现有之书院、义学、社学、学塾，皆改为兼习中西之学校，省会之大书院为高等学，府州县之书院为中等学，义学、社学为小学。"④ 随后光绪帝接受了康有为的建议，随即发上谕："将各省府厅州县现有之大小书院，一律改为兼习中学西学之学校。至于学校等级，自应以省会之大书院为高等学，郡城之书院为中等学，州县之书院为小学，皆颁给京师大学堂章程，令其仿照办理。其地方自行捐办之义学社学等，亦令一律中西兼习，以广造就。"⑤

随后光绪帝在百日维新运动中通令全国，将书院一律改为学堂。然而维新运动的失败，慈禧太后又宣布恢复八股取士，停止将书院改学堂。光绪二十六年（1900年），八国联军入侵京城，慈禧太后被迫西逃，赞成变法，要"取外国之长，乃可补中国之短"⑥。随后谕令"将各省所有书院，于省城均改设大学堂，各府厅直隶州均设中学堂，

---

① （清）胡燏棻：《变法自强疏》，光绪二十一年闰五月，《北京大学史料》（第1卷），北京大学出版社1993年版，第6页。
② 《刑部左侍郎李端棻奏请推广学校折》，光绪二十二年五月初二日，《北京大学史料》（第1卷），北京大学出版社1993年版，第21页。
③ 转引自王炳照《中国古代书院》，商务印书馆1998年版，第195页。
④ （清）康有为：《请饬各省改书院淫祠为学堂折》，《康有为政论集》，中华书局1981年版，第312页。
⑤ 《清德宗实录》卷420，光绪二十四年五月甲戌。
⑥ 《清德宗实录》卷476，光绪二十六年十二月丁未。

各州县均设小学堂"①。至此,各省先后掀起了书院改学堂的热潮。至光绪二十八年(1902年),全国大部分省区基本实现了书院改学堂,存在了千余年的中国古代书院,终于落下了帷幕。

  在这股书院改学堂的浪潮中,云南也迈出了坚实的一步。开化府安平厅书院改为学堂后,初始仅"分伦理、经史、舆地、图算数科",头班招生学生有六十名,多为新附生,长于国文、算学、图画者十数人,"颇可观也"②。马关书院在光绪十一年(1885年)后逐渐衰落,由于无人修整,房舍"渐坍塌"。直到民国4年(1915年),知事景介溪莅任,提款一千八百二十三元增修,作为高、初级小学校。河口学堂在戊申起义以后也衰败了,河口对汛副督办建立后,督办许德芬"师管子遗法,而学堂、警察、民团诸要政备焉"。麻栗坡对汛副督办辖区学校的建设,初以督办周行广将船头渡捐及南温河渡捐办一学校,学生两班。继任徐之琛"始将学校统一,筹款补助,监督士课,学务日有起色"。锡板地区的学校设于民国元年(1912年),由知府张湘安拨给锡板街设学。次年,林建候变卖地产,建立学校。八寨两级小学校建于宣统元年(1909年)观音寺,"越二年,学子济济,将三圣宫改作,按照新式修葺讲堂门窗,左右添建厢房十二间。高燥宽敞,透通空气"③,均完成了由书院向新式学堂的转变,这对促进儒家文化教育的传播具有重要影响,使得传统文化融入家庭教育和社会教育之中,促成了续族谱、立牌位、建宗祠的宗族文化,促进了壮汉文化的融合,并培养了一批乡村知识分子。④ 其实,正是由于该地区文化教育进入的时期较晚,在设学以前是没有文化和识字之人,恰恰是在新学建立以后,儒家文化与新式教育一同进入了该地区。杨宗亮研究员通过对今马关县马洒区进行长期实地的考察所得出的上述结论,内地传统学堂是儒学教育,晚清新式学堂建立以后,则

---

  ① 《清德宗实录》卷486,光绪二十七年八月乙未。
  ② (清)贺宗章:《幻影谈》下卷《民事·开化》,《云南史料丛刊》(第12卷),云南大学出版社2001年版,第128—129页。
  ③ 民国《马关县志》卷4《文教志·新制学校》,何廷明、娄自昌校注,云南大学出版社2012年版,第123—124页。
  ④ 杨宗亮:《儒学教育对壮族村落文化的影响——以云南省马关县马洒村为例》,《云南民族大学学报》(哲学社会科学版)2007年第2期。

主要以西式教育为主,而在滇东南地区则体现为新学建立以后传统文化与现代文化一同进入,这体现了滇东南边疆文化教育与内地的特殊性。

二 广南府官学体系的建立与发展

广南府虽在元明时纳入版图,但清代以前"未设学校,犹结绳刻木",说明国家官学体系并未进入该地区。清初"无远弗届,立黉宫,设师儒,增广生员。一时大吏宣布圣化,颁经籍以资诵读,立义学以养蒙童。故今日家置诗书,俗知礼义。人文之盛,济济恂恂,媲美大邦矣"[1],文教风气有了很大的改观,这得益于学校的设置。

康熙四十六年(1707年),广南知府茹仪凤详请开学,设教授一员,复设训导一员。次年,督学院魏岁试,照中学例取进文童十五名,武童十五名,设额廪三十,缺;额增三十,缺。康熙四十八年(1709年),茹仪凤建府学正殿三楹。三年之内,出岁贡二人。选拔之年,选拔二人。[2] 科举考试的进行,标志着广南府官学体系的正式建立。此后历任知府进行修缮和增修。雍正四年(1726年),知府潘允敏建大成门三间,东西庑各三间,乡贤、明宦祠各三间。雍正五年(1727年),署事王婉建崇圣祠三间,左边建明伦堂五间。雍正十一年(1733年),知府吕大成又重修。[3] 乾隆元年(1736年),广南府添设附郭宝宁县,宝宁县学附府入学,额数八名。[4] 乾隆六年(1741年),知府陈克复倡捐重修正殿,请项建棂星门三间,左右门坊各一座,忠孝节义祠各三间;又拓地于明伦堂前建文昌阁三间,魁星阁三间,围墙、照壁悉备。乾隆三十一年(1766年),知府汪仪捐修正

---

[1] 道光《广南府志》卷2《学校》,杨磊等点校,兰州大学出版社2004年版,第59页。

[2] 道光《广南府志》卷2《学校》,杨磊等点校,兰州大学出版社2004年版,第59页。

[3] 道光《广南府志》卷2《学校》,杨磊等点校,兰州大学出版社2004年版,第59页。

[4] 乾隆《大清一统志》卷373《广南府·学校》,《四库全书》史部,商务印书馆1985年影印版,第483册,第53页。

殿、棂星门、左右二坊、忠孝节义祠。乾隆三十八年（1773年），知府克色礼、宝宁县知县关基泰、徐沅接修崇圣祠、正殿、棂星门。乾隆四十七年（1782年），知县刘大鼎改建明伦堂。乾隆五十九年（1794年），知府翁元圻、傅应奎续修，升高棂星门，重修金声玉振门、乡贤明宦祠，镶正殿地砖、拜坛上下地砖。道光三年（1823年），知县吴登山辉煌崇圣殿牌位、墙壁，镶拜坛地砖。道光十年（1830年），知府董国华、知县刘沛霖、训导王学俭筹款修拜坛石栏和泮池石栏。道光二十六年（1846年），知县李荣灿筹款重修各处匾额，立"太和元气"石匾于照壁上，设"道贯古今""德配天地"屏门，修两庑牌位，镶崇圣殿地砖、两庑地砖、更衣房地砖，前后一色辉煌。① 富州于光绪二十六年改流后，"历案小试均往广南赴考，宝宁县考毕送府考，府送院，其学额与广南共"②。

书院方面，广南府有青莲书院，乾隆二十九年（1764年）知府王显绪建于城北；莲峰书院，乾隆五十九年（1794年）知府傅应奎建于明伦堂后；培风书院，道光元年（1821年）知府何愚建于文昌宫左；莲城书院，道光二十二年（1842年）署知府玉绶、知县沈炳捐资倡建于府署之左。③ 其中，莲峰书院和培风书院至光绪年间仍存，光绪九年（1883年），"巡抚岑毓英捐银四千两，生息以作膏火"④。书院内部规章制度不断完善，是清代滇东南书院教育日渐发展和成熟的一个表现。广南府曾制定书院条规具体内容如后：

> 一、书院山长，向由府、县、两土司公捐银两，以作束修，绅士自不应预议。在历任公祖，延请不过情面荐托，山长到馆亦不过因循了事。故百余年来，科目寥寥。自嘉庆壬申岁不园公祖

---

① 道光《广南府志》卷2《学校·庙制》，杨磊等点校，兰州大学出版社2004年版，第59—60页。
② 民国《富州县志》卷10《学制》，杨磊、农应忠点辑，云南大学出版社2007年版，第39页。
③ 道光《广南府志》卷2《学校·书院》，杨磊等点校，兰州大学出版社2004年版，第60页。
④ 光绪《续云南通志稿》卷63《学校志·书院义学》，光绪二十四年刻本，《中国边疆丛书》（第2辑），文海出版社1966年影印版。

莅任，必择素悉品学兼优、勤于教诲，且非科甲出身者不得延请。在公祖，虽拂宪意而不惜；在学校，实受栽培于无量。应请嗣后仍照何公祖章程办理。

二、培风书院每年收房屋、铺面租银，奉何公祖议定，只准租给人民，不准租给绅士。以书院皆绅士管事，欲通城绅士非亲即友，拖欠租银，彼此瞻徇情面，难以收取，则将来书院事体必为此等不肖败坏。公祖守此十余年，深悉地方情形。嗣后自应遵照办理。

三、定山长束修，岁二百四十两；生童膏火三十分，每分月钱六百文，皆前此所未有。每届乡试之年，给生员膏火二十分，鼓励赴科；如闲岁，则生童各十五分。嗣后请照此办理。

四、书院山长，固应延请举人、进士。从前广南无人，是以聘请外府绅士。兹数年来，科目迭兴，在籍孝廉不少。嗣后采访公论，即延本地科甲主讲，庶可长年驻馆，不至半途而废。即本地孝廉，亦籍资馆谷，不无小补。

五、书院山长，既议定延请本地科甲出身之人，若有品望不孚众论者，不得延请，亦不得将束修分请两人，徒为牟利起见，贻笑士林。①

在这份条规中，明确地规定了聘请书院山长的资格，"凡书院山长，必素悉其品学兼优者，而后敦请；否，虽大吏荐嘱，弗顾也"②。此外，山长年薪、在学生员津贴、书院田产铺面租息的经营以及山长籍贯等也有很严格的规定，为书院的良性发展打下了基础。办学经费的来源直接关系到教育能否良性运行。府学经费由官府支持，一般由官府出面置办田产并予以经理收取租银，以此维持运转。

---

① 道光《广南府志》卷2《学校·书院》，杨磊等点校，兰州大学出版社2004年版，第62—63页。

② 道光《广南府志》卷2《学校·义学》，杨磊等点校，兰州大学出版社2004年版，第66—67页。

科举中试方面，雍正年间广南考中举者 2 人。① 从乾隆元年至道光末年，广南府又有 17 人中举，其中 1 人中了道光六年的进士。② 从咸丰元年至清末科举考试废除，广南有 14 人考中进士，有 1 人考中光绪二年的进士。③

教材方面，学署中的藏书有《圣谕广训》《上谕》《御纂周易折中》《春秋传说汇纂》《书经传说汇纂》《诗经传说汇纂》《日讲四书讲义》《凤仪六经》《朱子全书》《性理精义》《古文渊鉴》《大学衍义辑要补》《孝经注解》《小学纂注》《近思录集解》《四礼初稿》《四礼翼》《文庙陈设礼乐祭器图》《学政全书》《文武官相见仪注》《斯文精粹》《日知荟说》《乡饮酒礼》《驳吕留良四书》《吕子节录》《明史》《通鉴》及《通鉴正史约》。④ 这些教材多是一些四书五经，以儒学为主，辅之以历史、礼教等内容，主要向基层群众传播儒家文化和宣扬统治者的治理思想，教化边疆少数民族群众学习一套日常行为、道德、礼仪规范，构建国家认可的社会秩序。

清代的儒学教育在广南府得到较大的发展，主要表现在府学、书院的创设，形成了一个涵盖初级教育和中级教育的教育体系，"自设官建学以来，夷人子弟亦有读书列庠序矣"⑤，科举考试中逐渐有人中举和进士。此外，通过政府经办和个人的捐助，解决了办学的经费，维持了学校的正常运转，并培养了一批本地士人群体，以此为载体传播了内地的儒家文化。

---

① 雍正《云南通志》卷 20《选举·举人》，《四库全书》史部，商务印书馆 1985 年影印版，第 570 册，第 83 页。
② 道光《云南通志》卷 141《选举志三·举人四》，道光十五年刻本；道光《云南通志》卷 137《选举志二·进士》，道光十五年刻本。
③ 光绪《续云南通志稿》卷 101《选举志·文举人表》，光绪二十四年刻本，《中国边疆丛书》（第 2 辑），文海出版社 1966 年影印版；光绪《续云南通志稿》卷 101《选举志·文进士表》，光绪二十四年刻本，《中国边疆丛书》（第 2 辑），文海出版社 1966 年影印版。
④ 道光《广南府志》卷 2《学校·经籍》，杨磊等点校，兰州大学出版社 2004 年版，第 67—68 页。
⑤ 道光《云南志钞》卷 1《地理志·广南府》，杜允中注，刘景毛点校，《云南文献》1995 年第 2 期，第 60 页。

三 少数民族教育与义学的设置和分布

清朝除在全国各府州县设官学外,每个州县都在城区和乡下设立社学和义学,为负担不起学费的儿童或成人提供受教育的机会,义学在城市和乡村有设立,而社学则只在乡村地区设立。① 清代义学体制类似于今天我国正在推行的基础义务教育制度,具有官办初等教育的特点,尤其是一批设立于边疆民族地区的义学,这是清朝独创于边疆民族地区的官办初等教育学校。②

康熙帝以国家政令推进义学实施,四十一年(1702年)"定义学、小学之制,在京师崇文门外设立义学,特赐御书匾额,五城地方各设小学,延塾师教育有成材者选入义学"③。雍正元年(1723年),继续在全国范围内推广义学,"领各省改生祠、书院为义学,延师教读以广文教"④。清廷在边疆民族地区设立义学是面向贫苦孤寒子弟的蒙学教育,以"广兴教读""识字明理""开化夷人"为教育目标,以"训以官音,教以礼仪,学为文字"为教学内容,⑤ 且伴随着国家统一边疆的进程设立的。清朝统治者把义学视为治边政策的重要组成部分,体现了统治者治理边疆和民族地区的意志和愿望。清政府对义学的创设,一开始就赋予了国家意志,即"化民成俗"的愿望,希望通过义学的教化,使少数民族子弟能够言行合乎规范,所学利于国家。

雍正年间义学在西南边疆民族地区得到大范围的设置,作为改土归流的配套措施而大面积铺开,陈弘谋对义学的推广起了关键作用。陈弘谋于雍正十一年(1733年)任云南布政使,其便敏锐地觉察到,仅靠武力改流并不能实现对少数民族基层的统治,需要对广大乡村少数民族子弟辅以文教,"滇居边末,汉夷杂处,仰沐圣化之涵濡,无

---

① 瞿同祖:《清代地方政府》(修订译本),范忠信等译,法律出版社2011年版,第255—256页。
② 于晓燕:《清代南方民族地区的义学研究》,云南民族出版社2011年版,第8页。
③ 《清朝文献通考》卷69《学校考七·直省乡党之学》,《万有文库》本。
④ 《清朝文献通考》卷70《学校考八·直省乡党之学》,《万有文库》本。
⑤ 于晓燕:《清代南方民族地区的义学研究》,云南民族出版社2011年版,第182—193页。

远弗界,固已声教日隆,文明渐启矣。而乡村子弟,犹若无力延师;夷倮乡愚,或苦不知向学。教泽未广,则士习难以变迁;化导未周,则民风终于乔野。故边省义学,视中土为尤急,而乡村义学,视城市为尤急",于是向雍正帝上奏:"滇省……于改土归流之处,俱奉题明设立义学。"① 随后,陈弘谋在云南发布查设义学檄文:"滇南越在遐荒,夷多汉少,土田浇瘠,居民穷苦,多有俊秀子弟,苦于无力延师……义学之设,文教风俗所系,在滇省尤为紧要也……各属从前义学,或止为成材而设,而蒙童小子未能广行教读;或止设在城中,便于附近汉人子弟,而乡村夷猓未能多设。夫蒙仰为圣功之始,则教小子尤急于教成人;兴学为变俗之方,则教夷人尤切于教汉户。"② 可以看出,陈弘谋已意识到在云南设立义学的紧迫性,认为边疆民族地区义学的重要性远远高于内地,更重要的是要对其少数民族孩童进行识字明理教育,即"教小子尤急于教成人,教夷人尤切于教汉户"。然而由于没有引起足够的重视,陈弘谋又发布了第二道檄文,称这是"斯边地之急图,而抚夷之本务也"③。从相关史料可以推得,陈弘谋后来又发布了第三道查设义学的檄文,但史料没有明确的记载,对其具体内容不得而知。

陈弘谋如此急切地推行云南义学,是要在边疆地区传播内地儒家文化。儒家教化是一个文明化的进程,是清朝将其统治延伸到边疆民族地区的有效手段,对边民的教化,实际上是在灌输爱国主义教育,以此提高边疆土著民族的文明化程度,唤醒民族意识,加强边民的国家认同观念,关系到国家边疆的稳定,是国家治理重要的方式之一,历朝历代的统治者乃至今天的当局者都在从事着这项工作。因此,陈弘谋认为这是"欲使边方士庶均沐圣朝雅化"④。在其

---

① (清)陈弘谋:《义学规条议》,雍正《云南通志》卷29《艺文志十一》,《四库全书》史部,商务印书馆1985年影印版,第570册,第620页。
② (清)陈弘谋:《查设义学檄》,雍正《云南通志》卷29《艺文志十》,《四库全书》史部,商务印书馆1985年影印版,第570册,第584页。
③ (清)陈弘谋:《查设义学第二檄》,雍正《云南通志》卷29《艺文志十》,《四库全书》史部,商务印书馆1985年影印版,第570册,第587页。
④ (清)陈弘谋:《重刊小学纂注序》,雍正《云南通志》卷29《艺文志十二》,《四库全书》史部,商务印书馆1985年影印版,第570册,第641页。

初任云南布政使时，云南大约有200所小学，但大部分学校被证明只是有名无实。乾隆三年（1738年）陈弘谋离任云南布政使位时，他监督新建、翻修近700所这样的学校，绝大多数是在农村，且建在非汉族地区。①

云南义学是对所有人开放，且更加有意识地重视少数民族子弟教育。少数民族比汉人更需要教育。教化，即纠正道德错误至关重要。他在强化以儒家为核心的教化影响时，也在竭力强调一点，那就是只有以忠、孝为基础的儒家伦理秩序才符合人类的本性。陈弘谋在云南的最大贡献就是在推广教育的同时，强调儒家伦理的核心地位，使他在18世纪30年代中期极其创造性地治理云南。② 这其中，义学起了至关重要的作用。经过陈弘谋的大力推行，奠定了雍正末年清代义学覆盖全省各地的格局。乾、嘉、道年间为云南义学的维持期，这一时期云南义学成功地维持了原先设立的义学的发展。从咸同变乱到光绪年间，是义学从大规模的毁坏到重建期。随着清末学制改革的深入，义学形式发生了变化。清末新政以学堂为先，使传统义学也随之发生变化，初等小学及半日学堂，继设高等小学堂、蒙学堂，义学逐步向现代教育转变。

《圣谕广训》是义学的必读教材，通过义学影响着少数民族蒙童。云南地区《圣谕广训》传播过程中，特别是对八岁以下蒙童的传播，发挥了重大作用。这种教化不仅是儒家学说的基本要求，而且对于朝廷安全和社会秩序也是至关重要的。③《圣谕广训》的宣讲，在滇东南地区也起了显著作用。据记载，雍正年间有开化府人杨守士，"性纯孝，年八岁，父勾笃疾，刮股疗之。及母疾，亦然。人咸称异

---

① ［美］罗威廉：《救世——陈宏谋与十八世纪中国的精英意识》，陈乃轩等译，赵刚、孔祥文校，中国人民大学出版社2013年版，第599页。
② ［美］罗威廉：《救世——陈宏谋与十八世纪中国的精英意识》，陈乃轩等译，赵刚、孔祥文校，中国人民大学出版社2013年版，第606页。
③ 瞿同祖：《清代地方政府》（修订译本），范忠信等译，法律出版社2011年版，第257页。

焉"①，说明其已懂得人伦孝悌。乾隆十六年（1751年），开化镇总兵张凌霞向清廷上奏在当地宣讲《圣谕广训》的情况，"各夷民竟然欲神静听，额手倾心，依依不舍，尽日始散"，面对这一情形，张凌霞感到非常吃惊，他说"可见边地士民均可勉策，即蠢尔愚夷，未尝不可化诲"②。各少数民族子弟通过义学《圣谕广训》学习，使他们从小就明晓忠孝、礼义、廉耻，树立忠君爱国的思想，渐化桀骜犯上之气，从而达到移风易俗，让整个社会风气为之改观，稳定了乡村社会和边疆秩序，增强少数民族的国家认同，有利于清朝深入统治和国家长治久安。

康熙二十九年（1690年）开化府城内设立义学，知府张仲信捐俸延师训课。③ 这比内地推行义学时间早了十二年。康熙三十三年（1694年）新设开化府义学与府城西门内。广南府于康熙四十四年（1705年）由知府茹仪凤首设义学于城内。④ 雍正年间是开化、广南大规模设立义学的时期：三年（1725年）广南知府潘允敏奉命在弥勒湾设立义学一所；八年（1730年）开化府增设附郭文山县，知县徐本迁增设县义学于府城西门内；截至雍正末年，开化府在马白关、开化里南桥寨、乐农里、安南里老寨、王弄里黄龙山寨、江那里、东安里牛羊寨、永平里八寨、逢春里枯木街、新现里共新设10所义学；广南府在普厅、皈朝、剥隘、暮雨竜、里波、八播、阿科新设立了7所义学。⑤ 其中开化府所辖八里至少每里一所义学，广南府与安南接壤的边境地区也都设立义学，这些地区多为少数民族聚居区，文化发展程度较低。可以看出，义学在逐渐向

---

① 雍正《云南通志》卷21《人物·忠义》，《四库全书》史部，商务印书馆1985年影印版，第570册，第149页。

② （清）张凌霞：《奏报边防兵民情事及筹办缘由折》，乾隆十六年九月二十八日，《宫中档乾隆朝奏折》（第1辑），"国立"故宫博物院1982年影印版，第798页。

③ 康熙《云南通志》卷16《学校·义学》，《中国地方志集成》影印康熙三十年刻本，凤凰出版社2009年版，第403页。

④ 雍正《云南通志》卷7《学校·义学》，《四库全书》史部，商务印书馆1985年影印版，第569册，第239页。

⑤ 雍正《云南通志》卷7《学校·义学》，《四库全书》史部，商务印书馆1985年影印版，第569册，第239页。

边区、山区、夷区及基层推进的过程中，较之康熙年间设学区域更宽，范围更广，密度更大。

总而言之，清代在滇东南设立义学具有重要的意义。首先，它促进了边疆民族地区教育的普及，使教育向基层、平民转化。其次，开启了边疆民族地区的民智，达到了化民成俗的效果，促进了少数民族教育的发展，增强了少数民族对国家的认同感。最后，义学是中央王朝通过文教对边疆进行思想控制的重要手段，加快了边疆与内地的一体化进程。更重要的是，义学是伴随改土归流后巩固成果的重要措施，也为繁荣边疆文化提供了条件，即"生夷渐化为熟夷，熟夷渐化为汉户，蛮烟瘴雨之乡渐成声明文武之俗矣"①。

四 仓储赈灾体系的建立

中国古代王朝的仓储在国家政权体系中占有重要地位，它不但能够直接反映出王朝的富裕程度，而且它的正常运转及充盈直接关系到国势走向。每当国库充盈之时，王朝也多出现开明之世，人民安居乐业，社会秩序稳定；当国库亏空之时，伴随而来的往往是贪污腐败、民不聊生。因此，对仓储进行严格的管理及控制，对仓储管理官员及吏役进行严密的监控也就十分必要。

清代自然灾害无时无刻都在威胁着全国各区民众，治理灾害是国家乃至地方政府的职责。当地方遭遇无法预料的灾害时，地方官会从当地常平仓、社仓、义仓调拨粮食发放给受灾子民。遭遇洪灾时，州县官要查清受损房屋及溺死人畜数量，以便划拨房屋修缮的费用和丧葬费用。② 赈灾制度是中国古代社会中小农经济与专制集权相结合的产物，③ 由此带来常平仓、社仓、义仓等仓储制度的形成。仓储制度

---

① （清）陈弘谋：《奏请定夷乡入籍之例以利边地文教风俗折》，雍正十一年十一月十二日，《雍正朝汉文朱批奏折汇编》（第25册），江苏古籍出版社1991年版，第405页。
② 瞿同祖：《清代地方政府》（修订译本），范忠信等译，法律出版社2011年版，第253页。
③ 夏明方：《清季"丁戊奇荒"的赈济及善后问题初探》，《近代史研究》1993年第2期。

是国家通过粮食储备调节粮食市场的一种重要手段。① 事实上，仓储与赈济及平抑物价都有密切的关系。作为国家的正式制度，只有在正式政区才会设有仓储，形成完备的赈灾制度。

雍正二年（1724年），开化府八里建社仓，"原贮谷一千六百六石八斗"②。但此时社仓并不作为赈济贫民之用。雍正七年（1729年），清世宗发上谕："各省州县设立社仓，原为通有无济丰歉之用。嗣后如有贫民，不遇荒歉借领仓谷者，请准其给发。"③ 次年，"始行借放"，社仓粮食方作赈灾之用。雍正末年，开化府文山县实贮历年社仓谷一千六百石五斗九升；广南府实贮历年社仓谷九百六十三石六升。④ 到乾隆年间，滇东南地区广泛建立社仓。乾隆二十二年（1757年），开化府粮食积贮已达六千六十八石五斗六升。同年各里也新建社仓：本城社仓，贮谷一千八百一十九石一斗四合；老寨社仓，贮谷三百六十六石八斗七升五合；新现社仓，贮谷四百一十一石二斗五升二合；大窝子社仓，贮谷四百三十六石三斗三升八合七勺；马白下寨社仓，贮谷一千二百七十六石一斗三升五合；乐竜社仓，贮谷三百七十九石六斗一升七合三勺；江那社仓，贮谷一千三百七十九石二斗三升八合。嘉庆二十五年（1820年）开化府设安平厅后，增安平厅分管谷折米一千五百石。⑤ 广南府，道光年间宝宁县贮常平仓谷五千石，额贮社仓谷三千二百零八石一斗一升五合；土富州额贮常平仓谷五千石，额贮社仓二千八百三十六石一斗一升一合六勺。⑥ 以上为额定存储量，实际可能低于此数。总体来说，清代滇东南在改土归流以后，开化、广南二府均设有仓储制度。

---

① 王水乔：《清代云南的仓储制度》，《云南民族学院学报》（哲学社会科学版）1997年第3期。

② 道光《开化府志》卷4《田赋·积贮》，娄自昌、李君明点注，兰州大学出版社2004年版，第78页。

③ 《清世宗实录》卷86，雍正七年九月戊寅。

④ 雍正《云南通志》卷14《积贮》，《四库全书》史部，商务印书馆1985年影印版，第569册，第430页。

⑤ 道光《开化府志》卷4《田赋·积贮》，娄自昌、李君明点注，兰州大学出版社2004年版，第78—79页。

⑥ 道光《广南府志》卷2《田赋·仓储》，杨磊等点校本，兰州大学出版社2004年版，第85页。

仓储制度建立后，当地方发生灾害之时，"以备缓急而利民生"①。乾隆八年（1743年）二月初十日夜间，开化府马白汛地方客民杨逊远铺内，灯煤燃草失火，因风狂火烈，延烧铺户居民八十三户，内瓦房十七间，草房一百八十五间，税房一所。同年二月十一日未刻，有开化府城关厢居住之军杞王一才，草铺内煮饭起火，因草房遇火易燃，加值大风，难以扑灭，烧兵民五百二十八户，计瓦房二百六十间。楼房三十九间，苫片草房七百九十间，并千、把衙署十七间。随后调常平仓米减价粜卖以济灾黎，"照旧例瓦房每间赈银一两，楼房每间赈银二两，草房每间赈银五钱，共七百四十四两。马白汛被火各户，照依府城一例，共赈银一百七两"②。常平仓中储存部分粮食可在春天粮食青黄不接价格上涨时出售给本地百姓；到秋季再用春季售粮回收的资金重新低价买粮补充。社仓和义仓通常由乡镇居民通过自愿捐献设立，但均要由地方官来统一管理和调配。光绪三十三年（1907年），清政府普发广南府富州县春赈银一千元，经通判请领散发到各区团绅采买秋谷，存储积仓。③ 可见，虽经历咸同兵燹，但出于维护社会稳定目的，直到清末，滇东南仓储赈灾作为一项制度性措施仍在执行。

仓储赈灾体系作为国家治理能力在地方的体现，具有赈济和平抑物价的重要作用。这种制度又以成文法或者惯例的形式流传下来，在恢复农业生产方面也发挥了一定的社会功效。

---

① （清）阿里衮：《奏为动缺常平仓谷请添价买补以实仓储折》，乾隆三十三年七月二十一日，《宫中档乾隆朝奏折》（第31辑），"国立"故宫博物院1984年影印版，第376页。
② （清）张允随：《奏为开化府属地方被火赈恤事》，乾隆九年四月初二日，中国第一历史档案馆藏，档案号：04-01-01-0107-016。
③ 民国《富州县志》卷6《民政·仓储》，杨磊、农应忠点辑，云南大学出版社2007年版，第17页。

结　　语

　　国家治理体系和治理能力是一个国家制度和制度执行能力的集中体现。国家治理体系是管理国家的制度体系，包括经济、政治、文化、社会、生态文明和党的建设等各领域体制机制、法律法规安排，也就是一整套紧密相连、相互协调的国家制度；国家治理能力则是运用国家制度管理社会各方面事务的能力，包括改革发展稳定、内政外交国防、治党治国治军等各个方面。国家治理体系和治理能力是一个有机整体，相辅相成，有了好的国家治理体系才能提高治理能力，提高国家治理能力才能充分发挥国家治理体系的效能。因此，国家治理的本质就是通过其属性和职能的发挥，协调和缓和社会矛盾，用以维持社会秩序。今天国家依靠一系列制度体系来治理地方，而历史时期又何尝不是如此呢？

　　本书认为，封建帝制时代国家对基层社会的管理模式"皇帝—国家—基层"。这其中地方官被任命代表国家参与管理地方事务。具体来说，就是国家将每个县的地域空间划分为乡里不同等级，进而将民众整合至里甲、保甲之中以保证人口统计和赋税征收，同时还可以起到邻里间相互监视的作用。这是中国古代封建王朝对基层社会管理制度的核心。清代国家治理模式也基本如此。但上述论点是基于中国内地基层社会视角讨论的，边疆民族地区由于自然与人文地理环境的复杂性，仅靠照搬内地治理模式往往达不到理想的效果，而要"因俗而治"，一方面将内地基层社会的治理模式移植到边疆地区，另一方面还要在尊重各少数民族的社会风俗和宗教信仰的基础上，适当保留符合当地情形的固有制度，将二者有机结合。其实，历朝统治者都推崇这一治理方略,这就是"修其教不易其俗,齐其政不易其宜"理念的实际应用,而清朝统治者也是将这一理念的应用发挥到了极致。

本书选取滇东南地区作为研究对象,通过对这一区域的细致研究来探讨清代国家治理如何一步步地深入该地区。据此得出以下几点基本认识:

第一,从行政区划的角度看,清代以前,该地区为土司管辖。元代在云南行省东南部边疆依照内地设置路、宣慰司、宣抚司进行行政管理与军事管控,对当地少数民族主要施行土官管理土民的模式,军事上设置和调整宣慰司。明代国家治理相比元代有一定程度的深化,突出表现在府级政区治所南移,向边界推进,以及尝试进行卫所设置。但最终以广南卫设置失败告终。以上事实说明元明时期行政区划及流官体系均未能进入该地区,因此国家治理并没有深入。明清鼎革,滇东南地区各土酋割据一方,相继发生各种暴乱事件。因此,"治乱"是这一时期国家的主要目标。康熙四年(1665年),吴三桂领兵平定各土酋后,将明代完全处于国家治理"虚悬"区,即国家依靠土司间接管理的区域,逐步纳入国家正式行政区划,即将明代王弄山长官司、八寨长官司、教化三部长官司合并设置为开化府,同时将广南土府进行改流,派遣流官知府作为行政主官,对改流地区进行管理,这标志着滇东南行政区划统县政区层级建设基本完成。但统县政区开化府和广南府下缺乏县级政区,开化府仅将原来教化三部长官司改设文山县,作为府治所在的首县,王弄山长官司和安南长官司等在康熙六年仅改属开化府,作为开化府知府亲辖地,依旧以原来土司进行间接管理,所以康熙年间,国家治理在这个区域仅能达到统县府级政区层面,知府对广大亲辖地无力进行"掌土治民"深入管理,国家治理仍然是"虚悬"状态,留下动乱的隐患。因此,康熙十二年(1673年)爆发吴三桂领衔的"三藩之乱",该地区再次陷入混乱和动荡之中。在"平定三藩"的过程中,清朝耗费巨大的人力、物力和财力进行治乱,同时安南趁机对滇东南边疆地区进行侵扰蚕食,边疆稳定堪忧。"平定三藩"后,清朝着力进行恢复云南社会秩序的"理正",一方面促使该区域逐渐恢复到战乱前的状况,另一方面清朝意识到土司之类特殊的行政区划严重妨碍国家体制和政策措施在边疆地区贯彻，特别是边疆民族地区若仅局限于统县府级政区设置无法对边疆民族进行有效管理，国家必须通过在边疆民族地区建构与内地一致的行政区划和行政管理体制，即府级统县政区下必须完善县级政区的建置，才能将内地行之有效的政治、军事、经济、文化等方面的治理措施全面贯彻到云南全省边疆民族地区。于是，雍正时期进行大规模改土归流，将广大土司地区纳入国家治理的一体化范畴。乾隆年间在继承改土归流成效的基础上，于三十五年（1770年）将云南有府无县的"无属邑，不成郡"，"与体制不合"边疆民族地区全面进行县级行政区划建设，使之"以符体制"。① 嘉庆年间，滇东南边疆形势严峻，为加强边疆治理，二十五年（1820年）将滇东南边疆地区重要的边关所在地马白关改设为安平厅，并将开化府知府亲辖的原属安南长官司的东安、逢春、永平三里改属安平厅，从而将县级政区推进到边疆地带。行政区划的一体化为实行有效的国家治理提供了条件，清朝在边疆地区采取一系列"善后"措施，均带有在边疆地区进行国家治理体系建设的寓意。随着清朝行政管理的深入，在县级政区建置的基础上，仿照内地进行筑城、挖池、设衙署、建学，还有社仓、常平仓以及养济院、育婴堂等公共福利机构的建设，使得行政管理能够真正进入该区域；同时为适应符合对边疆少数民族地区的治理，适当地保留土官的辅治职能，但行政主官一定是流官。中法战争后，滇东南边疆地区成为边疆治理战略前沿，清朝与法属安南分别设置对汛督办机构，处理中国与法属安南边境地区的纷争、黑旗军游勇和国际问题。辛亥革命后，中央政府为加强对滇东南的控制与开发，将原来仅处理中国与法属安南边疆国际事务的机构，河口对汛督办和麻栗坡对汛督办加强为具有县级政区职能的行政的特殊政区，全面完成了滇东南边疆民族地区行政区划建置，这个过程伴随了国家治理在边疆地区的"治乱"—"理正"—"善后"与边疆民族地区特殊政区（土司、对汛督办等）向与内地一致的行政区划体制建置一体化在地域上的演进和进程，实现了国家对边疆地区的全面统治，军事力量得以加强，文教深入基层及少数民族子弟，做到了地理实体上的改

---

① 《清高宗实录》卷852，乾隆三十五年二月庚戌。

土归流，在行政区划和行政管理体制上逐渐消融边疆与内地的差距。

第二，从边疆军事防御体系看，自清军平定滇东南伊始，作为清朝国家常备军之一的绿营兵开始驻扎，并在各交通要隘设置汛、塘、关、哨、卡，各汛、塘相距五里左右，形成一道严密的军事布防网络，在稳定时期滇东南地区共有29汛、146塘、3关、95卡，有2400左右的常备绿营兵。尤其这些军事要隘更多已驻防到最边界的国防前沿地带，这里与越南接壤，形势险要，是各类流民土匪的麇集处。当有流民发生动乱之时，国家政策总是剿抚并重，用以稳定地方社会秩序。因此，绿营兵的驻防体系在稳定边疆上起了重要作用。清代发生的各类界务之争，从国家到地方督抚，再到总兵员弁，总体上能够做到寸土必争、守土有责。嘉庆时期既是清朝中期的一个重要的变革期，也是云南发展的重要时期，还是云南民族关系整体比较稳定的时期，因此本书重点考察了嘉庆时期曾任云贵总督长达十六年的满洲正黄旗人伯麟，他留给后人的两部著作《滇省舆地图说》与《滇省夷人图说》是其对清代云南治理成熟期的一个高度性总结，因此其重要意义不言而喻。中法战争期间，地方督抚力争抗击法国殖民侵略者。随后滇东南地缘政治发生变化，加之蒙自开关，设置临安开广道以加强边疆的军事防守。清末新政后，开始编练新军，形成了南防军事防御体系，南防防线自西向东已形成一条清晰可见的边防线。军事装备从旧式冷兵器向现代化热兵器转变，并组建山炮队、工程队、军医院等具有现代化性质的军事建制，对晚清保卫滇东南国土安全起了至关重要的作用。辛亥革命爆发后，云南军政府为抵御法国入侵、稳定边疆局势和维护国家统一，在"重九起义"后仅半年时间，就立刻组织人员对滇东南南防进行调查，并留下了前人未曾关注过的《云南南防调查报告》。通过这份报告，不仅可以得知滇东南边防从传统的后置性防御体系到现代化边防体系的转变，而且在国家政体转变的重要时期，云南军政府对稳定边疆局势所作出的重要贡献。

第三，从基层社会的治理看，首先是对滇东南区域"掌土"与"治民"，即国家对滇东南地区正式政区内的土地清丈与健全行政区域的户籍统计与管理。其次县级政区以下，一方面移植与模拟内地的里甲、保甲等基层社会管理体制至滇东南区域，另一方面保留少数民族特有的基层社会结构，将二者结合共同治理边疆。此外，通过对开化府各里地域范围的分析后得出，其地域范围与今乡、镇、区及区划竟有重合之处。本书认为，清代在雍正"摊丁入亩"后，基层社会有一个重要转变，国家从"管人"转变到了"管户"，即国家不再征收人头税，而是以户口来进行管理。到清代中期后，在此基础上又对边疆少数民族地区的村寨划片进行管理，形成特有的"里甲"，这是与内地里甲组织制度的最大区别，对边疆基层社会的管理模式经历了一个从管人到管户，再到地域管理的过程，最终打破少数民族血缘结构，转变为地缘结构，这既是改土归流的本质所在，也是国家治理深入边疆少数民族基层社会的最重要的考量。

  总之，国家治理就是一个由混乱向秩序的过程，这其中无处不在地体现着清代"精巧"的治理策略。本书通过对清代云南东南部边疆民族地区进行国家治理体系专题研究，以实证方式对国家建构和边疆治理等国内外重要理论进行回应，运用历史地理学和历史人类学的方法，创新性地从边疆特殊政区与内地行政区划一体化进程、边疆军事体系的构建、国家在边疆民族地区基层社会的管理体制建设三个方面对国家治理中的边疆治理在地域上的演进和历史进程的研究，融会贯通地运用许倬云国家建构的"干枝延展"和"充填型"、姚大力的"民族家园"融合型、周振鹤历史政治地理的圈层结构以及陆韧的边疆特殊政区等相关重要理论，通过实证方式指出国家建构并非上述理论单一型所能体现的，而是多种形式的结合；清代通过交通的枝干延伸、改土归流促使边疆民族特殊政区与内地一体化及县级政区充实"虚悬"区、移植内地基层管理制度与民族社会内部管理结构结合等方式，使早已纳入国家版图而清以前始终处于国家力量未能深入的地区，全面完成现代国家建构的最后步骤，实现边疆治理和抵达边界的边防体系建设；指出清代完成国家建构和边疆治理是通过"治乱"（武力平定与统一）—"理正"（恢复民族社会秩序）—"善后"（全面建构边疆治乱制度体系）—"一体化"等几个阶段；通过对改土归流后边疆筑城运动以及边疆城市的内部格局特点研究，探讨了国家治理机构在边疆民族地区推行的地理演进特点和历史进程。

附 录

一 康熙至嘉庆滇东南绿营兵设置简表

时间	名称	统属	编制	驻地	兵额	备注
康熙六年	开化镇	该镇总兵	中、左、右游击3员，守备3员，千总6员，把总12员	开化府城	马战兵240名，步战兵960名，守兵1200名，共2400名	存城1382名，分防1018名；千总5存城、1分防坝洒汛（200名）；把总6存城、6分防江那（158名）、牛羊箐口（127名）、八寨（127名）、马街子（152名）、老寨（127名）、新现（127名）各汛

续表

时间	名称	统属	编制	驻地	兵额	备注
康熙三十一年	开化镇	该镇总兵	中、左、右游击3员，守备3员，千总6员，把总12员	开化府城	马战兵240名，步战兵960名，守兵1200名，共2400名	将广罗镇降为协，隶开化镇统辖，设副将1员，下领兵额广西罗平、1200名
康熙三十一年	广南营（康熙二十一年设）	开化镇兼辖	游击1员，守备1员，千总2员，把总4员	广南府城	马战兵80名，步战兵320名，守兵400名，共800名	存城350名，分防土富州城，1分防450名；千总1存；把总分防者陡（200名）、命帖（50名）、剥隘（50名）、杨五法卡（50名）各汛
雍正十三年	开化镇	该镇总兵统辖	中、左、右游击3员，守备3员，千总6员，把总12员	开化府城		存城1282名，分防1118名
雍正十三年	广南营	开化镇兼辖	千总、把总、外委共6员	广南府城	马战兵107名，步战兵440名，守兵550名，共1097名	

续表

时间	名称	统属	编制	驻地	兵额	备注
乾隆四十七年	开化镇	该镇总兵统辖	中营游击1员，左、右营都司2员，营备3员，守总6员，千总12员，把总12员	开化府城	2339名	
	广南营	开化镇兼辖			942名	
嘉庆二十五年	开化镇	该镇总兵统辖			2224名	嘉庆九年，裁马兵20名；嘉庆二十四年，裁步兵14名，守兵80名
	广南营	开化镇兼辖			734名	嘉庆九年，裁步兵80名，守兵50名；嘉庆二十四年，裁步兵5名，守兵31名

资料来源：(清)阮元等修、王崧等纂：道光《云南通志》，道光十五年刻本，云南大学图书馆藏。

二 道光十二年开化府汛塘设置情况表

	名　称	位　置	兵　额
	杨柳河关	系文山县管辖	
文山县	新现汛	旧在蒙自县西南，近王弄山长官司，山高箐密，深险可恃	城西南 330 里，开化镇分防，把总 1 员，兵 126 名
	坝酒汛	城西南 485 里，开化镇中、左、右三营按季轮派干总 1 员，土著兵 90 名	
	老寨汛	城西 140 里，开化镇标右营分防，外委 1 员，步、守兵 28 名	
	麻栗坡汛	老寨汛西 55 里，系老寨汛官兵兼防	
	乐竜汛	城西北 110 里，开化镇标右营分防，外委 1 员，步、守兵 28 名	
	石榴红汛	城西北 130 里，开化镇标中、左、右三营按年轮派把总 1 员，步、守兵 70 名	
	江那汛	城北 70 里，开化镇标中营分防，把总 1 员，步、守兵 100 名	
	者腊汛	江那汛东北 30 里	
	六诏汛	江那汛东北 50 里，者腊汛东北 20 里，开化镇标中营分防，外委 1 员，步、守兵 48 名	
	河口汛	开化镇标左营分防，把总 1 员，步、守兵 90 名	
	石头寨捏结台汛	开化镇标右营分防，把总 1 员，步、守兵 90 名	
		以上共 11 汛，步、守兵 670 名，土著兵 90 名	
	石洞塘	城东 15 里	
	红坎塘	距石洞塘 15 里	

续表

	名　称	位　置	兵　额
	禾木坎塘	城南5里	
			以上2塘，俱在文山县境内，系安平厅牛羊汛管辖
	冲莫塘	城西南5里	系安平厅马街汛管辖
	者安塘	距冲莫塘40里	
			以上2塘，俱在文山县境内，系安平厅八寨汛管辖
文山县	所者白塘	城西南70里	
	那木果塘	距所者白塘70里	
	红石崖塘	距那木果塘50里	
	洒卡塘	距红石崖塘30里	
	百户塘	距洒卡塘30里	
	水卡塘	距百户塘195里，距安平厅漫老塘30里，60里至洒坝	
			以上6塘，俱系坝洒汛管辖
	新现塘	城西南330里	
	竜古塘	距新现塘50里，蒙自边界	
			以上2塘，俱系新现汛管辖
	所里坡塘	城西70里	
	王弄山塘	距所里坡塘20里	

续表

	名称	位置	兵额
	小水田塘	距王茅山塘20里	
	老寨塘	距小水田塘30里，系老寨汛底塘	
	闸门塘	老寨汛西20里	
	杨柳河塘	距闸门塘15里，20里至麻栗坡汛	
	鸣旧塘	距麻栗坡汛20里	
	舍所坝塘	距鸣旧塘20里	
	呀拉冲塘	距舍所坝塘30里，40里接新现、乐龚界	
	以上9塘，俱系老寨、麻栗坡二汛管辖		
文山县	法古塘	城西北5里	
	天生桥塘	距法古塘30里	
	依人河塘	距天生桥塘20里	
	路梯塘	距依人河塘15里	
	汤坝塘	距路梯塘20里	
	红甸塘	距汤坝塘20里	
	石榴红塘	距红甸塘20里，系石榴红汛底塘	
	脚侧塘	距石榴红塘25里，交阿迷界	
	以上8塘，俱系石榴红汛管辖		
	乐龚塘	城西北110里，系乐龚汛底塘	

续表

	名 称	位 置 兵 额
文山县	滴水塘	城北 10 里
	二塘	距滴水塘 15 里
	三塘	距二塘 5 里
	一字桥塘	距三塘 20 里
	江那塘	距一字桥塘 25 里，系江那汛底塘
	铳卡塘	在江那汛北 95 里
	芹菜塘	距铳卡塘 30 里，15 里交邱北界
	石硐塘	江那汛东北 25 里
	乾河塘	距石硐塘 20 里
	阿鸡塘	距乾河塘 30 里
	者腊塘	江那汛东北 30 里，系者腊汛底塘
	六诏塘	距者腊塘 20 里，系六诏汛底塘
	阿香塘	在六诏塘北 25 里
	南平塘	距阿香塘 30 里，60 里至牛羊汛
	上拱塘	在六诏塘北 25 里
	数奈塘	距上拱塘 20 里，10 里交广南界
		以上 17 塘，俱系江那、六诏、者腊三汛管辖。共计 47 塘，其中有 4 塘归安平厅汛属管辖
	漫来卡	接安平厅八寨汛之漫表卡 40 里

续表

名称	位置兵额
黄果卡	距漫来卡25里
下田房卡	距黄果卡35里
大湾子卡	距下田房卡30里
白石头卡	距大湾子卡25里，25里下接老寨汛之南渣卡
	以上5卡，俱系坝酒汛管辖
南渣卡	接坝酒汛之白石头卡25里
南井卡	距南渣卡10里
翁正千卡	距南井卡5里
大石头卡	距翁正千卡10里
清水河卡	距大石头卡5里，30里接新现汛之大多衣卡
	以上5卡，俱系老寨、麻栗坡二汛管辖
大多衣卡	接老寨汛之清水河卡30里
蛮耗卡	距大多衣卡120里
上田房卡	距蛮耗卡100里
朴支卡	距上田房卡25里
石头寨卡	距朴支卡50里
萨乌迭卡	距石头寨卡70里
地洗白卡	距萨乌迭卡70里
	以上7卡，接文阯布都寨界，俱系新现、乐龚二汛管辖。共17卡

（文山县）

续表

名　称		位　置　兵　额
大窝关	今废	
马白关		旧在新现交冈之上，明置
	牛羊汛	在府逢春里南，与安南交界
	马达汛	在府东百里，安平厅境内，开化镇中营分防，把总1员，步，守兵90名
	箐口汛	把总1员，步，守兵100名
	天生桥汛	牛羊汛兼防
	扣览汛	开化镇标中营分防，外委1员，步，守兵28名
安平厅	马街汛	外委1员，步，守兵50名
	山车汛	府南125里，安平厅境内，开化镇左营分防，把总1员，步，守兵115名
	八寨汛	距马街汛20里，开化镇左营分防，外委1员，步，守兵28名
	交趾坡汛	府西南125里，安平厅境内，开户真标左营分防，外委1员，步，守兵40名
		开户真标中、左、右三营按季轮派外委1员，步，守兵479名
		以上9汛
	马鞍山塘	府东45里，距文山县之红坎塘15里
	锡板塘	距马鞍山塘20里
	保路塘	距锡板塘10里，20里至牛羊汛
	西洒塘	牛羊汛东80里

续表

	名 称	位 置	兵 额
	蝴蝶塘	距西洒塘 80 里	
	漫竜塘	距蝴蝶塘 50 里	
	普元塘	距漫竜塘 40 里，20 里接马桑卡	
	牛羊塘	牛羊汛东南 5 里	
	马达塘	距牛羊塘 40 里	
	老崖塘	距马达塘 20 里	
	天生桥塘	牛羊塘西 50 里	
	威龙塘	距天生桥塘 20 里	
安平厅	牛羊坪塘	距威龙塘 20 里	
		以上 13 塘，俱系牛羊、马达、天生桥三汛管辖	
	沟纹塘	府南 20 里，距文山县之禾木坡塘 15 里	
	枯木塘	距沟纹塘 15 里	
	杨柳井塘	距枯木塘 20 里	
	斗嘴塘	距枯木塘 30 里	
	大汛塘	距枯木塘 30 里	
	山车塘	距斗嘴塘 20 里，距马街塘 50 里	
	克夕塘	距大汛塘 15 里	
	马街塘	距克夕塘 15 里	

续表

	名　称	位　置　兵　额
		以上 8 塘，俱系马街、山车二汛管辖
	底泥塘	府西南 85 里，距者安塘 40 里
	八寨塘	距底泥塘 40 里
	老八塘	八寨汛南 30 里，系八寨汛管辖
	箐口塘	距老八寨 20 里
		以上 4 塘，俱系八寨汛管辖
安平厅	大树塘	府南 275 里，距文山县之百户塘 25 里
	三岔河塘	距大树塘 30 里
	画眉塘	距三岔河塘 30 里
	新寨塘	距画眉塘 30 里
	漫老寨塘	距新寨塘 50 里
		以上 5 塘，俱在安平厅境内，系文山县之坝洒汛管辖。共 30 塘，其中 5 塘系文山县署管辖
	马寨卡	牛羊汛东 270 里，距普元塘 20 里
	关稿卡	距马寨卡 70 里
	者襄卡	距关稿卡 50 里
	普竜卡	距者襄卡 30 里
	洒㾗卡	距普竜卡 5 里
	扣览卡	距洒㾗卡 5

续表

	名　称	位　置	兵　额
安平厅	竜困卡	距扣览卡 15 里	
	扣满卡	距竜困卡 10 里	
	达干卡	距扣满卡 20 里	
	奎布卡	距达干卡 15 里	
	偏保卡	距奎布卡 160 里	
	样色桥头卡	距偏保卡 50 里	
	瑶人寨卡	距样色桥头卡 40 里	
	下藤桥卡	距瑶人寨卡 15 里	
	上藤桥卡	距下藤桥卡 40 里	
	老虎跳卡	距上藤桥卡 15 里	
	天生桥卡	距老虎跳卡 20 里	
	韭菜坪卡	距天生桥卡 15 里	
	牛羊坪卡	距韭菜坪卡 15 里	以上 19 卡，俱系牛羊、马达、箐口、天生桥、扣览五汛管辖
	火烧地房卡	接牛羊汛之牛羊坪卡 20 里	
	湾子箐口卡	距火烧地房卡 20 里	
	箐口卡	距湾子箐口卡 25 里	
	蕃山卡	距箐口卡 12 里	

续表

	名 称	位 置 兵 额
安平厅	城子卡	距番山卡5里
	木兔底卡	距城子卡5里
	新卡	距木兔底卡3里
	冷卡	距新卡5里
	法文革大卡	距冷卡4里
	法文革小卡	距大卡3里
	多罗卡	距小卡2里
	醒鹾卡	距多罗卡8里
	竜那卡	距醒鹾卡8里
	小天生桥卡	距竜那卡10里
	蔓鸡卡	距小天生桥卡25里
	猛蟀卡	距蔓鸡卡60里,25里接八寨之腊兔卡
		以上16卡,俱系马街,山车二汛管辖
	腊兔卡	八寨汛东25里,接马街汛之猛蟀卡
	大坝卡	距腊兔卡30里
	南西卡	距大坝卡120里
	马式克卡	距南西卡60里
	山腰卡	距马式克卡100里

续表

	名称	位置	兵额
安平厅	漫昏卡	距山腰卡30里	
	漫蒴卡	距漫昏卡15里	
	扎爪卡	距漫蒴卡15里	
	漫峨卡	距扎爪卡15里，40里接文山县坝洒汛之漫来卡	

以上9卡，俱系八寨汛管辖。共44卡

资料来源：（清）阮元等修，王崧等纂：道光《云南通志》，道光十五年刻本，云南大学图书馆藏。

三 道光十二年广南府汛塘设置情况表

	名称	位置	兵额
宝宁县	宝月关	城东50里，置嚓楼3间，盼望远近，以防奸宄	
	关三重，连山峭壁，石磴嶝峻，为两粤冲途。第一重尤为险峻，郡城厄要之区也。昔依氏设关其上，就有公署。今俱废		
	板蚌汛	城东，外委把总1员，兵丁20名，管辖3塘	
	者宾汛	城东，外委1员，兵丁45名，管辖4塘，2卡	
	富州汛	城东，千总1员，兵丁120名，管辖28塘	
	剥隘汛	城东南390里，外委把总1员，兵丁40名，管辖4塘	
	普梅汛	城南，把总1员，兵丁90名，管辖28卡	
	阿记得汛	城西，外委把总1员，兵丁31名，管辖6塘，2卡	

续表

名　称		位　置	兵　额
	弥勒湾汛	城西，把总1员，兵丁90名，管辖16塘、2卡	
	佃帕汛	城北，把总1员，兵丁20名，管辖1塘	
	者洪汛	城北，把总1员，兵丁40名，管辖6塘	
		以上共9汛，共兵丁496名，管辖68塘、34卡	
	乃安塘	兵4名	
	坝下水塘	兵3名	
	威泌水塘	兵3名	
		以上3塘，俱系板蚌汛管辖，兵10名	
	里贡塘	兵3名	
	上野塘	兵3名	
	那达塘	兵3名	
	蔴莞塘	兵6名	
	郎海卡	兵10名	
	蔴娄卡	兵10名	
		以上4塘、2卡，俱系者宾汛管辖，兵35名	
宝宁县	皈朝塘	兵3名	即富州汛塘，兵26名
	董那孟塘	兵3名	

续表

名 称		位 置	兵 额
宝宁县	高枧槽塘		兵3名
	西洋江塘		兵3名
	安兴灰塘		兵3名
	蝶岭菁塘		兵3名
	木朗沟塘		兵3名
	过流坡塘		兵3名
	响水塘		兵3名
	安环甲塘		兵3名
	沙斗塘		兵3名
	者郎塘		兵3名
	安戈部塘		兵3名
	波淋塘		兵3名
	瓦窑塘		兵3名
	四亭塘		兵3名
	三亭塘		兵3名
	老鬼坟塘		兵3名
	平岭塘		兵3名
	匾仓塘		兵3名

续表

名　称		位　置　兵　额
	岩哈塘	兵3名
	洞那塘	兵3名
	戈革塘	兵3名
	那尾塘	兵3名
	宝月关塘	兵5名
	杨柳井塘	兵5名
	罗贡塘	兵5名
	普厅塘	兵5名
	者桑塘	兵5名
		以上28塘，俱系富州汛管辖，兵94名
宝宁县	剥隘汛塘	兵20名
	者岭塘	兵5名
	剥峨塘	兵5名
	剥滩水塘	兵5名
		以上4塘，俱系剥隘汛管辖，兵35名
	威竜卡	兵2名
	铁厂卡	兵2名
	维摩卡	兵2名

续表

名称	位置	兵额
宝宁县		
黑达卡		兵2名
那撒卡		兵2名
鬼马卡		兵2名
革赊卡		兵2名
平寨卡		兵2名
狗街卡		兵2名
猴街卡		兵2名
羊街卡		兵2名
坝旧卡		兵2名
木梳卡		兵2名
阿姝卡		兵2名
董布街卡		兵2名
板江卡		兵2名
董俰卡		兵2名
木英卡		兵2名
达安卡		兵2名
里黑卡		兵2名
美汤卡		兵2名

续表

	名　称	位　置　兵　额
	美得卡	兵 2 名
	董昂卡	兵 2 名
	孟梅卡	兵 5 名
	南利卡	兵 5 名
	木瓯卡	兵 5 名
	篾那卡	兵 5 名
	篾弄卡	兵 5 名
	以上 28 卡，俱系普梅汛管辖，兵 71 名	
宝宁县	草掌塘	兵 3 名
	红石岩塘	兵 3 名
	阿卡黑塘	兵 3 名
	猓倮拜塘	兵 3 名
	界牌卡	兵 3 名
	克林塘	兵 4 名
	拖白泥塘	兵 4 名
	母猪黑卡	兵 2 名
	以上 6 塘，2 卡，俱系阿得汛管辖，兵 25 名	
	者况塘	兵 3 名

续表

	名 称	位 置	兵 额
宝宁县	宜乐塘		兵3名
	高山流水塘		兵3名
	者豹塘		兵3名
	六郎塘		兵3名
	下安排塘		兵3名
	上安排塘		兵3名
	法车塘		兵3名
	杨伍塘		兵3名
	新塘		兵3名
	维摩塘		兵3名
	三眼井塘		兵3名
	糯古八达塘		兵3名
	木帖塘		兵5名
	者兔塘		兵5名
	者锺塘		兵5名
	马别河塘		兵5名
	法白塘		兵5名

以上16塘、2卡,俱系弥勒汛管辖,兵64名

续表

	名称	位置	兵额
	董播塘		兵5名
		以上1塘，系命帖汛管辖，兵5名	
宝宁县	分水岭塘		兵5名
	打夏塘		兵5名
	阿科塘		兵5名
	者否塘		兵5名
	八达塘		兵5名
	罗里塘		兵5名
		以上6塘，俱系者洪汛管辖，兵30名	

资料来源：(清) 阮元等修，王崧等纂：道光《云南通志》，道光十五年刻本，云南大学图书馆藏。

四　清代开化府里甲所属村寨及种人

开化里

特打寨：土獠；水车寨：土獠；和尚庄：土獠；新平坝：土獠；旧平坝寨：土獠；迷那白：土獠；老保黑：土獠；阿欲寨：土獠；长者寨：土獠；高末二寨：土獠；暮底寨：土獠、獏喇；下暮底寨：土獠；汤董寨：土獠；呀呼寨：汉人、土獠；矣补得寨：獏喇；柯麻栗：獏喇；夏谷寨：獏喇、土獠；那勒科：汉人、獏喇；马厂寨：土獠、獏喇；小石洞寨：土獠；合掌箐：土獠、猓猡；多不克：獏喇；石牛角：土獠、獏喇；响水桥寨：土獠；小禾木寨：汉人、土獠；大禾木寨：土獠；卡那迭：土獠；西得冲寨：土獠；里补夏：土獠；新里补：土獠；大里补：土獠；扯柯勒：摆依；布都寨：摆依；马郎寨：侬人；务兔冲：獏喇；牙普舍：獏喇；打梯寨：獏喇；土锅寨：獏喇；马理寨：獏喇；法都寨：獏喇；落水硐：獏喇；水尾寨：侬人；柯迭寨：獏喇；恩生寨：猓猡；沙老寨：汉人、獏喇；阿得寨：汉人、獏喇；平坝寨：獏喇；得白寨：獏喇；所得革：獏喇；所季克：獏喇；鲁咱寨：獏喇；接莺坡：獏喇；杜茂寨：侬人；木碗寨：獏喇；夏几科：獏喇；长冲寨：侬人；禾木革：侬人；牛皮打：獏喇；莪保舍：侬人；禾木舍：猓猡；者迫寨：猓猡；西华山：汉人；热水寨：土獠；热水塘：回子、土獠；法古寨：土獠；卧打溪：土獠、猓猡；新街：汉人；布苏寨：土獠；摆依寨：摆依；猓猡寨：猓猡；下板枝花：土獠；上板枝花：汉人、土獠；灰土寨：土獠；气星寨：土獠；侧白仰：獏喇；暮底河上中下三寨：侬人；洒吾柯：獏喇；舍科白：獏喇；所世期寨：獏喇；矣革勒寨：獏喇；牙舍矣寨：獏喇；者黑冲寨：侬人；红夏夏寨：侬人；所那迭寨：猓猡；姑娘寨：㮈子、猓猡；果者迭寨：獏喇；果那冲寨：獏喇；裸务迭寨：獏喇；矣把冲寨：獏喇、土獠；矣勒冲寨：侬人；耻期寨：汉人、侬人；恨迭寨：侬人、獏喇；者迭寨：侬人、獏喇；白木舍寨：獏喇；兔处科寨：獏喇；者安寨：侬人、獏喇；二拨寨：猓猡；三棵树寨：猓猡；木黑克寨：獏喇；阿止得克寨：土獠；大教化寨：猓猡；黑腻克寨：猓猡；旧兔冲寨：汉人、土獠；新兔冲寨：猓猡；横水塘寨：猓猡；石将军寨：猓猡；太安桥寨：汉人；卧柯寨：土獠；高登寨：土獠；石灰窑寨：汉人、土獠；小马厂寨：土獠；小矣古寨：土獠；大矣古寨：侬人、土獠；大母都黑寨：土獠；新母都黑寨：土獠；旧母都黑寨：土獠；召五期寨：摆依、侬人；旧著乌舍寨：獏喇；新著乌舍寨：獏喇；哇白冲寨：獏喇；高枧槽寨：侬人、土獠；龙潭寨：侬人

永平里

漫昏寨：沙人、摆依；漫卓寨：摆依；山腰寨：摆依；漫乍衣寨：沙人；漫帕寨：侬人；漫桑寨：獏喇；马多衣寨：沙人；马市克寨：沙人；马厄寨：侬人；南西寨：侬人；上麻底寨：侬人；阿那衣寨：獏喇、摆依；者果寨：摆依；典末寨：摆依；大坝寨：摆依；木都迭寨：摆依；猓舍寨：獏喇；矣结寨：猓猡；腻科寨：侬人；舍波寨：獏喇；小气结寨：侬人；大气结寨：獏喇；音明寨：侬人、獏喇；底泥冲寨：侬人、猓猡；卡迭寨：侬人；漫期寨：摆依；批洒阿波黑寨：摆依、獏喇；漫莪洒期寨：摆依；南路漫照寨：摆依；漫来寨：摆依；漫霸寨：沙人；骂乍克漫老寨：沙人；新寨：沙人；腻巴黑寨：侬人；打拉寨：獏喇；三岔河寨：獏喇；大树寨：摆依；漫计黑寨：獏喇；热水寨：侬人；大鼻子寨：母鸡；箐底寨：母鸡；锅底坎寨：沙人；白石头寨：摆依；漫仰寨：母鸡；漫者博寨：母鸡；京竹寨：母鸡；翁牙漫故波寨：沙人；那都坝寨：摆依；田房大湾子寨：摆依；田房寨：摆依；小田房寨：摆依；阿坝迭寨：沙人；老坝洒寨：沙人；那都白寨：沙人；阿乍黑寨：母鸡；漫乍寨：母鸡；漫思坡寨：母鸡；漫故博寨：母鸡；小南西寨：侬人；腊错火寨：黑獏喇；博你寨：獏喇；干沟寨：侬人；漫汲寨：侬人；阿得保寨：母鸡；马迭博扎寨：母鸡；大雾露寨：母鸡；漫欠寨：母鸡；坝及寨：母鸡；漫莫衣寨：母鸡；喜主响水寨：沙人；喜主桥头寨：沙人；喜主黑鸟寨：獏喇、腊兔；喜主阿得鸡寨：侬人；喜主腊几坡寨：侬人、摆依；岔河寨：侬人；马受医寨：猓猡；靛硐寨：黑摆依；暮路者寨：猓猡；喜主寨：猓猡；阿得波寨：猓猡、聂素；马打冲寨：猓

猡；贺你白寨：侬人；痛果寨：侬人；巴蕉箐寨：獏喇；矣革冲寨：獏喇；牙谜黑寨：侬人；下牙谜黑寨：侬人；阿音迭寨：侬人；天生桥寨：侬人；朵气白寨：侬人、獏喇；赤波波寨：侬人；法不戛寨：猓猡、獏喇；猓者迭寨：汉人、猓猡；卡希迭寨：猓猡；马主寨：猓猡；法都乍止寨：獏喇；腊兔寨：侬人；红底柯寨：黑摆侬；猓洒寨：獏喇、摆侬；猓磨寨：獏喇；干本寨：侬人；木鸟寨：猓猡；戛不可寨：猓猡；那衣竜寨：獏喇；猓错寨：獏喇；赶古寨：猓猡；腻错寨：猓猡、獏喇；矣思保得寨：侬人；洪关寨：僰子；阿都寨：獏喇；腊课寨：獏喇；大猓者寨：獏喇；小猓者寨：獏喇

安南里

老寨：汉人、猓猡；鸣旧寨：汉人、侬人；期路古寨：獏喇；所著捏寨：獏喇；尾鲁迭寨：獏喇；古布竜寨：獏喇；腻布竜寨：獏喇、汉人；音鲁迭寨：獏喇、汉人；阿勒白寨：汉人、猓猡；弩弩迭寨：獏喇；结西结寨：獏喇；迭咩迭寨：獏喇；木结寨：獏喇；猓窝鲊寨：獏喇；猓额寨：獏喇；菲作克寨：獏喇、汉人；浒音则寨：獏喇；黑以母租寨：汉人、獏喇；地都克寨：猓猡；菲铁白寨：獏喇；树鲁白寨：獏喇；阿邓寨：獏喇；矣腻白寨：獏喇；锅结寨：獏喇；扎带寨：獏喇；母鸡白寨：獏喇；他乍宜寨：獏喇；鲁得寨：侬人、獏喇；音兔革寨：侬人；栖布迭寨：侬人、土獠；白木舍寨：猓猡、汉人；者迭冲寨：猓猡；洒黑白寨：猓猡、阿者；雾露结寨：汉人、猓猡；擦得白寨：獏喇；即朵白寨：獏喇；猓布白寨：猓猡、獏喇；母鸡竜寨：猓猡、汉人；尾得白寨：獏喇、汉人；木都迭寨：母鸡；牛姑菲寨：母鸡；矣乌迭寨：猓猡；迭希迭寨：母鸡；莫布竜寨：母鸡；猓姑寨：母鸡；白朵革寨：汉人、母鸡；牛希白寨：猓猡；猓布邑寨：猓猡；迭古寨：母鸡；白克迭寨：母鸡；红租迭寨：母鸡；阿白寨：母鸡；阿卡寨：母鸡；乾沟寨：母鸡；那打白冲寨：母鸡；猓贺迭寨：母鸡；热水塘寨：沙人；汤东寨：沙人；锅底坎寨：沙人；白虎寨：沙人；飞得鸡寨：沙人；斗嘴寨：沙人；猓荷白寨：侬人；阿撒黑末寨：母鸡；阿矣革寨：母鸡；阿茄迷寨：母鸡；木锅迭寨：母鸡；腊铁寨：母鸡；革初寨：母鸡；阿卡黑寨：母鸡；龙古寨：母

鸡；莫卡龙寨：母鸡；米租寨：母鸡；阿茄迷寨：母鸡；马觅冲寨：母鸡；撒卡末寨：母鸡；牛革白寨：母鸡；尾得寨：母鸡；结捏白寨：母鸡；途都白寨：母鸡；骂布邑寨：沙人；骂西邑寨：沙人；南并寨：摆依；骂乌邑寨：摆依；杂马邑寨：母鸡；阿济马寨：摆依；闸门寨：汉人、獛喇；锅租得寨：獛喇；母拉寨：汉人、獛喇；他痴邑寨：獛喇；者夫寨：獛喇；菲克寨：獛喇；猓姑寨：獛喇；石硐寨：汉人、獛喇；菲土结寨：汉人、獛喇；沙人寨：沙人；老鸣旧寨：獛喇；处则寨：獛喇；舍所坝寨：汉人、獛喇；希者冲寨：獛喇；牛作迭古暮寨：獛喇；哈矣寨：獛喇；卧龙岗寨：汉人、侬人；菲古寨：獛喇；阿尾矣得寨：獛喇；白得牛寨：獛喇；所梅革迭寨：獛喇；母鸡白寨：獛喇；颇则寨：獛喇；白施寨：獛喇；白得寨：獛喇；阿结寨：獛喇；阿玺寨：侬人、獛喇；那怒克寨：母鸡；迭迭冲寨：母鸡；戈马坎寨：母鸡；都路白寨：母鸡；一布迭寨：母鸡；乍子卡寨：母鸡；羊街子寨：汉人、獛喇；五色冲寨：侬人；矣乌寨：獛喇；猓舍冲寨：獛喇；红者结寨：獛喇；牛克寨：獛喇；肥白寨：汉人、獛喇；羊皮寨：獛喇；石头寨：獛喇；则母租寨：汉人、土獠；写捏寨：土獠、猓猡；期乌上下二寨：汉人、土獠；铁则寨：土獠、侬人；母都则寨：汉人、土獠；白鱼硐寨：汉人、侬人；洒戛龙河内外二寨：土獠、摆依

王弄里

老黄龙山寨：僰子、猓猡；麻栗树寨：汉人、猓猡；阿甲寨：侬人、猓猡；史纪冲寨：汉人、侬人；益羊寨：侬人；新黄龙山寨：汉人、侬人；汤得寨：土獠；戈利白寨：土獠；矣泥则寨：土獠；所里城寨：侬人、土獠；所树革寨：侬人；花园寨：猓猡；狮子山寨：猓猡；哈鲊迭寨：獛喇；栖都都寨：猓猡；猓糯则寨：獛喇；竜古舍寨：獛喇；哈此迭寨：獛喇；上革革冲：獛喇；中革革冲：獛喇；下革革冲：獛喇；暮舍冲寨：獛喇；朵革寨：獛喇；木栖黑寨：獛喇；史布革寨：獛喇；可母革寨：獛喇；他迭寨：獛喇；阿路得克寨：獛喇；所布结寨：獛喇；捏结迭寨：獛喇；石子冲寨：土獠；矣哈迭寨：侬人；白租革寨：侬人；耶妥库寨：獛喇；落水硐寨：侬人；火

木革寨：侬人；马打者寨：獏喇；所着寨：獏喇；阿末作寨：獏喇；小撤扯寨：獏喇；大撤扯寨：獏喇；上红舍卡寨：侬人；下红舍卡寨：土獠；白兔末寨：土獠；谜奈味寨：土獠；土基冲寨：土獠；阿泥黑寨：土獠；黑末寨：土獠；菲黑寨：汉人；罗世鲊寨：土獠；他利竜寨：獏喇；舍舍寨：侬人；热水寨：汉人、侬人；白耻革寨：侬人；汤坝寨：侬人；塘子冲寨：阿成、猓猡；播烈寨：阿成、猓猡；母鸡冲寨：汉人、獏喇；耶革白寨：獏喇；着租克寨：獏喇；舍捏扯寨：汉人；勺罗结寨：獏喇；则何末寨：獏喇；白鲊迭寨：獏喇；所尾结寨：獏喇；阿泥租迭寨：獏喇；白三则寨：獏喇；期都朶寨：獏喇；白五车寨：獏喇；木都迭寨：僰子、獏喇；马池白克寨：獏喇；列古白寨：母鸡；阿栖菲寨：母鸡；木戛则寨：母鸡；迭土寨：母鸡；黑马寨：母鸡；独家寨：侬人；那木果寨：侬人；阿舍迷寨：獏刺；法古寨：侬人；黑迭冲寨：侬人；菉柴冲寨：獏喇；舍迷迭寨：獏喇；所者白寨：獏喇；牛暮迭寨：獏喇；米得克寨：獏喇；朶白库寨：獏喇；左母结寨：僰子、獏喇；一处可：汉人、獏喇；石灰窑寨：汉人；猓朶可寨：獏喇；哈初白寨：獏喇；破布冲寨：獏喇；舍衣口寨：侬人；马腊底寨：汉人、獏喇；期租白寨：獏喇；跌牛寨：獏喇；小龙潭寨：侬人；棠梨冲寨：汉人；杨柳河寨：汉人；马鞍山寨：土獠；两岔冲寨：僰子；马蝗塘寨：猓猡；红石崖寨：僰子；奴迫迭寨：僰子；瓦窑冲寨：僰子；朶勺革寨：猓猡；期炽革寨：獏喇；红捏结寨：侬人；石崖岔河寨：侬人；打磨冲寨：侬人；木姑迭寨：獏喇、腊兔；菲租克寨：獏喇；打铁寨：獏喇；楚冲上下二寨：母鸡；期布一寨：母鸡；舍利莫寨：母鸡；木路迭寨：母鸡；戛马租寨：母鸡；小龙古寨：母鸡；卒木租寨：母鸡；牛拉洒寨：母鸡；小木租白寨：母鸡；左布五寨：母鸡；舍古末寨：母鸡；则迭一寨：母鸡；小作得寨：母鸡；书所一寨：母鸡；马奴白寨：母鸡；阿打白寨：母鸡；打舍白寨：母鸡；尾披租寨：母鸡；大作得寨：母鸡；马龙迭寨：母鸡；凹拉波寨：母鸡；阿牛迷寨：母鸡；阿茄迷寨：母鸡；木戛厄寨：母鸡；骂白租寨：母鸡；戛白寨：母鸡；簸鸟迷寨：母鸡；侧巴迭寨：母鸡；迭迷寨：汉人、母鸡；亦末鸟寨：母鸡；牛资寨：母鸡；地古白寨：母鸡；打鸟白寨：母鸡；路迭马寨：母鸡；

迭马上下寨：母鸡；路衣马寨：母鸡；木朵寨：母鸡；戛拉革寨：母鸡；石硐渡口寨：水摆依；阿树吾寨：母鸡；木耶厄寨：母鸡；西尾迭寨：母鸡；阿杜吾上下寨：汉人、母鸡；腊黑迷新寨：沙人；公鸡白寨：母鸡；猓布一寨：沙人；阿资寨：母鸡；木租白寨：母鸡；所鸡克上下寨：母鸡；马次克寨：母鸡；奴捏克寨：母鸡、舍乌；迷得克寨：母鸡；牛戛冲寨：母鸡；西迭莫寨：母鸡；路戛寨：母鸡；达古骂次一寨：母鸡；栖黑寨：母鸡；簸库寨：母鸡；蛮号寨：水摆依；阿茄迷寨：汉人、母鸡；乌都克寨：汉人、母鸡；阿得克寨：母鸡；阿牛迷上下寨：汉人、母鸡；枯楚迭寨：母鸡、沙人；菲奈马寨：母鸡；我得迷寨：母鸡；马波迷寨：母鸡；马奈迷寨：母鸡；斗沟寨：猓猡；偏坡寨：母鸡；那也迷寨：母鸡；牯也迷寨：母鸡、腊歌；簸罗迷寨：喇黑、夷人；骂姑迷寨：喇黑、窝泥；阿迫冲寨：喇黑；木渣寨：水摆依；矣格迭寨：土獠；东瓜树寨：母鸡、普岔；呼迷寨：喇黑；骂戛寨：母鸡；戛我迷寨：汉人；大石头寨：汉人；阿哈迷寨：母鸡、阿戛；夺迭寨：汉人、母鸡；黄草坝寨：母鸡；音他溪寨：母鸡；白土克寨：母鸡

东安里

牛羊寨：侬人；安乐寨：侬人；东由寨：侬人；那骂寨：沙人；那楼寨：沙人；江东寨：侬人；坝光寨：侬人；达半寨：侬人；那配寨：猓猡；弄竜寨：猓猡；南勇寨：猓猡；革纳寨：侬人；江铳寨：侬人；扣揽寨：侬人；坝布寨：侬人；那郎寨：侬人；那晚寨：沙人；董瓜寨：侬人；岜漂寨：侬人；董占寨：侬人；迷董寨：侬人；南崩寨：侬人；磨山寨：侬人；南由寨：侬人；岔邦寨：喇鸡；南补寨：侬人；来溪寨：侬人；岔朵寨：侬人；南朵寨：侬人；样色寨：侬人；偏保寨：侬人；者保寨：侬人；锡板寨：侬人；岔河寨：侬人；南圫寨：侬人；达戛寨：侬人；者崩寨：侬人；革朵寨：侬人；革基寨：侬人；蚌谷寨：獚喇；磨洒寨：獚喇；磨心寨：侬人；马达寨：獚喇；老崖寨：侬人；南觅寨：侬人；韭菜坪寨：土獠；锅各寨：土獠；落水硐寨：侬人；董速寨：沙人；马街寨：汉人；威龙竜便寨：侬人；南滚寨：侬人；牛羊坪寨：侬人；大三家寨：侬人；小

三家寨：侬人；板墨小江东寨：犷喇；平坝寨：侬人；白石崖寨：摆侬；得者寨：土獠；莲花塘寨：土獠；大江东寨：孟乌；拉孩寨：摆侬；三光箐寨：猓猡；觅纽寨：侬人；骂马寨：犷喇；马毛寨：犷喇；阿老寨：侬人；岜来寨：侬人；戈木寨：侬人；滥桥寨：侬人；炭掌寨：侬人；者巷寨：摆侬；法袍寨：侬人；老你寨：侬人；竜歪寨：侬人；西洒寨：犷喇；坝达寨：侬人；探果寨：侬人；扣哈寨：侬人；古鱼寨：侬人；高家寨：侬人；那舍寨：侬人；阿耸寨：侬人；兔龙寨：犷喇；龙舍寨：犷喇、孟乌；矣月寨：犷喇；漫龙寨：猓猡；旧戛以都寨：猓猡；那别莫作寨：侬人；胡迭寨：侬人；那睒寨：侬人；真吾寨：猓猡；者木寨：侬人；那马寨：侬人；掌彦寨：猓猡；那拐寨：侬人；昔勇寨：猓猡；那秧寨：猓猡；者迭寨：猓猡；慢竜寨：猓猡；者鲁寨：猓猡；马剪寨：猓猡；阿痛寨：猓猡；阿列寨：猓猡；慢江寨：侬人；普元寨：侬人；马桑寨：沙人；马街寨：犷喇；马坡寨：猓猡、阿猓；歪里胡寨：侬人；波崩寨：犷喇；马列寨：犷喇；马殿寨：犷喇；马弄寨：犷喇、马喇；普里寨：犷喇；者挖寨：犷喇；马麻寨：猓猡；马处寨：猓猡、阿度；马刚寨：犷喇；普艾寨：猓猡、音刹；马腊寨：犷喇；马兰寨：犷喇、阿度；南利寨：犷喇、喇乌；马把寨：沙人；马朋寨：沙人、瑶人；竜卡寨：犷喇；那腊寨：犷喇；普腊寨：犷喇；普雷寨：犷喇；普佃寨：猓猡；关稿寨：摆侬；安那寨：猓猡、聂素；那腊寨：侬人、腊欲；那目寨：侬人；扣满寨：侬人；那都寨：侬人；达咩寨：侬人；达千寨：侬人；者勒寨：侬人；竜保寨：侬人；达半寨：侬人；坤甲寨：猓猡；南却寨：侬人；偏保寨：沙人；偏胡寨：侬人；偏囊寨：沙人；者当寨：侬人；梅荡寨：侬人；者浪寨：侬人；董萃寨：侬人；者戛寨：侬人；普滥寨：猓猡；者挖寨：侬人；者岜寨：侬人；戛邦寨：侬人；南丘寨：侬人；偏慢寨：犷喇、普剽；法斗寨：侬人；法戛寨：犷喇、普马；克广寨：侬人；岜基寨：侬人；马朵寨：侬人；江六新寨：侬人；乃畔寨：犷喇、普列；咩谷寨：犷喇

乐竜里

乐竜寨：汉人、猓猡；卡作寨：摆侬、侬人；迷奈寨：猓猡；红

石崖寨：侬人；菲奈克寨：猓猡、阿系；牛拉冲寨：侬人；母鲁白寨：獿喇、阿成；猓朶寨：侬人；打铁寨：獿喇、阿成；雾露寨：侬人；舍舍寨：侬人；糯处龙寨：侬人；矣切寨：侬人；岔河寨：侬人；汤坝寨：侬人；平坝寨：汉人、猓猡；暮柯革寨：侬人；卡作寨：侬人、阿成；卡末寨：侬人、阿成；矣末得寨：侬人；兔哇寨：侬人；路梯寨：侬人；暮菲寨：侬人、阿成；干塘子寨：汉人；新寨：侬人；柴厂寨：獿喇；白革龙寨：阿成；水结寨：土獠；土基冲寨：土獠；簸猓腻寨：土獠；谜奈矣克都寨：猓猡、阿系；和尚庄寨：汉人、土獠；洒尾科寨：獿喇、阿戛；鹦歌塘寨：汉人、土獠；继远寨：侬人；杨柳河寨：土獠；施租白寨：土獠；老母革寨：土獠；白乌舍寨：獿喇；菲结得寨：獿喇；错作革寨：獿喇；平坝寨：獿喇；他痴寨：獿喇；他知期寨：獿喇；发克寨：土獠；马扎寨：土獠；他租鲁寨：獿喇；舍波寨：汉人、土獠；摆侬冲寨：土獠；白革寨：侬人；塘子寨：獿喇；新平寨：侬人；喜古村寨：土獠；喜古寨：土獠、猓猡；列乍者寨：汉人、土獠；暮则革寨：獿喇；所美者寨：獿喇；所者湾寨：獿喇；乌布结寨：獿喇；牙铺益寨：獿喇；底库寨：獿喇；矣腻结寨：獿喇；他布寨：獿喇；铁匠寨：侬人；锅革寨：土獠、侬人；尹封寨：獿喇；顺店河寨：土獠；乐龙后寨：汉人；猓腻革寨：猓猡；暮所莫寨：獿喇；扯卡白寨：獿喇；作诺寨：侬人、獿喇；发木可寨：獿喇；阿利白克寨：獿喇；呀拉冲寨：汉人、獿喇；矣奈黑寨：摆侬、獿喇；矣诺寨：獿喇；者车寨：獿喇；舍白寨：土獠；沙冲寨：土獠；赶古寨：土獠；瓦打黑寨：土獠、猓猡；猓乌寨：汉人、土獠；路白寨：土獠；母者黑寨：土獠；马荣寨：土獠；母侧寨：侬人、土獠；法腻白寨：土獠；卡系寨：土獠；拉白冲寨：汉人、土獠；白舍泥寨：獿喇；暮舍克寨：土獠；季里寨：土獠；木期得寨：汉人、摆侬；坝头寨：摆侬；木期得外寨：土獠；暮舍测寨：汉人、土獠；暮舍测山后寨：侬人；平坝寨：汉人、侬人；舍舍勒寨：土獠；呀舍味寨：土獠；小耳朵寨：土獠；石榴红寨：阿成、土獠；阿康寨：土獠；大捏捏寨：土獠；猓铺益寨：㹀子；路得寨：獿喇；大暮克寨：回子、侬人；小暮克寨：汉人；锅白寨：汉人、猓猡；猓朶寨：汉人；菉柴冲寨：侬人；红甸寨：汉人、

僰子；糯鲊比寨：侬人

逢春里

大沟绞寨：土獠；小沟绞寨：土獠；旧布比寨：土獠；黑卡寨：土獠；新寨：土獠；上迷洒寨：摆侬；下迷洒寨：猓猡；期他得衣寨：土獠、獏喇；马固寨：獏喇；洒戛寨：土獠；腻处寨：獏喇；阿脚寨：獏喇；帽子寨：獏喇；木禾冲：獏喇；木戛冲：獏喇；白石崖寨：猓猡；阿车寨：獏喇、猓猡；木卡寨：摆侬；以那底寨：僰子、土獠；山车寨：汉人、孟武；斗嘴寨：獏喇；马厄寨：獏喇；上下革岔寨：猓猡、獏喇；打柯寨：獏喇；戛鸡寨：侬人；车鸡寨：侬人、獏喇；清水河寨：侬人、獏喇；得恒寨：侬人；红自寨：獏喇；铜厂坡马尾冲寨：侬人；老妹寨：侬人、獏喇；湾子寨：侬人、獏喇；大小马白寨：侬人；南山寨：侬人；坝地寨：侬人；以波寨：侬人；法支革寨：汉人、侬人；多罗寨：腊鸡；罗却寨：汉人、侬人；以乐寨：侬人；翻山城寨：侬人、獏喇；上戛达寨：侬人、獏喇；下戛达寨：侬人；水井寨：侬人；阿黑寨：侬人、獏喇；别革寨：侬人、獏喇；沙尾冲寨：摆侬；戈作寨：侬人；西布甸寨：侬人；革洒寨：侬人、獏喇；革母寨：獏喇、猓猡；舍迷乌寨：侬人；马歇寨：獏喇、山车；洒得寨：獏喇；马洒寨：沙人；小马洒寨：侬人、獏喇；马扎冲寨：侬人；新寨：沙人；马扎冲后寨：沙人；克夕寨：沙人；克夕下寨：侬人、沙人；那得寨：獏喇；龙岭寨：侬人；腊哈寨：獏喇、摆侬；马那冲寨：侬人、獏喇；马尾冲寨：侬人；只米枯寨：獏喇；哈者迭寨：獏喇；蚌卡寨：侬人、沙人；以额寨：侬人、獏喇；阿莪寨：侬人、獏喇；阿腊寨：沙人；上戛鸡寨：侬人、獏喇；下戛鸡寨：侬人、獏喇；列别寨：侬人；布足寨：侬人；以则期寨：沙人；韭菜平寨：侬人；戛迭寨：侬人；革乃寨：獏喇；革普寨：侬人；怯扯寨：沙人、摆侬；猛忙寨：沙人、獏喇；喇游寨：喇欲；干沟寨：沙人；上下白果寨：侬人、獏喇；麻及坡寨：侬人、獏喇；枯木寨：汉人、猓猡、僰子、獏喇

江那里

阿有寨：侬人；菉莪寨：侬人；老龙寨：侬人；上暮底寨：侬

人；下暮底寨：侬人；租白寨：汉人、侬人；黑膳寨：侬人；恒祖寨：獏喇；黑所寨：獏喇、侬人；野母鸡寨：獏喇；猱鸡黑寨：獏喇；董烘寨：侬人；科白寨：侬人、汉人；克丘寨：汉人、侬人；工革寨：汉人、侬人；下枯木寨：獏喇；中枯木寨：侬人；腻法寨：汉人、獏喇；小郭大寨：侬人；上枯木寨：侬人、獏喇；落必寨：獏喇；洗马塘寨：汉人；大郭大寨：汉人、獏喇；阿基寨：汉人；红石崖寨：獏喇；舍乃寨：汉人、獏喇；六诏寨：汉人、侬人；上地都寨：侬人；下地都寨：侬人；六河寨：侬人；那了寨：侬人、猓猡；庄迁寨：猓猡；卡枯寨：汉人、猓猡；阿香寨：猓猡；批洩寨：侬人；科麻寨：侬人；科萨寨：侬人；麽控寨：侬人；靛硐寨：獏喇；南老寨：侬人；威岳寨：普岔；那诏寨：侬人；凹长寨：侬人；锅龙寨：侬人；南平寨：侬人；蚌莪寨：侬人；波靡寨：侬人；六掌寨：侬人；六斐寨：侬人；科昭寨：侬人；探达寨：侬人；白石崖寨：猓猡；拿亭寨：侬人；者哈寨：侬人；龙世寨：侬人；鼎丘寨：猓猡；阿猛寨：侬人、猓猡；莫落冲寨：侬人；萨达寨：猓猡；乌白亮寨：猓猡；土拱寨：猓猡；海尾寨：猓猡；江那本寨：汉人；锣锅寨：侬人；竜白寨：侬人；石头寨：侬人、猓猡；羊街子寨：侬人、汉人；子马者寨：汉人、侬人；狮子山寨：汉人、猓猡；冬瓜树寨：侬人、土獠；落水硐寨：汉人；土锅寨：汉人、猓猡；翁大寨：猓猡；西蚌克寨：汉人、猓猡；腻结别寨：侬人、猓猡；腻结寨：侬人；跨勒寨：侬人；播美索寨：汉人、猓猡；交趾城寨：汉人；探南寨：侬人；脚泽龙寨：汉人、侬人；阿路寨：汉人；小矣勒寨：汉人、侬人；鬼卦寨：汉人、猓猡；一字桥寨：侬人；莱子寨：汉人、侬人；探科寨：汉人、猓猡；法土龙寨：侬人、汉人；白石崖寨：猓猡；莱家庄寨：汉人、猓猡；小外革寨：汉人；大外革寨：汉人、侬人；江那新寨：侬人；兔董寨：汉人、侬人；龙潭寨：汉人、猓猡；冲卡别寨：汉人、猓猡；法衣寨：汉人、猓猡；芹菜塘寨：汉人、猓猡；黑鱼硐寨：猓猡；舍木那寨：侬人、土獠；铅厂寨：猓猡；冷水沟寨：侬人；小花园寨：侬人、土獠；大花园寨：黑猓猡；拖白泥寨：猓猡；路那革寨：汉人、猓猡；大青龙寨：汉人、侬人；城脚寨：侬人；听胡寨：汉人、侬人；小龙白寨：猓猡；克迭寨：侬人、猓猡；

冲卡寨：侬人；小舍克寨：侬人、猓猡；红舍克寨：汉人、猓猡；斗者勒寨：汉人、土獠；法杜克寨：汉人、猓猡；者腊新寨：侬人；竜虎寨：侬人；坝庄寨：侬人；夸溪寨：侬人；批洒寨：侬人；六崖寨：獏喇；那夺寨：獏喇；八播寨：侬人；龙勒寨：白獏喇；阿野寨：侬人；布老寨：獏喇；羊革寨：侬人；黑布那寨：黑獏喇；阿香寨：侬人；邑拷寨：侬人；白布那寨：白獏喇；威习寨：白獏喇；六莪菲寨：黑獏喇；戛纳寨：侬人；龙老寨：侬人；凹戛寨：侬人；八戛寨：侬人；先戛寨：侬人；郎耸寨：侬人；六主寨：侬人；破瓦窑寨：侬人；龙拉寨：侬人；戛鸡寨：侬人；蚌岔寨：侬人；大龙所寨：汉人、侬人；平坝寨：侬人；六雷寨：侬人；小龙所寨：侬人；木瓜谷寨：獏喇；拖枝白寨：汉人、猓猡；凹龙科寨：白獏喇；底迷寨：汉人、侬人；广南寨：汉人、侬人；播璃寨：白獏喇；隶柴冲寨：侬人；两勒寨：侬人；布勒寨：侬人；坝岗寨：侬人；布崩寨：猓猡；勒豆寨：侬人；董官寨：白獏喇；罗梅寨：侬人；干河寨：汉人；博读寨：侬人；阿瓦杂寨：黑獏喇；卡结寨：黑獏喇；沙渡卡寨：侬人；打铁寨：黑獏喇；得果寨：黑獏喇；迷勒寨：黑獏喇；布标寨：侬人

新现里

革舍冲：母鸡；霸打黑：母鸡、汉人；西洒迭：母鸡；白打起：母鸡；奴迷迭：母鸡；大深沟：母鸡；腊咱寨：母鸡；普气迭：母鸡；那莫寨：母鸡；牧羊寨：阿戛；平坝寨：汉人、阿戛；摆依寨：汉人、摆依；阿季五：汉人、阿戛；木土五寨：土獠；凹戛寨：汉人；得补得喜：阿戛；撒支寨：汉人、阿戛；矣戛迭：猓猡；姑租白：母鸡；瓦拉坡：母鸡；腊戛寨：母鸡；田房：摆依；乌龟潭：沙人；骂罗：母鸡；者兰：沙人；补支：母鸡；革起白：母鸡；骂巴：母鸡；坝腊：母鸡；地洗白：母鸡；以作寨：母鸡；以底寨：母鸡；菲那坝：母鸡；西吐衣：母鸡；法古马：母鸡；腊黑寨：母鸡；故阯寨：母鸡；即木迭：母鸡；哈腻五寨：母鸡；木乐乌：母鸡；期扯：母鸡；以打乌：母鸡；肥土马：母鸡；以古迭：母鸡；那打一：母鸡；期戈五：母鸡；阿迫冲：摆依；戛布迭：母鸡；阿茄迷：母鸡；

阿易革：母鸡；荷期白：母鸡；普鲁白五：母鸡；铺期迭：母鸡；热水塘：摆依；阿扯五：母鸡；猓布一：沙人；招坝寨：汉人、沙人；把总寨：沙人；骂批一：沙人；戛故白：母鸡；期得菲苦：母鸡；猛平小寨：沙人；新寨：沙人；中寨：汉人、沙人；石头寨：沙人；祭克菲：母鸡；都打白：沙人、母鸡；乌戛衣：沙人；小清水河：沙人；骂列：母鸡；西祭白：母鸡；牛簸白：母鸡；户岂白：母鸡；簸迷迭：母鸡；骂次白：母鸡；果富白：母鸡；菲苦：母鸡；水塘寨：母鸡；骂卡衣：母鸡；地古白：母鸡；木楚白：母鸡；以即马：母鸡；舍古寨：土獠，腊打迭：猓猡；西卡克：母鸡；土挖迭：母鸡；水田：母鸡。

资料来源：（清）汤大宾、周炳纂：道光《开化府志》卷3《里甲》，娄自昌、李君明点注，兰州大学出版社2004年版，第52—67页。

参考文献

一 基本史料

《明清史料》甲、乙、丙、丁、戊、己、庚、辛编，中研院历史语言研究所编，刊明清内阁大库残余档案。
《云南南防调查报告》，中国国家图书馆藏钞本。
《云南麻栗坡对汛特别区地志资料细目》，云南省图书馆藏钞本。
《云南河口对汛督办公署及所属四对汛教育局云南通志条目》，云南省图书馆藏钞本。
《云南麻栗坡特别区概况》，云南省图书馆藏钞本。
嘉庆《广南府志》，道光五年刻本。
嘉庆《重修一统志》，《四部丛刊》续编史部。
道光《云南通志》，道光十五年刻本。
光绪《续云南通志稿》，光绪二十七年刻本。
《富州县地志资料调查表册》，1920年云南省图书馆藏钞本。
《云南文山县地志资料》，1923年云南省图书馆藏钞本。
《邱北县地志资料》，1923年云南省图书馆藏钞本。
《马关县查报地志资料清册》，1923年云南省图书馆藏钞本。
《云南西畴县地志》，1924年云南省图书馆藏钞本。
《云南河口对汛督办公署造报地志资料细目清册》，1924年云南省图书馆藏钞本。
《马关县征集通志资料》，1932年云南省图书馆藏钞本。
万历《云南通志》，1934年云南大学图书馆藏刻本。
《中法战争》（第7册），新知识出版社1955年版。

《中法战争》（第1册），上海人民出版社1957年版。

王铁崖：《中外旧约章汇编》，生活·读书·新知三联书店1959—1962年版。

《明实录》，（台北）中研院历史语言研究所1962年影印版。

（清）师范：《滇系》，《中国方志丛书》影印光绪十三年重刊本，成文出版社1968年版。

《宫中档光绪朝奏折》，（台北）"国立"故宫博物院1973—1975年版。

《明史》，中华书局1974年标点本。

《宫中档康熙朝奏折》，（台北）"国立"故宫博物院1976年版。

《元史》，中华书局1976年标点本。

《宫中档雍正朝奏折》（第1—5辑），（台北）"国立"故宫博物院1976—1978年版。

《清史稿》，中华书局1977年标点本。

汤志钧：《康有为政论集》，中华书局1981年版。

乾隆《大清一统志》，《四库全书》史部，（台北）商务印书馆1985年版。

雍正《云南通志》，《四库全书》史部，（台北）商务印书馆1985年版。

《宫中档乾隆朝奏折》，（台北）"国立"故宫博物院1982—1988年版。

《康熙朝汉文朱批奏折汇编》，档案出版社1984—1985年版。

《辛亥革命前十年间民变档案史料》，中华书局1985年版。

《清实录》，中华书局1985—1987年版。

《清史列传》，中华书局1987年标点本。

黄国安等：《近代中越关系史资料选编》，广西人民出版社1988年版。

《清朝通典》，《万有文库》本。

《清朝续文献通考》，《万有文库》本。

《雍正朝汉文朱批奏折汇编》，江苏古籍出版社1989—1991年版。

《云南工人运动史资料汇编》，云南人民出版社1989年版。

天启《滇志》，古永继校点，云南教育出版社1991年版。

（清）倪蜕：《滇云历年传》，李埏点校，云南大学出版社1992年版。

萧德浩、黄铮主编：《中越边界历史资料选编》，社会科学文献出版社1993年版。

《北京大学史料》（第1卷），北京大学出版社1993年版。

《光绪朝朱批奏折》，中华书局1995年版。

道光《云南志钞》，刘景毛点校，《云南文献》1995年第2期。

《文山壮族苗族自治州志》，云南人民出版社2000年版。

方国瑜主编：《云南史料丛刊》（第8—13卷），云南大学出版社2001年版。

《大元混一方舆胜览》，郭声波整理，四川大学出版社2003年版。

光绪《钦定大清会典》，《续修四库全书》，第794册，上海古籍出版社2002年版。

景泰《云南图经志书》，李春龙、刘景毛校注，云南民族出版社2002年版。

道光《开化府志》，娄自昌、李君明点注，兰州大学出版社2004年版。

道光《广南府志》，杨磊等点校，兰州大学出版社2004年版。

《岑毓英集》，黄振南、白耀天标点，广西师范大学出版社2005年版。

《新纂云南通志》，李春龙、牛洪斌等点校，云南人民出版社2007年版。

民国《富州县志》，杨磊、农应忠点辑，云南大学出版社2007年版。

《滇黔志略》，古永继校点，贵州人民出版社2008年版。

《蔡锷集》，湖南人民出版社2008年版。

（清）伯麟：《滇省夷人图说·滇省舆地图说》，中国社会科学出版社2009年影印版。

康熙《云南通志》，《中国地方志集成》影印康熙三十年刻本，凤凰出版社2009年版。

民国《广南县志》，《中国地方志集成》影印民国23年稿本，凤凰出版社2009年版。

《民国新编麻栗坡特别区地志资料》，《中国地方志集成》影印1947年钞本，凤凰出版社2009年版。

道光《威远厅志》，《中国地方志集成》影印道光十七年刻本，凤凰出版社 2009 年版。

《云南苗族瑶族社会历史调查》，民族出版社 2009 年版。

《云南民族民俗和宗教调查》，民族出版社 2009 年版。

《云南少数民族社会历史调查资料汇编》（一），民族出版社 2009 年版。

《云南少数民族社会历史调查资料汇编》（三），民族出版社 2009 年版。

《云南少数民族社会历史调查资料汇编》（五），民族出版社 2009 年版。

《续云南通志长编》，云南民族出版社 2010 年版。

周钟岳等：《云南光复纪要》，云南人民出版社 2011 年版。

民国《马关县志》，何廷明、娄自昌校注，云南大学出版社 2012 年版。

（清）林绍年：《林文直公奏稿》，康春华、许新民校注，中国书籍出版社 2013 年版。

马玉华主编：《中国边疆研究文库·初编》之《西南边疆卷》，黑龙江教育出版社 2013 年版。

林文勋主编：《民国时期云南边疆开发方案汇编》，云南人民出版社 2013 年版。

吴晓亮、徐政芸：《云南省博物馆馆藏契约文书整理与汇编》（第 6 卷），人民出版社 2013 年版。

二　今人著作

［越］陶维英：《越南历代疆域》，钟民岩译，岳胜校，商务印书馆 1973 年版。

方国瑜主编、林超民编写：《云南郡县两千年》，云南广播电视大学 1983 年版。

陈正祥：《中国文化地理》，生活·读书·新知三联书店 1983 年版。

方国瑜：《云南史料目录概说》，中华书局 1984 年版。

费孝通：《乡土中国》，生活·读书·新知三联书店 1985 年版。

方国瑜：《中国西南历史地理考释》，中华书局1987年版。

尤中：《中国西南边疆变迁史》，云南教育出版社1987年版。

周振鹤：《体国经野之道——新角度下的中国行政区划沿革史》，（香港）中华书局1990年版。

马汝珩、马大正主编：《清代边疆开发研究》，中国社会科学出版社1990年版。

马大正主编：《中国古代边疆政策研究》，中国社会科学出版社1990年版。

牛平汉主编：《清代政区沿革综表》，中国地图出版社1990年版。

葛剑雄：《中国历代疆域的变迁》，商务印书馆1997年版。

曹树基：《中国移民史》（第6卷），福建人民出版社1997年版。

方铁、方慧：《中国西南边疆开发史》，云南人民出版社1997年版。

张震声主编：《壮族通史》，民族出版社1997年版。

马正林：《中国历史城市地理》，山东教育出版社1998年版。

邱心田、孔德骐：《中国军事通史》（清代前期军事史），军事科学出版社1998年版。

施渡桥：《中国军事通史》（清代后期军事史），军事科学出版社1998年版。

王炳照：《中国古代书院》，商务印书馆1998年版。

冯尔康：《雍正传》，生活·读书·新知三联书店1999年版。

杨宗亮：《壮族文化史》，云南民族出版社1999年版。

刘本军：《震动与回响——鄂尔泰在西南》，博士学位论文，云南大学，1999年。

［美］施坚雅：《中华帝国晚期的城市》，叶光庭等译，陈桥驿校，中华书局2000年版。

郑宝恒：《民国时期政区沿革》，湖北教育出版社2000年版。

周琼：《高其倬与云南》，硕士学位论文，云南大学，2000年。

邹逸麟：《中国历史人文地理》，科学出版社2001年版。

陆韧：《变迁与交融——明代云南汉族移民研究》，云南教育出版社2001年版。

［法］奥古斯特·弗朗索瓦：《晚清纪事——一个法国外交官的手记

（1886—1904）》，罗顺江、胡宗荣译，云南美术出版社 2001 年版。

许倬云：《许倬云自选集》，上海教育出版社 2002 年版。

陈庆江：《明代云南政区治所研究》，民族出版社 2002 年版。

徐茂明：《江南士绅与江南社会（1368—1911）》，商务印书馆 2004 年版。

杨国安：《明清两湖地区基层组织与乡村社会研究》，武汉大学出版社 2004 年版。

秦树才：《清代云南绿营兵研究——以汛塘为中心》，云南教育出版社 2004 年版。

周振鹤：《中国地方行政制度史》，上海人民出版社 2005 年版。

冉绵惠、李慧宇：《民国时期保甲制度研究》，四川大学出版社 2005 年版。

王燕飞：《清代督抚张允随与云南社会》，云南大学出版社 2005 年版。

常建华：《清代的国家与社会研究》，人民出版社 2006 年版。

费孝通：《中国绅士》，惠海明译，中国社会科学出版社 2006 年版。

胡淑：《明清时期滇东南壮族土司研究》，硕士学位论文，云南大学，2006 年。

李孝聪：《历史城市地理》，山东教育出版社 2007 年版。

张小也：《官、民与法：明清国家与基层社会》，中华书局 2007 年版。

姚大力：《北方民族史十论》，广西师范大学出版社 2007 年版。

［美］李怀印：《华北村治——晚清和民国时期的国家与乡村》，岁有生、王士皓译，中华书局 2008 年版。

郭红、靳润成：《中国行政区划通史》（明代卷），复旦大学出版社 2007 年版。

陈元惠：《云南对汛督办：建立、发展、淬变》，博士学位论文，云南大学，2008 年。

吴琦主编：《明清地方力量与地方社会》，中国社会科学出版社 2009 年版。

李治安、薛磊：《中国行政区划通史》（元代卷），复旦大学出版社

2009年版。

刘志伟：《在国家与社会之间——明清广东地区里甲赋役制度与乡村社会》，中国人民大学出版社2010年版。

周勇进：《清代道制研究》，博士学位论文，南开大学，2010年。

魏光奇：《有法与无法——清代的州县制度及其运作》，（台北）商务印书馆2010年版。

瞿同祖：《清代地方政府》（修订译本），范忠信等译，法律出版社2011年版。

陈宝良：《中国的社与会》（增订本），中国人民大学出版社2011年版。

于晓燕：《清代南方民族地区的义学研究》，云南民族出版社2011年版。

付春：《尊王黜霸：云南由乱向治的历程（1644—1735）》，云南大学出版社2011年版。

余文兵：《帝国深入西南边地——清中期中央政府对滇缅边区的治理（1723—1840）》，博士学位论文，中央民族大学，2011年。

邹建达：《清前期云南的督抚、道制与边疆治理研究》，博士学位论文，云南大学，2011年。

潘先林、张黎波：《天南电光——辛亥革命在云南》，云南人民出版社2011年版。

陆韧：《云南对外交通史》，云南人民出版社、云南大学出版社2011年版。

费孝通、吴晗等：《皇权与绅权》，岳麓书社2012年版。

韩茂莉：《中国历史农业地理》，北京大学出版社2012年版。

杨国安：《国家权力与民间秩序：多元视野下的明清两湖乡村社会史研究》，武汉大学出版社2012年版。

方慧主编：《元明清时期国家与边疆民族地区基层社会的互动关系研究——以法律变迁为中心的考察》，中国社会科学出版社2012年版。

吕一燃主编：《中国近代边界史》，人民出版社2013年版。

周振鹤：《中国历史政治地理十六讲》，中华书局2013年版。

傅林祥等：《中国行政区划通史》（清代卷），复旦大学出版社2013

年版。

陆韧、凌永忠：《元明清西南边疆特殊政区研究》，人民出版社2013年版。

刘灵坪：《明清时期洱海地区的国家治理与"白人"认同》，博士学位论文，复旦大学，2013年。

谢本书：《蔡锷大传》，广西师范大学出版社2013年版。

马琦：《国家资源：清代滇铜黔铅开发研究》，人民出版社2013年版。

［美］罗威廉：《救世——陈宏谋与十八世纪中国的精英意识》，陈乃轩、李光华、胡玲等译，赵刚、孔祥文校，中国人民大学出版社2013年版。

孙宏年：《清代中越关系研究（1644—1885）》，黑龙江教育出版社2014年版。

刘超建：《历史社会地理视野下的移民社会研究（1821—1949）——以乌鲁木齐地区为中心》，博士学位论文，陕西师范大学，2014年。

鲁西奇：《中国历史的空间结构》，广西师范大学出版社2014年版。

［加］卜正民：《明代的社会与国家》，陈时龙译，商务印书馆2014年版。

凌永忠：《民国时期云南边疆地区特殊过渡型行政区划研究》，中国社会科学出版社2015年版。

三 论文

方国瑜、缪鸾和：《清代云南各族劳动人民对山区的开发》，《思想战线》1976年第1期。

志纲：《越南封建王朝侵扰中国边境的历史事实》，《世界史研究动态》1980年第11期。

方国瑜：《云南用贝作货币的时代及贝的来源》，《云南社会科学》1981年第1期。

解炳昆、杨友苏：《清代云南的教育概况》，《云南民族学院学报》1987年第4期。

李国强：《中越陆路边界源流述略》，《中国边疆史地研究导报》1989年第1期。

苏建灵：《明清时期汉文化教育在壮族地区的传播和发展》，《思想战线》1990 年第 2 期。

龙永行：《十九世纪末二十世纪初滇南矿工武装斗争述评》，《云南师范大学学报》（哲学社会科学版）1990 年第 3 期。

木芹：《清代中越边界云南段述评》，《中国边疆史地研究报告》1991 年第 1—2 期。

龙永行：《中越界务会谈及滇越界勘定》，《中国边疆史地研究报告》1991 年第 3—4 期。

段世林、赵明生：《李定国对开发阿佤山的贡献》，《思想战线》1991 年第 5 期。

吴伯娅：《王继文与云南的开发》，《云南社会科学》1992 年第 2 期。

龙永行：《〈万福攸同碑〉与滇南都龙边地的变迁》，《中国边疆史地研究报告》1993 年第 1—2 期。

尤中：《清朝对西南民族地区的设治和经营》，《云南社会科学》1993 年第 3 期。

卢敏飞：《云南文山县壮族丧礼及其宗教观念》，《广西民族研究》1993 年第 3 期。

孙海泉：《论清代从里甲到保甲的演变》，《中国史研究》1994 年第 2 期。

王先明：《清代社会结构中绅士阶层的地位与角色》，《中国史研究》1995 年第 4 期。

王日根：《明清时代会馆的演进》，《历史研究》1994 年第 4 期。

蓝勇：《清代西南移民会馆名实与职能研究》，《中国史研究》1996 年第 4 期。

朱端强、白云：《明代新安守御所考略——云南历代汉族移民研究之一》，《云南师范大学学报》（哲学社会科学版）1996 年第 5 期。

王振忠：《社会史研究与社会历史地理》，《复旦学报》1997 年第 1 期。

王日根：《明清基层社会管理组织系统论纲》，《清史研究》1997 年第 2 期。

王水乔：《清代云南的仓储制度》，《云南民族学院学报》（哲学社会科学版）1997 年第 3 期。

陆韧：《唐宋至元代云南汉族的曲折发展》，《民族研究》1997 年第 5 期。

张世明：《清代边疆开发的不平衡性——一个从人口经济学的角度的考察》，《清史研究》1998 年第 2 期。

潘先林：《"近代化"历程中的滇川黔边彝族社会——对中国近代民族史研究理论问题的思考》，《民族研究》1998 年第 3 期。

周振鹤：《建构中国历史政治地理学的设想》，《历史地理》（第 15 辑），上海人民出版社 1999 年版。

秦树才：《蔡毓荣与清初云南治乱》，《云南教育学院学报》1999 年第 1 期。

洪崇文：《民国时期云南边疆管理机构的重组》，《云南民族学院学报》（哲学社会科学版）1999 年第 2 期。

杨宗亮：《元明清时期滇桂通道及其历史作用》，《中南民族学院学报》（哲学社会科学版）1999 年第 2 期。

李世愉：《清政府对云南的管理与控制》，《中国边疆史地研究》2000 年第 4 期。

方国瑜：《论中国历史发展的整体性》，《方国瑜文集》（第 1 辑），云南教育出版社 2001 年版。

方铁：《清朝治理云南边疆民族地区的思想及举措》，《思想战线》2001 年第 1 期。

周振鹤：《行政区划史研究的基本概念与学术用语刍议》，《复旦学报》（社会科学版）2001 年第 3 期。

曹树基：《清代中期的云南人口——以嘉庆二十五年户口数据为中心》，《历史地理》（第 17 辑），上海人民出版社 2001 年版。

方国瑜：《明清时期云南东南部边境与安南的关系事迹》，《方国瑜文集》（第 3 辑），云南教育出版社 2003 年版。

刘志伟：《边缘的中心——"沙田—民田"格局下的沙湾社区》，《中国乡村研究》（第 1 辑），商务印书馆 2003 年版。

张德元：《凉山彝族家支制度论要》，《贵州民族研究》2003 年第 4 期。

陈元惠：《从临安开广道的设立看云南的近代外交》，《学术探索》2004年第3期。

王振忠：《历史社会地理研究刍议》，《中国历史地理论丛》2005年第4辑。

林超民：《汉族移民与云南统一》，《云南民族大学学报》（哲学社会科学版）2005年第5期。

李彦萍：《明清时期云南壮汉民族文化的交流方式》，《云南民族大学学报》（哲学社会科学版）2005年第5期。

冯尔康：《清代宗族、村落的自治问题》，《河南师范大学学报》（哲学社会科学版）2005年第6期。

陆韧：《明代云南士绅阶层的兴起与汉文化传播》，《齐鲁文化研究》（第4辑），山东文艺出版社2005年版。

黎瑛、陈炜：《经略西南：岑毓英的思想及实践（1865—1885）》，《贵州民族研究》2006年第1期。

廖国强：《文庙与云南文化》，《云南社会科学》2006年第2期。

邹建达：《清初治滇述论》，《云南民族大学学报》（哲学社会科学版）2006年第4期。

胡绍华：《清朝对南方民族地区的文教政策》，《西南民族大学学报》（人文社科版）2006年第6期。

陆韧：《论明代云南士绅阶层的兴起与形成》，《云南民族大学学报》（哲学社会科学版）2007年第1期。

傅林祥：《清代抚民厅制度形成过程初探》，《中国历史地理论丛》2007年第1辑。

杨宗亮：《儒学教育对壮族村落文化的影响——以云南省马关县马洒村为例》，《云南民族大学》（哲学社会科学版）2007年第2期。

于晓燕：《清代云南官办民助初等教育"义学"探析》，《云南民族大学学报》（哲学社会科学版）2007年第3期。

潘先林：《"沿边型"近代化模式与"近代化"视野下的少数民族社会变迁——对"边疆民族型"近代化模式的再讨论》，《贵州民族研究》2008年第1期。

陈元惠：《从国防与外交机构到特别行政区——清末民国时期云南对

汛督办的设立与演变》,《中国边疆史地研究》2008年第2期。

马玉华：《论国民政府对西南边疆及边疆民族的治理》,《中国边疆史地研究》2008年第3期。

黎瑛：《审时度势、未雨绸缪——论中法战争前岑毓英的边防思想》,《中国边疆史研究》2008年第3期。

杨煜达：《清代中期滇边银矿的矿民集团与边疆秩序——以茂隆银厂吴尚贤为中心》,《中国边疆史地研究》2008年第4期。

罗彩娟：《记忆与表述：马关县壮族眼中的侬智高与杨六郎》,《广西民族研究》2008年第4期。

郑维宽：《边疆危机与行政应对——中法战争后清政府的西南治边策略探析》,《安徽史学》2008年第6期。

王文光、张媚玲：《民国时期对云南边疆民族的治理与认识》,《云南师范大学学报》（哲学社会科学版）2008年第6期。

方铁：《唐宋元明清的治边方略与云南通道变迁》,《中国边疆史地研究》2009年第1期。

陆韧：《云南边疆的现代化起步与社会变迁——基于贺宗章、丁文江红河地区亲历记的研究》,《云南民族大学学报》（哲学社会科学版）2010年第1期。

陆韧：《清代直隶厅解构》,《中国历史地理论丛》2010年第3辑。

罗彩娟：《历史记忆与英雄祖先崇拜——以云南马关县壮族"侬智高"崇拜为例》,《广西民族研究》2010年第4期。

刘灵坪：《清代滇东南地区移民开发与聚落发展初探》,《明清以来云贵高原的环境与社会》,东方出版中心2010年版。

鲁西奇：《内地的边缘：传统中国内部的化外之区》,《学术月刊》2010年第5期。

鲁西奇：《"帝国的边缘"与"边缘的帝国"——〈帝国在边缘：早期近代中国的文化、族裔性与边陲〉读后》,《清华元史》（第1辑），商务印书馆2011年版。

刘炳涛：《试论"雍正安南勘界案"秉承的依据和原则》,《中国边疆史地研究》2011年第3期。

陈元惠：《1908年河口起义与中法交涉》,《云南民族大学学报》（哲学社会科学版）2011 年第 4 期。

［美］罗威廉：《乾嘉变革在清史上的重要性》，《清史研究》2012 年第 3 期。

罗彩娟：《空间记忆与族群认同——云南省马关县壮族的"侬智高"纪念实践》，《中南民族大学学报》（人文社会科学版）2012 年第 2 期。

吴喜、杨永福：《论清代前期对西南边疆的治理思想及治策》，《贵州民族研究》2012 年第 3 期。

吴智刚：《"建阃"与"搏节"：中法战争后中越边务规制的酝酿与措置》，《中国边疆史地研究》2012 年第 4 期。

丁琼：《清代粤盐销滇研究》，《四川理工学院学报》（社会科学版）2012 年第 1 期。

陆韧：《元代宣慰司的边疆演化及军政管控特点》，《云南师范大学学报》（哲学社会科学版）2012 年第 6 期。

付春：《清初开发与经营山地民族地区的典范——故临安府三长官司地的个案研究》，《中国山地民族研究集刊》（第 1 期），社会科学文献出版社 2013 年版。

马亚辉：《清代云南的保甲制度》，《西南边疆民族研究》（第 11 辑），云南大学出版社 2013 年版。

王明珂：《建"民族"易，造"国民"难——如何观看与了解边疆》，《文化纵横》2014 年第 3 期。

高雁北：《国家治理视域下的中国社会管理改革探索》，《长安大学学报》（社会科学版）2015 年第 3 期。

肖雄：《明代云南书院考析——以明清云南方志为中心》，《中国边疆史地研究》2015 年第 2 期。

后　　记

　　本著作是在我的博士论文基础上修改而成的。随着对滇东南边疆地区研究的深入，也逐渐把我带入了历史地理学研究领域。博士求学期间，首先感谢导师陆韧教授。本书从思考、撰写、修改到成型，可谓凝聚了陆老师的心血。2013年夏，陆老师推荐我参加复旦大学历史地理研究中心暑期班，在这里接受到学科研究前沿信息，对历史地理学研究有进一步了解。为安心学习，陆老师拿出一间工作室让我能以"每周六天，每天十二小时"的状态学习。每有习作提交，陆老师都会仔细耐心指出不足，鼓励我反复修改。论文定题后，陆老师资助下前往文山、红河地区各县级地区进行调查，让我这个北方人充分感受了西南边疆地区的自然与人文地理环境，对"边疆"有更深刻的认识。待搜集资料时，陆老师又以经费支持我去北京查阅资料，因此有幸能够在中国第一历史档案馆和国家图书馆查阅论文的相关资料。陆老师治学态度严谨，为人正派，坦率的个性深深影响着我。虽说"严师出高徒"，但我做事做学问不够细心，毛毛糙糙，时常辜负老师的培养和期望，只能铭记老师教诲，在日后人生道路上鞭策自己。为此，我想对您说一声：您辛苦了！没有您的培育和鼓励我也许不可能走到现在。

　　其次，感谢云南大学历史地理学专业的各位老师。陈庆江老师在论文开题、写作和预答辩期间，提出诸多宝贵建议。张轲风、马琦既是老师，亦是兄长，每当论文陷入困境，他们总会不厌其烦地为我答疑解惑，在思维启发和地图绘制上提供帮助。刘灵坪老师在论文写作中提供了诸多技术上支持。

感谢林超民教授、秦树才教授、潘先林教授、周琼教授。在论文开题和预答辩期间提出诸多宝贵的意见，令我获益良多。感激之情，铭记在心。

感谢云南民族大学王世丽教授、马勇教授、尹建东教授对我学术上的指导。王世丽教授亦是我的硕士导师，将我领进中国民族史领域研究，为后续学习研究奠定基础。

感谢余华学弟伴陪我首次进入文山州有了初步的地理认知，感谢滇南调查期间，复旦大学历史地理研究中心杨煜达教授和海德堡大学金兰中教授指导，使我学到很多田野调查经验。

感谢许新民、钱秉毅、杨海挺、夏自金、余华、林晓雁、彭洪俊等诸位同门的帮助和鼓励。感谢张文博、张述友等云南民族大学诸位师弟师妹，帮助检索和查阅相关资料。

文山州各区县查阅资料期间，文山州人力资源与社会保障局李文副局长为我提供诸多帮助和便利，在此表达诚挚谢意。

感谢云南大学 2013 级历史系博士班同学。何畏博士时常与我互相交流学习心得。室友黄泓泰博士，祝愿工作生活一切顺利。

本著作亦是国家民委民族研究后期资助项目的成果（2017GMH009）。感谢马克思主义学院院长王志刚教授等学院领导对于本著作出版的关注和工作上的支持，感谢中国社会科学院中国边疆研究所李大龙研究员和国家民委文化宣传司对本书提出的宝贵修改意见。

当然，本书是笔者在中国边疆史地领域的阶段性成果，由于学识有限和边疆问题的复杂性，本研究尚有深入研究的空间和不足之处，恳请各位同行专家学者的谅解和批评指正。

最后，本书历经数年时间的审读最终得以出版，感谢中国社会科学出版社刘艳编辑对本书出版工作的关心和支持。

聂　迅

2022 年 4 月 14 日

西安工程大学金花校区